U0943234

教育部哲学社会科学研究重大课题攻关项目“全面建成小康社会伟大历史性成就与经验研究”(21JZD014)的阶段性成果

中国幸福指数报告
(2016—2020)

邢占军　主编

山东大学出版社
SHANDONG UNIVERSITY PRESS
·济南·

图书在版编目（CIP）数据

中国幸福指数报告．2016—2020/邢占军主编．—济南：山东大学出版社，2022.9

ISBN 978-7-5607-7621-7

Ⅰ.①中…　Ⅱ.①邢…　Ⅲ.①幸福—研究报告—中国—2016-2020　Ⅳ.①B82

中国版本图书馆 CIP 数据核字（2022）第 170089 号

责任编辑　邵淑君
封面设计　王秋忆

出版发行　山东大学出版社
社　　址　山东省济南市山大南路 20 号
邮政编码　250100
发行热线　（0531）88363008
经　　销　新华书店
印　　刷　济南华林彩印有限公司
规　　格　720 毫米×1000 毫米　1/16
　　　　　19.75 印张　329 千字
版　　次　2022 年 9 月第 1 版
印　　次　2022 年 9 月第 1 次印刷
定　　价　69.00 元

《中国幸福指数报告(2016—2020)》
编委会

主　　编　邢占军

副 主 编（以姓氏笔画为序）

王　怡　李进涛　吴东民

张　乐　褚　雷

目　录

引论

中国居民客观福祉报告

中国居民主观福祉报告

引论

YIN LUN

国内幸福指数相关研究的文献分析

20世纪80年代以来，国内学者开始关注和研究幸福相关问题，至今该领域的研究已颇具规模，形成了大量研究成果。纵观国内的幸福相关研究，主要形成了以下三种不同的研究导向：第一种是个人生活导向的幸福研究。它通常与个体的心理健康紧密相连，多为心理咨询、心理治疗、心理辅导领域的研究者所关注，旨在探讨人们身心健康与存在质量的影响因素及影响机制，以帮助个体更好地康复、适应与发展。第二种是组织管理导向的幸福研究。它为组织管理领域的研究者所关注，研究的焦点是工作幸福感，主要服务于组织管理，帮助员工更好地工作和生活。第三种是公共政策导向的幸福研究。它为经济学、社会学、公共管理学等领域的研究者所关注，其核心问题是公共决策如何更好地帮助人们过上美好的生活。很长一段时间里，公共政策导向的幸福研究相对较少，但自进入21世纪后，幸福指数（well-being index）逐渐成为各级党委、政府密切关注的话题，公共政策导向的幸福研究也成为学界关注的一个热点。

在《中国幸福指数报告（2006—2010）》中，我们利用"中国知网（CNKI）学术文献总库"梳理了1980—2011年30多年间国内公共政策导向的幸福相关研究状况，除"幸福指数"外，"生活质量"（quality of life）、"幸福感"（subjective well-being）和"满意感"（life satisfaction）这三个与公共政策导向幸福研究密切相关的关键词也被纳入了检索范围。通过对相关文献的梳理，将国内幸福指数研究历程归纳为引进起步（1980—1990年）、探索成长（1991—2000年）与快速发展（2001—2011年）三个阶段，在此基础上对幸福指数的概念界定、指标构建、政策功能等基础性问题进行了集中讨论。时光飞逝，转眼之间又一个10年过去了。在过去的10年里，国内公共政策导向的幸福相关研究又有哪些进展？我们采用同样的思路并借助新的文献研究方法进行了梳理和分析。

一、数据来源与研究工具

(一) 数据来源

在“中国知网（CNKI）学术文献总库”中以“幸福感”“生活质量”“幸福指数”“满意感”为题名进行检索，检索到“学术期刊”和“学术论文”文献共53071篇，为了更精确地分析研究热点、把握研究前沿，对不属于公共政策导向的研究论文予以剔除，最终得到有效文献共计3161篇（见表1）。在文献检索和剔除时都采取了相对严格的策略以确保准确性，最终保留的文献皆与公共政策密切相关。

表1 通过题名检索的2012—2021年幸福指数相关论文统计 单位：篇

发表年份	幸福感	生活质量	幸福指数	满意感	合计
2012	966（121）	1941（77）	215（106）	18（5）	3140（309）
2013	1067（172）	2280（76）	173（60）	26（11）	3546（319）
2014	1060（172）	2684（65）	119（43）	24（7）	3887（287）
2015	1028（177）	3309（69）	109（35）	23（6）	4469（287）
2016	1021（193）	4148（64）	71（22）	14（3）	5254（282）
2017	991（236）	5062（69）	68（25）	13（4）	6134（334）
2018	1077（234）	6032（55）	54（11）	12（0）	7175（300）
2019	1225（283）	6561（56）	53（13）	8（1）	7847（353）
2020	1189（266）	5487（45）	47（27）	4（0）	6727（338）
2021	950（278）	3897（53）	35（21）	10（0）	4892（352）
合计	10574（2132）	41401（629）	944（363）	152（37）	53071（3161）

注：括号内是公共政策导向的幸福研究的相关文献数量。

篇名含“幸福感”的文献过去10年发文量呈波动上升趋势，其中公共政策导向的研究文献数量总体来看呈递增趋势，合计2132篇，这是本书的主要数据来源；篇名含“生活质量”的文献数量庞大，但公共政策导向的研究占比少，发文数量相对稳定；篇名含“幸福指数”的研究发文量呈现下降趋势，公共政策导向的研究也逐年减少；篇名含“满意感”的研究相对较少，其中公共政策导向的研究更少。经筛选得到的公共政策导向的幸福研究文献共3161篇。

值得注意的是，在篇名含“幸福感”的相关研究中，公共政策导向的文献数量由2012年的121篇增长至2021年的278篇，占“幸福感”研究论文总发文量的比例由2012年的12.53%上升至2021年的29.26%（见图1），可见最近10年公共政策导向的“幸福感”研究仍然是重要的学术热点。

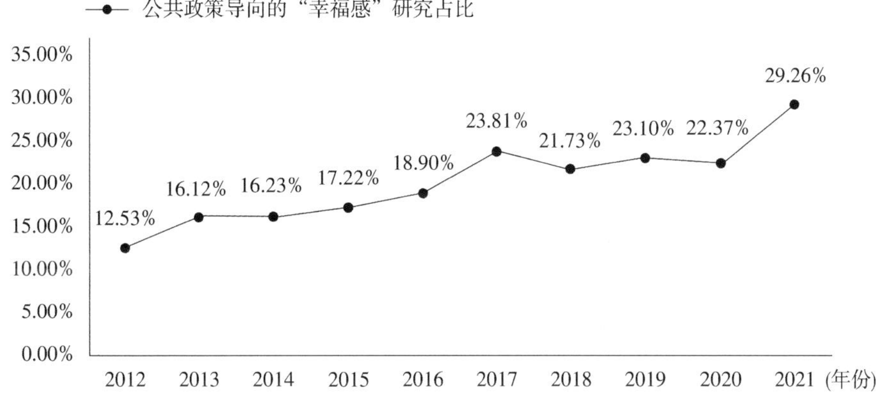

图1 2012—2021年公共政策导向的“幸福感”研究占“幸福感”研究总量的比重

为了对分析结果做进一步补充和验证，辅以中文社会科学引文索引（Chinese Social Sciences Citation Index，CSSCI）来源文献的共被引分析。由于共被引分析能够建立参考文献之间的共被引网络，对不同研究领域进行聚类，因此采取相对宽松的检索策略以确保查全率，后期通过软件来识别和筛选不同的研究领域。在“中文社会科学引文索引”（CSSCI）中分别以“生活质量”“满意感”“幸福感”“幸福指数”为关键词，时间跨度为1998—2021年，检索得到相关文献2555篇，剔除新闻报道、筛选重复文献后，共得到有效文献2509篇（见图2）。

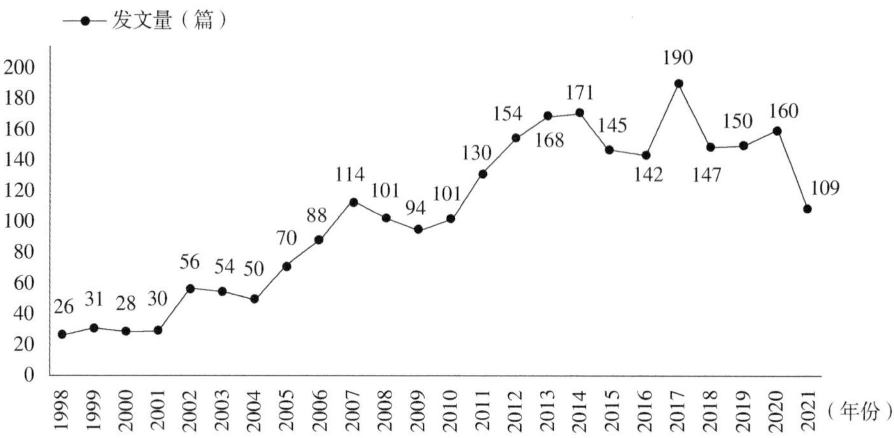

图 2　1998—2021 年“中文社会科学引文索引”（CSSCI）来源文献发文量

（二）研究工具

研究主要借助美国德雷塞尔大学信息科学与技术学院陈超美教授开发的 CiteSpace 信息可视化软件完成，选用的版本号是 5.8.R3。分析主要涉及两种方法：一是对“中国知网（CNKI）学术文献总库”来源文献做关键词共现分析，该方法主要基于词频分析与共词分析实现。共词分析的基本原理是对一组词两两统计它们在同一组文献中出现的次数，通过这种贡献次数测度它们之间的亲疏关系。二是共被引分析，“中文社会科学引文索引”（CSSCI）的引文含有参考文献信息，支持做共被引分析。如果两篇文献共同出现在第三篇施引文献的参考文献目录中，则这两篇文献形成共被引关系，共被引分析即对一个文献空间数据集合进行文献共被引关系的挖掘，能够快速识别研究的热点问题、掌握关键文献。①

① 参见李杰、陈超美：《CiteSpace：科技文本挖掘及可视化》，首都经济贸易大学出版社 2017 年版，第 139、201 页。

二、可视化分析结果

（一）“中国知网（CNKI）学术文献总库”来源文献关键词共现可视化分析

在词频分析与共词分析的基础上，利用寻径网络算法进行裁剪，以简化网络和突出其重要结构特征，最终得到共现网络（见图3）。

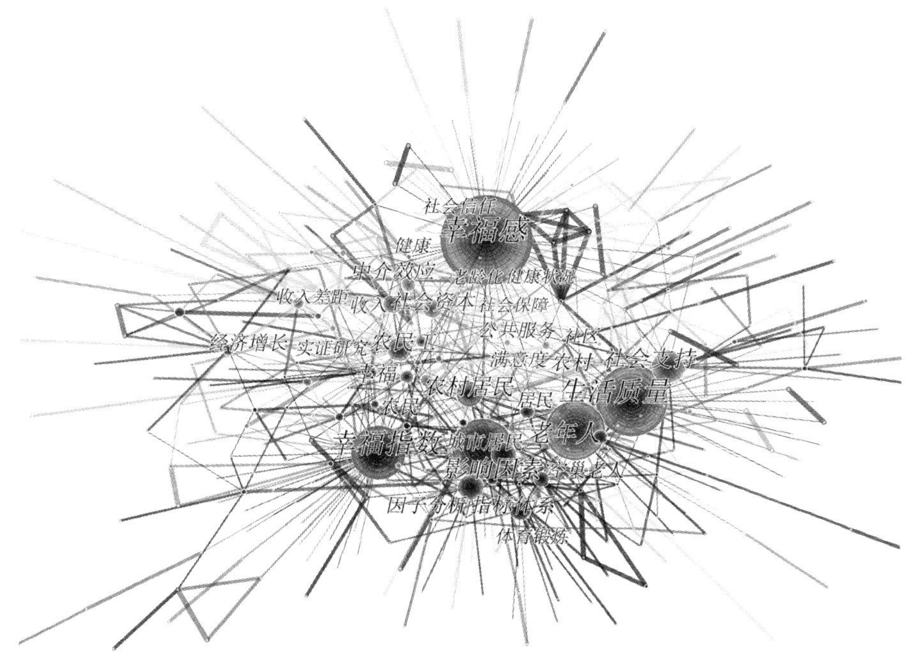

图3 “中国知网（CNKI）学术文献总库”来源文献关键词共现网络

其中每个节点都代表一个关键词，节点的面积越大，说明该关键词的频次越高。有的节点外围有圆圈，这样的节点中介中心性较高，说明它们与其他节点高度相连，是整个网络的“枢纽”。

结合高频关键词表（见表2）可以发现，“幸福感”“生活质量”“幸福指数”是出现频率最高的三个关键词，这虽然与检索策略相关，但这三个关键词的中介中心性最高，联结了整个网络中的所有文章，且是相互交叉的；尽管使用了裁剪算法，但共现网络非常聚集，说明所分析文献的关键词之间存在较强的共现关系，研究主题之间的相关度非常高。

表 2 “中国知网（CNKI）学术文献总库”来源文献高频关键词

关键词	频次	关键词	频次
幸福感	826	幸福	44
生活质量	425	收入	43
幸福指数	274	中介效应	43
老年人	239	满意度	34
影响因素	215	农村	33
社会支持	123	体育锻炼	33
农村居民	110	公共服务	31
农民工	70	乡村振兴	26
指标体系	64	社会保障	26
因子分析	59	居民	26
城市居民	57	老龄化	25
社会资本	56	经济增长	25
空巢老人	50	收入差距	25

注：选用标准为频次≥25。

根据其他高频关键词，“老年人”“农民工”“城市居民”“空巢老人”是主要的研究对象，“因子分析”“中介效应”说明了主要的研究方法，而“指标体系”“收入”“满意度”“体育锻炼”“公共服务”“社会保障”“经济增长”与“收入差距”是研究的热点问题，“社会支持”和“社会资本”是针对特定群体的幸福研究中常见的影响因素。

关键词突现能够反映研究前沿，表 3 呈现了突现强度最高的 25 个关键词，按突现起始时间依次排列。由于数据来源于 2012—2021 年的文献，因此突现起始时间为 2012 年的关键词“GDP”“民生”“和谐社会”及“政府绩效”等可以视为上一阶段研究热点的延续。2014 年“相对收入”成为突现关键词，相对收入与幸福感之间的关系是研究热点问题。2015 年之后，“空巢老人”“留守老人”“机构养老”“居家养老”引起研究者的广泛关注。自2018年起，“公共服务”“医疗保险”成为新的研究热点。关键词突现也反映了研究者对党和政府政策的回应，习近平总书记于2012年11月29日正式提出“实现中华民族伟大复兴的中国梦”，2014年“中国梦”成为突现关键词；2017年党的十九大报告中提出“使人民获得感、幸福感、安全感更加充实、更有保障、更可持续”，2019年“获得感”“安全感”成为突现关键词；“健康”的突现既是对2016年中共中央、国务院印发的《“健康中国2030”规划纲要》的回应，也体现了研究者对医疗保险与幸福感关系的密切关注。

表3 “中国知网（CNKI）学术文献总库”来源文献关键词突现

关键词	最早出现年份	突现强度	起始时间（年）	结束时间（年）	2012—2021年
幸福指数	2012	41.26	2012	2013	
指标体系	2012	9.92	2012	2014	
幸福	2012	6.41	2012	2013	
和谐社会	2012	5.67	2012	2014	
民生	2012	3.53	2012	2013	
政府绩效	2012	2.95	2012	2015	
GDP	2012	2.83	2012	2013	
层次分析	2012	2.46	2012	2013	
相对收入	2012	2.71	2014	2017	
中国梦	2012	2.71	2014	2015	
空巢老人	2012	5.04	2015	2016	
城镇化	2012	3.03	2015	2017	
留守老人	2012	2.65	2016	2019	
文化消费	2012	2.84	2017	2021	
机构养老	2012	2.60	2017	2018	
社会融合	2012	3.32	2018	2021	
公共服务	2012	3.16	2018	2021	
居家养老	2012	2.75	2018	2021	
医疗保险	2012	2.54	2018	2021	
互联网	2012	2.47	2018	2021	

续表

关键词	最早出现年份	突现强度	起始时间（年）	结束时间（年）	2012—2021 年
中介效应	2012	6.84	2019	2021	
获得感	2012	4.14	2019	2021	
安全感	2012	4.14	2019	2021	
健康	2012	3.09	2019	2021	
社会参与	2012	3.07	2019	2021	

(二)“中文社会科学引文索引”来源论文引用文献共被引可视化分析

参考文献共被引网络仍然采用了寻径网络算法进行裁剪，并对其进行聚类。从图 4 可以看出，尽管聚类不算清晰，但网络的模块度仍达到了 0.828，聚类的平均轮廓值为 0.8405，这是相当高的水平，意味着这一共被引聚类可以清楚地界定出公共政策导向的幸福研究的各个子领域。

图 4 “中文社会科学引文索引”(CSSCI) 来源论文所引用文献共被引网络

聚类 0 根据关键词形成的标签为“社会网络”，聚类 1 根据关键词形成的标签为“生活质量”，聚类 4 根据关键词形成的标签为“基本医疗保险”，聚类 6 根据关键词形成的标签为“公共支出”，聚类 13 根据关键词形成的标签为“幸福指数”。这五个聚类的范围高度重合，有非常强的共引关系，从研究内容来看，五个聚类下的文献研究主题密切相关，主要集中于收入及收入差距、公共服务、公共支出等因素与幸福感的关系，S 值最大的几个聚类几乎都在公共政策导向的幸福研究范围内，主题聚焦，是幸福研究的重点。其余聚类如“工作幸福感”“职业幸福感”“中学生”“公正世界信念”等主要与个体和组织层面的幸福研究相关，在此不做梳理。

三、近十年国内幸福指数研究的热点问题

经过几十年的发展，幸福指数研究渐趋成熟，研究者对幸福指数概念的理解虽未达成一致，但在不同的研究思路下已基本形成共识，近十年来理论研究逐渐减少，应用研究成为主流，主要研究内容围绕幸福指数的测量和评价及其影响因素展开，最终指向公共政策过程。进入 21 世纪后，国内一些大规模社会调查，如中国综合社会调查（Chinese General Social Survey，CGSS）、中国社会状况综合调查（Chinese Social Survey，CSS）、中国家庭收入调查（Chinese Household Income Project Survey，CHIP）、中国家庭金融调查（China Household Finance Survey，CHFS）等发布了一些高质量、连续的公开数据，其中通常包含幸福感调查。这些大型微观数据库的公开发布为研究者探索居民幸福感的影响因素提供了很好的条件，相关研究持续增加并成为主导。在此对近十年来国民幸福指数测量与评价以及公共政策导向的幸福感影响因素研究加以梳理。

（一）国民幸福指数测量与评价

20 世纪 70 年代以来逐渐引起关注与讨论的国民幸福总值（Gross National Happiness，GNH）及国民幸福指数（National Happiness Index，NHI）都传达了国民幸福程度也是衡量国民生活水平的重要指标这一理念，“幸福指数”的评价指标构建及测量成为研究者关注与讨论的热点问题。“幸福指数”与

“幸福感”“生活质量”“满意感”等概念的内涵有不同程度的交叉，梳理国内1980—2011年的幸福指数研究历程发现，研究者对“幸福指数”这个概念的理解相去甚远，在界定时形成了客观、主观以及主客观结合三种不同的思路[①]，相应地产生了三种不同的指标构建理念。近十年来，“幸福指数”的内涵及指标构建沿着三种不同的思路进一步延展。

客观幸福指数评价体系的理念主要来源于人类发展指数（Human Development Index，HDI），即国内生产总值（Gross Domestic Product，GDP）或国民生产总值（Gross National Product，GNP）不足以说明国民生活水平，应建立更为综合的评价指标，因此，“综合”是该理念下构建幸福指数评价体系的关键。幸福指数的客观评价体系通常包含经济、文化、社会、环境、健康、社会公平等方面的指标，数据来源往往是历年《国家统计年鉴》及各地市统计年鉴等公开的统计数据。[②③] 在建立指标体系的基础上，研究者通常对国家或地区的经济社会发展状况进行综合评估，并提出相应的公共政策建议。[④⑤]

主观幸福指数评价体系则重点关注人们对经济社会发展水平的主观感受，通常以满意度、幸福感、获得感、安全感等作为测量指标，其中满意度又可以分为整体的生活满意度及政治、经济、文化、社会、生态、健康等各领域的生活满意度。[⑥] 谭旭运等基于CSS 2013数据，从获得内容、获得环境、获得途径、获得体验和获得共享五个维度构建起获得感的概念内涵，并证实了

---

① 参见邢占军主编：《中国幸福指数报告（2006—2010）》，社会科学文献出版社2014年版，第14～17页。

② 参见李刚、王斌、刘筱慧：《国民幸福指数测算方法研究》，《东北大学学报》（社会科学版）2015年第4期，第376～383页。

③ 参见朝克、何浩、李佳钰：《国民幸福指数评价体系构建及实证》，《统计与决策》2016年第4期，第91～94页。

④ 参见阚祥伟、李帆：《财政支出结构效益对国民幸福指数影响的实证研究》，《经济问题探索》2012年第1期，第117～120页。

⑤ 参见张亮、赵雪雁、张胜武等：《安徽城市居民生活质量评价及其空间格局分析》，《经济地理》2014年第4期，第84～90页。

⑥ 参见刘杰、李继波、黄希庭：《城市幸福指数问卷的编制》，《西南大学学报》（社会科学版）2012年第5期，第92～99页，第174～175页。

获得感对生活满意度的预测作用。[①] 郑建君以获得感、安全感和幸福感作为测量人民美好生活感知的核心变量指标，并编制了获得感和安全感问卷。[②] 郑方辉等在实证研究中发现，在实际调查中居民的幸福感水平往往高于满意度，这与个人及家庭、社会、政府、自然环境等因素及中国传统文化特质密切相关，是社会经济转型背景下公众理想与现实落差的强烈反映，也体现了主观幸福感测量存在的评价技术问题。[③] 王广州和王军在一项针对家庭幸福感测量的研究中提出，可以引入“测量锚点”和“等比例方法”对幸福感评分进行标准化，以消除或缓解幸福感测量中存在的自评异质性问题[④]，这为主观幸福指数的测量提供了一种新的思路。

主客观结合的幸福指数评价体系则遵循更加完整的建构理念，将上述两种指标构建思路都包含在内。有研究者认为，国民幸福指数是继国内生产总值、人类发展指数后科学测度人类社会发展的第三个里程碑，客观事实和主观感受在国民幸福指数的计算中都具有重要意义，两者缺一不可。[⑤] 完整的幸福指数指标体系包括客观指标和主观指标两部分[⑥]，通过对主客观幸福指数进行加权计算得到幸福总指数，以此作为居民幸福水平评估和政府政策调整的参考依据。[⑦]

在不同的指标构建思路下，幸福指数评价的维度大致相仿，综合以往研究成果，多数研究者能够针对不同的研究目标及研究对象构建相应的指标体

---

① 参见谭旭运、董洪杰、张跃等：《获得感的概念内涵、结构及其对生活满意度的影响》，《社会学研究》2020 年第 5 期，第 195～217 页，第 246 页。

② 参见郑建君：《中国公民美好生活感知的测量与现状：兼论获得感、安全感与幸福感的关系》，《政治学研究》2020 年第 6 期，第 89～103 页，第 127～128 页。

③ 参见郑方辉、卢扬帆、覃雷：《公众幸福指数：为什么幸福感高于满意度》，《公共管理学报》2015 年第 2 期，第 68～82 页，第 156 页。

④ 参见王广州、王军：《中国家庭幸福感测量》，《社会》2013 年第 6 期，第 139～160 页。

⑤ 参见郑卫荣、刘志昌：《国民幸福指数核算法的构建与运用》，《统计与决策》2012 年第 9 期，第 15～19 页。

⑥ 参见陈志霞：《城市幸福指数及其测评指标体系》，《城市问题》2012 年第 4 期，第 9～13 页。

⑦ 参见刘国风、李军：《城镇居民幸福指数的准确测度：兼议提升居民整体幸福水平之见解》，《河北经贸大学学报》2012 年第 6 期，第 90～95 页。

系。相比之下，主客观结合的指标构建方法受到更多研究者的青睐。但目前来看，国内主客观结合的幸福指数评价研究较少，这也充分说明了其复杂性，主要表现为主客观指标之间的协同问题。第一，进行不同地区之间的横向比较时主客观指标难以协同。研究者对“幸福悖论”的讨论虽未达成一致意见，但对“国民收入的增加无法带来国民幸福感的稳步提升”这一结论已基本形成共识：在经济发展水平较高的地区，收入公平和机会公平、公共服务水平、就业、生态环境等成为影响居民主观幸福感的关键因素，GDP 增长对居民幸福的促进作用逐渐减弱；而在经济发展水平较低的地区，收入是居民主观幸福感的主要来源，GDP 增长对居民幸福感的促进作用依然强劲，导致地区之间客观经济发展水平与居民主观幸福感之间不能完全对应。第二，进行较长时期的纵向比较时主客观指标难以协同。客观的社会发展水平可以不断提升，但主观感受只能在某个区间上下波动，无论采用何种计分方式，人们的主观幸福感都不会无限增加。

指标协同问题对主客观结合的幸福指数研究无疑是一个巨大的挑战，但主观指标与客观指标结合能够综合测量居民生活质量，较为全面地评价社会进步状况，为有关决策者及相关领域研究者提供可参考的数据材料，其价值毋庸置疑，为此做出努力是有必要的。

（二）收入与幸福感的关系研究

1974 年，理查德·伊斯特林（Richard Easterlin）在经验研究中发现，虽然同一国家内部高收入人群幸福感更高，但长时间序列下国民收入总量的提升无法带来国民幸福感的稳步提升，不同国家之间国民幸福感的差异也远小于国民收入的差异，由此提出了著名的“幸福悖论”[①]。收入与幸福感关系的讨论迅速引起国内经济学家的广泛关注，他们开始探索中国居民收入与幸福感的关系及其影响机制。邢占军通过实证研究发现，城市居民的收入与主观幸福感之间存在正相关关系，但这种正向的影响仅存在于特定时间段；基于

---

① Richard A. Easterlin, “Does Economic Growth Improve the Human Lot? Some Empirical Evidence”, *Nations & Households in Economic Growth*, 1974, pp. 89-125.

2002—2008年的长时段考察，居民幸福指数并未随国民收入的增长而同步增长。[①] 赵新宇等研究发现居民收入与幸福感之间的关系并不是线性的，而是呈现倒“U”形。[②] 有研究得出了不同结论。刘军强等基于CGSS数据研究发现，2003—2010年中国的经济社会发展水平迅速提升，居民幸福感也呈现上升趋势，经济增长可能是幸福总量增加的关键因素。[③] 研究结论不统一主要受到研究数据和观测时间点的影响，总体来看，“幸福悖论”在我国基本得到验证，收入并不是影响幸福感的唯一因素，居民幸福感的变化受到很多因素的共同影响。[④]

较收入而言，人们对收入差距往往更加敏感。合理的收入差距能够产生正外部性，给低收入者以良好的预期。陈钊等在2006—2007年面向上海与深圳的入户调查中发现，社区层面的收入差距会产生较强的示范效应，对居民幸福感有正向影响。[⑤] 而不合理的收入差距背后是机会不均引起的收入不平等，往往象征着阶级固化，对居民幸福感的负向影响更大，这个结论通常用相对剥夺效应加以解释。[⑥][⑦] 闰丙金通过对CGSS 2005和CGSS 2013数据进行比较分析发现，虽然各阶层的幸福感都有显著提升，但中下层的幸福感提升幅度明显大于中上层。[⑧] 鲁元平和王韬分析CGSS 2006的数据发现，主观阶层认同对居民幸福感产生显著影响，处在社会高层的人总体而言比处在社会

---

① 参见邢占军：《我国居民收入与幸福感关系的研究》，《社会学研究》2011年第1期，第196～219页，第245～246页。

② 参见赵新宇、范欣、姜扬：《收入、预期与公众主观幸福感：基于中国问卷调查数据的实证研究》，《经济学家》2013年第9期，第15～23页。

③ 参见刘军强、熊谋林、苏阳：《经济增长时期的国民幸福感：基于CGSS数据的追踪研究》，《中国社会科学》2012年第12期，第82～102页，第207～208页。

④ 参见种聪、岳希明：《经济增长为什么没有带来幸福感提高？——对主观幸福感影响因素的综述》，《南开经济研究》2020年第4期，第24～45页。

⑤ 参见陈钊、徐彤、刘晓峰：《户籍身份、示范效应与居民幸福感：来自上海和深圳社区的证据》，《世界经济》2012年第4期，第79～101页。

⑥ 参见阳义南、章上峰：《收入不公平感、社会保险与中国国民幸福》，《金融研究》2016年第8期，第34～50页。

⑦ 参见李路路、石磊：《经济增长与幸福感：解析伊斯特林悖论的形成机制》，《社会学研究》2017年第3期，第95～120页，第244页。

⑧ 参见闰丙金：《收入、社会阶层认同与主观幸福感》，《统计研究》2012年第10期，第64～72页。

底层的人更快乐。[①] 有研究关注收入差距对不同群体的影响，面向老年人群体的研究发现，收入不平等对幸福感产生显著负影响，主要通过影响老年人健康间接影响其幸福感。[②] 面向农民工的研究发现，农民工的主观幸福感比城市居民更高，但纳入参照群体的平均收入做比较时，这种优势便消失了。[③] 因此相较于单纯地增加农民工收入，农民工权益保障、就业环境监管、财政补贴、农民工享有城市基本公共服务应成为政府关注的重点。[④] 此外，分配不均[⑤]、城乡差异[⑥]以及户籍身份差异[⑦][⑧]等与收入差距密切相关的因素也对居民幸福感产生负向影响。

收入和收入差距对幸福感的影响及其作用机制十分复杂，并且随社会发展水平的变化而不断变化。可以预见，未来对收入和收入差距与幸福感关系的讨论将继续深入。

（三）政府质量与幸福感的关系研究

居民幸福感不仅受到个体特征和经济社会因素的影响，还直接受制于政府质量，包括政府的廉政建设状况、政府效率等。陈刚和李树基于 CGSS 2006 数据研究发现，腐败显著降低了居民幸福感，在控制住腐败变量的内生性后，其对居民幸福感的抑制效应明显增强，远远超过了经济增长对居民幸

---

① 参见鲁元平、王韬：《收入不平等、社会犯罪与国民幸福感：来自中国的经验证据》，《经济学》（季刊）2011 年第 3 期，第 1437～1458 页。

② 参见胡洪曙、鲁元平：《收入不平等、健康与老年人主观幸福感：来自中国老龄化背景下的经验证据》，《中国软科学》2012 年第 11 期，第 41～56 页。

③ 参见吴菲、王俊秀：《相对收入与主观幸福感：检验农民工的多重参照群体》，《社会》2017 年第 2 期，第 74～105 页。

④ 参见刘靖、毛学峰、熊艳艳：《农民工的权益与幸福感：基于微观数据的实证分析》，《中国农村经济》2013 年第 8 期，第 65～77 页。

⑤ 参见孙计领：《收入不平等、分配公平感与幸福》，《经济学家》2016 年第 1 期，第 42～49 页。

⑥ 参见王慧慧：《民生因素与城乡居民幸福感：基于 CGSS 数据的实证分析》，《中南财经政法大学学报》2014 年第 5 期，第 32～38 页。

⑦ 参见陆铭、蒋仕卿、佐藤宏：《公平与幸福》，《劳动经济研究》2014 年第 1 期，第 26～48 页。

⑧ 参见杨东亮、陈思思：《北京地区流动人口幸福感的影响因素研究》，《人口学刊》2015 年第 5 期，第 63～72 页。

福感的促增效应。[①] 而政府质量提升，即完善和强化对私人财产权利的保护、提高公共物品供给效率、提高政府自身行政效率以及财政透明度等政府行为，则能显著提升居民幸福感，且研究发现，政府质量的提高能够显著增加低收入居民的幸福感，但对高收入居民幸福感的影响微弱，这意味着提高政府质量可能有助于缩小中国低收入群体与高收入群体之间的幸福感差距，促进社会公平。[②③] 李文彬和赖琳慧通过调查发现，政务公开和政府廉洁对居民幸福感有显著正向影响，且具有不可替代性，是居民心中不愿妥协、不可交换、不能动摇的幸福感影响因素；居民对政府管理过程的满意度低于对外部效果的满意度，因此相较于增加公共支出和公共服务，促进和提高行政过程的公开、公正、廉洁和效率对提升居民幸福感更有效。[④] 影响居民幸福感的因素非常复杂，公共政策视域下，政府很难对影响幸福感的微观因素进行有效干预，但转变理念、优化职能、放松管制不仅能直接提升居民幸福指数，也为更好地提供其他公共产品和服务打牢基础。

（四）社会保障与幸福感的关系研究

社会保障是公共政策导向的幸福研究的高频关键词，医疗保险是2018—2021年的突现关键词，可见随着我国社会保障制度的改革和完善，近几年的幸福研究中社会保障成为新兴前沿。就社会保障支出而言，谢舜等基于CGSS 2006数据研究发现，政府的社会保障支出对居民幸福感有显著正向影响。[⑤] 就居民个体而言，刘瑜基于CGSS 2010数据研究发现，参加基本医疗保险和基本养老保险均对其幸福感有显著的正向影响，且基本医疗保险对居民幸福

---

① 参见陈刚、李树：《管制、腐败与幸福：来自CGSS（2006）的经验证据》，《世界经济文汇》2013年第4期，第37～58页。

② 参见陈刚、李树：《政府如何能够让人幸福？——政府质量影响居民幸福感的实证研究》，《管理世界》2012年第8期，第55～67页。

③ 参见李湛、何鹏飞、梁若冰等：《财政透明度与居民幸福感》，《宏观经济研究》2019年第10期，第88～102页，第143页。

④ 参见李文彬、赖琳慧：《政府绩效满意度与居民幸福感：广东省的实证研究》，《中国行政管理》2013年第8期，第53～57页。

⑤ 参见谢舜、魏万青、周少君：《宏观税负、公共支出结构与个人主观幸福感兼论"政府转型"》，《社会》2012年第6期，第86～107页。

感的影响明显强于基本养老保险。[①] 针对农民、农民工和老年人群体，胡洪曙和鲁元平基于 CGSS 2005 和 CGSS 2006 数据研究发现，社会保障支出影响农民主观幸福感，且对低收入农民幸福感的影响最大。程名望和华汉阳在调查研究中发现，购买社会保险可以显著提高农民工的主观幸福感。[②] 养老保险和医疗保险皆对老年人幸福感产生积极影响。[③④] 社会保障是调节收入差距、促进社会公平的重要工具，总体上看，我国社会保障制度缩小收入差距的效应日益显著，但确实存在碎片化、城乡分割性严重、地区差异明显、缺乏顶层设计等问题[⑤⑥]，未来社会保障制度建设应重点关注农村居民、中低收入者、60 岁及以上群体和特殊群体，增强公平性和普惠性，充分发挥其改善民生、维护社会稳定的作用。

(五) 就业状况与幸福感的关系研究

工作是居民收入的主要来源，就业规模和就业质量是居民幸福感的重要影响因素。研究发现，高质量就业能提升劳动者幸福感，而劳务派遣和零散工等未能同雇主签订劳动合同并享受养老保险的非正规就业，不仅对幸福感具有直接的负面影响，而且通过降低工作满意度和收入公平感对幸福感产生间接的负向影响，因此就业政策应坚持扩大就业和提高就业质量并举的发展

---

① 参见刘瑜：《社会保障制度的幸福效应实证研究：基于医疗保险、养老保险的视角》，《商业经济研究》2015 年第 6 期，第 92～94 页。

② 参见程名望、华汉阳：《购买社会保险能提高农民工主观幸福感吗？——基于上海市 2942 个农民工生活满意度的实证分析》，《中国农村经济》2020 年第 2 期，第 46～61 页。

③ 参见崔红志：《农村老年人主观幸福感影响因素分析：基于全国 8 省（区）农户问卷调查数据》，《中国农村经济》2015 年第 4 期，第 72～80 页。

④ 参见陈璐、熊毛毛：《基本医疗保险制度的幸福效应》，《社会保障研究》2020 年第 5 期，第 51～62 页。

⑤ 参见王延中、龙玉其、江翠萍等：《中国社会保障收入再分配效应研究：以社会保险为例》，《经济研究》2016 年第 2 期，第 4～15 页，第 41 页。

⑥ 参见殷金朋、赵春玲、贾占标等：《社会保障支出、地区差异与居民幸福感》，《经济评论》2016 年第 3 期，第 108～121 页。

观，对非正规就业进行适当规制。[①②] 在劳动力市场竞争日益激烈的背景下，女性就业状况引起研究者的关注，吴愈晓等基于 CGSS 2013 数据研究发现，相较于体制内就业女性和不就业女性，体制外就业女性幸福感水平较低，在有家庭庇护的情况下可能会选择离开劳动力市场，导致性别不平等的加剧，因此政府应注重保障体制外就业女性劳动者权益，出台更多激励女性就业的政策。[③] 就业状况不仅能影响劳动者幸福感，也受到劳动者幸福感的影响，二者存在反向因果效应。李树和陈刚基于 CHIP 2002 和 2007 数据研究发现，中国居民幸福感上升能够显著提高劳动力的就业率与失业劳动力隐性再就业率，因此，中国各级政府的经济增长方式转型，不仅不会因为调低经济增长预期目标而降低经济增长对就业的吸纳能力，反而可以通过提升经济增长质量和效益改善民生和提高居民幸福感，进而缓解劳动力市场上的就业压力。[④]

（六）其他影响幸福感的因素研究

住房是居民的生活必需品，房价、住房产权以及住房不平等是影响居民幸福感的重要因素。林江等基于 CGSS 2006 数据研究发现，房价上涨对租房者的幸福感具有显著负向影响，但对有房和有多套房产的居民幸福感则具有显著正向影响；住房产权状况同样影响居民幸福感，有房和有多套房能够显著增加居民幸福感。[⑤] 但住房产权对幸福感的影响主要基于居住属性而非投资属性。张翔等基于 CHFS 2011 数据进行的研究证明，住房的投资属性对居民主观幸福感没有显著影响，居住属性才是影响居民幸福感的主要来源，且对拥有多套房屋产权的家庭而言，居住属性对其幸福感没有显著影响，因此政

---

① 参见王海成、郭敏：《非正规就业对主观幸福感的影响：劳动力市场正规化政策的合理性》，《经济学动态》2015 年第 5 期，第 50～59 页。

② 参见卿石松、郑加梅：《工作让生活更美好：就业质量视角下的幸福感研究》，《财贸经济》2016 年第 4 期，第 134～148 页。

③ 参见吴愈晓、王鹏、黄超：《家庭庇护、体制庇护与工作家庭冲突：中国城镇女性的就业状态与主观幸福感》，《社会学研究》2015 年第 6 期，第 122～144 页，第 244～245 页。

④ 参见李树、陈刚：《幸福的就业效应：对幸福感、就业和隐性再就业的经验研究》，《经济研究》2015 年第 3 期，第 62～74 页。

⑤ 参见林江、周少君、魏万青：《城市房价、住房产权与主观幸福感》，《财贸经济》2012 年第 5 期，第 114～120 页。

府应着重解决无房家庭的居住需求而非产权需求。① 住房不平等往往代表着社会分化，但与收入差距相似，住房不平等与幸福感的关系也不是绝对的。刘米娜和杜俊荣基于 CGSS 2005 数据研究发现，区域住房不平等与居民主观幸福感呈现倒 U 形关系②，适当范围的住房不平等对居民幸福感有促进作用，但当这种差距过分拉大时则对居民幸福感产生负向影响。在住房改革中，政府应抑制住房的市场化和商业化，出台有力的住房产业政策，建立多层次、结构化的住房保障制度，防止住房不平等进一步加剧。

教育程度对幸福感的影响机制比较复杂。洪岩璧基于 CGSS 2005 和 2013 数据研究发现，教育程度对幸福感没有显著影响③，这可能是由于受教育程度不同的群体对幸福的理解本身相去甚远，即便在相同的测量标准下，受教育程度高的人对自身也会有更高的社会预期，且能更深刻地理解社会不平等，其幸福感水平不一定会更高。而金江和何立华通过调查发现，学历和受教育年限不仅对居民主观幸福感有直接的显著正向影响，而且通过改善个体收入水平和健康状况间接提升其幸福感。④ 黄嘉文的研究对这一结论做了延伸，其基于 CGSS 2005 调查数据分析可知，在不同空间和时间条件下，教育通过改善个体收入影响其幸福感的路径并不稳定，存在教育回报失灵现象，根源在于分割的劳动力市场。⑤ 关于受教育程度对幸福感影响的研究，并未形成一致的结论，但教育支出却能切实提升居民幸福感。汤凤林和雷鹏飞基于 CGSS 2008 数据研究发现，教育支出能够直接提升居民幸福感。⑥ 胡洪曙和鲁元平的研究对这一结论做了补充，根据 CGSS 2005 和 2006 的调查数据，包含教育

① 参见张翔、李伦一、柴程森等：《住房增加幸福：是投资属性还是居住属性?》，《金融研究》2015 年第 10 期，第 17～31 页。

② 参见刘米娜、杜俊荣：《住房不平等与中国城市居民的主观幸福感：立足于多层次线性模型的分析》，《经济经纬》2013 年第 5 期，第 117～121 页。

③ 参见洪岩璧：《再分配与幸福感阶层差异的变迁（2005—2013）》，《社会》2017 年第 2 期，第 106～132 页。

④ 参见金江、何立华：《教育使人幸福吗？——基于武汉市城镇居民的实证分析》，《经济评论》2012 年第 6 期，第 36～43 页。

⑤ 参见黄嘉文：《教育程度、收入水平与中国城市居民幸福感：一项基于 CGSS 2005 的实证分析》，《社会》2013 年第 5 期，第 181～203 页。

⑥ 参见汤凤林、雷鹏飞：《收入差距、居民幸福感与公共支出政策：来自中国社会综合调查的经验分析》，《经济学动态》2014 年第 4 期，第 41～55 页。

支出在内的公共支出能够促进农民主观幸福感的提升，但对低收入群体影响更大。[①] 公共政策视域下，政府在加大教育投入的同时应格外注意政策公平性，更多地向低收入群体倾斜。

生态环境是幸福感的重要影响因素之一，环境污染降低居民幸福感，污染治理则能提升居民幸福感。黄永明和何凌云基于 CGSS 2003 和 2006 数据研究发现，城市环境污染对居民幸福感存在显著的负向影响，且这种影响存在地区差异，东部地区居民幸福感受环境污染影响较大，而中西部地区居民受影响较小。[②] 环境污染对居民幸福感的影响还具有明显的异质性，低收入群体承担了更多的福利损失，受到环境污染的影响程度更大。[③] 杨继东等和储德银等针对空气污染的研究也得出了相似的结论。[④][⑤] 另有研究者认为，客观的环境污染和主观感知的环境污染不能完全对应，对居民幸福感的影响也并不一致。郑君君等基于 CGSS 2008 和 2010 数据研究发现，客观存在的环境污染实际上换来了经济增长，通过这一途径，客观环境污染反而促进了居民整体幸福感的提升，而主观感知的环境污染则对居民幸福感产生直接的负向影响。[⑥] 随着我国社会经济发展，城市化水平将持续提高，生态环境质量对居民幸福感的影响有一定的滞后性，且存在一定的区域差异，应更加警惕和重视城市环境污染问题，无论从可持续发展的角度还是从提升居民幸福的角度，生态环境改善都应是决策部门关注的重点。

幸福感研究起源于心理学领域，但由于其多样性和复杂性的特点，单一学科无法完全阐释清楚，近十年来，经济学和公共管理领域的研究逐渐增加，

---

① 参见胡洪曙、鲁元平：《公共支出与农民主观幸福感：基于 CGSS 数据的实证分析》，《财贸经济》2012 年第 10 期，第 23～33 页，第 122 页。

② 参见黄永明、何凌云：《城市化、环境污染与居民主观幸福感：来自中国的经验证据》，《中国软科学》2013 年第 12 期，第 82～93 页。

③ 参见李梦洁：《环境污染、政府规制与居民幸福感：基于 CGSS（2008）微观调查数据的经验分析》，《当代经济科学》2015 年第 5 期，第 59～68 页，第 126 页。

④ 参见杨继东、章逸然：《空气污染的定价：基于幸福感数据的分析》，《世界经济》2014 年第 12 期，第 162～188 页。

⑤ 参见储德银、何鹏飞、梁若冰：《主观空气污染与居民幸福感：基于断点回归设计下的微观数据验证》，《经济学动态》2017 年第 2 期，第 88～101 页。

⑥ 参见郑君君、刘璨、李诚志：《环境污染对中国居民幸福感的影响：基于 CGSS 的实证分析》，《武汉大学学报》（哲学社会科学版）2015 年第 4 期，第 66～73 页。

公共政策导向的幸福感研究引起更多关注。幸福感作为主观评价指标，是幸福指数的重要组成部分，在公共政策视域下，在科学评价居民主观福祉的基础上对其影响因素进行全面阐释，将为有关决策部门提供更多的参考依据。

四、本书的基本思路

作为“中国幸福指数报告”系列成果，本书延续以往的研究思路，将“幸福指数”定义为生活质量的核心指标，而生活质量反映人们的存在质量，即在特定社会中人们的各种需要得以满足的程度和水平，它集中表现为人们所享有的生存与发展方面的客观福利状况以及所体验到的幸福感水平。我们构建起由健康与基本生存福祉、经济福祉、文化福祉、社会福祉、环境福祉等 5 个一级指标、12 个二级指标、40 个三级指标构成的中国居民客观福祉指标体系，对 2016—2020 年我国居民客观福祉和主观福祉的状况与走势进行统计描述，分析影响居民客观福祉的政策因素，提出改善我国居民生活质量的对策建议。在主观福祉方面，本书选取中国知网收录的 95 篇以“中国城市居民主观幸福感量表（SWBS-CC）”为工具的研究文献（$N=87024$）并进行了横断历史元分析，考察了 2002—2019 年我国居民幸福感的年代变化趋势及社会影响因素，首次对我国居民主观福祉进行了报告。

“中国幸福指数报告”系列已经连续 15 年对我国居民客观福祉进行统计描述和评价。受到可及数据的限制，我们在已有研究的基础上对个别客观福祉指标进行了调整，但保持了整体评价体系。本书在居民福祉整体走势的评价和分析中尽可能向前进行延伸，以期为有关决策者和相关领域研究者提供有价值的数据材料，为全面评价中国社会民生福祉走势做出些许贡献。

（承担人：邢占军、陈肖涵）

中国居民
客观福祉报告

ZHONG GUO JU MIN KE GUAN FU ZHI BAO GAO

2016—2020年中国居民客观福祉的走势与区域差异

2016—2020年，中国实施了《中华人民共和国国民经济和社会发展第十三个五年规划纲要》。"十三五"时期是全面建成小康社会①的决胜阶段，是实现第一个百年奋斗目标的收官阶段，也是为实现第二个百年奋斗目标打好基础的关键时期。五年里，中国政府妥善应对错综复杂的国际形势、艰巨繁重的国内改革发展稳定任务，经受住了新冠肺炎疫情带来的严重冲击，经济运行总体平稳，脱贫攻坚成果举世瞩目，生态环境明显改善，教育、卫生、文化等领域发展取得新成就，建成世界上规模最大的社会保障体系，人民生活水平与生活质量显著提高，经济社会发展取得新的历史性成就。本书在完善中国居民客观福祉评价指标体系的基础上，对2016—2020年中国居民客观福祉走势进行分析，深入考察决胜全面建成小康社会阶段我国居民生活质量的改善情况。

一、中国居民客观福祉评价指标体系的调整与完善

本书采用的中国居民客观福祉评价指标体系，是在山东大学生活质量与公共政策研究中心课题组以往研究成果的基础上②③④调整完善而形成的，聚

① 2020年，全面建成小康社会目标如期实现。

② 参见邢占军等：《公共政策导向的生活质量评价研究》，山东大学出版社2011年版，第30～32页。

③ 参见邢占军主编：《中国幸福指数报告（2006—2010）》，社会科学文献出版社2014年版，第24～26页。

④ 参见邢占军主编：《中国幸福指数报告（2011—2015）》，社会科学文献出版社2018年版，第2～4页。

焦全面建成小康社会的关键领域，结合了“十三五”期间经济社会发展的新特征。通过该指标体系，可以系统考察包括健康与基本生存福祉、经济福祉、社会福祉、文化福祉、环境福祉在内的居民客观福祉状况。

（一）相关指标的调整

鉴于部分指标数据的可得性和解释力，课题组经过多轮定性和定量分析，对 2016 年中国客观福祉评价指标体系（共 40 个指标）中的 3 个指标进行了调整，将农村自来水普及率、基尼系数、环境污染治理投资占 GDP 的比重分别替换为乡市政公共设施供水普及率、城乡居民收入比、工业污染治理投资占工业生产总值的比重①，确定了表 1 所呈现的由 40 个指标构成的中国居民客观福祉评价指标体系（2022 年版）②。

表 1　中国居民客观福祉评价指标体系（2022 年版）

一级指标	二级指标	三级指标名称及编号		数据来源
健康与基本生存福祉	健康	1	千人拥有医生数	《中国卫生健康统计年鉴》③
		2	围产儿死亡率	《中国卫生健康统计年鉴》
		3	平均预期寿命	国家统计局数据
	基本生存	4	城市燃气普及率	《中国统计年鉴》
		5	乡市政公共设施供水普及率	《中国城乡建设统计年鉴》
		6	农村卫生厕所普及率	《中国卫生健康统计年鉴》
		7	千人民用载客汽车拥有量	《中国统计年鉴》
		8	万车车祸死亡率	《中国统计年鉴》

① 指标调整依据与分析分别在《中国居民健康与基本生存福祉报告》《中国居民经济福祉报告》《中国居民社会福祉报告》和《中国居民环境福祉报告》中具体呈现。

② 各指标具体含义解释详见各分报告附录。

③ 曾用名：《中国卫生统计年鉴》《中国卫生和计划生育统计年鉴》，2018 年更名为《中国卫生健康统计年鉴》，下同。

续表

一级指标	二级指标	三级指标名称及编号		数据来源
经济福祉	收入	9	居民人均可支配收入	《中国统计年鉴》
		10	城乡居民收入比	《中国统计年鉴》
	消费	11	城乡居民人均生活消费支出	《中国统计年鉴》
		12	居民消费价格指数	《中国统计年鉴》
		13	城乡居民家庭恩格尔系数	《中国统计年鉴》
	劳动就业	14	城镇登记失业率	《中国统计年鉴》
		15	第三产业增加值占 GDP 的比重	《中国统计年鉴》
		16	工资收入占 GDP 的比重	《中国统计年鉴》
文化福祉	教育水平	17	初、中、高等教育生师比	《中国统计年鉴》
		18	成人识字率	《中国统计年鉴》
		19	6 岁及以上人口平均受教育年限	《中国统计年鉴》
		20	文教娱乐消费占总消费性支出比重	《中国统计年鉴》
	文化休闲	21	人均文化和旅游事业费①	《中国文化文物与旅游统计年鉴》②
		22	万人接入互联网的用户数	《中国统计年鉴》
		23	万人拥有图书、报纸、期刊数目	《中国统计年鉴》

① 2019 年之前为“人均文化事业费”。

② 曾用名：《中国文化文物统计年鉴》，下同。

续表

一级指标	二级指标	三级指标名称及编号		数据来源
社会福祉	保障救济	24	基本社会保险覆盖率	《中国统计年鉴》
		25	城镇低保平均支出水平	《中国民政统计年鉴》
		26	农村低保平均支出水平	《中国民政统计年鉴》
		27	人均民政事业费支出水平	《中国民政统计年鉴》
	社会互助	28	人均社会捐赠款数	《中国民政统计年鉴》
		29	万人社会组织数	《中国统计年鉴》
	福利服务	30	千人医疗机构床位数	《中国统计年鉴》
		31	社区服务设施覆盖率	《中国统计年鉴》
		32	城市每万人公共厕所数	《中国统计年鉴》
环境福祉	资源与环境	33	单位 GDP 能耗	《中国统计年鉴》
		34	城市空气质量达标率	《中国统计年鉴》
		35	城市人均绿化覆盖面积	《中国城市建设统计年鉴》
	环境污染及治理	36	工业废气排放总量	《中国环境统计年鉴》
		37	工业废水排放总量	《中国环境统计年鉴》
		38	工业固体废物综合利用率	《中国统计年鉴》
		39	工业污染治理投资占工业生产总值的比重	《中国统计年鉴》
		40	城市生活垃圾无害化处理率	《中国城市建设统计年鉴》

（二）指标权重及评价函数的调整

鉴于本轮评价指标体系有所调整，同时为了保证评价结果更加符合社会经济发展实际形势，课题组重新进行了权重分析。对于确定评价指标权重的方法，本书继续使用主客观结合的构权法：层次—主成分分析法①。该方法的基本思路是：首先应用层次分析法对专家评价进行量化分析，确定各指标的初步权重，然后采用主成分分析法对无量纲化处理和初步加权处理后的指标统计数据进行分析，利用因素载荷信息确定各指标的最终权重，在此基础上形成评价函数，便于进行年度趋势分析，并解决主客观构权法存在的制约性问题，以提高评价函数的科学性，具体步骤如下。

第一，使用数据标准化/无量纲化方法来消除量纲的影响，使得不同单位的单项指标可以加总，同时各年度得分可以进行纵向比较。② 如果该指标数值与客观福祉评价呈正向关系，则按照公式①处理；如果该指标数值与客观福祉评价呈负相关，则按照公式②处理。在处理过程中采用每个指标 2006 年的最小值（最大值）进行计算，为方便起见，记第 i 个指标的最小值和最大值分别为 $X^i_{\min}$ 和 $X^i_{\max}$，C 为常数：

$$Z_i = \frac{X_i - X^i_{\min}}{X^i_{\max} - X^i_{\min}} + C \quad ①$$

$$Z_i = \frac{X^i_{\max} - X_i}{X^i_{\max} - X^i_{\min}} + C \quad ②$$

第二，层次分析法继续使用上一轮报告中的专家主观权重，计算时采用专家加权几何平均法。③ 各指标主观权重系数详见各分报告相应章节。

第三，主成分分析中选用的数据全部来自国家统计局和有关政府部门公开发布的统计年鉴数据（数据来源详见表 1）。在主成分分析层面，首先对无量纲化处理后的各指标数据进行初步加权（依据层次分析法获得的初步权重），然后进行主成分分析，得到最终的客观福祉评价函数：

$$Y = 0.3603 \times A + 0.1978 \times B + 0.2613 \times C + 0.0787 \times D + 0.1019 \times F \quad ③$$

公式③中 Y 为客观福祉评价函数，A、B、C、D、F 分别代表健康与基

---

① Z. J. Xing & L. Chu，"Research on Constructing Composite Index of Objective Well-being from China Mainland"，*Statistics in Transition*，2012，vol. 13，no. 2，pp. 419-438.

② 参见卢洪友、祁毓：《中国教育基本公共服务均等化进程研究报告》，《学习与实践》2013 年第 2 期，第 129～140 页。

③ 参见邢占军主编：《中国幸福指数报告（2011—2015）》，社会科学文献出版社 2018 年版，第 5 页。

本生存福祉、经济福祉、文化福祉、社会福祉和环境福祉的评价分数，字母前的系数则为分析获取的各部分权重。健康与基本生存福祉、经济福祉、文化福祉、社会福祉和环境福祉五个评价函数的获取同样采用上述方法。[①]

二、2016—2020 年中国居民客观福祉走势

（一）中国居民客观福祉总体走势

依据本次调整完善后的中国居民客观福祉指标体系，可以得到 2016—2020 年中国居民客观福祉评价指数。从图 1 和表 2（图 1 为居民客观福祉得分，以 2016 年得分为基数，经标准化后得到表 2 的居民客观福祉指数）中可以看出，2016—2020 年中国居民客观福祉指数持续提升，得分从 2016 年的 0.8608 提升到 2020 年的 0.9163，增幅达到 6.45%，且增幅保持了逐年上升的势头。尤其是在突发新冠肺炎疫情和国际经济下行背景下，2020 年居民客观福祉指数仍实现了 2.05%的年度增幅，且为“十三五”期间增幅最大的一年。

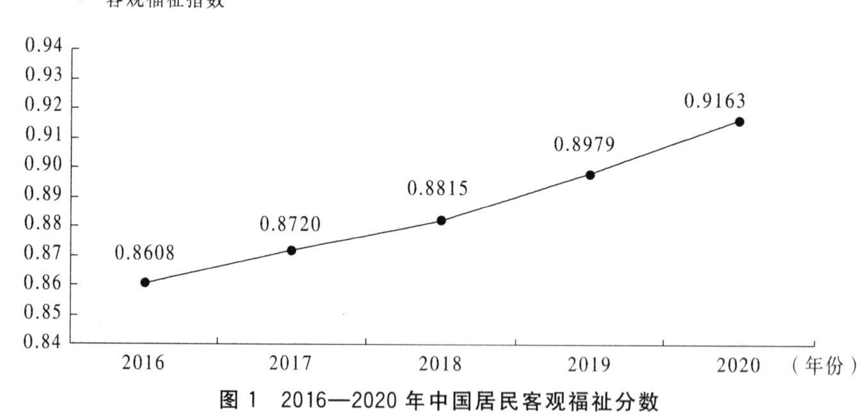

图 1　2016—2020 年中国居民客观福祉分数

① 由于进行了新一轮的权重分析，本书延续以往的做法，比照 2017 年版的指标权重系数，对本轮指标权重系数的变化进行分析，探讨了系数变化的依据，具体内容详见各分报告。

表 2　2016—2020 年中国居民客观福祉指数

	健康与基本生存福祉指数	经济福祉指数	文化福祉指数	社会福祉指数	环境福祉指数	总体福祉指数
2016 年	100.00	100.00	100.00	100.00	100.00	100.00
2017 年	101.55	100.92	101.07	100.65	101.60	101.30
2018 年	102.45	101.91	101.18	101.77	103.28	102.40
2019 年	103.35	103.27	101.82	103.47	107.50	104.31
2020 年	104.47	102.87	102.25	104.11	113.55	106.45

2020 年初暴发的新冠肺炎疫情给世界带来了严峻的挑战，也对中国居民客观福祉的改善造成了极大影响。面对这一严峻挑战，我国采取了强有力的疫情防控举措，抗击新冠肺炎疫情斗争取得了重大战略成果，同时各级政府全面统筹推进疫情防控和经济社会发展工作，抓紧恢复生产生活秩序，我国成为疫情发生以来第一个恢复增长的主要经济体，有力抵御了疫情给经济社会发展带来的冲击，保证了居民客观福祉的持续平稳提升。

从客观福祉的 5 个具体领域来看，总体上“十三五”时期福祉指数均有所提升，但表现有所不同。环境福祉指数增幅最大，达到了 13.55%；健康与基本生存福祉、社会福祉、文化福祉指数增幅也稳步提升，五年里分别提升了 4.47%、4.11%和 2.25%；经济福祉指数则在 2020 年经历了小幅度的降低，但总体来看仍比“十三五”初期增长了 2.87%。

（二）中国居民健康与基本生存福祉走势

健康与基本生存福祉的评价维度包括健康和基本生存两个方面，共 8 个指标。“十三五”期间居民健康与基本生存福祉指数表现出了稳定增长的趋势。从表 3 可以看出，健康福祉中的千人拥有医生数指标、基本生存福祉中的千人民用载客汽车拥有量和万车车祸死亡率指数的改善情况尤为突出。

表 3　2016—2020 年中国居民健康与基本生存福祉具体指数

	2016 年	2017 年	2018 年	2019 年	2020 年
千人拥有医生数	100.00	105.63	112.12	119.91	125.54
围产儿死亡率	100.00	90.69	84.36	79.60	81.98

续表

	2016 年	2017 年	2018 年	2019 年	2020 年
平均预期寿命	100.00	100.26	100.65	101.05	101.87
乡市政公共设施供水普及率	100.00	109.57	110.20	111.96	116.64
城市燃气普及率	100.00	100.53	100.99	101.61	102.22
农村卫生厕所普及率	100.00	101.74	108.51	111.65	114.80
千人民用载客汽车拥有量	100.00	112.86	125.13	136.35	145.37
万车车祸死亡率	100.00	89.80	80.08	72.81	66.44

健康福祉方面，“十三五”期间是我国卫生健康事业发展的重要时期，国家召开卫生与健康大会，印发实施《“健康中国 2030”规划纲要》，健康中国战略全面启动。五年以来，我国公共卫生体系不断壮大，城乡医疗服务网络持续完善，全民健身运动广泛开展，尤其是有力应对了突如其来的新冠肺炎疫情，居民人均预期寿命再提高 1 岁，主要健康指标总体上优于中高收入国家平均水平。[①] 具体来看，千人拥有医生（包含执业医师和助理医师）数从 2016 年的 2.31 人增长到 2020 年的 2.9 人，反映了五年来我国医疗卫生水平尤其是医疗卫生人才队伍建设的改善状况，这是“病有所医”的基础性保障。当然我们也应该看到，虽然医生从业人数每年都有长足进步，但与当前居民的就医需求相比，医疗资源总体上还是比较紧缺，尤其是高质量医疗卫生人才队伍比较缺乏，且存在着地区和城乡差距，基本医疗卫生服务均等化水平仍待继续提升。围产儿死亡率指数虽然在 2020 年出现小幅上扬（为 4.14‰），但整体上仍呈现出下降趋势（从 2016 年的 5.05‰下降至 2019 年的 4.02‰，且与 2010 年的 7.02‰相比，下降了 2.88 个千分点），反映了“十三五”期间我国妇幼保健工作质量的显著提升。根据生命周期理论，妇幼保健工作质量的提升，为居民健康质量的整体改善奠定了坚实的基础。而促进儿童健康成长，能够为国家可持续发展提供宝贵资源和不竭动力，也是建设社会主义现代化强国、实现中华民族伟大复兴中国梦的重要支撑。

---

① 参见《“十三五”我国全力实施健康中国战略》，2020 年 10 月 28 日，http://www.gov.cn/xinwen/2020-10/28/content_5555694.htm。

基本生存福祉方面，农村卫生厕所普及率的增长直接得益于“十三五”期间国家层面“厕所革命”工作的推进。党的十八大以来，习近平总书记高度重视“厕所革命”这项基础性民生工作，党中央、国务院相继下发多个文件推进“厕所革命”，农村则成为该项工作的重点实施地区，“厕所革命”也被列为乡村振兴战略的主要工作之一。[①] 2018 年，中共中央办公厅、国务院办公厅印发《农村人居环境整治三年行动方案》，标志着全国层面“厕所革命”工作的全面推开。该方案实施以来，全国农村卫生厕所普及率大幅提高。截至 2020 年底，全国农村卫生厕所普及率超过 68%，累计改造农村户厕 4000 多万户，其中，东部地区及中西部城市近郊区等有基础、有条件的地区，实现无害化治理的农村卫生厕所普及率超过 90%，已初步完成厕所改造，全国其他地区的农村卫生厕所普及率也均大幅提升[②]，农村人居环境得到明显改善，有力提升了农村居民的生存福祉。千人民用载客汽车拥有量与万车车祸死亡率指数的改善，则体现了“十三五”期间居民交通出行质量的显著提升。千人民用载客汽车拥有量从 2016 年的 117.73 辆增长到 2020 年的 171.13 辆，增幅为 45.36%，硬件方面得到极大改善，下一步的优化重点应是继续提高交通出行的智慧管理水平，不断提升居民出行的便利、舒适程度和通勤效率。出行安全方面，万车车祸死亡率的下降与交通管理法律法规的不断完善、居民交通出行安全意识的持续增强等因素密不可分。

（三）中国居民经济福祉走势

经济福祉的评价维度包括收入、消费和劳动就业三个方面，共 8 个指标（见表 4）。虽然 2020 年的增速有所放缓，但 2016—2020 年中国居民经济福祉指数仍增长了近 3%，反映了中国经受住了错综复杂的国际形势和经济下行压力加大的考验，总体经济实力和居民经济福祉向着可持续的方向发展。

---

① 参见《中共中央国务院关于实施乡村振兴战略的意见》，2018 年 2 月 4 日，http://www.xinhuanet.com/politics/2018-02/04/c_1122366449.htm。

② 参见王登山主编：《中国农村人居环境发展报告（2021）》，社会科学文献出版社 2021 年版，第 58～71 页。

表 4　2016—2020 年中国居民经济福祉具体指数

	2016 年	2017 年	2018 年	2019 年	2020 年
居民人均可支配收入	100.00	109.04	118.50	129.02	135.13
城乡居民收入比	100.00	99.65	98.76	97.24	94.10
城乡居民人均生活消费支出	100.00	107.08	116.02	125.99	123.96
居民消费价格指数	100.00	99.61	100.10	100.88	100.49
城乡居民家庭恩格尔系数	100.00	97.34	94.35	93.69	100.33
城镇登记失业率	100.00	97.01	94.53	90.05	105.47
第三产业增加值占 GDP 的比重	100.00	100.57	101.72	103.63	104.01
工资收入占 GDP 的比重	100.00	97.04	95.67	97.22	100.66

居民人均可支配收入增长对经济福祉改善的带动作用持续彰显。2020 年，全国居民人均可支配收入达 32189 元，五年间年均实际增长 5.6%，党的十八大报告提出的“到 2020 年城乡居民人均收入比 2010 年翻一番”的目标如期实现。城乡居民收入差距持续缩小，城乡居民收入比从 2016 年的 2.72 下降到 2020 年的 2.56。值得一提的是，2020 年城乡居民人均可支配收入比与 2019 年相比下降 0.08，是党的十八大以来下降幅度最大的一年。在提升居民可支配收入并逐步改善居民收入分配格局的过程中，增加农民收入始终是党和政府关注的重点。得益于国家脱贫攻坚和农业农村改革发展的深入推进，五年里农村居民收入增速明显快于城镇居民，从收入增长来看，2016—2020 年，农村居民人均可支配收入年均名义增长 7.9%，年均增速快于城镇居民 1.4 个百分点，农民增收成效显著，为缩小城乡差距、改善收入分配格局奠定了良好基础。

生活消费水平整体上呈稳步提升态势，但突发的新冠肺炎疫情给 2020 年居民消费水平的增长和结构的优化带来了一定的冲击。消费水平方面，2020 年全国居民人均消费支出增长与 2019 年相比略有下降；消费结构方面，全国城乡居民家庭恩格尔系数在经历了多年的持续下降后，也于 2020 年产生小幅上扬。具体分析来看，受疫情影响，居民复工复学延迟，出行与社会交往减少，居家时间延长，社会交往与文化娱乐类消费开始减少，而食品类消费支出则有所增加，直接导致居民家庭恩格尔系数小幅上涨。如何持续统筹做好经济发展、疫情防控和安全生产工作三件大事，不断提振居民增收信心和消费信心，同时推进餐饮、旅游、交通运输等受疫情冲击较大行业的消费复苏，是下一步相关政策关注的重点。

与疫情冲击密切相关的还有就业情况。城镇登记失业率在“十三五”期间基本维持在4.2%以下的较低水平，仅在2020年有所上升，达到4.24%，总体上低于5%以内的预期控制目标。党的十九大报告指出，“要坚持就业优先战略和积极就业政策，实现更高质量和更充分就业”。“十三五”期间累计实现城镇新增就业6564万人，年度城镇新增就业人数保持在1100万人，全国就业人员稳定在7.7亿人以上，超额完成5000万人的目标任务，就业形势总体稳定；第三产业就业规模不断扩大，2020年末达到3.6亿人，占比从2016年的43.3%升至2020年的47.7%；劳动者素质普遍提高，技能人才总量增至2亿人，其中高技能人才达5000万人，就业质量不断提升。面对疫情可能出现的持续反复情况，继续“保就业”是保障居民稳定增收、提振其消费信心，进而促进居民经济福祉不断提升的基础性举措。

（四）中国居民文化福祉走势

文化福祉的评价维度包括教育水平和文化休闲两个方面，共7个指标。2016—2020年，中国居民文化福祉指数提升了2.25%，五年间保持稳定上升。表5呈现了2016—2020年中国居民文化福祉相关指数的基本走势。

表5 2016—2020年中国居民文化福祉具体指数

	2016年	2017年	2018年	2019年	2020年
初、中、高等教育生师比	100.00	99.52	99.61	99.69	99.44
成人识字率	100.00	100.45	100.36	100.73	102.13
6岁及以上人口平均受教育年限	100.00	101.48	101.44	102.23	104.00
文教娱乐消费占总消费性支出比重	100.00	101.74	100.58	104.60	86.49
人均文化和旅游事业费	100.00	110.44	119.36	136.47	138.28
万人接入互联网的用户数	100.00	108.29	120.61	126.89	129.96
万人拥有图书、报纸、期刊数目	100.00	101.93	102.85	99.95	95.85

教育水平是检验一个社会文明发展程度的基本指标，也是提升居民幸福

感知能力的重要途径。[①] 初、中、高等教育生师比主要体现教育资源的投入状况，合理化、均衡化的生师比通常被看作教育现代化所追求的必要目标。[②] 从“十三五”期间该指标的表现来看，其整体呈现平稳发展态势。两个反映教育成效性内涵的指标，即成人识字率和 6 岁及以上人口平均受教育年限持续提升，2020 年分别达到 96.74%（2016 年为 94.72%）和 9.50 年（2016 年为 9.13 年），教育强国战略实施成效显著。但是从绝对数量来看，截至 2020 年底，全国文盲人口总数为 3775.02 万人，扫盲工作还面临着较严峻的挑战。我国各级教育普及程度均达到或超过中高收入国家平均水平，实现了从大众化向普及化的历史性跨越[③]，不断满足人民群众对更加公平优质教育的需求、加快推动教育的高质量发展成为“十四五”时期努力的重要方向。

文化与休闲是居民生活质量和福祉改善的重要影响因素。[④⑤] 2020 年，文教娱乐消费占总消费性支出比重在连续几年较稳定上升后，呈现出明显的下降趋势。究其原因，突发的新冠肺炎疫情以及疫情防控所采取的管控措施，是导致居民文化娱乐类消费下降的最直接因素。数字中国建设是“十三五”期间我国创新驱动发展的重要特征和成效之一。在此背景下，2020 年万人接入互联网的用户数较 2016 年增长了 29.96%，建成了全球规模最大的光纤网络和 4G 网络，固定宽带家庭普及率由 2015 年底的 52.6%提升到 2020 年底的 96%，移动宽带用户普及率由 2015 年底的 57.4%提升到 2020 年底的 108%，全国行政村、贫困村通光纤和通 4G 比例均超过 98%，5G 网络建设速度和规模位居全球第一，数字中国建设质量效益加快提升。[⑥] 得益于互联网、大数

---

① 参见胡宏兵、高娜娜：《教育程度与居民幸福感：直接效应与中介效应》，《教育研究》2019 年第 11 期，第 111～123 页。

② 参见许庆豫、俞冰、刘标：《江苏省与 OECD 高等教育现代化比较》，《教育与经济》2012 年第 3 期，第 14～19 页。

③ 参见《“数”看“十三五”：教育改革发展成就概述》，2020 年 12 月 1 日，http://www.moe.gov.cn/fbh/live/2020/52692/sfcl/202012/t20201201_502591.html。

④ 参见张铮、陈雪薇：《文化消费在收入与主观幸福感关系中的中介作用及边界条件探究》，《南京社会科学》2018 年第 8 期，第 149～156 页。

⑤ 参见王芳、亢雄：《休闲：社会福利的拓展与国民幸福感的增加》，《学术探索》2011 年第 2 期，第 119～123 页。

⑥ 参见《国家互联网信息办公室发布〈数字中国发展报告（2020 年）〉》，2021 年 7 月 3 日，http://www.gov.cn/xinwen/2021-07/03/content_5622668.htm。

据、人工智能、云计算等技术的支撑和赋能，在线教育、数字文旅等蓬勃发展，同时在战"疫"期间有效助力复工复产复课，实现了常态化疫情防控下文化休闲生产与消费的有序拓展，保障了居民文化福祉的持续改善。还需注意的是，在万人接入互联网的用户数稳定上升的同时，万人拥有图书、报纸、期刊数目却在经历了多年的增长后于2019年开始出现拐点，较2016年下降了4.15%。在数字化、智能化的背景下，电子阅读、有声阅读发展迅速，视频化阅读成为新趋势。截至2020年底，我国数字阅读用户规模达4.94亿，比2019年增长5.56%，人均电子书阅读量9.1本，人均有声书阅读量6.3本；"电子书+有声书"的人均数字阅读量较2019年增长5.5%，而人均纸质书阅读量为6.2本，比2019年减少2.6本。[①] 数字阅读已势不可当。如何提高数字阅读供给质量和居民高质量精神文化需求满足精准度，并防范数字鸿沟对老年人等群体文化可及性的不利影响，以数字赋能加快全民阅读的脚步，切实助推全体居民文化福祉稳定增长，应是政府和社会需要关注并着力解决的问题。

（五）中国居民社会福祉走势

社会福祉的评价维度包括保障救济、社会互助和福利服务三个方面，共9个指标。"十三五"期间中国居民社会福祉持续增长，增幅仅次于环境福祉和健康与基本生存福祉。表6呈现了2016—2020年中国居民社会福祉各具体指数的基本走势。

表6　2016—2020年中国居民社会福祉具体指数

	2016年	2017年	2018年	2019年	2020年
基本社会保险覆盖率	100.00	96.26	104.22	105.70	107.75
城镇低保平均支出水平	100.00	109.77	123.79	128.55	149.64
农村低保平均支出水平	100.00	118.36	137.03	146.15	184.31
人均民政事业费支出水平	100.00	108.48	74.26	77.67	86.57
人均社会捐赠款数	100.00	94.31	103.05	109.11	115.17
万人社会组织数	100.00	107.82	115.28	121.78	125.52

① 参见《〈2020年度中国数字阅读报告〉发布》，2021年4月22日，https：//www.nppa.gov.cn/nppa/contents/280/75940.shtml。

续表

	2016 年	2017 年	2018 年	2019 年	2020 年
千人医疗机构床位数	100.00	106.58	112.38	117.37	120.25
社区服务设施覆盖率	100.00	105.79	112.58	140.87	137.92
城市每万人公共厕所数	100.00	101.84	105.88	107.72	112.87

在社会福祉评价的 9 个指标中，农村低保平均支出水平的增幅最大，2020 年比 2016 年增长了 84.31%。“十三五”期间是我国打赢脱贫攻坚战和全面建成小康社会的决胜阶段，农村和农民是实现两大目标的关键。2015 年，《中共中央 国务院关于打赢脱贫攻坚战的决定》提出了“确保到 2020 年农村贫困人口实现脱贫”的目标，其中“实行农村最低生活保障制度兜底脱贫”是十三项精准扶贫方略之一。[①] 2016 年，国务院发布《“十三五”脱贫攻坚规划》，提出要“完善农村最低生活保障制度”，强调要“农村低保标准动态调整”，并且“确保 2020 年前所有地区农村低保标准逐步达到国家扶贫标准”[②]。同年，民政部、国务院扶贫办、中央农办、财政部、国家统计局、中国残联联合出台《关于做好农村最低生活保障制度与扶贫开发政策有效衔接的指导意见》，为推动两项制度有效衔接、形成制度合力，在打赢脱贫攻坚战中发挥农村低保制度的重要作用指明了方向。截至 2020 年末，我国农村最低生活保障支出超过 1426 亿元，在助力脱贫攻坚战中发挥了不可替代的作用。

社区服务设施是指以非营利为目的，为本社区居民服务，特别是为老年人、残疾人和儿童服务的社区服务中心、活动站、服务站、养老站、老年公寓（托老所）、残疾人工疗站、残疾儿童日托所、家居服务站、婚姻介绍所等福利性设施以及职工社会保险管理服务的机构，其覆盖率的增长与“十三五”期间国家颁布实施《城乡社区服务体系建设规划（2016—2020 年）》等一系列重要政策及重视社区服务设施投入等举措密不可分。[③]

① 参见《中共中央 国务院关于打赢脱贫攻坚战的决定》，《人民日报》2015 年 12 月 8 日。

② 《国务院关于印发“十三五”脱贫攻坚规划的通知》，2016 年 12 月 2 日，http://www.gov.cn/zhengce/content/2016-12/02/content_5142197.htm。

③ 参见《城乡社区服务体系建设规划（2016—2020 年）》，2017 年 7 月 7 日，https://www.ndrc.gov.cn/fggz/fzzlgh/gjjzxgh/201707/t20170707_1196830.html?code=&state=123。

这里需要说明社会福祉中两个指标的统计口径和项目调整所引起的数据变化。一是 2018 年人均民政事业费支出出现大幅度下降，并不是由于项目本身支出数额降低了，而是受民政机构改革的影响，抚恤、退役安置、自然灾害救助和医疗救助等职能从民政部门转出，民政事业费支出项目随之调整，进而造成了人均民政事业费支出数额的下降；二是基本社会保险覆盖率也于 2017 年有小幅下降，主要原因是 2016 年城镇居民医疗保险和新型农村合作医疗全面启动全国层面的制度整合，实施之初，新旧制度重合导致实际参保人数减少，但之后参保率逐年稳步上升，连续多年达到 95%以上，参保人数超过 13.5 亿人，基本实现了“应保尽保”，建成了世界上规模最大的基本医疗保障网，而基本社会保险覆盖率（包含基本养老保险和基本医疗保险覆盖率）则在 2020 年末达到 94.18%。值得一提的是，2016 年在巴拿马召开的国际社会保障协会第 32 届全球大会上，国际社会保障协会将社会保障杰出成就奖（2014—2016）授予中华人民共和国政府，以表彰中国政府近年来在扩大社会保障覆盖面方面取得的卓越成就。①

（六）中国居民环境福祉走势

环境是人们赖以生存与发展的重要条件和基础。环境福祉的评价维度包括资源与环境和环境污染及治理两个方面，共 8 个指标（见表 7）。2016—2020 年，相对于其他分指数，环境福祉指数的增幅最大，五年里提高了 13.55%。党的十八届五中全会将“美丽中国”纳入“十三五”规划。党的十九大报告进一步指出，“必须树立和践行绿水青山就是金山银山的理念，坚持节约资源和保护环境的基本国策”，要“加快生态文明体制改革，建设美丽中国”。2018 年，生态环境部还全面启动了蓝天、碧水、净土保卫战。五年里，协同推进经济高质量发展和生态环境高水平保护的理念已经深入人心，生态文明建设取得巨大成就，中国居民环境福祉各指数也实现了大幅度提升。

---

① 参见《中国政府获“国际社会保障协会社会保障杰出成就奖”》，2016 年 11 月 18 日，http://www.mohrss.gov.cn/SYrlzyhshbzb/dongtaixinwen/buneiyaowen/201611/t20161118_259793.html。

表 7　2016—2020 年中国居民环境福祉具体指数

	2016 年	2017 年	2018 年	2019 年	2020 年
单位 GDP 能耗	100.00	96.30	93.31	90.89	97.83
城市空气质量达标率	100.00	99.16	101.11	106.79	113.71
城市人均绿化覆盖面积	100.00	104.42	104.42	113.01	122.80
工业废气排放总量	100.00	75.90	67.14	63.25	36.25
工业废水排放总量	100.00	73.81	66.04	62.39	40.11
工业固体废物综合利用率	100.00	91.77	91.77	91.77	93.13
工业污染治理投资占工业生产总值的比重	100.00	74.23	61.83	58.13	43.48
城市生活垃圾无害化处理率	100.00	101.16	102.42	102.67	103.24

能源消耗总量和强度双控行动的深入实施，使得单位 GDP 能耗持续降低，其中 2020 年，虽然 GDP 增速受新冠肺炎疫情影响大幅下降，单位 GDP 能耗降幅收窄，但与 2016 年相比仍然保持了下降趋势，比 2015 年累计降低 13.2%。[①] 而大规模国土绿化行动带来了森林覆盖率的提升（从 2015 年的 21.7%提高到 2020 年的 23%以上），城市人均绿化覆盖面积五年里增长了 22.8%。空气质量方面，《打赢蓝天保卫战三年行动计划》等举措深入推进实施，“十三五”时期，化学需氧量、氨氮、二氧化硫、氮氧化物等主要污染物排放总量分别累计减少 13.8%、15.0%、25.5%和 19.7%，工业废气排放总量下降幅度超过 50%，地级及以上城市空气质量优良天数比率提升至 87%，细颗粒物（PM2.5）未达标地级及以上城市浓度累计下降 28.8%，“十三五”规划目标均超额完成。2020 年国家统计局调查结果显示，公众生态环境满意度达到 89.5%，比 2017 年提高了 10.7 个百分点。资源与环境质量的改善成效获得民众高度认可，居民环境福祉水平明显提升。

但需要注意的是，当前污染防治工作中存在的弱项和短板还有待进一步补足。如表 7 数据显示，工业固体废物综合利用率有小幅下降趋势。另外，在大气环境质量平稳向好的大趋势下，根据生态环境部发布的《2020 中国生

① 参见中华人民共和国生态环境部：《全文实录｜生态环境部部长黄润秋国新办新闻发布会答记者问》，2021 年 8 月 18 日，https：//www.mee.gov.cn/ywdt/zbft/202108/t20210818_858184.shtml。

态环境状况公报》，按照环境空气质量综合指数评价，安阳、石家庄、太原等 21 个城市环境空气质量相对较差，这些城市大多分布于京津冀及周边地区、汾渭平原等地区，而大气污染物排放仍然偏高，其中 PM2.5 浓度依然较高是这些城市环境空气质量排名靠后的主要原因之一。[①] 党的十九届五中全会提出，要“深入打好污染防治攻坚战”。进入新发展阶段，贯彻落实好创新、协调、绿色、开放、共享的新发展理念，着力解决不足和短板，对“十四五”期间打好污染防治攻坚战提出了更高的要求。而加强源头治理，推动能源结构和产业结构转型升级，走绿色低碳发展道路，应是解决问题的关键，最终目标则是增进人民群众对生态环境改善的满意感和获得感，使良好的生态环境真正成为最普惠的民生福祉。

三、中国居民客观福祉的省际比较

本部分选取 2016—2020 年我国各省（自治区、直辖市）层面公开统计数据，采用中国居民客观福祉综合评价函数，可以得到“十三五”期间各省（自治区、直辖市）各年份的居民客观福祉综合评价分数。[②] 该分数可以体现时间序列上的动态变化，为了从空间动态角度直观展示各省（自治区、直辖市）居民客观福祉水平的层次分布、变化趋势以及省域差异特征，保证数据结果分析过程的客观性和有效性，我们运用系统聚类分析方法对各省（自治区、直辖市）居民客观福祉得分做了进一步的聚类分析。通过采用系统聚类分析方法，将每个省份看作一个样本，依据 2016—2020 年我国各省（自治区、直辖市）居民客观福祉得分，每一年分别聚类为 A、B、C、D 四类（得分取值范围依次递减），最后将五年的单独聚类评价结果合并，可以从得分和聚类评价结果的变化情况来分析并揭示居民客观福祉省际层面的差异和变化趋势。表 8 呈现了 2016—2020 年各省（自治区、直辖市）居民客观福祉的具体得分和聚类分析结果。

① 参见《2020 中国生态环境状况公报》，2021 年 5 月 24 日，https://www.mee.gov.cn/hjzl/sthjzk/zghjzkgb/202105/P020210526572756184785.pdf。

② 由于西藏自治区和港澳台地区部分指标数据缺失，因此未进行分析。

表 8　2016—2020 年各省份居民客观福祉评价与聚类分析结果

地区	2016	得分	2017	得分	2018	得分	2019	得分	2020	得分	聚类合并
北京	A	0.9482	A	0.9569	A	0.9641	A	0.9740	A	0.9763	AAAAA
天津	B	0.9118	B	0.9159	B	0.9197	B	0.9256	B	0.9347	BBBBB
河北	D	0.8709	D	0.8755	D	0.8813	D	0.8870	D	0.8947	DDDDD
山西	D	0.8754	D	0.8769	D	0.8805	D	0.8881	D	0.8931	DDDDD
内蒙古	C	0.8844	C	0.8889	C	0.8943	C	0.8992	D	0.9049	CCCCD
辽宁	C	0.8934	C	0.8944	C	0.8998	C	0.9041	C	0.9097	CCCCC
吉林	C	0.8896	C	0.8919	C	0.9010	C	0.9069	C	0.9130	CCCCC
黑龙江	C	0.8855	C	0.8892	C	0.8967	C	0.9000	D	0.9054	CCCCD
上海	A	0.9386	A	0.9470	A	0.9564	A	0.9657	A	0.9706	AAAAA
江苏	B	0.9017	B	0.9113	B	0.9178	B	0.9233	B	0.9334	BBBBB
浙江	B	0.9146	B	0.9244	B	0.9283	B	0.9376	B	0.9447	BBBBB
安徽	D	0.8735	D	0.8791	D	0.8871	D	0.8907	D	0.9036	DDDDD
福建	B	0.9018	B	0.9089	B	0.9143	B	0.9174	B	0.9241	BBBBB
江西	D	0.8774	D	0.8832	D	0.8904	C	0.8963	D	0.9031	DDDCD
山东	C	0.8814	C	0.8911	C	0.8960	C	0.8999	C	0.9084	CCCCC
河南	D	0.8689	D	0.8756	D	0.8800	D	0.8841	D	0.8923	DDDDD
湖北	C	0.8849	C	0.8921	C	0.8964	C	0.8996	D	0.9061	CCCCD
湖南	D	0.8759	D	0.8832	D	0.8889	C	0.8937	D	0.9014	DDDCD
广东	B	0.9008	B	0.9077	B	0.9131	B	0.9162	B	0.9234	BBBBB
广西	C	0.8843	C	0.8886	C	0.8931	C	0.8963	D	0.9027	CCCCD
海南	B	0.8993	C	0.9033	C	0.9091	B	0.9117	C	0.9168	BCCBC
重庆	C	0.8922	C	0.8975	C	0.9044	C	0.9090	C	0.9122	CCCCC
四川	D	0.8731	D	0.8832	D	0.8894	C	0.8965	D	0.9006	DDDCD
贵州	D	0.8740	D	0.8802	D	0.8846	D	0.8890	D	0.8916	DDDDD
云南	D	0.8751	D	0.8824	D	0.8875	D	0.8902	D	0.8941	DDDDD
陕西	D	0.8753	D	0.8788	D	0.8849	D	0.8915	D	0.8981	DDDDD
甘肃	D	0.8688	D	0.8758	D	0.8782	D	0.8897	D	0.8961	DDDDD
青海	D	0.8745	C	0.8865	C	0.8881	C	0.9008	D	0.9039	DCCCD
宁夏	C	0.8847	C	0.8938	C	0.8963	C	0.9071	C	0.9100	CCCCC
新疆	D	0.8778	D	0.8823	D	0.8890	C	0.8969	D	0.9007	DDDCD

根据表8的数据结果，中国各省（自治区、直辖市）的居民客观福祉指数五年间的得分范围为0.8688－0.9763，得分均值为0.9005。总体上看，截至“十三五”末，所有省份的居民客观福祉综合评价得分都呈现出不同程度的上升，其中最大增幅达到3.52%（江苏），最小增幅也超过1.82%（辽宁）。五年间，居民客观福祉指数值增幅大于3%的省份依次为：江苏（3.52%）、安徽（3.45%）、上海（3.41%）、青海（3.36%）、浙江（3.29%）、四川（3.15%）、甘肃（3.15%）和山东（3.06%）。

为进一步考察中国居民客观福祉的区域差异，分析不同水平客观福祉类型特征，基于2016—2020年省际居民客观福祉综合得分及聚类分析情况，可以将各省（自治区、直辖市）居民客观福祉指数分为四类（见表9）。

表9 2016—2020年各省份居民客观福祉综合聚类评价结果分布

类别	相应省份	数量	百分比
第一类	北京、天津、上海、江苏、浙江、福建、广东	7	23.33%
第二类	内蒙古、辽宁、吉林、黑龙江、山东、湖北、广西、海南、重庆、宁夏	10	33.33%
第三类	河北、山西、安徽、江西、河南、湖南、四川、贵州、云南、陕西、甘肃、青海、新疆	13	43.34%

第一类省份主要分布在京津冀和东南沿海，包括北京、天津、上海、江苏、浙江、福建和广东这7个五年里均为B类及以上的省（自治区、直辖市），其居民客观福祉聚类评价结果呈现了较高的水平和较强的稳定性。具体来看，北京作为国家首都，国务院批复确定的中国政治中心、文化中心、国际交往中心、科技创新中心，上海作为国务院批复确定的中国国际经济、金融、贸易、航运、科技创新中心，五年的居民客观福祉评价以及健康与基本生存福祉、经济福祉、环境福祉、社会福祉和文化福祉五个子领域的评价都持续稳定在A类，且两个城市的居民客观福祉增幅分别达到2.96%和3.41%。这反映了五年里两个最具代表性的超大城市，在高质量完成“十三五”经济社会发展目标的同时，着力提升城市能级和核心竞争力，在增进居民客观福祉水平方面取得了显著成效。浙江、天津、江苏、福建和广东的客

观福祉评价连续五年稳定在 B 类，虽略低于北京和上海，但仍处于全国省区的上游水平，且发展趋势持续稳定向好。其中，江苏更是成为全国省区中居民客观福祉提升最快的省份，增幅达到 3.52%，而该省“十三五”期间环境福祉的改善最为明显，从 2016 年的 D 类（得分 0.9658）提升为 2020 年的 A 类（得分为 1.0186），增幅接近 5.5%，对本省居民客观福祉增长的带动作用尤为显著。浙江的五个子领域发展较为均衡，五年里都为 B 类及以上，且文化福祉和社会福祉在多个年份达到 A 类。福建则在环境福祉领域连续五年获得 A 类，成效突出。

第二类有 10 个省份，包括内蒙古、辽宁、吉林、黑龙江、山东、湖北、广西、海南、重庆和宁夏。这些省份 2016—2020 年居民客观福祉基本以 C 类为主，得分处于中上游水平，且发展趋势较为稳定。在这些省份中，山东省的居民客观福祉增幅五年里均超过了 3%，且健康与基本生存福祉水平位居全国前列，连续五年保持在 B 类，但是居民环境福祉评价有四年为 D 类，反映了该省在环境质量改善和污染治理方面相对其他省份力度还不够。黑龙江省的居民环境福祉相对较好，五年里全都在 B 类以上，处于全国上游水平，但是居民文化福祉、社会福祉有待提升。湖北省“十三五”期间的居民文化福祉改善相对不足，有两个年份跌至 D 类，其丰富的高等教育资源作用发挥得不够充分。广西壮族自治区的居民环境福祉优势明显，连续四年达到 A 类，经济福祉、文化福祉和社会福祉水平则有待提升。海南省居民环境福祉连续五年评价为 A 类，处于全国前列，居民的经济、文化、社会福祉稳定向好，但仍有待于进一步提升。“十三五”期间该省居民客观福祉发展出现较大波动，这与居民健康与基本生存福祉增速放缓有关。内蒙古自治区居民文化、经济、环境福祉呈稳定向好态势，但居民的健康与基本生存福祉有待提升。

第三类省份 2016—2020 年的居民客观福祉聚类评价以 D 类为主，评价结果趋势稳定且五年间居民客观福祉水平均处于全国均值水平以下。这一类共有 13 个省份，包括河北、山西、安徽、江西、河南、湖南、四川、贵州、云南、陕西、甘肃、青海和新疆。这些省份中河北为东部沿海省份，其他都为中部和西部省份。从得分来看，上述省区“十三五”期间的居民客观福祉水平都有了长足的进步，其中安徽、青海、四川、甘肃五年的增幅分别达到

3.45%、3.36%、3.15%和3.14%，居民客观福祉增长率处于全国前列。但由于经济社会发展整体水平相对其他发达省区还较弱，这些省区是巩固精准扶贫成效、加快推动共同富裕的重点区域，居民客观福祉整体状况还有较大的改善空间，需要继续补齐短板和弱项。

（承担人：邢占军、褚雷）

中国居民健康与基本生存福祉报告

“十三五”期间，为适应人民日益增长的健康需求，满足人们多样化的基本生存需求，国家通过实施一系列政策措施，加快推进健康中国建设，全面深化医药卫生体制改革、健全全民医疗保障体系、加强重大疾病防治和基本公共卫生服务、加强妇幼卫生保健及生育服务、完善医疗服务体系，居民健康与基本生存质量得到显著改善。本报告将对2016—2020年中国居民健康与基本生存福祉的客观结果做出评价，分析其仍存在的短板并提出有针对性的优化建议。

一、中国居民健康与基本生存福祉指标体系的调整

（一）中国居民健康与基本生存福祉指标的调整

本报告仍采用已有研究对健康与基本生存质量的定义，即社会所提供的、能够满足居民健康与衣食住行等基本生存需要的条件，以及居民对这类基本生存条件的满足程度和评价状况，体现的是居民所享有的健康与基本生存福祉。[①] 在评价层面，则继续分为健康质量与基本生存质量[②]两部分因素。健康质量体现居民可以获得的健康医疗条件和所达到的健康水平，包括千人拥有医生数、围产儿死亡率以及平均预期寿命三项指标；基本生存质量呈现了社

① 参见邢占军主编：《中国幸福指数报告（2011—2015）》，社会科学文献出版社2018年版，第28页。

② 分别以健康质量和基本生存质量来说明健康与基本生存福祉情况。

会所提供的、能够满足居民衣食住行等基本生存需要的条件，包括乡市政公共设施供水普及率、城市燃气普及率、农村卫生厕所普及率、千人民用载客汽车拥有量以及万车车祸死亡率五项指标。

综合考虑各指标解释度以及“十三五”期间统计数据获取具体情况，本报告对健康与基本生存福祉指标体系进行了以下调整。针对健康部分的平均预期寿命指标，由于省级层面数据暂未公开，因此通过往年已有公开数据建立模型预估。具体以2006—2015年的省级数据为参考，采取数据模拟的方式进行预测，各省份选取拟合优度在0.9及以上的预测公式，分别进行模拟。结果显示部分省份会出现2006—2015年数据拟合优度总是低于0.9的情况，对这些省份2011—2015年的数据进行拟合，拟合优度皆满足0.9的筛选要求，以此完成数据预测，满足平均预期寿命的数据需要。对于基本生存质量部分，鉴于2016年以后国家卫生健康委员会①未对外公布农村自来水普及率这一指标的省级层面数据，因此将“农村自来水普及率”替换为“乡市政公共设施供水普及率”。乡市政公共设施供水普及率指的是报告期末建成区（村庄）用水人口与建成区（村庄）人口的比率，通常用来说明乡村的公共供水状况，是体现农村居民卫生用水可及性的重要指标。相关分析结果显示，乡市政公共设施供水普及率与农村自来水普及率的相关系数为0.54，且在0.01的水平上显著（结果详见表1，为2011—2015年基本生存质量部分的五个指标原始数据与2011—2015年乡市政公共设施供水普及率数据的相关分析）。理论和实证数据表明，用乡市政公共设施供水普及率替代农村自来水普及率是可行的。另外，在《中国卫生健康统计年鉴》等公开渠道中，只有2016年与2017年的农村改厕的省级数据，因此对2018—2020年农村卫生厕所普及率的省级数据进行数据模拟，以2006—2017年省级农村卫生厕所普及率数据为基础，选取拟合优度不小于0.9的预测公式，完成对相关年份缺失数据的补充。

表1 2011—2015年基本生存质量指标和乡市政公共设施供水普及率相关分析

	农村自来水普及率	城市燃气普及率	农村卫生厕所普及率	千人民用载客汽车拥有量	万车车祸死亡率	乡市政公共设施供水普及率
农村自来水普及率	1	0.563**	0.643**	0.590**	−0.253**	0.540**
城市燃气普及率		1	0.563**	0.405**	−0.338**	0.324**

① 2013—2018年为国家卫生和计划生育委员会。

续表

	农村自来水普及率	城市燃气普及率	农村卫生厕所普及率	千人民用载客汽车拥有量	万车车祸死亡率	乡市政公共设施供水普及率
农村卫生厕所普及率			1	0.501**	−0.274**	0.489**
千人民用载客汽车拥有量				1	−0.560**	0.350**
万车车祸死亡率					1	−0.225**
乡市政公共设施供水普及率						1

注：* 表示 $p\leqslant 0.05$，** 表示 $p\leqslant 0.01$，*** 表示 $p\leqslant 0.001$。双尾检验。

通过上述调整，最终确定了由 8 项指标构成的中国居民健康与基本生存福祉指标体系（见表 2）。

表 2　中国居民健康与基本生存福祉评价指标体系

评价因素	评价指标编号与名称	数据来源
健康	a_1 千人拥有医生数	《中国卫生健康统计年鉴》
	a_2 围产儿死亡率	《中国卫生健康统计年鉴》
	a_3 平均预期寿命	根据国家统计局数据核算
基本生存	a_4 乡市政公共设施供水普及率	《中国城乡建设统计年鉴》
	a_5 城市燃气普及率	《中国统计年鉴》
	a_6 农村卫生厕所普及率	《中国卫生健康统计年鉴》
	a_7 千人民用载客汽车拥有量	《中国统计年鉴》
	a_8 万车车祸死亡率	《中国统计年鉴》

（二）中国居民健康与基本生存福祉评价函数的调整

本书采用层次—主成分分析法来构建健康与基本生存福祉评价函数，沿用上一轮报告中健康与基本生存福祉各个指标对应的专家调查权重 Wi（见表 3）。

表 3　健康与基本生存福祉指标体系的权重

评价指标编号与名称	权重 W_i
a_1 千人拥有医生数（+）	0.1683
a_2 围产儿死亡率（−）	0.1073
a_3 平均预期寿命（+）	0.1446
a_4 乡市政公共设施供水普及率（+）	0.2435
a_5 城市燃气普及率（+）	0.0674
a_6 农村卫生厕所普及率（+）	0.1225
a_7 千人民用载客汽车拥有量（+）	0.0426
a_8 万车车祸死亡率（−）	0.1038

注：表中“+”表示正指标，“−”表示逆指标。

计算健康与基本生存质量指数的目的，是对中国各地生活质量水平进行横向和纵向的比较，因此还需要对原始数据进行标准化处理，消除量纲的影响，将不同单位数据统一成可比较的单位加总为综合指数，同时可进行不同年份之间的纵向比较。使用原有报告数据无量纲化的方法，即以 2006 年为基年，选取该基年各指标最大（最小）值，以后年份各指标值与基年最大（最小）值做减法，再与基年各指标极差相比，具体公式如下。

正指标的无量纲化方法计算公式为：

$$Z_i = \frac{X_i - X_{\min}^{2006}}{X_{\max}^{2006} - X_{\min}^{2006}}$$

逆指标的无量纲化方法计算公式为：

$$Z_i = \frac{X_{\max}^{2006} - X_i}{X_{\max}^{2006} - X_{\min}^{2006}}$$

经过上述处理，我们发现：当某个正指标数据低于基年相应指标的最小值时，无量纲化结果可能小于 0；而当某个逆指标数据大于基年相应指标的最大值时，无量纲化结果可能小于 0。因此，为使最终评价结果均以正值呈现，从而保证指数计算的有效性，我们结合数据处理的具体情况，将数据无量纲化处理公式调整如下。

正指标的无量纲化方法计算公式为：

$$Z_i = \frac{X_i - X_{min}^{2006}}{X_{max}^{2006} - X_{min}^{2006}} + 6$$

逆指标的无量纲化方法计算公式为：

$$Z_i = \frac{X_{max}^{2006} - X_i}{X_{max}^{2006} - X_{min}^{2006}} + 6$$

选取相关指标 2011—2020 年十年的公开数据，无量纲化处理后使用表 3 中的首轮权重 W_i 进行加权转换，再进行主成分分析的操作。按照特征值大于 0.5 以及累计贡献率大于 85％的原则对健康与基本生存福祉分别提取主成分因子。健康质量评价指数因素分析显示，健康质量特征根大于 0.5 的因子有两个，且能够解释整体变异的 89.63％，从而得到健康质量部分各个主成分的载荷矩阵，如表 4 所示。

表 4　健康质量加权处理后的主成分载荷矩阵

	成分	
	1	2
1（a_1）	0.756	－0.603
2（a_2）	0.754	0.605
3（a_3）	0.905	－0.001

先对大于 0.5 的特征值开平方根，再使用表 4 中的数据除以主成分对应的特征值的平方根，从而得到健康质量两个主成分每个指标对应的系数，即可得到特征向量，再将特征向量与使用首轮权重 W_i 加权转换后的指标数据相乘，得到健康质量两个主成分的表达式：

$$F_1 = 0.5401W_1Z_1 + 0.5387W_2Z_2 + 0.6466W_3Z_3$$

$$F_2 = -0.7058W_1Z_1 + 0.7081W_2Z_2 - 0.0012W_3Z_3$$

为了得到较好的综合评价效果，将每个成分对应的方差贡献率作为依据，对上述主成分表达式中的贡献系数进行加权并求和后得到健康质量评价函数：

$$Y_1 = 0.2018W_1Z_1 + 0.5847W_2Z_2 + 0.4707W_3Z_3$$

根据同样的计算方法，得到基本生存质量各个主成分的载荷矩阵，如表 5 所示。

表 5　基本生存质量加权处理后的主成分载荷矩阵

	成分			
	1	2	3	4
1（a_4）	0.740	−0.384	−0.003	0.536
2（a_5）	0.562	0.737	0.343	0.095
3（a_6）	0.734	0.283	−0.605	−0.104
4（a_7）	0.900	−0.062	0.107	−0.043
5（a_8）	0.764	−0.370	0.205	−0.438

然后形成基本生存质量部分的评价函数：

$$Y_2=0.2630W_4Z_4+0.4135W_5Z_5+0.2066W_6Z_6+0.3147W_7Z_7+0.2056W_8Z_8$$

将以上健康质量评价函数与基本生存质量评价函数相加，并经权重归一化处理后即可得到健康与基本生存福祉评价的最终函数公式：

$$Y=0.0772W_1Z_1+0.2235W_2Z_2+0.1799W_3Z_3+0.1005W_4Z_4+0.1581W_5Z_5+0.0790W_6Z_6+0.1203W_7Z_7+0.0615W_8Z_8$$

从评价函数公式来看，由于本轮指标体系有所变化，因此各指标权重较2011—2015 年各指标权重也相应地产生了变化，具体变化如表 6 所示。

表 6　健康与基本生存福祉各指标权重比较

二级指标	三级指标	上轮系数	本轮系数	变动差
健康	a_1 千人拥有医生数	0.0815	0.0772	−0.0043
	a_2 围产儿死亡率	0.1977	0.2235	0.0258
	a_3 平均预期寿命	0.1596	0.1799	0.0203
基本生存	a_4 乡市政公共设施供水普及率	0.1014①	0.1005	—
	a_5 城市燃气普及率	0.1386	0.1581	0.0195
	a_6 农村卫生厕所普及率	0.0772	0.0790	0.0018
	a_7 千人民用载客汽车拥有量	0.0972	0.1203	0.0231
	a_8 万车车祸死亡率	0.1467	0.0615	−0.0852

注：①此为上一轮评估中农村自来水普及率指标对应的系数。

表 6 呈现了本轮指标权重系数与上一轮指标权重系数的对比。根据结果可知，与上一轮相比，健康质量 3 项指标权重均变动较小，而基本生存质量

部分中万车车祸死亡率的权重系数变化相对较大。综合分析来看，万车车祸死亡率系数的下降可能源于以下三方面的原因。其一，近年来各级相关部门对酒驾醉驾违法犯罪行为实施有效治理。针对酒驾醉驾反复性、顽固性和长期性特点，公安部交通管理局下发《关于2019年治理酒驾醉驾违法犯罪行为的指导意见》，部署各地公安交管部门常态长效、综合治理酒驾醉驾违法犯罪行为，努力实现城市、县乡、高速全覆盖，同部署、共整治，白天、夜间不间断，无盲区，全管控。经严查严管严整严治，酒驾醉驾违法犯罪行为显著减少，酒驾醉驾交通事故起数、死亡人数、受伤人数实现“三下降”[①]。其二，道路条件不断改善。交通运输部报告显示，到“十三五”期末，全国公路通车里程约510万公里，其中高速公路15.5万公里，高速公路通车里程将稳居世界第一。[②] 农村公路建设方面，截至2020年9月底，中国新建、改建农村公路138.8万公里，农村居民交通出行基础条件有了一定程度的改善。[③] 其三，居民道路出行安全意识提升。“十三五”时期各地十分重视道路交通安全宣传教育工作，切实加强对道路交通安全宣传教育的组织领导，并不断拓宽宣传渠道，提高道路安全宣传教育从业人员的素质能力，有效促进居民道路出行安全意识的提升。

二、2016—2020年中国居民健康与基本生存福祉分析

根据健康与基本生存福祉评价函数，本部分选取2016—2020年的公开统计数据，对除西藏及港澳台地区的30个省（自治区、直辖市）的健康与基本生存福祉进行综合评价，得到各省（自治区、直辖市）健康与基本生存质量

① 参见本刊编辑部：《公安部交管局部署治理酒驾醉驾违法犯罪行为》，《汽车与安全》2020年第1期，第8～10页。

② 参见《交通运输“十三五”成绩单出炉，公路通车里程约510万公里》，2020年10月28日，https://www.sohu.com/a/427781543_354905。

③ 参见《交通运输部：到“十三五”末预计高铁运营里程约3.8万公里，居世界第一》，2020年10月23日，http://china.cnr.cn/news/20201023/t20201023_525306879.shtml。

状况。以下将分别对 2016—2020 年各省（自治区、直辖市）健康与基本生存福祉、健康质量以及基本生存质量的评价结果进行分析。

（一）2016—2020 年中国居民健康与基本生存福祉综合评价

1. 健康与基本生存福祉整体趋势与分析

图 1 呈现了中国居民健康与基本生存福祉“十三五”期间的评价结果以及与“十一五”和“十二五”期间分析结果的对比和发展趋势。根据结果可知，2006 年以来，中国居民健康与基本生存福祉综合评价得分总体呈增长态势，且“十一五”“十二五”“十三五”期间的增长率分别为 4.67%、3.60%、4.27%。

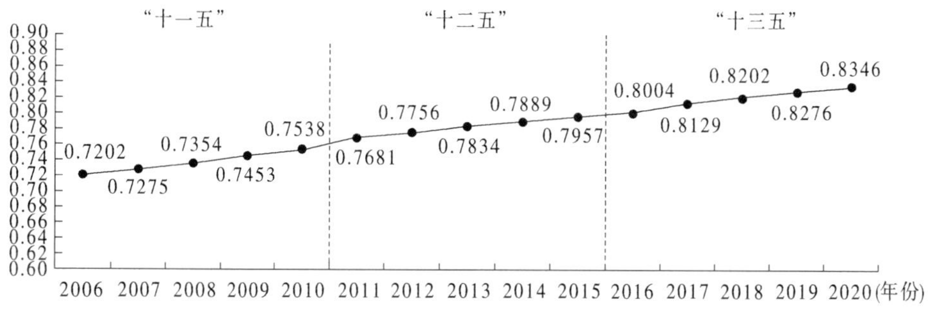

图 1　2006—2020 年中国居民健康与基本生存福祉综合评价得分趋势

健康是社会生产力的基础，也是国家富强、民族振兴的基石和标志。[①] 党和国家高度重视卫生与健康事业的发展。在战略规划与制度改革上，2016 年，中共中央、国务院印发实施了《“健康中国 2030”规划纲要》，明确了推进健康中国建设的蓝图与行动纲领。党的十九大报告进一步提出要“实施健康中国战略”，标志着党和政府将人民健康上升到事关现代化建设全局的高度，将“健康中国战略”正式确立为一项国家战略。为适应人民群众日益增长的健康需求和经济社会发展对卫生事业发展的新要求，国家制定《“十三五”卫生与健康规划》，将人民健康放在优先发展的战略位置。2018 年 5 月，国家医疗保障局正式成立，一方面，将三大政府医疗保险管理职能和医疗救助职能整合到一个部门，实现了医疗保险和医疗救助工作的相互衔接，控制公立医院医

① 参见王秀峰：《健康中国战略的地位、作用与基本要求》，《卫生经济研究》2019 年第 4 期，第 3～6 页。

疗费用不合理增长，推动建立统一的全民医疗保险制度；另一方面，整合分散的医疗职能，统一为“组织制定和调整药品、医疗服务价格和收费标准”的职能，有利于建立全国统一的社会保险公共服务平台，促进国内医疗事业的健康发展。在财政支持上，据财政部数据显示，2016—2020 年，全国财政卫生健康支出从 13159 亿元增长到 17545 亿元，年均增长 7.5%，比同期全国财政支出增幅高出 0.4 个百分点，占全国财政支出的比重由 7%提高到 7.1%。个人就医费用负担减轻，个人卫生支出占比由 28.8%下降到 28.4%。国家财政投入为卫生健康事业的发展提供了有力的资金支持。目前，中国已基本建立了多层次、广覆盖的全民医疗保障体系，建立起世界上最大的医疗保障网。2020 年，新冠肺炎疫情突然暴发，国家通过不断完善防控体制机制，健全公共卫生应急管理体系，使得人民生命健康得到有力维护。健康事业的良好发展对于居民幸福感的提高以及国民经济的向好发展有着重要影响，也是全面建成小康社会的重要基础保障。

基本生存需要是居民生存生活必不可少的条件。2016 年以来，国家以保障和改善民生为出发点和落脚点，突出抓重点、补短板、强弱项，促进各项民生事业不断发展。在农村发展建设上，各级政府积极开展乡村振兴战略规划的发布与实施，乡村振兴制度框架基本形成。在环境卫生改造上，据农业农村部数据显示，全国农村卫生厕所普及率超过 65%，行政村生活垃圾收运处置体系覆盖率超过 90%，农村人居环境整治三年行动目标任务基本完成。[①]在交通建设上，城际、城市、农村交通服务能力不断增强，居民出行更加便捷。居民基本生活保障体系的不断完善，改善了居民的衣食住行条件，使得居民的基本生存质量得到更好的保障。

2. 健康与基本生存福祉省际分析

运用健康与基本生存质量综合评价函数得到各地区最终的健康与基本生存质量综合得分。为保证数据结果分析过程的科学性，采取瓦尔德系统聚类分析的方法分别对各地区健康与基本生存质量的年度得分进行分类。瓦尔德系统聚类法又称离差平方和法，是目前较为成熟的聚类方法，通过该方法的

① 参见《农村人居环境整治三年行动任务基本完成》，2020 年 12 月 28 日，http://www.gov.cn/xinwen/2020-12/28/content_5574093.htm。

分析，可突出类型区内的同质性和类型区外的差异性，以体现研究对象之间的综合差异。[①] 通过采用系统聚类方法，将除西藏、港澳台地区外的30个省（自治区、直辖市）2016—2020年健康与基本生存福祉得分，每一年分别聚类为A、B、C、D四类（得分取值范围依次递减，健康与基本生存水平由高到低），最后将五年的单独聚类评价结果合并，由此可以从得分和聚类评价结果的变化情况来综合分析该部分福祉在省际层面的差异和发展趋势。表7反映了2016—2020年各省（自治区、直辖市）具体得分和聚类分析情况。

表7　2016—2020年各省份健康与基本生存福祉指数与聚类评价情况

地区	2016	得分	2017	得分	2018	得分	2019	得分	2020	得分	聚类合并
北京	A	0.8336	A	0.8386	A	0.8392	A	0.8426	A	0.8410	AAAAA
天津	B	0.8197	B	0.8213	B	0.8182	B	0.8212	B	0.8266	BBBBB
河北	C	0.8028	C	0.8075	C	0.8116	C	0.8141	C	0.8174	CCCCC
山西	C	0.7966	C	0.8004	D	0.8015	D	0.8034	D	0.8058	CCDDD
内蒙古	C	0.7940	C	0.7975	D	0.7990	D	0.8026	C	0.8077	CCDDC
辽宁	C	0.7963	C	0.7998	D	0.8034	C	0.8074	C	0.8108	CCDCC
吉林	C	0.7952	C	0.8020	C	0.8074	C	0.8103	C	0.8192	CCCCC
黑龙江	C	0.7986	C	0.8020	D	0.8053	C	0.8075	C	0.8120	CCDCC
上海	A	0.8312	A	0.8331	A	0.8348	A	0.8369	A	0.8393	AAAAA
江苏	B	0.8209	B	0.8225	B	0.8247	B	0.8278	B	0.8286	BBBBB
浙江	B	0.8184	B	0.8234	B	0.8216	B	0.8247	B	0.8264	BBBBB
安徽	C	0.7947	C	0.8004	D	0.8034	C	0.8071	C	0.8116	CCDCC
福建	B	0.8137	B	0.8172	B	0.8199	C	0.8180	B	0.8246	BBBCB
江西	C	0.7923	C	0.7985	D	0.7996	D	0.8023	D	0.8045	CCDDD
山东	B	0.8147	B	0.8191	B	0.8207	B	0.8233	B	0.8254	BBBBB
河南	C	0.7978	C	0.7995	D	0.8042	C	0.8066	C	0.8113	CCDCC

① 参见项晓敏、金晓斌、杜心栋等：《基于Ward系统聚类的中国农用地整治实施状况分析》，《农业工程学报》2015年第6期，第257～265页。

续表

地区	2016	得分	2017	得分	2018	得分	2019	得分	2020	得分	聚类合并
湖北	C	0.8041	C	0.8088	C	0.8114	C	0.8137	C	0.8141	CCCCC
湖南	C	0.7941	C	0.8010	D	0.8010	C	0.8051	C	0.8076	CCDCC
广东	B	0.8092	B	0.8157	B	0.8168	C	0.8170	C	0.8182	BBBCC
广西	C	0.8005	C	0.8042	C	0.8064	C	0.8100	C	0.8114	CCCCC
海南	B	0.8084	C	0.8116	C	0.8111	C	0.8145	C	0.8161	BCCCC
重庆	C	0.8025	C	0.8064	C	0.8108	C	0.8133	C	0.8136	CCCCC
四川	C	0.7979	C	0.8062	C	0.8090	C	0.8133	C	0.8158	CCCCC
贵州	D	0.7878	D	0.7919	D	0.7934	D	0.7964	D	0.7990	DDDDD
云南	D	0.7868	D	0.7933	D	0.7970	D	0.8001	D	0.8031	DDDDD
陕西	C	0.7945	C	0.8000	D	0.8031	C	0.8060	C	0.8093	CCDCC
甘肃	D	0.7804	D	0.7913	D	0.7972	D	0.8018	D	0.8046	DDDDD
青海	D	0.7787	D	0.7858	D	0.7897	D	0.7927	D	0.7966	DDDDD
宁夏	C	0.7933	C	0.7998	C	0.8071	C	0.8124	C	0.8142	CCCCC
新疆	D	0.7890	C	0.7964	D	0.8026	C	0.8095	C	0.8091	DCDCC

基于2016—2020年省际健康与基本生存福祉综合得分及聚类情况，可以将30个省（自治区、直辖市）健康与基本生存福祉指数分为四类（见表8）。

表8　2016—2020年各省份健康与基本生存福祉聚类评价结果分布

类别	相应省份	数量	百分比
第一类	北京、天津、上海、江苏、浙江、山东	6	20.00%
第二类	河北、辽宁、吉林、黑龙江、安徽、福建、河南、湖北、湖南、广西、重庆、四川、陕西、宁夏、广东、海南	16	53.33%
第三类	贵州、云南、甘肃、青海	4	13.33%
第四类	山西、内蒙古、江西、新疆	4	13.33%

注：因四舍五入，各类百分比之和不一定完全等于100%。下同。

第一类的特征是：聚类评价结果稳定性强且水平高。具体来看，北京与上海两个直辖市健康与基本生存福祉综合评价得分稳居全国前列，连续五年健康与基本生存福祉水平综合评定均为A类。天津、浙江、江苏和山东则连续五年被评为 B 级，并表现出稳定增长的态势。

第二类的特征是：聚类评价结果的稳定性较强。这些省份在 2016—2020 年至少 4 个年份被评为 C 类及以上（如 CCCCC、CCBCC、CDCCC），属于此类的 16 个省份健康与基本生存福祉的综合评价处于中游水平。在地区分布上，东、中、西以及东北地区省份均有，东北三省均在此类，但从得分和年度聚类情况来看，吉林省较为突出，后面会对该省进行典型性分析。

第三类的特征是：聚类评价结果的稳定性较强但水平较低。该类省份在 2016—2020 年健康与基本生存福祉聚类评价以 D 类为主，五年里健康与基本生存福祉水平均处于全国均值水平以下，此类包含了 4 个省份，均属于西部地区，这些地区年度聚类的类型未发生变化。从具体得分来看，这些省份的得分逐年提升，但是与其他省份相比得分和提升速度均相对落后。

第四类的特征是：聚类评价结果波动性较大。此类中包含的省份在健康与基本生存福祉上，一部分波动上升至中上游水平，一部分波动下降至中下游水平。

从各地横向比较来看，2016—2020 年参与分析的 30 个省（自治区、直辖市）的健康与基本生存质量指数存在一定的差距。以 2020 年数据为例，A 类的北京和上海，指数得分在 0.84 左右，而 D 类中的青海居民健康与基本生存质量指数为 0.7966。在分类上，得分较高的 A、B 类地区多属于东部，而排名靠后的 D 类地区多属于西部，我国居民健康与基本生存质量指数总体呈现东高西低的特征。

从纵向分析来看，四种类型省份的健康与基本生存质量指数得分均呈现增长的态势。其中属于第一、第二类的省（自治区、直辖市）有 22 个，反映出大部分地区的发展速度是较快的，尤其是宁夏回族自治区，观察其得分与类别，其在西部地区中表现最为突出。另外是东北三省中的吉林，该省从 C 类的得分中下游上升至 C 类上游，在“十三五”期间保持较好的增长水平。这里选取宁夏与吉林这两个增长情况较为突出的地区来进一步分析。

宁夏回族自治区在健康与基本生存质量相关的多个指标上均有着向好的发展态势。其一，在城乡居民日常生活上，宁夏回族自治区遵循“节水优先、空间均衡、系统治理、两手发力”的新时期治水方针，紧紧围绕宁夏回族自治区脱贫攻坚战略、空间发展战略，现代农业及新型工业化、城镇化发展布局，乡市政公共设施供水普及率从 2016 年的 75.99％上升至 2020 年的 94.29％。至“十三五”期末，宁夏回族自治区已历史性地解决了 300 多万城乡居民安全饮水问题[①]，充分体现了该地区在改善城乡基本公共服务上的成效。其二，在医疗卫生事业上，宁夏回族自治区的围产儿死亡率从2016年的8.79‰下降至2020年的4.7‰，围产儿死亡率的大幅度降低反映出宁夏回族自治区医疗卫生事业推动的有效性。“十三五”期间，宁夏回族自治区实现了参保率与统筹层次的双提升、医保筹资标准和待遇水平的双优化，并且积极应对新冠肺炎疫情，为3.1万户企业累计减免职工医保费4.13亿元，助力“六保”（保居民就业、保基本民生、保市场主体、保粮食能源安全、保产业链供应链稳定、保基层运转）任务落实到位，从而提高公共服务能力，群众就医满意度不断提升。[②] 其三，在农村人居环境整治上，宁夏回族自治区先后出台《关于推进农村“厕所革命”专项行动的实施意见》《宁夏农村厕所建设技术指导意见》《宁夏农村钢筋混凝土三格式化粪池建设技术指导意见》等系列文件，健全完善农村改厕政策意见和技术体系。在“十三五”期间，宁夏回族自治区顺利完成农村人居环境整治三年行动任务，建设卫生户厕10.5万户，改建乡村公路1200公里，建成特色小镇12个、美丽村庄100个[③]，农村居民生活环境条件获得明显改善。

“十三五”期间，吉林省居民健康与基本生存质量提升明显，主要原因分析如下。首先，在农村水利水电建设上，吉林省按照水利部、省委和省政府决策部署，以“水利行业补短板”“水利行业强监管”为总基调，有序开展农村水利水电建设。各级部门强化资金筹措，五年投入达86.9亿元，超过前11年建设资金的1.5倍[④]，全省乡市政公共设施供水普及率从2016年的50.15%上升为2020年的85.26%，巩固并提升了620万农村居民饮水安全保障水平。其次，在医疗卫生上，吉林省从基础设施建设、服务能力、人才培养三个方

---

① 参见《宁夏回族自治区“十三五”时期新型城镇化取得明显成效》，2021年12月9日，https://m.thepaper.cn/baijiahao_15769470。

② 参见《自治区人民政府办公厅关于印发宁夏回族自治区全民医疗保障“十四五”规划的通知》，2021年11月9日，http://www.nx.gov.cn/zwgk/qzfwj/202111/t20211109_3120656.html。

③ 参见《2021年宁夏回族自治区政府工作报告》，2021年2月5日，http://tj.nx.gov.cn/tztg/202102/t20210207_2595158.html。

④ 参见《吉林省农村水利水电工作视频会议材料》，2021年3月4日，http://nssd.mwr.gov.cn/ztbd/2021nssdgzh/jlfy/202103/t20210304_1502108.html。

面提升基层医疗卫生服务能力，大力推进健康脱贫工作，五年里，该省的千人拥有医生数从2016年的2.55名上升至2020年的3.53名，围产儿死亡率由6.67‰下降至5.37‰，居民健康水平向好发展。最后，在农村人居环境改造上，吉林省大力开展美丽宜居乡村建设，尤其在农村改厕方面，采取实际、实用的改造模式，并辅以较多的资金支持。2019—2020年，吉林省争取了中央资金3.01亿元，主要用于支持贫困地区开展农村人居环境整治和全省农厕改造。在2020年内，该省打造美丽庭院、干净人家40万户，打造3A级标准示范村2000个[①]，美丽乡村建设卓有成效，大大改善了农村居民的生活环境。

（二）2016—2020年中国居民健康质量的综合评价

1. 健康质量整体趋势与分析

运用健康评价函数对中国2016—2020年相关统计数据进行分析，得到"十三五"期间中国居民健康质量趋势。通过图2数据计算可知，中国居民健康质量增长率在"十一五""十二五""十三五"期间分别为4.10%、3.92%、4.14%。相比前两个时期，"十三五"时期健康质量增速有所上升，下面将针对健康质量的三个指标做进一步分析。

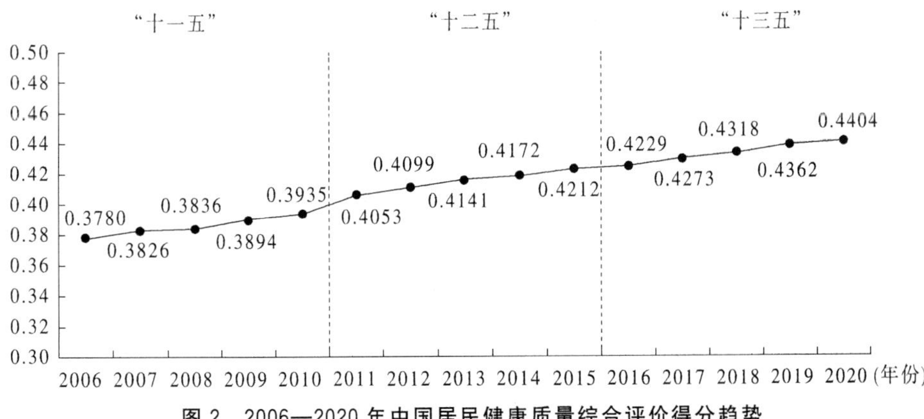

图2　2006—2020年中国居民健康质量综合评价得分趋势

① 参见《我省农村人居环境整治成效显著》，2021年1月15日，http：//www.jl.gov.cn/zw/yw/jlyw/202101/t20210115_7911066.html。

健康质量包含 3 项评价指标，分别是围产儿死亡率、千人拥有医生数以及平均预期寿命。2016—2020 年中国居民健康质量各评价指标变化趋势见图 3、图 4 和图 5。纵向来看，中国居民健康质量指数随时间推移呈上升趋势，具体到各指标：围产儿死亡率明显下降，2016 年为 5.05‰，到“十三五”期末下降至 4.14‰，下降 0.91 个千分点；千人拥有医生数明显增加，由 2016 年的 2.31 人增加到 2020 年的 2.90 人，增长率为 25.5%；2020 年平均预期寿命达到 77.93 岁，较 2016 年（76.5 岁）提高 1.43 岁，高出世界平均预期寿命（72 岁）5.93 岁。

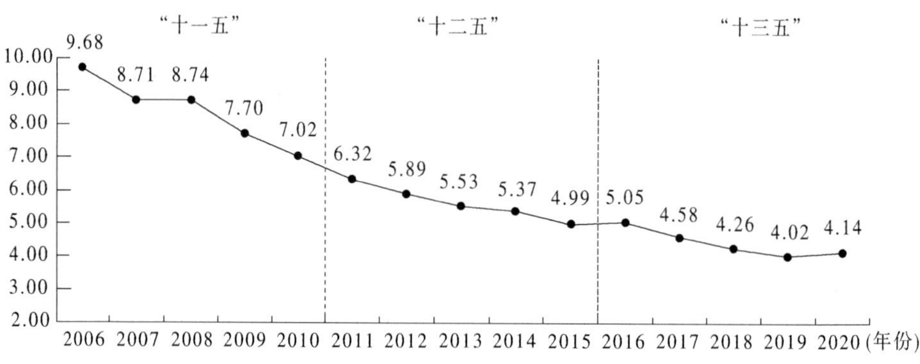

图 3 2006—2020 年围产儿死亡率变化趋势

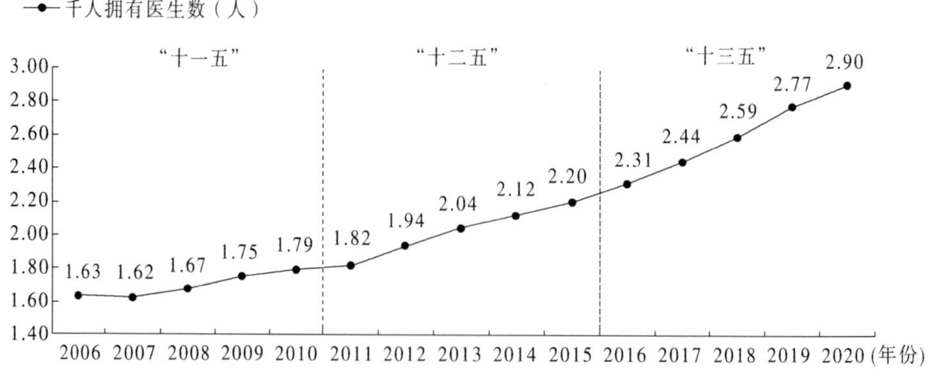

图 4 2006—2020 年中国居民千人拥有医生数变化趋势

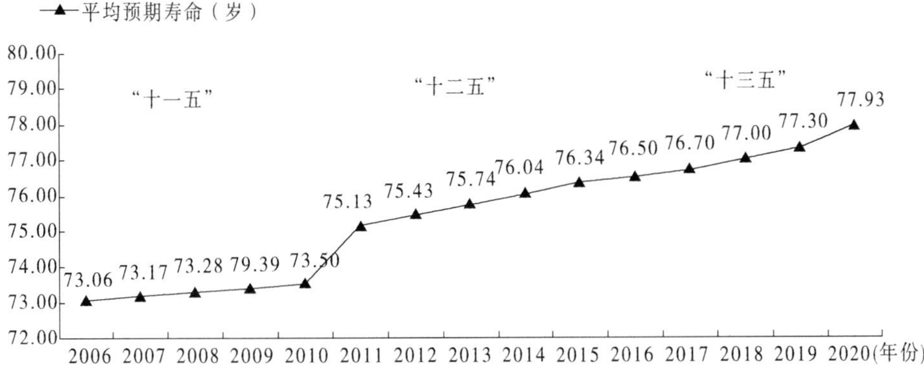

图 5　2006—2020 年中国居民平均预期寿命变化趋势

"十三五"期间居民健康质量走势良好，与这一时期我国医疗保障制度、基本医疗服务体系、医疗人才培养与服务能力建设密不可分。

医疗保障是党和国家减轻群众就医负担、增进民生福祉、维护社会和谐稳定的重要制度安排。"十三五"期间，以基本医保、大病保险和医疗救助为主体的多层次医疗保障制度框架基本形成。根据《2020 年医疗保障事业发展统计快报》，2020 年我国居民基本医疗保险覆盖 13.61 亿人，参保覆盖率继续保持在 95%以上，全民医保持续巩固发展。具体地，职工医保参保人数为 34423 万人，比 2019 年同期增加近 1500 万人，增长 4.6%，尤其在新冠肺炎疫情冲击、经济增速有所下降的情况下，职工医保仍保持了较快的增长。对于新冠肺炎疫情给居民健康造成的影响，国家第一时间提出"两个确保"①，及时调整医保支付政策，优化疫情期间经办服务，为企业复工复产提供有力支持。2020 年是脱贫攻坚的收官之年，医保扶贫在其中也发挥了重要作用。医保资助贫困人口参加基本医保，保障了贫困人口参保率稳定在 99.9%，实现了基本医疗有保障的目标。

在基本医疗服务体系方面，2016 年出台的《"十三五"深化医药卫生体制改革规划》明确提出，深化医改将坚持以人民健康为中心，坚持保基本、强基层、建机制，坚持政府主导与发挥市场机制作用相结合，坚持推进供给侧结构性改革，坚持医疗、医保、医药联动改革，坚持突出重点、试点示范、

---

① "两个确保"指的是：确保患者不因费用问题影响就医、确保收治医疗机构不因支付政策影响救治。

循序推进。到 2017 年，基本形成较为系统的基本医疗卫生制度政策框架；到 2020 年，基本建立覆盖城乡居民的基本医疗卫生制度，实现人人享有基本医疗卫生服务。在政府主导下，我国医疗卫生资源总量持续增加，《2020 年我国卫生健康事业发展统计公报》数据显示，截至 2020 年末，全国医疗卫生机构总数达 102.2922 万个，比 2016 年增加 3.9528 万个，增幅达 4.02%。其中，医院 3.5394 万个，基层医疗卫生机构 97.0036 万个，与 2016 年相比，医院增加 0.6254 万个，基层医疗卫生机构增加 4.3518 万个。医疗卫生资源的增加为中国基本医疗服务体系的发展提供了重要支持，推动了中国健康事业的发展。

在医疗人才培养与服务能力建设方面，五年来，我国卫生健康人才队伍持续发展壮大，人才资源总量稳步增长。2020 年末，卫生人员总数中，卫生技术人员 1067.8 万人，其中执业（助理）医师 408.6 万人，与 2016 年比较，职业（助理）医师人数增长 28%。[①] 为提高医疗人才素质水平，中国深化医教协同，构建起院校教育、毕业后教育、继续教育有机衔接的医学人才培养制度，使卫生人才培养体系初步实现了与国际主流医师教育培训模式和行业惯例接轨。在此基础上，规范化培训住院医师，多渠道加快培养紧缺人才，定向免费培养本科医学生，大力开展远程继续医学教育和面向基层卫生人员的继续教育。在区域医疗卫生人才资源分布差异的问题上，国家卫生健康委员会创新“组团式”援藏援疆工作，累计选派近千名专家分批进藏入疆。在城乡医疗卫生人才资源分布不均问题上，国家卫生健康委员会等部门采取积极开展农村订单定向医学生免费培养的方式，为农村输送医疗人才。2015—2019 年顺利毕业并履约的 2.4 万余名免费培养医学生的工作岗位基本得到落实[②]，基层卫生人才学历结构和执业资质明显改善，服务能力明显提升。此外，更多强基层的保障政策在各地实施，比如为破解乡镇卫生院和村卫生室对卫生人才吸引力较差的现实难题，实施“县属乡用、乡属村用”专项招聘计划；为解决基层卫生人才待遇偏低问题，通过乡镇补贴建立贫困地区基层

---

① 参见《2020 年我国卫生健康事业发展统计公报》，2021 年 7 月 22 日，http://www.gov.cn/guoqing/2021-07/22/content_5626526.htm。

② 参见《卫生技术人员稳步增到 1000 多万》，2021 年 8 月 20 日，http://www.hebwsjs.gov.cn/html/zwyw/20210820/381645.html。

卫生人才激励机制，提高在岗和离岗村医收入待遇和社会保障等。在政策鼓励和资金支持下，中国卫生健康人才队伍实现了数量和质量的双增长，带动了医疗技术能力和医疗质量水平双提升。

五年里，我国围产儿死亡率有所下降，这与国家对妇女儿童的健康保障情况的密切关注分不开。“十三五”期间，我国加强妇幼保健和计划生育技术服务资源整合，构建形成资源共享、优势互补、运转高效的妇幼健康服务体系；加强妇幼保健机构标准化建设与规范化管理，为妇女儿童提供生命全周期、健康全过程服务和管理。[①] 与此同时，国家启动实施妇幼健康保障工程并提供大量资金支持，中央下达预算内投资 110.8 亿元，支持 617 个妇幼保健机构建设，项目地区妇幼保健机构基础设施明显改善，服务能力显著提升。通过组建妇幼健康服务联合体、远程医疗、对口支援等方式，促进优质妇幼健康服务资源下沉，使得基层医疗卫生机构服务能力显著提升，孕产妇死亡率从 2015 年的 20.1/10 万下降至 2019 年的 17.8/10 万，婴儿死亡率从 2015 年的 8.1‰降至 2019 年的 5.6‰，5 岁以下儿童死亡率从 2015 年的 10.7‰降至 2019 年的 7.8‰[②]，妇幼群体的健康得到了有力保障。

平均预期寿命是度量人口健康状况的一个重要指标。中国居民平均预期寿命的上升与五年来国家在健康事业上的多方面投入密切相关。2016—2020 年，国家累计安排中央预算内投资 1415 亿元，支持包括疾控中心建设等 8000 多个公共卫生医疗项目，总投资比“十二五”时期增加了 23%，基本建立了覆盖全民的公共卫生服务体系[③]，并在同期成功应对了甲型 H1N1 流感、H7N9、埃博拉出血热等突发疫情。在居民医疗资源建设上，2015—2019 年，千人医疗机构床位数从 5.11 张增长到 6.30 张，千人执业（助理）医师数从 2.22 人增长到 2.77 人，丰富的医疗卫生资源为居民健康生活提供了保障。此外，健康扶贫工作成果显著，五年来，在贫困区医疗资源配置上，中国实现了在 832 个贫困县中每个县至少有 1 家公立医院，其中 10 万人口以上的县至

---

① 参见《中国妇幼健康事业发展报告（2019）》，2019 年 5 月 27 日，http：//www.nhc.gov.cn/fys/s7901/201905/bbd8e2134a7e47958c5c9ef032e1dfa2.shtml。

② 参见《巡礼“十三五”·迈向全民健康这五年：妇幼健康有了更坚实保障》，2020 年 11 月 10 日，http：//wsjkw.hebei.gov.cn/html/zwyw/20201110/373544.html。

③ 参见《“十三五”期间我国累计安排 1415 亿元支持 8000 多个公共卫生医疗项目》，2020 年 10 月 28 日，http：//www.gov.cn/xinwen/2020-10/28/content_5555685.htm。

少有1家公立医院达到二级以上医院服务能力，每个乡镇和每个行政村都有1个卫生院和卫生室并配备合格医生，贫困群众常见病、慢性病基本能够就近获得及时诊治。在贫困区医疗保障配置上，将全部贫困人口纳入城乡居民基本医保、大病保险、医疗救助制度三重保障范围，同时实行县域内住院先诊疗后付费和“一站式”结算，减轻医疗费用垫资负担。城乡医疗体系的不断完善，为城乡居民的健康提供了有力保障。

2. 健康质量省际分析

运用健康质量综合评价函数得到各地区最终的健康质量综合得分。为保证数据结果分析过程的科学性，采取聚类分析的方法分别对各地区健康质量的年度得分进行分类，此部分具体的得分与类别情况如表9所示。

表9　2016—2020年各省份健康质量指数得分与聚类评价情况

地区	2016	得分	2017	得分	2018	得分	2019	得分	2020	得分	聚类合并
北京	A	0.4413	A	0.4431	A	0.4448	A	0.4461	A	0.4465	AAAAA
天津	B	0.4285	B	0.4319	B	0.4332	B	0.4350	B	0.4389	BBBBB
河北	C	0.4229	C	0.4249	C	0.4263	C	0.4276	C	0.4289	CCCCC
山西	D	0.4170	D	0.4186	D	0.4197	C	0.4214	C	0.4224	DDDCC
内蒙古	C	0.4194	D	0.4207	D	0.4216	C	0.4235	C	0.4238	CDDCC
辽宁	B	0.4262	B	0.4286	B	0.4302	B	0.4320	B	0.4331	BBBBB
吉林	C	0.4250	B	0.4268	B	0.4289	B	0.4301	B	0.4332	CBBBB
黑龙江	C	0.4207	C	0.4224	C	0.4232	C	0.424	C	0.4263	CCCCC
上海	A	0.4394	A	0.4410	A	0.442	A	0.4441	A	0.4453	AAAAA
江苏	B	0.4281	B	0.4292	B	0.4303	B	0.4319	B	0.4322	BBBBB
浙江	B	0.4295	B	0.4304	B	0.4315	B	0.4324	B	0.4320	BBBBB
安徽	C	0.4206	C	0.4218	C	0.4231	C	0.4244	C	0.4264	CCCCC
福建	B	0.427	B	0.429	B	0.4313	B	0.4332	B	0.4346	BBBBB
江西	D	0.4166	D	0.417	D	0.4177	D	0.4186	D	0.4195	DDDDD
山东	B	0.4263	B	0.4278	B	0.4298	B	0.4312	B	0.4321	BBBBB
河南	C	0.4215	C	0.4227	C	0.4236	C	0.4248	C	0.4257	CCCCC
湖北	C	0.423	C	0.4244	C	0.4258	C	0.4264	C	0.4272	CCCCC
湖南	C	0.4224	C	0.4238	C	0.4244	C	0.4256	C	0.4262	CCCCC

续表

地区	2016	得分	2017	得分	2018	得分	2019	得分	2020	得分	聚类合并
广东	C	0.4236	C	0.4245	C	0.4254	C	0.426	C	0.4260	CCCCC
广西	C	0.4186	D	0.4195	D	0.4207	C	0.422	C	0.4231	CDDCC
海南	C	0.4242	C	0.4253	C	0.4267	C	0.4279	C	0.4285	CCCCC
重庆	C	0.4230	C	0.4239	C	0.4256	C	0.4271	C	0.4274	CCCCC
四川	C	0.4232	C	0.4246	C	0.4260	C	0.4273	C	0.4282	CCCCC
贵州	D	0.4135	D	0.4148	D	0.4155	D	0.4176	D	0.4181	DDDDD
云南	D	0.4092	D	0.4119	D	0.4138	D	0.4157	D	0.4175	DDDDD
陕西	C	0.4217	C	0.4234	C	0.4245	C	0.4265	C	0.4269	CCCCC
甘肃	D	0.4121	D	0.4128	D	0.4144	D	0.4158	D	0.4167	DDDDD
青海	D	0.4122	D	0.4138	D	0.4158	D	0.4173	D	0.4190	DDDDD
宁夏	D	0.4151	D	0.4167	D	0.4196	C	0.4227	C	0.4232	DDDCC
新疆	D	0.4099	D	0.4130	D	0.4161	C	0.4208	D	0.4206	DDDCD

从聚类分析与评价结果来看，“十三五”期间，30个省（自治区、直辖市）聚类分析结果总体变化不大，个别省份波动幅度比较大。基于2016—2020年各省份健康质量综合得分及聚类情况，将30个省（自治区、直辖市）健康质量指数分为四类（见表10）。

表10　2016—2020年各省份健康质量聚类评价结果分布

类别	相应省份	数量	百分比
第一类	北京、天津、辽宁、上海、江苏、浙江、福建、山东、吉林	9	30.00%
第二类	河北、黑龙江、安徽、河南、湖北、湖南、广东、海南、重庆、四川、陕西	11	36.67%
第三类	江西、贵州、云南、甘肃、青海、新疆	6	20.00%
第四类	山西、内蒙古、广西、宁夏	4	13.33%

第一类的特征是：聚类评价结果稳定性强且水平高。具体地，北京与上海这两个地区健康质量的综合评价得分稳居全国前列，是30个省份中连续五年健康质量水平被综合评定为A类的地区。天津、浙江、江苏、山东、福建、

辽宁连续五年被评为 B 级，并表现出稳定增长的态势。吉林省则是从 2016 年的 C 级提升到 2017 年的 B 级之后，一直保持在 B 级水平。该类省份在地区分布上，除了辽宁、吉林外，其余都来自东部地区。

第二类的特征是：聚类评价结果的稳定性较强。依据是相关省份在 2016—2020 年至少有 4 个年份被评为 C 类，该类别的 11 个省份在健康质量的综合评价中处于中游水平。该类别省份在地区分布上，东、中、西以及东北地区省份均有涉及，且在第二类别内部呈现出健康水平“东部＞西部＞中部、东北部”的分布特征。

第三类的特征是：聚类评价结果的稳定性较强但水平较低。该类别的省份在 2016—2020 年健康质量的聚类评价以 D 类为主，五年间健康质量水平均处于全国均值水平以下。此类包含了 6 个省份，除了中部的江西省外，其余省份均属于西部地区，这些地区年度聚类的类型未发生变化，在发展上仍有较大的进步空间。从具体的得分数据来看，这些地区的得分都在逐年提升，但是与其他省份相比，这些地区在得分和提升速度上相对落后。

第四类的特征是：聚类评价结果波动性较大。此类中包含的省份有山西、内蒙古、广西、宁夏，它们在健康质量评价的类型上有比较频繁的波动，结合其具体分数的年度比较发现，这四个省份在 D 类的上游与 C 类的下游之间波动不定。相较于第三类，此类省份健康质量的评价水平更高，且呈现出波动上升的态势。

从横向比较来看，2016—2020 年全国除西藏、港澳台外的 30 个省（自治区、直辖市）的健康质量指数存在差距。以 2020 年数据为例，A 类的北京和上海，指数得分在 0.446 左右，而 D 类中甘肃的居民健康质量指数为 0.4167，指数得分存在一定差距。得分较高的 A、B 类地区多属于东部和东北部，而排名靠后的 D 类地区多属于西部，我国居民健康与基本生存质量指数总体上呈现东高西低的特征。

从纵向分析来看，四种类别省份健康质量得分均呈现增长的态势。第一、第二类包含 20 个省（自治区、直辖市），大部分地区的健康质量水平较高，比如河北省。河北省健康质量得分在“十三五”期间提升较快，主要得益于河北省在居民卫生健康方面做出的努力。根据《河北省“十三五”卫生与健康规划》，“十三五”期间，河北省卫生与健康工作着力抓好 8 项重点发展任务：增强公共卫生服务能力，推进健康促进和爱国卫生运动，提高医疗卫生服务水平，推进中医药强省建设，促进人口长期均衡发展，改善重点人群健康状况，推进京津冀卫生与健康协同发展，实施“大健康、新医疗”促进战略。该省还将完善医疗卫生服务体系、卫生人才政策体系和卫生科技创新转化体系。2016 年以来，河北省着力构建覆盖城乡所有居民的医疗卫生服务体系，不断增加卫生资源供给以满足居民的卫生健康需求。截至 2020 年底，全省医疗卫生机构 8.69 万个，较 2015 年增长 10.61%；床位 44.29 万张，较 2015 年增长 29.44%；卫生人员 67.62 万人，较 2015 年增长 26.80%。河北省千人拥有医生数由 2016 年的 2.37 名上升为 2020 年的 3.21 名，围产儿死亡率由 2016 年的 4.06‰降低到 2020 年的 2.88‰。与此同时，河北省不断丰富覆盖全体城乡居民的基本公共卫生服务内容，从原本的 12 项拓展到 31 项，人均补助从 40 元提高到 74 元，促进了群众健康水平的不断改善。[①]

第三类中，新疆维吾尔自治区在健康质量的实际得分上总体呈现增长态势，只是相较于 2019 年，2020 年的得分有所回落，产生这个变化的原因在于围产儿死亡率从 2019 年的 8.1‰变化为 2020 年的 9.06‰，但新疆在居民健康发展上建设成就仍然显著。“十三五”期间，在医疗资源总量上，中央层面累计安排财政转移支付资金 212.5 亿元，支持新疆开展基本公共卫生和重大公共卫生服务、实施基本药物制度补助、提升医疗服务与保障能力等。另有 19 个对口支援省市结合受援地实际，量身定制援疆工作专项规划，将卫生等民生项目作为支持重点，持续加大投入力度，累计投入 59 亿元援疆资金，极大地改善了新疆医疗卫生基础设施条件，逐步补齐了卫生健康服务体系短板。[②]在医务人员专业技术水平上，在 8 所组团受援医院中建成国家级住院医师规范化培训基地，实现人才培养“本土化”，大幅度提升医院医疗服务能力。应健康扶贫的要求，新疆维吾尔自治区进一步加强了乡村医疗机构的建设，消除贫困地区乡村两级在医疗卫生机构和医务人员方面的“空白点”，千人拥有医生数从 2016 年的 2.51 名上升为 2020 年的 2.68 名，县域服务能力明显提升。

---

① 参见《河北省“十四五”医疗卫生服务体系规划》，2022 年 3 月 9 日，http：//www.hdbs.cn/p/128711.html。

② 参见《“十三五”期间中央累计安排超过 270 亿元资金用于支持新疆卫生健康事业》，2020 年 10 月 23 日，http：//www.gov.cn/xinwen/2020-10/23/content_5553518.htm。

(三) 2016—2020 年中国居民基本生存质量综合评价

1. 基本生存质量整体趋势与分析

运用基本生存部分的评价函数对中国 2016—2020 年相关统计数据进行分析，得到“十三五”期间中国居民基本生存质量趋势。通过图 6 数据计算可知，中国居民基本生存质量得分增长率在“十一五”“十二五”“十三五”期间分别为 5.32%、3.07%、4.87%。相比前两个时期，“十三五”时期基本生存质量得分在增速上处于中间位置，保持了良好的增长态势，下面将针对基本生存质量的相关指标做进一步分析。

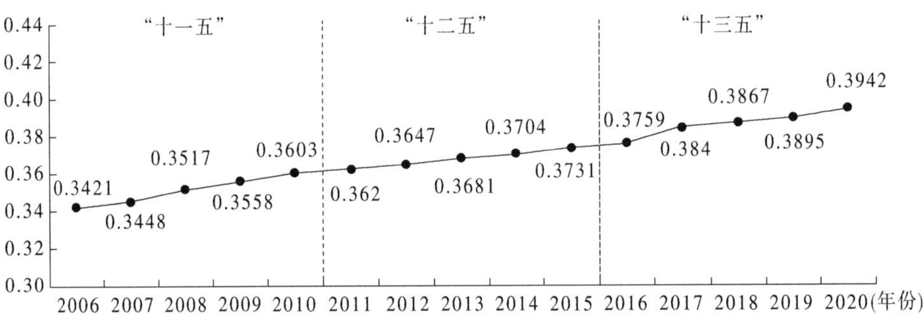

图 6　2006—2020 年中国居民基本生存质量综合评价得分趋势

基本生存质量部分共有 5 个指标，分别是乡市政公共设施供水普及率、城市燃气普及率、农村卫生厕所普及率、千人民用载客汽车拥有量和万车车祸死亡率。纵向来看，2016—2020 年中国居民的基本生存质量水平呈上升态势。以下将从三个方面来分析中国居民基本生存质量的提升情况。

一是农村饮水安全保障提升和卫生厕所普及率增加，农村人居环境获得极大改善。一方面，农村“厕所革命”是农村人居环境整治的一项重要内容，按照中共中央办公厅、国务院办公厅印发的《农村人居环境整治三年行动方案》要求，到 2020 年底，东部地区、中西部城市近郊区等有基础、有条件的地区，要基本完成农村户用厕所无害化改造。从加快改水改厕步伐到推进中小学改厕，从改建旅游厕所到推进农村改厕，从布局城市公厕到农村改厕被列为“十三五”必须完成的约束性任务，近年来，“厕所革命”不断向纵深推进。农业农村部统计数据显示，截至 2019 年底，全国农村卫生厕所普及率超过 60%。[①] 另一方面，农村饮水安全与保障人民健康、提升居民生活质量关系密切。“十三五”期间，乡市政公共设施供水普及率由 2016 年的 71.9%上升为 2020 年的 83.86%，这主要得益于国家关注农村地区饮水安全问题。《农村饮水安全巩固提升工程“十三五”规划》明确要求，各省要把基础设施建设的重点放在农村，加大投入力度，加快补上农村基础设施短板，推动农村基础设施提档升级。“十三五”期间，我国累计安排农村饮水安全巩固提升工程中央补助资金 280 亿元，带动地方投入 1600 多亿元。截至 2019 年底，共建成农村供水工程 1060 多万处，可服务 9.2 亿农村人口，提高了 2.42 亿农村人口供水保障水平。通过全力推动，截至 2020 年 7 月底，全国巩固提升了 2.56 亿农村人口供水保障水平，解决了 1710 万贫困人口的饮水安全问题。[②]

二是城市燃气普及率提升，居民生活设施条件改善。城市燃气是城市能源结构和城市基础设施的重要组成部分，城市燃气的普及对提高居民生活质量、改善城市居住环境具有重要意义。《住房城乡建设事业“十三五”规划纲要》提出城市燃气普及率达到 97%的发展目标，要求促进燃气高效安全利用，拓展应用领域，提高利用效率，到 2020 年，要新增城镇燃气管道 5 万公里，改造完成城镇燃气老旧管道 2.5 万公里。经过五年的努力，我国城市燃气普及率由 2016 年的 95.74%上升为 2020 年的 97.86%，提高了 2.12 个百分点，其中北京、天津、上海、浙江地区城市燃气普及率均达到了 100%，而且截至 2020 年全国有 29 个省市城市燃气普及率超过 90%，居民用气覆盖面扩大，居民生活条件改善。

三是居民交通出行便利度和安全度大幅提升。“十三五”期间，千人民用载客汽车拥有量由 2016 年的 117.27 辆增加到 2020 年的 171.13 辆，增长了 45.37%。其中，北京达到 247 辆/千人的水平，包括北京在内的 20 个省市均已超过 150 辆/千人，居民的个人交通条件明显改善。另外，万车车祸死亡率由 2016 年的 0.0397%降低至 2020 年的 0.0226%。万车车祸死亡率与道路基

---

① 参见《继续扎实推进农村改厕工作（来信综述）》，2020 年 12 月 28 日，http://country.people.com.cn/n1/2020/1228/c419842-31980750.html。

② 参见《我国贫困人口饮水安全问题得到全面解决》，2020 年 8 月 21 日，http://www.gov.cn/xinwen/2020-08/21/content_5536446.htm。

本状况和驾驶人员状况紧密相关。近年来，国家要求具备条件的乡镇和建制村全部通硬化路，使得道路条件得到改善。同时加强对不良驾驶行为危害的宣传教育，也在一定程度上提升了居民的安全驾驶意识。

综上，"十三五"期间，随着中国经济水平的提升以及国家民生事业的有效推进，居民衣食住行条件显著改善，基本生存质量明显提升。

2. 基本生存质量省际分析

运用基本生存质量综合评价函数得到各地区最终的基本生存质量得分。为保证数据结果分析过程的科学性，采取聚类分析的方法分别对各地区基本生存质量的年度得分进行分类，各省份得分与类别情况如表 11 所示。

表 11 2016—2020 年各省份基本生存指数得分与聚类评价情况

地区	2016	得分	2017	得分	2018	得分	2019	得分	2020	得分	聚类合并
北京	A	0.3923	A	0.3955	A	0.3944	A	0.3965	A	0.3945	AAAAA
天津	A	0.3912	B	0.3893	B	0.3851	B	0.3862	B	0.3877	ABBBB
河北	B	0.3800	C	0.3827	B	0.3853	B	0.3864	B	0.3885	BCBBB
山西	B	0.3796	C	0.3818	C	0.3818	C	0.3820	C	0.3834	BCCCC
内蒙古	C	0.3746	D	0.3767	D	0.3774	D	0.3791	C	0.3839	CDDDC
辽宁	D	0.3701	D	0.3712	D	0.3732	D	0.3754	D	0.3777	DDDDD
吉林	D	0.3702	D	0.3752	D	0.3785	C	0.3802	C	0.3860	DDDCC
黑龙江	B	0.3778	C	0.3796	C	0.3821	C	0.3835	C	0.3857	BCCCC
上海	A	0.3918	A	0.3922	A	0.3928	A	0.3928	A	0.3940	AAAAA
江苏	A	0.3928	A	0.3933	A	0.3944	A	0.3958	A	0.3964	AAAAA
浙江	A	0.3889	A	0.3930	A	0.3901	A	0.3923	A	0.3945	AAAAA
安徽	C	0.3741	D	0.3785	C	0.3804	C	0.3827	C	0.3851	CDCCC
福建	A	0.3867	B	0.3883	B	0.3886	C	0.3848	B	0.3900	ABBCB
江西	C	0.3757	C	0.3815	C	0.3819	C	0.3837	C	0.3850	CCCCC
山东	A	0.3885	A	0.3913	A	0.3909	A	0.3921	A	0.3933	AAAAA
河南	C	0.3763	D	0.3768	C	0.3806	C	0.3818	C	0.3856	CDCCC
湖北	B	0.3812	B	0.3844	B	0.3856	B	0.3873	B	0.3868	BBBBB
湖南	D	0.3717	D	0.3772	D	0.3766	D	0.3795	C	0.3814	DDDDC
广东	A	0.3856	A	0.3913	A	0.3914	A	0.3910	A	0.3922	AAAAA

续表

地区	2016	得分	2017	得分	2018	得分	2019	得分	2020	得分	聚类合并
广西	B	0.3819	B	0.3847	B	0.3856	B	0.388	B	0.3883	BBBBB
海南	A	0.3842	B	0.3863	B	0.3843	B	0.3867	B	0.3876	ABBBB
重庆	B	0.3795	C	0.3825	B	0.3852	B	0.3862	C	0.3862	BCBBC
四川	C	0.3747	C	0.3816	C	0.3830	B	0.3860	B	0.3876	CCCBB
贵州	C	0.3743	D	0.3771	D	0.3779	D	0.3787	C	0.3809	CDDDC
云南	B	0.3776	C	0.3814	C	0.3832	B	0.3844	C	0.3856	BCCBC
陕西	D	0.3728	D	0.3766	D	0.3786	D	0.3796	C	0.3823	DDDDC
甘肃	D	0.3683	D	0.3785	C	0.3828	C	0.3859	B	0.3879	DDCCB
青海	D	0.3665	D	0.372	D	0.3738	D	0.3753	D	0.3775	DDDDD
宁夏	B	0.3782	C	0.3831	B	0.3874	B	0.3897	B	0.3910	BCBBB
新疆	B	0.3791	C	0.3834	B	0.3866	B	0.3887	B	0.3885	BCBBB

从聚类分析与评价结果来看，“十三五”期间，30个省（自治区、直辖市）有个别省份波动幅度比较大。基于2016—2020年省际基本生存质量综合得分及聚类情况，将30个省（自治区、直辖市）基本生存质量指数分为四类（见表12）。

表12　2016—2020年各省份基本生存质量聚类评价结果分布

类别	相应省份	数量	百分比
第一类	北京、上海、江苏、浙江、山东、广东	6	20.00%
第二类	天津、河北、福建、重庆、四川、山西、黑龙江、安徽、江西、河南、湖北、广西、海南、宁夏、云南、新疆	16	53.33%
第三类	辽宁、湖南、陕西、青海	4	13.33%
第四类	内蒙古、吉林、贵州、甘肃	4	13.33%

第一类的特征是：聚类评价结果稳定性强且水平高。具体地，北京与江苏基本生存质量的综合评价得分稳居全国前列；在类别上，北京、上海、江苏、浙江、山东、广东一直保持A类水平，表现出稳定增长的态势。在地区分布上，该类省份均属于东部地区。

第二类的特征是：聚类评价结果的稳定性较强。这些省份在 2016—2020 年至少 4 个年份被评为 C 类及以上，此类别的 16 个省份在基本生存质量的综合评价中处于中游水平。在地区分布上，东、中、西以及东北地区省份均有包含，且在第二类别内部呈现出基本生存质量水平“东部＞西部＞东北部＞中部”的分布特征。

第三类的特征是：聚类评价结果的稳定性较强但水平较低。该类别的省份在 2016—2020 年基本生存质量聚类评价以 D 类为主，评价结果在五年间均处于全国均值水平以下。此类包含了 4 个省份，即中部的湖南、东北地区的辽宁以及西部地区陕西和青海，这四个省份在发展上仍有较大的进步空间。从具体的得分数据上看，这些地区的得分都在逐年提升，但是 2016 年的得分起点较低，且上升速度相对较慢。

第四类的特征是：聚类评价结果波动性较大。此类中包含的省份内蒙古、吉林、贵州、甘肃在基本生存质量评价的类型上有比较频繁的波动，结合其具体分数的年度比较发现，这些省份呈现出波动式上升的发展态势。在地区分布上，此类别以西部地区为主，发展速度较快，这得益于国家西部大开发战略的有效实施以及各地政府在改善居民基本生存质量上做出的努力。

从各地横向比较来看，各省份基本生存质量指数存在差距。以 2020 年数据为例，A 类的北京、上海、江苏等六个地区，指数得分在 0.394 左右，而 D 类中的青海居民基本生存质量指数为 0.3775。在分类上，2020 年 A、B、C、D 四类地区数目比为 6∶10∶12∶2，相较于健康质量各类别所含地区数目比例 2∶5∶17∶6，基本生存质量的 A、B 类地区数目明显增多，有更多的中西部地区进入 B 类，中西部地区基本生存质量提升明显。

从纵向分析来看，四种类型的省份基本生存质量得分均呈现增长的态势。其中第一、第二类占比达 73.33%，且第四类的 4 个省份呈现波动上升的趋势，第三类发展水平相对较低且发展态势较为平缓，占比 13.33%，可见大部分省份的发展速度是较快的。比如甘肃省，结合得分与类别，其在西部地区中表现最为突出，五年间从 D 类下游逐步上升到 B 类中下游，上升幅度最大。从各项指标数据来看，甘肃省在基本生存质量的五个指标上均有向好变化，其中乡市政公共设施供水普及率从 2016 年的 52.56% 上升到 2020 年的 93.28%，高于全国平均水平（全国平均水平为 83.86%）；城市燃气普及率由 2016 年的 84.15%上升为 2020 年的 94.79%，已经接近全国平均水平（全国平均水平为 97.87%）；该省千人民用载客汽车拥有量 2020 年较 2016 年增加了 58.95%；万车车祸死亡率由 2016 年的 0.0489% 下降至 2020 年的 0.0304%。以上各指标以及评分的提升受益于该省在居民生活上的大力度投入。《甘肃省农村人居环境整治三年行动实施方案》提出，要实施乡村振兴战略，统筹城乡发展，以建设美丽宜居村庄为导向，加快补齐农村人居环境突出短板。“十三五”期间，甘肃实施新一轮整村推进，统筹整合使用财政涉农资金，撬动金融资本与社会帮扶资金投入扶贫开发，着力改善贫困村道路、饮水、生活用能、人居环境等农村条件。“十三五”期间，全省巩固提升集中供水工程 3861 处，分散工程 4.67 万处，受益人口 1251 万人，对农村安全饮水资金投入累计完成 105.5 亿元，使得全省农村集中供水率和自来水普及率分别达到 91%和 88%，分别高于全国平均水平 4 个和 5 个百分点，饮水安全问题得到全面历史性解决。[①] 在改厕工作上，甘肃省为提升改厕技术服务能力，坚持“先动员、再培训、后建设”，对县、乡、村三级农村改厕技术人员进行培训，提高相关人员改厕能力并完善后续的管护机制。五年的不断努力，使得甘肃省的农村人居环境得到改善。

新疆维吾尔自治区在基本生存质量得分上保持稳步增长，在横向的基本生存质量得分比较中处于中上游水平。这主要得益于对居民生活环境的投入与改造。在农村人居环境改造上，《自治区农村人居环境整治三年行动实施方案》表示，鼓励统筹整合农村环境综合整治、卫生改厕、安全饮水、乡村道路、电网升级改造、供气、排水、土地整理、节水灌溉等项目资金，为全面推进农村人居环境整治行动提供资金保障。到“十三五”期末，新疆维吾尔自治区农村人居环境整治三年行动任务圆满完成，农村卫生厕所普及率达 84.95%，87.15%的行政村生活垃圾得到有效处理[②]，乡市政公共设施供水普及率达 91.11%。在基础设施建设上，新疆维吾尔自治区坚持把基础设施建设作为补短板、强弱项的重点，持续加大有效投资，建成并投运一大批交通、水利、能源等重大基础设施项目，尤其在交通基础设施建设方面，“疆内环起

① 参见《“十三五”时期甘肃农村集中供水率达 91%》，2020 年 12 月 24 日，http：//www.gsjb.com/system/2020/12/24/030238354.shtml。

② 参见《2020 年度政府工作报告》，2020 年 2 月 7 日，http：//xinjiang.gov.cn/xinjiang/xjyw/202102/19f86de68387406ca2e1b25f0b0f789a.shtml。

来，进出疆快起来”取得重大进展，综合交通网络不断健全。2020 年，全区公路通车里程达 20.9 万公里，五年新增 3 万公里，其中高速公路 5500 公里，新增 1184 公里，全区所有地州市迈入高速公路时代，与当地千人民用载客汽车拥有量的稳步提升相匹配，极大地方便了居民出行。

（四）中国居民健康与基本生存福祉存在的主要问题

2016—2020 年我国出台多项政策并通过一系列重大项目建设改善和提升医疗卫生、基础设施、交通出行等方面的条件和水平，并切实落实健康中国战略。在医疗卫生方面，加强卫生计生服务体系建设、医疗人才队伍建设以及爱国卫生运动与健康促进工作，并在全国范围内实现了基本医疗保险覆盖率连续多年达到 95%以上的高水平成就。[①] 在基础设施建设方面，国家政府加大资金投入进行基层医疗卫生机构建设以及农村改水改厕项目建设，关注人民居住环境以及生活安全，有效改善了城乡居民生活环境。在交通出行方面，各部门联合加强道路交通系统建设与城市轨道交通完善升级，兼顾农村道路建设并加强道路安全法律法规的宣传，通过车辆购置税收入补助地方资金专项用于支持公路等交通基础设施建设等，大大改善了道路交通情况。在居民健康与基本生存条件不断改善的同时，我们也要看到不足之处。居民健康与基本生存质量的提升非一日之功，结合上文我们发现，当前中国的健康与基本生存福祉还存在一些问题。

1. 区域间卫生资源分配不均衡

从区域差异来看，继《中华人民共和国国民经济和社会发展第十二个五年规划纲要》将“人均预期寿命”纳入预期性指标以来，平均预期寿命指标获得持续关注。随着中国基本医疗卫生体系的完善，各地医疗卫生水平提高，人均预期寿命排名靠前的省（自治区、直辖市）大多属于 A、B 类（对应健康质量得分中的类型）地区，其中多数地区经济发展水平较高，排名靠后的多为 D 类地区，其所含地区经济发展水平大多相对较低。

从宏观层面来看，人均预期寿命受到社会经济发展水平、医疗卫生条件、

---

① 参见《历史性的跨越 决定性的成就——以习近平同志为核心的党中央引领中国“十三五”时期发展纪实》，2020 年 10 月 25 日，http：//politics.people.com.cn/n1/2020/1025/c1001-31904721.html。

自然环境等因素的影响。反映医疗卫生保健水平的一些指标，如每万人拥有的执业医师数、每万人拥有卫生技术人员数、居民人均医疗保健费用等，也和人均预期寿命高度正相关。[①] 在各地区政府的卫生投入上，中国人均政府卫生投入在全国范围内是逐年增加的，但是增幅上西部地区较大，东北地区相对后劲不足，存在着地区间的不平衡问题。[②] 另外，作为卫生系统的核心部分，卫生人员的质量与数量对国家医疗卫生事业有着重要的影响，以千人拥有医生数为例，如果某个地区这个数值越高，那么该地区居民享有的医疗服务的选择权越大，居民获取医疗服务的便利度越高。“十三五”期间，在中西部千人拥有医生数不断上升的同时，东中部、东西部地区差距在不断拉大，地区间差异仍然较大（见表 13）。以 2020 年数据为例，东部地区千人拥有医生数约 3.29 人，而中部地区与西部地区千人拥有医生数量分别约 2.76 人和 2.73 人，东部地区是中部地区的 1.19 倍，是西部地区的 1.21 倍，医疗卫生资源区域分布不均。

表 13　2016—2020 年不同区域千人拥有医生数　　单位：人

	东部地区	东北地区	中部地区	西部地区	东中部差距	东西部差距
2016	2.6070	2.4267	2.1600	2.1280	0.4470	0.4790
2017	2.7550	2.5850	2.2683	2.2920	0.4867	0.4630
2018	2.9400	2.6600	2.3683	2.4210	0.5717	0.5190
2019	3.2011	2.7600	2.5050	2.5978	0.6961	0.6033
2020	3.2856	3.1700	2.7567	2.7289	0.5289	0.5567

注：东部与东北地区、中部与西部地区差异不明显，故未在表中列出。

在农村改水改厕方面，虽然目前中国饮水安全工程和农村改厕项目取得了明显的进展，但区域发展并不平衡。以 2020 年为例，在农村饮水安全方面，东部地区乡市政公共设施供水普及率最高，其次为中部地区与东北地区和西部地区。东北三省中，相较于黑龙江 88%和吉林 85%的乡市政公共设施

① 参见温勇、帅友良：《人均预期寿命及其影响因素分析》，《人口与健康》2021 年第 2 期，第 20～24 页。

② 参见林长云、衣保中：《政府卫生投入、空间分布与公平性研究：基于历史数据的集中指数法分析》，《兰州大学学报》（社会科学版）2019 年第 6 期，第 174～179 页。

供水普及率，辽宁的改水进度较为缓慢，其2020年乡市政公共设施供水普及率仅为53.75%。西部地区中青海省的乡市政公共设施供水普及率也相对较低，改水进程仍需加快。在农村卫生厕所改造方面，2017年东部地区农村卫生厕所普及率的平均水平是92.93%，西部地区为73.24%，东北地区和中部地区分别为77.67%、78.37%。东部地区农村卫生厕所普及率明显高于其余三个地区，农村卫生改厕进度存在较大地区差距。

2. 城乡间医疗卫生服务差距明显

从城乡来看，在医疗服务资源上，一是城乡服务基础设施差距明显。五年间，虽然农村地区床位数的高速增长缩小了城乡床位数的部分差距，但从绝对值上看，2020年城乡床位数之比接近2∶1。二是城市医院本身具备的设备与人力优势，以及市民本身较高的医疗消费水平，使得城市医疗资源形成了收入增加与设备改善之间的良性循环，而农村医疗则处于弱势。优质医疗资源向大城市的集中使得农村医疗的被动状态难以轻易改变。三是虽然中国城镇化率已达到63.89%[①]，但是对于部分地区而言，农村占比仍相对较大，从而在医疗卫生资源的拥有量上相对落后，由此也可以解释部分地区在健康与基本生存质量指数上的排名相对靠后的结果。

在医疗保险上，城乡居民医保制度在整合过程中仍存在公平性不足的问题，比如分档缴费、待遇未实现真正的公平。一些地区采取“一制两档”或“一制三档”的缴费方式，缴费标准与待遇标准相挂钩，经济困难的居民通常选择低档次缴费，获得低待遇，从而在面临与高档次缴费者相同的医疗支出时会陷入经济困难。此外，城乡居民大病保险制度在解决城乡居民大病保障问题上起着重要的作用，从大病保险制度的实际成效来看，其受益面不断扩大，但实际的补偿水平是明显低于制度建立之初设定的50%的政策补偿比和25%的实际补偿比目标的。在保障效果上，中国家庭追踪调查相关数据显示，2018年，全部调查对象的灾难性卫生支出发生率从5.79%上升至6.92%，不同收入水平的家庭灾难性卫生支出发生率均有所上升，这表明截至2018年，包括大病保险制度在内的各项医保制度尚未实现降低灾难性卫生支出发生率

① 参见《中国统计年鉴（2021）》，2021年10月9日，http：//www.stats.gov.cn/tjsj/ndsj/2021/indexch.htm。

的目标，大病保障问题仍待解决。[①]

3. 交通出行便利度和安全度有待提升

伴随城镇化的发展，机动车保有量也迅速增长。2016—2020年，千人民用载客汽车拥有量增长率达45%，结合不同区域千人民用载客汽车拥有量的情况（见表14），可以看出五年来国内车辆保有量大幅增长，且地区间差距在不断缩小。然而，人均城市道路面积从15.80m^{2}增长至18.04m^2，增长率为14.2%[②]，城市道路的增长赶不上机动车的快速增长，加上城市空间布局规划和城市道路规划中缺乏系统性的问题，使得车辆保有量与交通便利度之间的矛盾不断累积，导致交通拥堵现象在空间上的不断扩散，影响了居民出行的实际体验。

表14 2016—2020年不同区域千人民用载客汽车拥有量 单位：辆

	东部地区	东北地区	中部地区	西部地区	东中部差距	东西部差距
2016	151.4256	109.9684	91.1557	101.3838	60.2699	50.0418
2017	166.2812	123.2055	105.6599	115.2381	60.6213	51.0431
2018	179.6464	135.8904	119.4016	129.1970	60.2448	50.4494
2019	190.7618	147.3756	132.2563	141.0316	58.5055	49.7302
2020	197.3277	174.0632	147.9893	152.2473	49.3384	45.0804

在居民出行安全度上，交通拥挤、人车混行、道路质量不合格的交通环境仍然存在，截至2020年末，中国二级及以上等级公路占公路总里程的比重为13.5%[③]，在道路建设和养护质量上还需进一步提高。另外，在农村地区，虽然人均道路面积大于城市地区，但受复杂地形和资金的限制，农村道路行车条件相对较差，交通标志、防护措施存在不足，从而在公路交通中事故频发。在农村道路安全管理上，存在驾驶人员交通安全意识相对缺乏，交通管

① 参见王延中、赵东辉：《新制度主义视角下城乡居民大病保险保障效果的影响因素分析》，《中国卫生政策研究》2021年第11期，第1～8页。

② 参见《中国城乡建设统计年鉴（2020）》，2021年10月12日，https://www.mohurd.gov.cn/gongkai/fdzdgknr/sjfb/tjxx/jstjnj/index.html。

③ 参见《2020年交通运输行业发展统计公报》，2021年5月19日，http://www.gov.cn/xinwen/2021-05/19/content_5608523.htm。

理部门职责缺位，交通道路修复周期较长等问题，这些因素的混合使得农村的公路交通管理变得更加复杂。

三、增进居民健康与基本生存福祉的政策建议

（一）加快推动基本医疗卫生服务高质量发展

一是夯实城乡基本医疗保障体系基础。医疗保障是减轻群众就医负担、增进民生福祉、维护社会和谐稳定的重大制度安排。新一轮医改以来，通过贯彻党中央、国务院决策部署，我国已建成全世界最大、覆盖全民的基本医疗保障网，为全面建成小康社会、实现第一个百年奋斗目标做出了积极贡献。然而，当前中国医疗技术能力和服务质量水平与人民群众不断增长的健康需求相比还有相当大的差距。由于区域间经济发展不平衡，医疗技术水平和质量安全的区域差距仍然较大。当前和今后一段时期，要继续将扩大优质医疗资源供给、提高医疗技术能力和促进医疗质量水平持续提升作为核心任务，加大对中西部地区省份、省内对口支援和帮扶力度，不断完善国家医疗质量管理与控制体系。

二是深入实施基本医疗卫生服务体系改革。人民日益增长的美好生活需要和不平衡不充分发展之间的矛盾是现阶段我国社会的主要矛盾，表现在健康领域就是人民日益增长的健康需求与健康资源供给不平衡不充分的矛盾。这个矛盾一方面来自卫生资源在区域上分布的不平衡，另一方面来自某些区域内部供给的不充分。考虑到目前国内医疗卫生资源区域配置不均的现实情况，以及卫生资源的公平配置的重要性，政府需要进一步加强资源调控能力，缓解区域医疗资源的供给矛盾。首先，要注重发挥政府在医疗卫生改革中的主体作用。在完善区域卫生服务体系建设时，注重卫生资源配置在区域上的公平性，关注卫生机构设置、卫生设备购置以及医疗卫生人才配置等方面的增量与存量，并结合人口分布和区域特征来科学规划，不断缩小区域间卫生健康水平差距，实现区域可持续发展。同时推动实现城乡基本医疗卫生服务供给管理体制的一体化，逐步改革现有城乡之间不同的公共供给管理体制，

切实加快均等化进程。其次，不断完善医疗卫生事业的转移支付制度，保持中央对西部地区医疗卫生事业的财政转移支付的财政倾斜，在增加西部地区卫生事业可用资金的基础上提高当地政府对资金的使用效率，努力提升公共卫生医疗服务能力。政府发挥好对地方政府的监管作用，扮演好在医疗卫生服务体系建设中的供给主体与监管者的角色，推动医疗保障体系日益成熟与完善，提高居民医疗卫生水平，缩小区域差异。在医疗人才的建设上，各地积极组织发动城市公立医院在职医生和退休人员到基层医疗卫生机构开展服务，盘活社会劳动力，增加基层医疗卫生服务的活力。最后，大力推动医疗卫生领域新技术的创新应用。在医疗卫生领域实现数据信息交换共享，加快实现民生保障事项“一地受理、一次办理”，使城乡居民能够更多更快地享受到优质的医疗卫生服务。

三是优化基本医疗卫生资源供给与配置。在区域内部存在的健康资源供给不充分问题上，应当从多渠道增加区域内部的资源供给，其中社会办医会是一条有效途径。2016 年，国家卫生计生委（现国家卫生健康委员会）在《关于印发医疗机构设置规划指导原则（2016—2020 年）的通知》中明确鼓励社会办医，社会办医是中国医疗卫生服务体系不可或缺的重要组成部分，是满足居民多层次、多元化医疗服务需求的有效途径。新医改以来，社会办医政策在社会关切之中越来越开放。一个显著的标志是社会办医疗机构迅速增加，2021 年 2 月底，国家统计局发布《2020 年国民经济和社会发展统计公报》，数据显示，2020 年末全国医院中有公立医院 1.2 万个，民营医院 2.4 万个，全年总诊疗人次 78.2 亿人次。社会办医作为“看病难”的一个重要突破口，对中国医疗卫生服务的可及性提高有着积极影响，社会办医值得提倡，但同时也要注意社会资本办医的规范化，政策扶持与监督应当双管齐下，使得社会办医在规范合理的前提下成为居民健康服务的重要力量。首先，引导社会办医疗机构向城市郊区、农村等医疗资源相对匮乏地区延伸扩展，将有利于完善医疗服务市场，有效缓解目前中国医疗卫生资源的供需矛盾。其次，支持社会办医与公办医疗机构合作发展“互联网＋医疗健康”①，开展远程医疗协作，双方协作进行医疗活动，一方面有利于缓解医疗资源在空间上的限

---

① 《社会办医空间再拓展“互联网＋医疗健康”助力“健康中国”建设推进》，2019 年 5 月 23 日，http：//www.gov.cn/xinwen/2019-05/23/content_5394163.htm。

制问题，另一方面通过技术交流提高办医水平。最后，进一步建立并完善医疗卫生人才流动保障机制。鼓励医务人员在保证医疗服务质量的前提下，在公立医院和社会办医疗机构之间合理地双向流动，同时完善医师多点执业的政策，帮助吸引更多优秀人才进入社会办医疗机构，为社会办医注入力量。

四是重视强化农村医疗卫生体系抗风险促公平能力。党的十九大报告提出要实施乡村振兴战略。从横向来看，乡村振兴是全面的振兴，既包括社会、经济、文化的振兴，也包括医疗卫生、公共服务、生态环境的振兴。突发的新冠肺炎疫情暴露了中国医疗卫生体系不够健全的问题，而农村地区医疗卫生体系较为脆弱，在抗风险能力方面亟待加强，农村医疗的具体短板主要为农村医疗基础设施不完善、公共卫生医疗服务人员缺乏、现代化和信息化医疗手段需加强、医疗药品储备不足等。政府应明确以公共财政为主的保障责任，针对农村医疗卫生体系存在的短板，多方面强化其抗风险能力，促进城乡医疗卫生体系的公平发展。首先，加大对农村基本医疗卫生建设的资金投入，并强化国家基本公共卫生服务项目经费管理，确保各地基本公共卫生资金与任务范围相匹配。其次，进一步将资金倾斜投入农村地区，将资金投在对优秀医疗人才的吸引与培养上，保证医疗人才这一核心要素的质量与稳定，有助于进一步提高居民医疗卫生服务水平；将资金投在先进医疗设备上，使农村基础医疗卫生设备得到及时更新，缩小与城市在医疗硬件上的差距，与时俱进。考虑到城乡优秀医疗资源分布不均的现状，可以借助现代科技，推进乡村医疗信息化建设，积极发展乡村远程医疗，缓解医疗人才资源在地域上分布不均的问题。将移动互联网技术运用到乡村医疗体系建设中，会大大提高乡村医疗水平和效率。最后，在农村医疗卫生人才建设上，存在人员数量匮乏、人员稳定性较差、人员专业素养相对欠缺、教育培训供需不匹配等问题，亟待有针对性的政策措施来帮扶调整。[①] 第一，强化基层卫生技术人员技能培训。鼓励城市中经验较多的高端医疗人才到农村进行教学或进行农村基层卫生实践工作，带动农村医疗卫生人才水平的提升。第二，多方面拓宽医疗卫生人才渠道，并完善配套保障机制以留住人才。一方面，鼓励医学院校毕业生和城市卫生机构的在职或离退休卫生技术人员到农村进行医疗卫生

① 参见李婧、张云、景晓琳等：《我国农村卫生人才队伍现状及建设策略》，《齐鲁医学杂志》2017 年第 5 期，第 606～608 页。

服务；另一方面，通过教育部门的定向招生、定向分配等方式来吸引新的医疗卫生人才资源，壮大农村医疗卫生人才队伍。第三，完善人才流动机制，引导医疗卫生人才合理流动。逐步提高乡村医生承担公共卫生服务工作的政府补助标准，增加农村医疗事业的吸引力，稳定农村医疗卫生队伍。

（二）持续改善农村人居环境质量

改善农村人居环境是切实提高居民生活水平的重要方面，2020 年全面建成小康社会以来，农村居民在卫生与安全意识上有所提升，生活环境有一定程度的改善，但和城市环境水平相比还存在较大差距，在农村饮水安全、卫生设施等方面仍需政策扶持与财政支持，在建设美丽中国和健康中国的道路上，需要给予农村人居环境持续性的关注与支持。

一是要切实增加对农村人居环境建设的财政支持。农村改水与农村“厕所革命”是增强亿万农民获得感、幸福感的民生工程，必须持续推进。由于地理以及经济条件的千差万别，各地农村改水改厕面临的困难不一，因此必须有充足的资金保障。目前，从中央到地方，虽然国家积极开放补贴窗口，但仍存在资金投入缺口，应在以政府为主体的前提下，引导社会多元投入参与，盘活社会资本，在有效利用社会投融资的同时，减轻政府财政压力，实现农村人居环境的改善。

二是健全与完善后期配套机制。改厕作为改善农村人居环境的突破口，不仅要注重改厕的覆盖率，还要注重改厕后续的管护工作。为保障农村厕所“建好、用好、管好”，可通过招标第三方管护服务公司，设立农村改厕管护服务站，并完善改厕后期的服务管护机制。另外，在改水覆盖率不断提升的成绩基础上，配套的农村污水处理工作亟待进行，如地区内的排水管道设施安装与管理。

（三）着力满足城乡居民交通出行需求

衣食住行中的“行”是居民生活的重要元素，安全便捷的交通出行是提高居民幸福感的重要方面。从宏观上看，迅速增长的交通需求与有限的交通供给之间的矛盾是影响居民交通出行体验感的内在原因；从微观上看，交通管理水平有限，不能合理有效地疏导交通流量是影响居民出行质量的直接原因。因此，需从交通的供需角度来合理调整交通规划与管理，进一步增强居民出行便利度和安全度，提升居民交通参与的获得感。

一是重点优化城乡居民交通出行条件，提高供给水平。加强交通设施建设，提高道路的交通容量，是减少交通拥堵、提升行驶安全度的重要条件。其一，加强道路等交通基础设施建设，科学进行路网设计。在道路供给上，加快实现干支线交通的联动互补，促进地面、地下、地上交通的有序开发，有效扩大交通容量。此外，应不断完善交通配套设施，尤其是特殊的有风险的地形或路段，应当注意配套设施的完备性。其二，支持发展公共交通，提高运输能力。单一地增加地区道路面积无法完全解决地区的交通拥堵与安全问题，需要发展一体化公共交通系统，如公共汽车、地铁、轻轨等，有效分担道路车流量带来的交通压力，同时应当不断完善城市交通规划，促进换乘的无缝衔接，减少换乘的时间成本，提高居民出行效率。其三，发展智慧交通，强化交通规划与管理。增加交通供给不仅意味着道路的增加以及公共交通的发展，同时强调交通的合理规划以及交通管理与智慧交通的有效使用，从而实现对道路与土地资源的科学配置与合理使用。通过对大数据、互联网、人工智能、区块链等关键技术的有效运用，实现智慧交通的安全便捷、高效省事、以人为本、可视可预测的效果。

二是科学引导并积极满足城乡居民交通出行需求。交通需求管理的核心是通过发挥市场调节、政府调控、社会公德制约等多元机制来减少不必要的城市交通流量，最大限度地减少交通需求（尤其是私家车）。[①] 汽车使用者因付出较高的经济成本，得以通过占据较多的公共空间资源换得个体较大的时间效率与舒适度，但这种交换的无限制增加无疑会对城市整体的交通造成负担。一方面，可以通过价格手段提高使用私家车的经济成本，如提高停车费用、车牌拍卖费等；另一方面，可以通过各种管制措施，如车牌摇号、限号限行等，在一定程度上缓解交通拥堵，通过大力倡导文明交通，强化居民交通守法意识、自觉规范交通行为。此外，可以通过激励手段来倡导公共交通出行；要对交通问题与地区的规划、建设、管理进行统筹考虑，实现城市内部以及城际交通的顺畅。

（承担人：褚雷、刘滇）

---

① 参见刘治彦、岳晓燕、赵睿：《我国城市交通拥堵成因与治理对策》，《城市发展研究》2011 年第 11 期，第 90～96 页。

附录　本报告主要指标解释

1. **千人拥有医生数：**医生数/人口数×1000，人口数系户籍人口。医生数指执业医师和执业助理医师数量。

2. **围产儿死亡率：**孕满28周或出生体重≥1000克的胎儿（含死胎、死产）至产后7天内新生儿死亡数与活产数（孕产妇）之比。

3. **平均预期寿命：**一个人口群体从出生起平均能存活的年龄（岁）。

4. **乡市政公共设施供水普及率：**报告期末建成区（村庄）用水人口与建成区（村庄）人口的比率。村庄用水普及率＝村庄用水人口/（村庄户籍人口＋村庄暂住人口）×100％。

5. **城市燃气普及率：**统计期末使用燃气的城市人口数与城市人口总数的比率。城市燃气普及率＝城市使用燃气人口数/城市人口总数×100％。

6. **农村卫生厕所普及率：**符合农村户厕卫生标准的累计卫生厕所数占农村总户数的百分比。

7. **千人民用载客汽车拥有量：**每千人口中拥有民用载客汽车（含私人汽车、城市公交汽车、出租汽车和公路客运汽车）的数量。

8. **万车车祸死亡率：**一个地区平均每万辆机动车（不包括自行车折算）的年交通事故死亡人数。根据民用汽车拥有量及交通事故死亡人数进行计算。指标计算公式为：$RN=D/(N\times10^4)$。式中RN表示万车车祸死亡率，D表示交通事故死亡人数，N表示机动车的拥有量。它是在一定空间和时间范围内按机动车拥有量所平均的交通事故死亡人数的相对指标。

中国居民经济福祉报告

“十三五”期间，面对错综复杂的国际环境和新冠肺炎疫情的严重冲击，以习近平同志为核心的党中央坚持以人民为中心的发展理念，团结带领全国各族人民，坚持稳中求进工作总基调，坚定不移贯彻新发展理念，深入推进供给侧结构性改革，全面深化改革和扩大开放，着力推动高质量发展，坚决打好三大攻坚战，有效完成了艰巨繁重的发展任务。在这个阶段，居民收入实现了持续增长，城乡居民间的收入差距不断缩小，居民消费水平稳步提升，社会就业状况持续改善。本报告对“十三五”规划期间（2016—2020 年）中国居民经济福祉的走势进行评价。

一、中国居民经济福祉指标体系的调整与形成

（一）中国居民经济福祉指标体系构建的理念

经济福祉指标作为居民幸福指数指标体系中最原始的构成部分，相关研究已经较为成熟。国外相关研究构建的经济福祉指标主要包括收入、消费和就业等类别。20 世纪 90 年代，美国经济学家伊利亚·卡克皮尔（Elia Kacapyr）教授建立的福祉指数基本由经济福祉指标组成，包括消费者态度、收入与就业机会、社会和物质环境、生产力等。经济合作与发展组织（Organization for Economic Co-operation and Development，OECD）于 2011 年推出了生活质量指数（better life index），主要从居民的住房、收入、工作、社区、教育、环境、政府管理、健康、生活满意度、安全、工作生活平衡感 11 个方

面进行生活质量水平的评估与比较，具体的二级指标涉及人均可支配收入、长期失业率、就业率等经济指标。[①] 在国内，2007 年国家统计局统计科学研究所发布的《中国全面建设小康社会[②]进程统计监测报告》中，将人均 GDP、居民消费占 GDP 的比重、基尼系数、城镇失业率等 23 个三级指标作为衡量经济社会发展的具体指标。[③]

在已有研究的基础上，考虑报告的延续性，本报告将反映经济福祉的指标集中在收入、消费、劳动就业三个测量维度。收入类指标主要反映的是居民的收入水平和收入分配的公平性；消费类指标主要是通过城乡居民的实际消费支出和城乡居民的恩格尔系数测量居民的消费水平和经济支出能力，并将居民消费价格指数纳入其中，以反映整个国家或地区的消费状况；劳动就业类指标则试图从宏观就业形势、城镇失业情况和工资收入占国内生产总值的比重等角度测量整个国家的就业状况和分配状况。通过对这些指标的综合测量，全面地反映“十三五”期间我国经济福祉的真实状况。

（二）中国居民经济福祉指标体系的调整

在以往的研究中，项目组设计了一套由 3 个维度和 8 项指标构成的中国居民经济福祉指标体系（见表 1）。

表 1　中国居民经济福祉指标体系

评价因素	评价指标编号、名称和指标性质	主观权重 W_i	数据来源
收入	b_1 居民人均可支配收入（+）	0.3277	《中国统计年鉴》
	b_2 城乡居民收入比（−）	0.1938	《中国统计年鉴》
消费	b_3 城乡居民人均生活消费支出（+）	0.0891	《中国统计年鉴》
	b_4 居民消费价格指数（−）	0.0421	《中国统计年鉴》
	b_5 城乡居民家庭恩格尔系数（−）	0.0494	《中国统计年鉴》

① 参见杨京英、何强、于洋：《OECD 生活质量指数统计方法与评价研究》，《统计研究》2012 年第 12 期，第 18～23 页。

② 党的十八大将全面建设小康社会改为全面建成小康社会。

③ 参见国家统计局统计科学研究所全面建设小康社会统计监测课题组等：《2007 年中国全面建设小康社会进程统计监测报告》，《统计研究》2009 年第 1 期，第 5～11 页。

续表

评价因素	评价指标编号、名称和指标性质	主观权重 W_i	数据来源
劳动就业	b_6 城镇登记失业率（－）	0.0802	《中国统计年鉴》
	b_7 第三产业增加值占 GDP 的比重（＋）	0.0604	《中国统计年鉴》
	b_8 工资收入占 GDP 的比重（＋）	0.1572	《中国统计年鉴》

注："＋"表示正指标，"－"表示逆指标。

需要说明的是，受到数据可得性的限制，与第二轮相比，本轮报告用城乡居民收入比替换了基尼系数。基尼系数是反映社会收入差距的指标，而本轮采用的城乡居民收入比也能够在一定程度上反映收入差距。受到长期以来中国城乡二元结构、工农"剪刀差"等因素的影响，农民收入一直处于较低水平，城乡收入差距由此拉大。现有研究一般采用城乡居民收入比对城乡收入差距进行衡量①，在乡村振兴的政策背景下，采用城乡居民收入比指标也能够较好地反映社会的收入差距。考虑到第二轮的主观权重确定与本轮时间差距不大，本轮报告仍按照第二轮中采用层次分析法确定的主观指标权重进行计算。由于城乡居民收入比与基尼系数指标均用来反映收入差距，因此，城乡居民收入比的主观权重采用的是基尼系数的权重。

（三）中国居民经济福祉指标体系的形成

为保证评价结果的科学性，在第二轮层次分析主观权重的基础上，加以客观的数据处理，以期最大限度地修正可能存在的误差。考虑到指标数据评价年份之间的可比性，选取相关指标 2006—2020 年的公开统计数据，以 2006 年的数据为基期，对用不同单位表示的各项指标按照下列公式进行无量纲化处理。

正指标的无量纲化计算公式为：

$$Z_i = \frac{X_i - X_{\min}^{2006}}{X_{\max}^{2006} - X_{\min}^{2006}}$$

逆指标的无量纲化计算公式为：

$$Z_i = \frac{X_{\max}^{2006} - X_i}{X_{\max}^{2006} - X_{\min}^{2006}}$$

① 参见李成友、孙涛、王硕：《人口结构红利、财政支出偏向与中国城乡收入差距》，《经济学动态》2021 年第 1 期，第 105～124 页。

经过这一处理，基年数据结果介于 0 和 1 之间，此后年份单项指标水平提高，直至高于基年最大值水平，结果将大于 1；反之则下降至基年最小值水平，结果将小于 0。为使最终评价结果均以正值呈现，结合数据处理的具体情况，我们对数据无量纲化处理公式进行调整，加上常数 6，并对结果进行加权转换。进一步采用探索性因素分析方法，按照特征值大于 0.5 的原则，对反映经济福祉的收入、消费和劳动就业三类指标提取主成分。

1. 三类指标评价函数的形成

收入主成分因素分析显示，收入指标特征根大于 0.5 的因子有 1 个，能够解释整体的 78.78%，收入指标部分主成分的载荷矩阵如表 2 所示。

表 2　收入指标主成分载荷矩阵

	成分
	1
1（b_1）	0.7071
2（b_2）	0.7071

使用表 2 中的数据除以主成分相对应的特征值的平方根便得到收入指标两个主成分中每个指标所对应的系数，即可得到特征向量，再将特征向量与使用本轮权重加权转换后的指标数据相乘，得到收入指标主成分的表达式：

$$F_1 = 0.5633W_1X_1 + 0.5633W_2X_2$$

为了得到较好的综合评价，以每个对应成分的方差贡献率为系数，加权求和后得到收入指标的评价函数：

$$Y_1 = 0.4438W_1X_1 + 0.4438W_2X_2$$

消费主成分因素分析显示，消费指标特征根大于 0.5 的因子有 2 个，能够解释整体的 88.94%，消费指标部分主成分的载荷矩阵如表 3 所示。

表 3　消费指标主成分载荷矩阵

	成分	
	1	2
1（b_3）	0.6384	−0.3295
2（b_4）	0.4127	0.9094
3（b_5）	0.6497	−0.2539

根据同样的方法，可以得到消费指标的评价函数：

$$Y_2 = 0.1885W_3X_3 + 0.4627W_4X_4 + 0.2166W_5X_5$$

劳动就业主成分因素分析显示，劳动就业指标特征根大于 0.5 的因子有 2 个，能够解释整体的 93.18%，劳动就业指标部分主成分的载荷矩阵如表 4 所示。

表 4　劳动就业指标主成分载荷矩阵

	成分	
	1	2
1（b_6）	0.6384	−0.3295
2（b_7）	0.4127	0.9094
3（b_8）	0.6497	−0.2539

根据同样的方法，可以得到劳动就业指标的评价函数：

$$Y_3 = 0.4704W_6X_6 + 0.2169W_7X_7 + 0.2056W_8X_8$$

2. 综合评价函数的形成

将上述三个评价函数相加，便得到了最终的经济福祉综合评价函数：

$$Y = 0.4438W_1X_1 + 0.4438W_2X_2 + 0.1885W_3X_3 + 0.4627W_4X_4 + 0.2166W_5X_5 + 0.4704W_6X_6 + 0.2169W_7X_7 + 0.2056W_8X_8$$

由于经济福祉所有评价指标的权重之和应为 1，因此指标权重需要在原始指标系数的基础上做归一化处理，最终可得归一化之后的评价函数：

$$Y = 0.1676W_1X_1 + 0.1676W_2X_2 + 0.0712W_3X_3 + 0.1747W_4X_4 + 0.0818W_5X_5 + 0.1776W_6X_6 + 0.0819W_7X_7 + 0.0776W_8X_8$$

总体而言，本轮最终计算得出的总体权重因受到“十三五”期间居民经济福祉变化的影响而发生了调整。如表 5 所示，收入类指标中的城乡居民收入比权重较之前的基尼系数有所下降；消费类指标中的城乡居民家庭恩格尔系数以及居民消费价格指数的指标权重变化不大，而城乡居民人均生活消费支出的指标权重下降幅度较大；劳动就业类指标中的第三产业增加值占 GDP 的比重、工资收入占 GDP 的比重均有一定程度的下降，且下降比率较为明显。除此之外，其他几项指标的权重基本保持稳定。

表 5　收入指标权重系数

评价指标编号、名称和指标性质	上轮系数	本轮系数	变动差
b_1 居民人均可支配收入（+）	0.4636	0.4438	−0.0198
b_2 城乡居民收入比（−）	0.7071（基尼系数）	0.4438	−0.2633
b_3 城乡居民人均生活消费支出（+）	0.2981	0.1885	−0.1096
b_4 居民消费价格指数（−）	0.4910	0.4627	−0.0283
b_5 城乡居民家庭恩格尔系数（−）	0.2975	0.2166	−0.0809
b_6 城镇登记失业率（−）	0.5393	0.4704	−0.0689
b_7 第三产业增加值占 GDP 的比重（+）	0.3780	0.2169	−0.1611
b_8 工资收入占 GDP 的比重（+）	0.3742	0.2056	−0.1686

二、2016—2020 年中国居民经济福祉分析

本报告根据调整后的经济福祉评价函数，选取 2016—2020 年官方公布的统计数据，对中国除港澳台外的 31 个省（自治区、直辖市）的经济福祉进行综合评价。

（一）2016—2020 年中国居民经济福祉综合评价

1. 2016—2020 年经济福祉整体趋势

运用经济福祉综合评价函数对中国 2016—2020 年相关统计数据进行分析，得到“十三五”期间中国居民经济福祉综合评价得分趋势，如图 1 所示。由图 1 可以看出，中国居民经济福祉在“十三五”期间总体呈增长态势，具体表现为前四年连续增长，2020 年受疫情影响虽有回落，但得分依旧明显高于前三年。通过图 1 相关数据计算可知，中国居民经济福祉综合评价得分增长率在“十一五”“十二五”“十三五”期间分别为 2.6%、5.2%、2.9%。“十三五”时期，国内外环境更加错综复杂，国际金融危机冲击和深层次影响依然存在，贸易保护主义强化，新兴经济体困难和风险明显加大，新一轮科技和产业革命加速演进。从国内看，经济发展进入新常态，向形态更高级、分工更优化、结构更合理阶段演化的趋势更加明显。经济增速换挡、结构调

整阵痛、动能转换困难相互交织，结构性矛盾更加凸显，传统比较优势减弱，经济下行压力加大。[①] 面对错综复杂的国际形势、艰巨繁重的国内改革发展稳定任务，特别是新冠肺炎疫情的严重冲击，“十三五”时期中国依旧实现了2.9%的居民经济福祉增速，虽较“十二五”有所下降，但是比“十一五”时期的增速高0.3个百分点，说明中国经受住了错综复杂的国际形势和加大的经济下行压力的考验，经济实力和居民经济福祉向着可持续的方向发展。主要体现在以下几个方面。

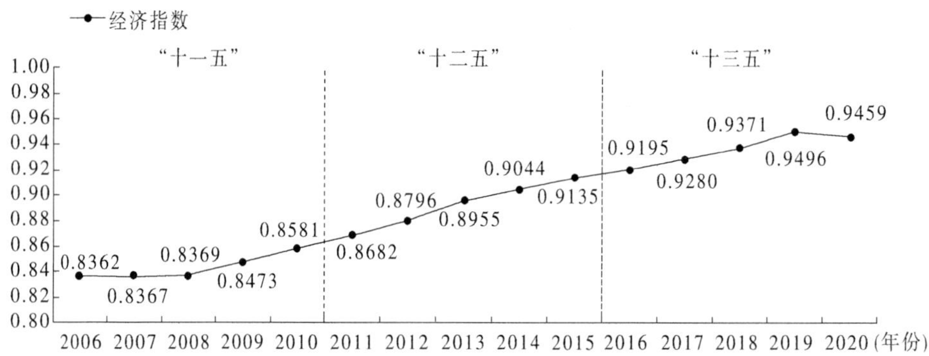

图1　2006—2020年中国居民经济福祉综合评价得分趋势

第一，全国居民收入增加，城乡收入差距缩小。具体表现为：一是全国居民收入比“十二五”实现较大增长，比2010年增长一倍。2020年全国居民人均可支配收入达到32189元，比2015年名义增长46.5%，2016—2020年年均名义增长7.9%。二是农村居民收入保持较快增长，城乡居民收入差距持续缩小。2020年，农村居民人均可支配收入达到17131元，2016—2020年年均名义增长8.4%。“十三五”时期，农村居民人均可支配收入年均名义增长快于城镇居民1.4个百分点。以上成就的实现，得益于中国在“十三五”期间始终坚持将加快城乡居民收入增长作为工作的重要目标。《中华人民共和国国民经济和社会发展第十三个五年规划纲要》指出，持续增加城乡居民收入，规范初次分配，加大再分配调节力度，调整优化国民收入分配格局，努力缩小全社会收入差距。党的十九大报告同样要求，要坚持在经济增长的同时实

① 参见《中华人民共和国国民经济和社会发展第十三个五年规划纲要》，2016年3月17日，http://www.gov.cn/xinwen/2016-03/17/content_5054992.htm。

现居民收入同步增长，扩大中等收入群体，增加低收入者收入，调节过高收入，缩小收入分配差距。《全国农村经济发展“十三五”规划》（发改农经〔2016〕2257 号）则进一步对中国农村经济发展和收入提高做了安排和部署，要求深入推进农村产业融合发展，促进农民收入持续较快增长。在一系列政策目标要求下，全国居民收入比 2010 年增长一倍，城乡居民收入差距持续缩小。

第二，城乡居民消费水平不断提高，恩格尔系数较“十二五”末年有所下降。通过比较“十三五”末年与“十二五”末年的相关数据发现，“十三五”时期在以下几方面取得较大进展。一是消费支出不断提升且农村增速快于城镇。2020 年，全国居民人均消费支出 21210 元，比 2015 年增长 35.0%。分城乡看，城镇居民人均消费支出 27007 元，比 2015 年增长 26.2%；农村居民人均消费支出 13713 元，比 2015 年增长 48.7%。二是恩格尔系数总体表现为下降趋势，且城镇居民恩格尔系数下降迅速。随着“十三五”期间消费结构持续优化，人民生活水平不断提高，恩格尔系数较“十二五”末下降 0.4 个百分点，其中 2020 年城镇居民恩格尔系数比 2015 年下降 0.5 个百分点，农村居民恩格尔系数下降 0.3 百分点。“十三五”时期，在党中央的领导下，持续加大对消费的投入和支持力度。《中华人民共和国国民经济和社会发展第十三个五年规划纲要》提出，要坚持需求引领、供给创新，提高供给质量和效率，激活和释放有效需求。适应消费加快升级，以消费环境改善释放消费潜力，以供给改善和创新更好满足、创造消费需求，不断增强消费拉动经济的基础作用。党的十九大报告为未来消费进一步指明了方向，提出要着力扩大居民消费，引导消费朝着智能、绿色、健康、安全方向转变，以扩大服务消费为重点带动消费结构升级，完善促进消费的体制机制。在相关政策指引下，“十三五”时期中国消费市场不断发展壮大，消费对经济增长的基础性作用得到有效发挥。

第三，就业形势基本稳定，就业质量不断提升。一是城镇就业总量不断增加，到 2020 年末，全国城镇就业人员 46271 万人，较 2015 年末增加 5355 万人，年均增加 1071 万人。二是失业率持续保持在合理范围内。城镇登记失业率整体趋势略有波动，从 2016 年的 4.02%下降到 2019 年的 3.62%，2020 年受疫情影响上升到 4.24%，但始终保持在合理范围内。三是服务业就业人数增加。随着第三产业的持续发展，服务业吸纳就业的能力得到进一步提升，2020 年第三产业就业人数为 35806 万人，占全部就业人员的比重为 47.7%。

就业人数较 2015 年增加 3548 万人，比重提升 5.4 个百分点。四是新技术迅速发展，为就业提供了新的渠道。2020 年，全国共享经济平台企业员工数达 631 万人，参与共享经济活动的人数超过 8 亿人。[①]“十三五”期间，中国始终坚持就业优先战略，《中华人民共和国国民经济和社会发展第十三个五年规划纲要》明确要求要创造更多的就业岗位，着力解决结构性就业矛盾，鼓励以创业带就业，实现比较充分和高质量就业。党的十九大报告同样指出，要坚持就业优先战略和积极就业政策，实现更高质量和更充分就业。为进一步加强战略引领、明确主要任务、细化政策重点，国务院发布了《“十三五”促进就业规划》（国发〔2017〕10 号），就中国“十三五”期间就业发展提出了更加具体的要求，如提升创业带动就业能力、加强重点群体就业保障能力、提高人力资源市场供求匹配能力等。在强有力的政策指引下，“十三五”时期，中国在经济下行压力加大、就业总量压力不减的环境下，实现了就业形势保持稳定、就业质量不断提升的目标。

2. 2016—2020 年中国经济福祉省际分析

为了使评价结果更具科学性与合理性，本部分采用系统聚类的方法对数据进行分年度聚类分析。根据经济福祉综合评价得分的聚类分析结果，每一年均可将中国 31 个省（自治区、直辖市）分为四类，得分由高到低分为 A 类、B 类、C 类、D 类。由此得到 2016—2020 年各省份的分类结果后，按照变化趋势与变化稳定性对各省份进行五年类别划分，有至少 4 个年份分类相同的为稳定类，否则为波动类，其中，将稳定类省份按照高低类别划分为三类。“十三五”期间中国 31 个省份的经济福祉综合评价等级、得分和类型划分如表 6、表 7 所示。

表 6　2016—2020 年各省份经济福祉综合评价得分与聚类评价

地区	2016	得分	2017	得分	2018	得分	2019	得分	2020	得分	聚类合并
北京	A	1.0931	A	1.1095	A	1.1272	A	1.1506	A	1.1508	AAAAA
天津	B	1.0051	B	1.0158	B	1.0261	B	1.0354	B	1.0410	BBBBB

① 参见《迈向高质量发展》编写组编：《迈向高质量发展："十三五"经济社会发展成就报告》，中国统计出版社 2021 年版，第 67 页。

续表

地区	2016	得分	2017	得分	2018	得分	2019	得分	2020	得分	聚类合并
河北	D	0.9331	D	0.9386	C	0.9460	C	0.9535	C	0.9619	DDCCC
山西	D	0.9338	D	0.9385	C	0.9429	D	0.9499	C	0.9530	DDCDC
内蒙古	C	0.9462	C	0.9520	C	0.9606	C	0.9679	C	0.9747	CCCCC
辽宁	C	0.9582	C	0.9655	C	0.9670	C	0.9755	C	0.9782	CCCCC
吉林	C	0.9421	D	0.9478	C	0.9514	C	0.9566	C	0.9616	CDCCC
黑龙江	C	0.9391	D	0.9462	C	0.9509	C	0.9557	C	0.9610	CDCCC
上海	A	1.0750	A	1.1008	A	1.1239	A	1.1429	A	1.1543	AAAAA
江苏	B	0.9836	B	0.9976	B	1.0073	B	1.0165	B	1.0259	BBBBB
浙江	B	1.0160	B	1.0296	B	1.0443	B	1.0585	B	1.0702	BBBBB
安徽	D	0.9314	D	0.9431	C	0.9502	C	0.9578	C	0.9631	DDCCC
福建	C	0.9614	C	0.9730	B	0.9835	B	0.9913	C	0.9979	CCBBC
江西	D	0.9327	D	0.9409	C	0.9484	C	0.9568	C	0.9637	DDCCC
山东	C	0.9492	C	0.9616	C	0.9661	C	0.9737	C	0.9826	CCCCC
河南	D	0.9300	D	0.9404	C	0.9422	D	0.9465	C	0.9516	DDCDC
湖北	C	0.9444	C	0.9543	C	0.9620	C	0.9673	C	0.9625	CCCCC
湖南	D	0.9291	D	0.9407	C	0.9492	C	0.9593	C	0.9692	DDCCC
广东	B	0.9773	B	0.9915	B	1.0006	B	1.0102	B	1.0214	BBBBB
广西	D	0.9245	D	0.9351	C	0.9397	D	0.9407	C	0.9501	DDCDC
海南	D	0.9361	D	0.9446	C	0.9554	C	0.9604	C	0.9691	DDCCC
重庆	C	0.9389	C	0.9526	C	0.9592	C	0.9677	C	0.9688	CCCCC
四川	D	0.9237	D	0.9343	C	0.9434	D	0.9469	C	0.9536	DDCDC
贵州	D	0.9068	D	0.9155	D	0.9187	D	0.9249	D	0.9273	DDDDD
云南	D	0.9110	D	0.9232	D	0.9270	D	0.9306	D	0.9290	DDDDD
西藏	D	0.9065	D	0.9183	D	0.9265	D	0.9368	C	0.9422	DDDDC
陕西	D	0.9252	D	0.9306	C	0.9365	D	0.9422	C	0.9491	DDCDC

续表

地区	2016	得分	2017	得分	2018	得分	2019	得分	2020	得分	聚类合并
甘肃	D	0.9127	D	0.9160	D	0.9190	D	0.9241	D	0.9311	DDDDD
青海	D	0.9203	D	0.9292	D	0.9323	D	0.9453	C	0.9530	DDDDC
宁夏	D	0.9279	D	0.9331	C	0.9371	D	0.9483	C	0.9565	DDCDC
新疆	D	0.9352	D	0.9366	C	0.9435	C	0.9537	C	0.9592	DDCCC

注：表中不包含港澳台数据。

表 6 反映了 2016—2020 年各省（自治区、直辖市）具体得分和聚类评价情况。2016—2020 年，31 个省（自治区、直辖市）的经济福祉综合评价得分在 0.9065 和 1.1543 之间。从具体得分来看，北京和上海历年得分均位居前两位。全国 31 个省（自治区、直辖市）居民经济福祉指数排在前 4 位的是北京、上海、浙江和天津，均在东部地区，具体分布在京津冀经济圈和长三角经济圈；历年排在后 5 位的省份有贵州、云南、甘肃、西藏、陕西、青海、广西等，均在西部地区。2016—2020 年历年最低分为 0.9065、0.9155、0.9187、0.9241 和 0.9273，历年最高分为 1.0931、1.1095、1.1272、1.1506 和 1.1543。从历年最高分和最低分看，“十三五”期间经济福祉整体呈现出稳步上升的态势，表明该时期中国居民经济福祉不断提升。

基于 2016—2020 年省际经济福祉综合得分及聚类情况，可以将 31 个省（自治区、直辖市）经济福祉指数分为四类（见表 7）。

表 7　2016—2020 年各省份居民经济福祉聚类评价结果分布

类别	相应省份	数量	百分比
第一类	北京、上海、天津、江苏、浙江、广东	6	19.4%
第二类	山东、辽宁、湖北、重庆、内蒙古、吉林、黑龙江	7	22.6%
第三类	西藏、青海、贵州、云南、甘肃	5	16.1%
第四类	福建、河北、山西、安徽、江西、河南、湖南、广西、海南、四川、陕西、宁夏、新疆	13	41.9%

注：表中不包含港澳台数据。

第一类省份 2016—2020 年聚类评价结果稳定性强且经济福祉水平高。该类省份包括北京、上海、天津、江苏、浙江、广东。具体来看，北京、上海五年均为A类，天津、江苏、浙江、广东五年均为B类。以上6个省份均为东部区域省份，经济福祉综合评价得分历年均处于全国上游水平且五年间未曾波动，体现出极强的稳定性。

第二类省份2016—2020年聚类评价结果稳定性较强，经济福祉综合评价得分在全国处于中等水平，至少有4个年份被评为C类，包括内蒙古、辽宁、山东、湖北、重庆、吉林、黑龙江7个省份，其中有3个东北省份、1个东部省份、1个中部省份、2个西部省份。其中，内蒙古、辽宁、山东、湖北、重庆五年均为C类，稳定性极强；而吉林和黑龙江在2016年为C类，2017年均属于D类，随后3年得分提升并上升到C类，这两个省份在“十三五”期间总体呈增长趋势。

第三类省份2016—2020年经济福祉聚类评价具有较强的稳定性并且五年间经济福祉均处于全国较低水平，从类别来看以D类为主，主要包括西藏、青海、贵州、云南、甘肃，以上省份均属于西部区域。其中，西藏和青海前四年均为D类，2020年上升到C类，经济福祉在“十三五”期间虽有所提升，但是综合来看在全国范围内还是处于较低水平，有待提高。贵州、云南、甘肃五年均为D类，五年均排在较为靠后的位置。

第四类省份主要为“十三五”期间经济福祉水平聚类评价结果具有较强波动性的地区，包括福建、河北、山西、安徽、江西、河南、湖南、广西、海南、四川、陕西、宁夏、新疆。具体来看，福建省曾经有2年为B类，3年为C类，就趋势而言，从2018年和2019年的B类降为2020年的C类。湖南、海南、安徽、江西、河北、新疆有3年为C类，2年为D类，“十三五”期间总体趋势表现为由D类提升到C类。四川、宁夏、广西、陕西、河南、山西在2016—2020年由D类上升到C类，具体而言有3年为D类，2年为C类。

“十三五”末年排名前五位和后五位的省份分别集中在东部区域和西部区域，表明中国居民经济福祉总体仍具有明显的地域性特征。在收入方面，东部地区、东北地区、中部地区和西部地区居民人均年收入分别是52027.1元、35700.1元、37658.2元、37548.1元，东部地区的居民人均收入明显高于其他地区；在消费方面，东部地区、东北地区、中部地区和西部地区居民年人均消费支出分别是26493.18元、17984.73元、16595元和15802.3元；在就业方面，东部地区、东北地区、中部地区和西部地区年均城镇登记失业率分别为3.0026%、3.7733%、3.074%和3.1667%。为进一步缩小区域差距，“十三五”期间中国持续稳步推进区域发展总体战略。《中华人民共和国国民经济和社会发展第十三个五年规划纲要》明确提出，要深入实施区域发展总体战略，深入实施西部开发、东北振兴、中部崛起和东部率先的区域发展总体战略，创新区域发展政策，完善区域发展机制，促进区域协调、协同、共同发展，努力缩小区域发展差距。

在国家总体战略指引下，为加快西部地区“转方式、调结构”，促进区域协调发展，拓展国家新的发展空间，针对西部落后的问题，《西部大开发“十三五”规划》提出要通过经济持续健康发展、提升创新驱动能力、推进转型升级等举措，推动西部地区经济社会持续健康发展。中部地区积极贯彻落实《国家发展改革委关于印发促进中部地区崛起“十三五”规划的通知》（发改地区〔2016〕2664号），适应、把握和引领经济发展新常态，与推进“一带一路”建设、京津冀协同发展、长江经济带发展三大战略相衔接，加快提升人民生活水平，推动中部地区综合实力和竞争力再上新台阶，努力开创全面崛起新局面。《东北振兴“十三五”规划》和《中共中央国务院关于全面振兴东北地区等老工业基地的若干意见》同样将促进东北地区发展、增进区域协调性作为重要目标，要求加快转变政府职能，进一步推进国资国企改革，大力支持民营经济发展，深入推进重点专项领域改革，同时积极对接京津冀等经济区构建区域合作新格局，持续用力，抓好新一轮东北地区等老工业基地振兴战略的实施。

基于居民经济福祉综合评价得分及聚类分析结果能够发现，部分省份在“十三五”时期经济福祉综合得分取得了长足的进步，下面以上海、西藏和湖南作为典型省份进行更为深入的案例分析。

在稳定类省份中，上海的经济福祉综合评价得分增长幅度最大，2020年比2016年增加了0.0793分，在前四年31个省份排名中位列第二，2020年上升到全国第一。“十三五”期间上海在收入、消费和就业各方面均实现了较大增长：人均可支配收入由2016年的54305元增加到2020年的72232元；全体居民人均消费支出由2016年的37458元增加到2020年的42536元；城镇登记失业率由2016年的4.1%下降到2020年的3.7%。《上海市国民经济和社会发展第十三个五年规划纲要》提出要多渠道增加城乡居民收入，推动更高质量的就业，促进消费。在此期间上海积极落实各项政策要求，在经济方面坚持以经济建设为中心，大力实施创新驱动发展战略，坚定不移加快经济发展方式转变和产业结构调整，努力实现更高质量、更有效率、更加公平、更可持续的发展。在消费方面，不断扩大对国内外的消费吸引力，加快建设国际消费城市，满足居民家门口的消费需求。在就业方面，实施更加积极的就业政策，促进就业机会更加充分，就业环境更加公平，就业能力进一步提升，就业结构得到优化，劳动关系更加和谐，就业质量不断提高。

在稳定类省份中，西藏的经济福祉综合评价得分增长幅度位居第二，2020 年比 2016 年增加了 0.0357 分，等级分类也由 D 类上升为 C 类。在“十三五”时期，西藏坚持推动本区经济社会持续健康发展，不断提高城乡居民人均可支配收入，促进群众就业。在产业发展中坚持聚焦“特色、集聚、整合、开放”的发展路径，不断增强产业协调性和自我发展能力；在就业方面，不断促进就业局势持续稳定，有效控制失业率，实现更加充分和更高质量的就业；在科技创新方面，发布《西藏自治区“十三五”科技创新规划》，充分发挥科技创新支撑引领经济社会发展和促进社会长治久安的重要作用。西藏自治区在“十三五”期间人均可支配收入由 2016 年的 13639 元增加到 2020 年的 21744 元；全体居民人均消费支出由 2016 年的 9319 元增加到 2020 年的 13225 元；城镇单位就业人员年平均工资由 103232 元增加到 2020 年的 121005 元，经济福祉各方面均取得了较大的提升。

在波动类省份中，湖南省的经济福祉综合评价得分增长幅度最大，2020 年比 2016 年增加了 0.0401 分。相关数据显示，湖南省在“十三五”期间，城镇登记失业人数由 2016 年的 44.9 万人下降到 2020 年的 31.4 万人，城镇登记失业率由 2016 年的 4.2%下降到 2020 年的 2.7%；人均可支配收入由 2016 年的 21115 元增加到 2020 年的 29380 元；全体居民人均消费支出五年间增加了 5248 元。以上各项数据的改善以及综合评分的提高均受益于该省强有力的经济政策实施。《湖南省国民经济和社会发展第十三个五年规划纲要》要求坚持发展第一要务，坚持以提高经济发展质量和效益为中心，努力保持经济中高速增长、经济结构进一步优化。此外，湖南省还陆续发布了关于第三产业、科技创新、就业等方面的政策文件，如《湖南省“十三五”服务业发展规划》提出，要着力增强创新发展能力，提升信息服务水平，加强品牌质量建设，优化产业空间布局，壮大行业市场主体，推进服务业改革开放，全面推动服务业向专业化和品质化发展。《湖南省人民政府关于印发〈湖南省“十三五”科技创新规划〉的通知》（湘政发〔2016〕27号）要求推进以科技创新为核心的全面创新，紧紧围绕经济竞争力提升、社会发展需求、民生发展要求，强化重点领域和关键环节；《湖南省“十三五”人口发展规划》提出要加强职业教育、完善职业技能培训、提升创新创业能力、加强人才队伍建设，并通过加强统筹协调、信息共享、监测评估、宣传引导为相关政策落地提供保障。《湖南省进一步促进就业工作二十条措施》就该省“十三五”时期的劳动与就业、居民收入与消费等方面做了科学规划与指导，通过稳定就业、鼓励创业、加强培训等具体举措，确保全省就业局势持续稳定，实现更高质量和更充分就业，为该省经济福祉得分在该时期的迅速增长夯实了基础。

综合来看，“十三五”时期，中国居民经济福祉评价得分呈现出较为平稳的上涨趋势。其中，以上海、北京、浙江、广东等省份为代表的东部区域，特别是京津冀、长三角和珠三角经济带涨势较快。中部、西部和东北区域虽然与中国东部区域仍存在一定差距，但通过纵向比较可知，这三个区域在“十三五”期间居民经济福祉同样取得了较大提升。

（二）2016—2020年居民收入状况的综合分析

1. 2016—2020年居民收入状况整体走势

运用构建的收入福祉综合评价函数对中国2016—2020年相关统计数据进行分析，得到“十三五”期间中国居民收入福祉综合评价结果，如图2所示。从图2中可以看出，2016—2020年中国居民收入福祉综合评价得分表现出逐年增长的趋势，其中，前两年的增速较缓，分别为0.81%和0.91%，其后增速有所上升，分别为1.06%、1.32%和1.31%。为了更为直观地了解“十三五”期间居民收入福祉的变化情况，将其与“十一五”和“十二五”期间收入福祉综合评价得分的变化趋势进行比较，通过计算可知，居民收入福祉综合评价得分增长率在“十一五”“十二五”“十三五”期间分别为3.48%、4.62%、4.68%。面对错综复杂的国际环境、艰巨繁重的国内改革发展稳定任务，“十三五”时期居民收入福祉综合评价得分仍实现了4.68%的增长，与“十一五”和“十二五”期间相比增速持续加快，收入福祉得到显著提升。

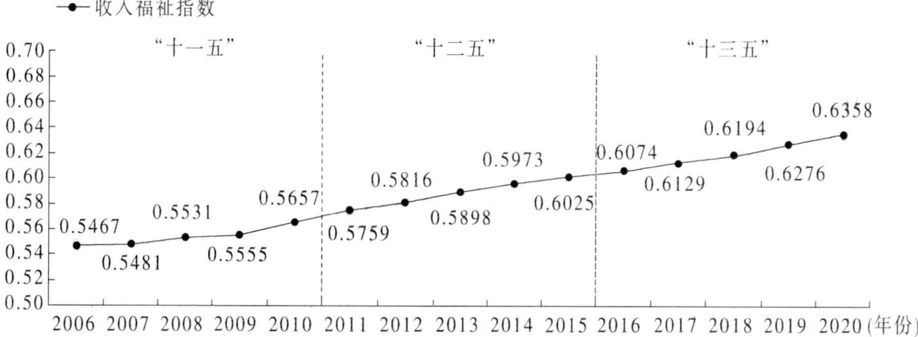

图 2　不同阶段中国居民收入福祉综合评价变化情况

2016—2020 年中国居民收入状况各评价指标的趋势变化如图 3 和图 4 所示。如图 3 所示，中国居民人均可支配收入明显在“十三五”期间持续增长，从 2016 年的 23821 元增长至 2020 年的 32189 元，居民收入呈现出明显的稳步增长态势。图 4 展示了城乡居民收入比的变化情况，城乡居民收入比从 2016 年的 2.72 降至 2020 年的 2.56，尽管城乡间的收入差距仍然存在，但五年间这一差距呈现出持续的下降趋势，城乡间的收入差距在逐渐缩小。由此可见，“十三五”期间，随着经济的发展和分配制度的深入改革，居民人均可支配收入稳步增长，城乡居民整体的收入差距也在逐渐缩小，中国居民收入状况不断改善。

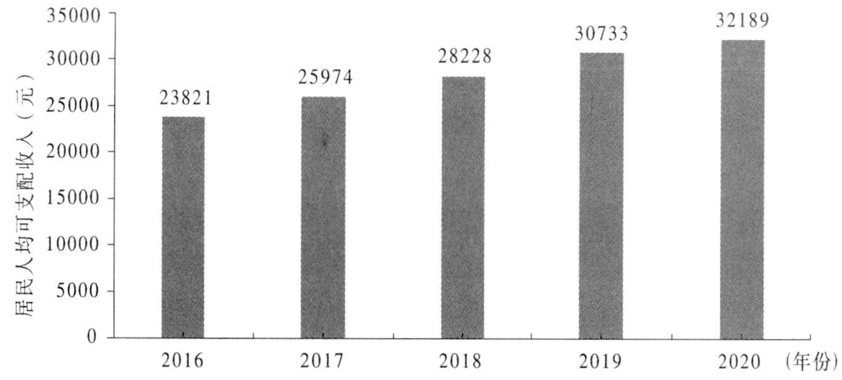

图 3　2016—2020 年居民人均可支配收入状况变化趋势

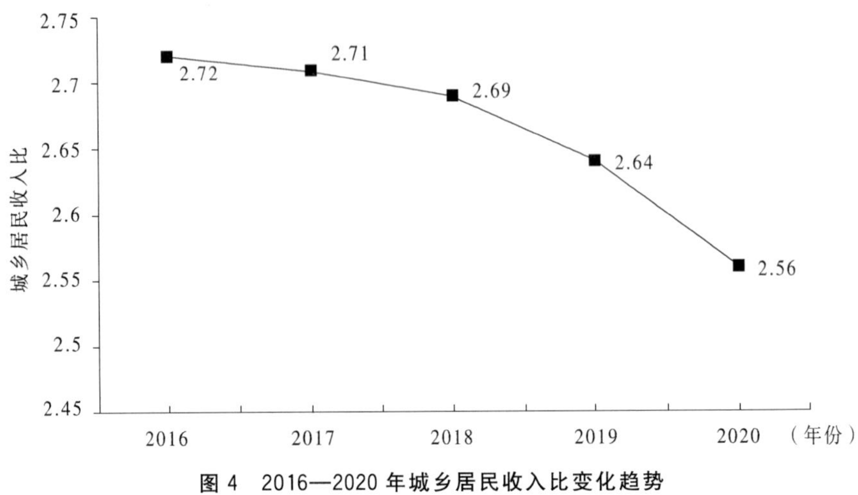

图 4　2016—2020 年城乡居民收入比变化趋势

中国居民收入状况的持续改善，与“十三五”期间中央和各级政府始终把保持经济稳步增长、加快城乡居民人均收入增长作为工作的重要目标，不断制定和出台各种提高居民收入和加大收入分配调节力度的政策密切相关。2016 年发布的《中华人民共和国国民经济和社会发展第十三个五年规划纲要》坚持按照全面建成小康社会的目标要求，把保持经济中高速增长、人民生活水平和质量普遍提高、发展协调性明显增强作为主要发展目标，并提出在提高发展平衡性、包容性、可持续性的基础上，到 2020 年国内生产总值和城乡居民人均收入比 2010 年翻一番。党的十九大报告进一步提出，要坚持按劳分配原则，完善按要素分配的体制机制，促进收入分配更合理、更有序。鼓励勤劳守法致富，扩大中等收入群体，增加低收入者收入，调节过高收入，取缔非法收入。坚持在经济增长的同时实现居民收入同步增长、在劳动生产率提高的同时实现劳动报酬同步提高。拓宽居民劳动收入和财产性收入渠道。履行好政府再分配调节职能，加快推进基本公共服务均等化，缩小收入分配差距。国务院 2018 年印发的《关于改革国有企业工资决定机制的意见》，要求统筹处理好不同行业、不同企业和企业内部不同职工之间的工资分配关系，调节过高收入；中共中央、国务院 2020 年印发的《关于构建更加完善的要素市场化配置体制机制的意见》，要求全面贯彻落实以增加知识价值为导向的收入分配政策，充分尊重科研、技术、管理人才，充分体现技术、知识、管理、数据等要素的价值。2020 年 2 月，国家发展和改革委员会等 23 个部门联合印发了《关于促进消费扩容提质加快形成强大国内市场的实施意见》，指出要稳定和增加居民财产性收入，丰富和规范居民投资理财产品，适度扩大国债、地方政府债券面向个人投资者的发行额度；稳定资本市场财产性收入预期，完善分红激励制度，坚决查处严重损害中小投资者分红派息权益的行为。在这样的政策目标要求下，中国不断提高民生领域的保障水平，加大收入分配调节力度，坚定不移走共同富裕道路，使得经济社会发展成果真正惠及全体人民。这也造就了中国拥有全球规模最大、最具成长性的中等收入群体，国家统计局测算，截至 2017 年，中国中等收入群体已经超过 4 亿人。①

"十三五"期间，中国收入分配制度改革全面深化，重点群体收入增长措施持续发力，精准扶贫政策深入推进，城乡居民分享到更多改革开放和经济发展的红利，居民收入增长与经济增长保持基本同步，人均收入已经在 3 万元以上。2011—2020 年，全国居民人均可支配收入年均实际增长 7.2%，十年间累计增长 100.8%，全国居民人均可支配收入比 2010 年增加了一倍，完成了预期设定的增长目标。2016—2019 年，居民人均可支配收入年均实际增长 6.5%，尽管 2020 年受到疫情的严重影响，但居民收入依然保持了正增长，实际增幅为 2.1%，略高于同期人均国内生产总值增长水平，表明居民收入与经济增长速度基本同步。图 5 展示了"十三五"时期城乡居民的收入实际增长速度②情况，能够清晰看出，农村居民的人均可支配收入增长速度快于城镇居民。如图 6 所示，2020 年，农村居民人均可支配收入达到 17131 元，2016—2020 年年均名义增长率达到 8.4%；城镇居民人均可支配收入达到 43834 元，2016—2020 年年均名义增长率为 7.0%，农村居民收入增速快于城镇居民收入增速 1.4 个百分点，由此带动了城乡收入差距持续缩小，城乡居民收入比多年连续下降，至 21 世纪以来的最低点。

---

① 参见《国家统计局介绍 2018 年国民经济运行情况》，2019 年 1 月 21 日，http：//www.gov.cn/xinwen/zhibo3/20190121fbh1/index.htm。

② 即实际增长率，是指扣除价格因素之后的收入增长率。

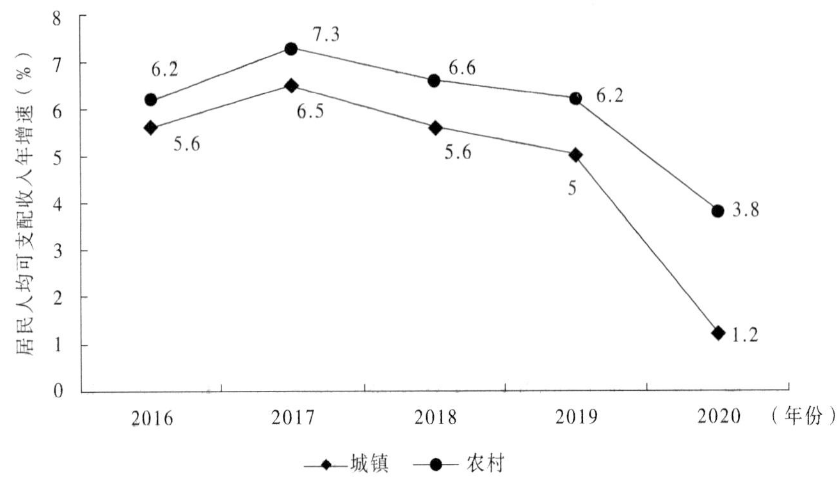

图 5　2016—2020 年城乡居民人均可支配收入实际增速对比

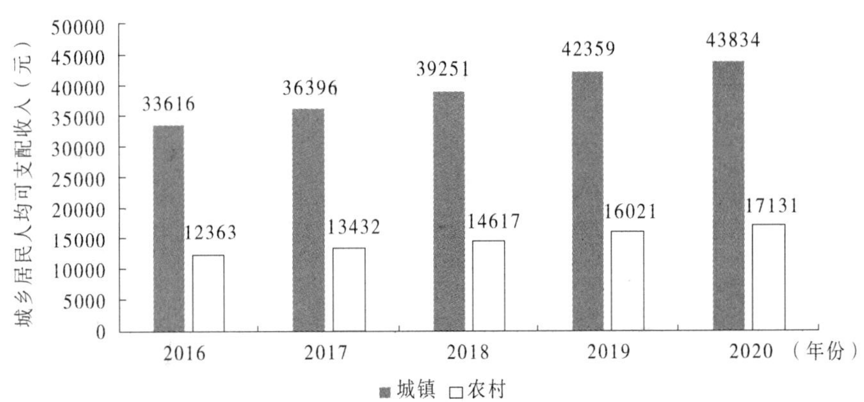

图 6　2016—2020 年城乡居民人均可支配收入状况对比

“十三五”期间，农村居民人均可支配收入实际增长速度快于城镇居民，这得益于国家对“三农”问题的重视及对农村经济发展的政策倾斜。在此期间，党中央做出的打赢脱贫攻坚战的重大部署对于促进农村经济稳定向好发展、显著提高农民收入起到了重要的引领作用。2016 年 11 月，国务院印发《“十三五”脱贫攻坚规划》，阐明“十三五”时期国家脱贫攻坚的总体思路、基本目标、主要任务和重大举措，提出了“十三五”时期脱贫攻坚的工作总体要求和指导思想，并且明确了脱贫目标：到 2020 年，稳定实现现行标准下农村贫困人口“两不愁”和“三保障”[1]，贫困地区农民人均可支配收入比2010年翻一番以上，增长幅度要高于全国平均水平，基本公共服务主要领域指标接近全国平均水平，确保中国现行标准下农村贫困人口实现脱贫，贫困县全部摘帽，解决区域性整体脱贫。贫困地区作为脱贫攻坚主战场，基础薄弱、脱贫难度较大。截至2021年2月，党中央领导各地集中力量攻坚克难，贫困人口全面实现脱贫，832个贫困县全部摘帽，12.8万个贫困村全部出列，区域性整体贫困得到解决。[2] 2016—2020年，贫困地区农村居民人均可支配收入到2020年已达12588元，年均增长达到10.4%，比全国农村居民人均可支配收入年均增速高2.0个百分点，贫困地区农村居民收入水平显著提高。[3] 2021年2月25日，习近平总书记在全国脱贫攻坚总结表彰大会上宣布，我国脱贫攻坚战取得了全面胜利，完成了消除绝对贫困的艰巨任务，创造了又一个彪炳史册的人间奇迹！前期设定的脱贫攻坚目标如期完成，脱贫攻坚取得了伟大历史性成就。脱贫攻坚任务的完成为农民增收相关政策的落地奠定了坚实的基础，“十三五”期间，以习近平同志为核心的党中央坚持把解决好“三农”问题作为全党工作的重中之重，中央一号文件连续多年聚焦“三农”问题，坚持农业农村优先发展，深入实施乡村振兴战略，毫不放松抓好粮食生产，积极推进农业供给侧结构性改革，农业经济持续稳定增长，产业结构进一步优化，这一系列的改革措施取得的成效最终都成为促进农民收入稳步提升的关键因素。

在肯定农村居民收入增速高于城镇居民的同时，我们也应清晰地看到城乡居民收入之间存在的明显差距。“十三五”期间，城乡居民收入比持续走低，到2020年，城乡居民收入比为2.56，尽管这一指标达到了近年来的最低水平，但依然反映出城乡居民收入存在一定的差距。究其原因，主要是中国传统的城乡二元发展结构仍然比较突出，城乡居民基本权益均等化尚未真正实现。尽管在2016—2020年，中国各地区逐步推进城乡在规划建设、产业发

---

① 即到2020年，确保现行标准下建档立卡贫困人口实现脱贫，不愁吃、不愁穿，义务教育、基本医疗和住房安全有保障。

② 参见习近平：《在全国脱贫攻坚总结表彰大会上的讲话》，2021年2月25日，https://www.ccps.gov.cn/xtt/202102/t20210225_147575.shtml。

③ 参见《迈向高质量发展》编写组编：《迈向高质量发展："十三五"经济社会发展成就报告》，中国统计出版社2021年版，第63页。

展、政策举措等方面的一体化进程，但在实践中各地取得的成效不一，总体上在就业机会、市场流动等综合因素的影响下，城乡居民的收入水平仍然存在差距。

居民收入、社会财富分配不均仍然是中国目前亟待解决的问题。党的十九大报告和《中华人民共和国国民经济和社会发展第十四个五年规划和2035年远景目标纲要》（以下称《“十四五”规划纲要》）都鲜明地体现了改善人民生活、缩小差距、实现共同富裕的要求。具体而言，党的十九大报告中提出，“人民生活更为宽裕，中等收入群体比例明显提高，城乡区域发展差距和居民生活水平差距显著缩小，基本公共服务均等化基本实现，全体人民共同富裕迈出坚实步伐”；《“十四五”规划纲要》中提出，“人均国内生产总值达到中等发达国家水平，中等收入群体显著扩大，基本公共服务实现均等化，城乡区域发展差距和居民生活水平差距显著缩小”。因此，后续应在收入分配制度方面继续深化改革，在不断发展生产的基础上普遍提高人民的收入水平，建立公平公正的收入分配改革制度，不断缩小社会收入差距，从而真正助推共同富裕目标的实现。

总体而言，“十三五”期间，各地区各部门坚持以人民为中心的发展思想，认真贯彻落实全面建成小康社会的战略目标和方针政策，始终把提高人民福祉、促进人的全面发展作为一切工作的出发点和落脚点，城乡居民收入稳步较快增长，城乡间的收入分配格局逐步改善，整体的收入分配状况得到了持续改善。

2.2016—2020年居民收入状况省际分析

基于居民收入状况评价函数，能够得出中国各省（自治区、直辖市）居民收入状况指数的年度得分，为了使评价结果的分析具备科学性与合理性，进一步采用系统聚类的方法对数据进行分年度和总体聚类分析。根据居民收入状况评价得分的聚类分析结果，每一年均可将31个省（自治区、直辖市）分为A、B、C、D类，得分由高到低。由此得到2016—2020年各省份的分类结果后，按照五年内单独聚类评价结果的变化趋势对各省份进行类别划分，其中有至少4个年份分类相同的为稳定类，否则为波动类。其中，将稳定类省份按照高低类别划分为三类，波动类归为第四类，具体结果见表8和表9。

表 8　2016—2020 年各省份居民收入状况年度得分及聚类评价结果

地区	2016	得分	2017	得分	2018	得分	2019	得分	2020	得分	聚类合并
北京	A	0.7240	A	0.7407	A	0.7591	A	0.7785	A	0.7851	AAAAA
天津	B	0.6691	B	0.6796	B	0.6883	B	0.6986	B	0.7039	BBBBB
河北	C	0.6102	C	0.6164	D	0.6237	C	0.6320	C	0.6382	CCDCC
山西	C	0.6026	C	0.6077	D	0.6142	C	0.6217	C	0.6277	CCDCC
内蒙古	C	0.6188	C	0.6263	C	0.6349	C	0.6443	C	0.6502	CCCCC
辽宁	C	0.6299	B	0.6364	C	0.6430	C	0.6518	C	0.6574	CBCCC
吉林	C	0.6138	C	0.6188	D	0.6238	C	0.6305	C	0.6360	CCDCC
黑龙江	C	0.6135	C	0.6185	D	0.6247	C	0.6309	C	0.6353	CCDCC
上海	A	0.7350	A	0.7518	A	0.7705	A	0.7895	A	0.7999	AAAAA
江苏	B	0.6555	B	0.6661	B	0.6772	B	0.6892	B	0.6971	BBBBB
浙江	B	0.6817	B	0.6944	B	0.7082	B	0.7230	B	0.7327	BBBBB
安徽	C	0.6094	C	0.6161	D	0.6240	C	0.6330	C	0.6400	CCDCC
福建	B	0.6378	B	0.6467	C	0.6563	B	0.6674	B	0.6741	BBCBB
江西	C	0.6117	C	0.6186	D	0.6262	C	0.6343	C	0.6412	CCDCC
山东	C	0.6268	B	0.6349	C	0.6431	C	0.6523	C	0.6576	CBCCC
河南	C	0.6062	C	0.6125	D	0.6191	C	0.6268	C	0.6315	CCDCC
湖北	C	0.6184	C	0.6255	C	0.6329	C	0.6419	C	0.6410	CCCCC
湖南	C	0.6113	C	0.6184	D	0.6263	C	0.6352	C	0.6424	CCDCC
广东	B	0.6444	B	0.6541	C	0.6643	B	0.6761	B	0.6842	BBCBB
广西	C	0.5996	C	0.6060	D	0.6129	C	0.6204	C	0.6267	CCDCC
海南	C	0.6130	C	0.6200	D	0.6273	C	0.6348	C	0.6407	CCDCC
重庆	C	0.6155	C	0.6233	C	0.6315	C	0.6409	C	0.6486	CCCCC
四川	C	0.6045	C	0.6111	D	0.6181	C	0.6265	C	0.6339	CCDCC
贵州	D	0.5797	D	0.5857	D	0.5923	D	0.6001	D	0.6066	DDDDD
云南	D	0.5874	D	0.5936	D	0.6003	D	0.6084	D	0.6146	DDDDD

续表

地区	2016	得分	2017	得分	2018	得分	2019	得分	2020	得分	聚类合并
西藏	D	0.5782	D	0.5860	D	0.5927	D	0.6016	D	0.6106	DDDDD
陕西	C	0.5973	C	0.6039	D	0.6111	C	0.6194	C	0.6262	CCDCC
甘肃	D	0.5760	D	0.5809	D	0.5867	D	0.5932	D	0.5988	DDDDD
青海	D	0.5907	D	0.5969	D	0.6039	D	0.6119	D	0.6179	DDDDD
宁夏	C	0.6012	C	0.6075	D	0.6144	C	0.6224	C	0.6285	CCDCC
新疆	C	0.5989	C	0.6048	D	0.6110	C	0.6181	C	0.6232	CCDCC

注：表中不包含港澳台数据。

表 8 反映了 2016—2020 年各省（自治区、直辖市）具体得分和聚类评价情况。2016—2020 年，31 个省（自治区、直辖市）的居民收入状况综合评价得分及聚类结果分布较为均匀，且总体呈增长趋势，这反映出中国“十三五”时期居民收入取得了持续平稳发展。对总体及分年度聚类结果进行分析可以发现，各个类别中均有省份在五年间未发生类别变化，呈现出较为稳定的发展态势，并且没有波动较大的省份，因此没有省份被划分为第四类，这表明“十三五”期间各省份的居民收入状况得到持续稳步提升。

根据聚类分析的结果，进一步将各省份按照得分高低划分为三类，具体结果见表 9。

表 9　2016—2020 年各省份居民收入状况综合聚类评价结果分布

类别	相应省份	数量	百分比
第一类	北京、上海、浙江、天津、江苏、福建、广东	7	22.6%
第二类	山东、河南、河北、山西、内蒙古、辽宁、吉林、黑龙江、安徽、江西、湖北、湖南、广西、海南、重庆、四川、陕西、宁夏、新疆	19	61.3%
第三类	贵州、云南、西藏、甘肃、青海	5	16.1%
第四类	—	—	—

第一类省份包括北京、上海、浙江、天津、江苏、福建、广东，均属于东部地区。这 7 个省份居民收入福祉聚类综合评价结果稳定性强且水平较高。具体来看，北京、上海两个地区居民收入福祉综合评价得分始终稳定位于全

国前列，是 31 个省份中仅有的两个连续五年居民收入福祉水平被综合评定为 A 类的地区；浙江、江苏、天津的居民收入福祉水平也较高，连续五年均被评为 B 类，表现出稳定增长的态势；广东、福建在五年内有 4 年被评为 B 类，尽管偶有波动，但总体表明这些省份的居民收入福祉也在稳步提升。

第二类省份在 2016—2020 年至少 4 个年份被评为 C 类，聚类评价结果稳定性较强，共有 19 个省份被归为第二类，这些省份的居民收入福祉处于中游水平，包括的省份涵盖东部、中部、西部和东北地区，分布范围较广。其中，东部地区省份有山东、河北、海南；东北地区有辽宁、吉林和黑龙江；中部地区有河南、山西、安徽、江西、湖南、湖北；西部地区有内蒙古、广西、重庆、四川、陕西、宁夏、新疆。尽管这些省份分布在不同区域，但在居民收入福祉方面均实现了稳健的提升。

第三类省份 2016—2020 年居民收入福祉聚类评价以 D 类为主，评价结果体现出较强的稳定性并且五年间居民收入福祉水平均处于全国均值水平以下，这一类共包括 5 个省份，均为西部地区省份，包括贵州、云南、西藏、甘肃、青海。这些省份的居民收入福祉在五年间均未发生类型的变化，尚有较大的进步和提升空间。尽管从得分数据上看，这些省份的居民收入福祉每年都在提升，但是相对其他省份来说，其所属类型层次仍然较为落后。

从各省（自治区、直辖市）的具体得分来看，2016—2020 年综合评价得分排在首位的均是上海，不仅如此，结合上一轮结果可以发现，上海在十年间的收入状况均排在第 1 位。2016—2020 年，全国 31 个省（自治区、直辖市）居民收入状况指数排在前 4 位的依次是上海、北京、浙江和天津，均为东部地区；排在后 10 位的省份依次是山西、宁夏、广西、新疆、陕西、青海、云南、贵州、西藏、甘肃，均为西部地区。2016—2020 年，各年份收入评价最低分依次为 0.5760、0.5809、0.5867、0.5932、0.5988，最高分依次是 0.7350、0.7518、0.7705、0.7895、0.7999，对比后能够发现，各个省份的居民收入评价得分虽存在一定差距，但整体相差不大，五年内最大分别相差 0.1590、0.1709、0.1838、0.1963、0.2011。从得分的绝对数值上看，各个省份整体上呈现出逐年稳步上升的态势。这一方面反映出中国经济发展、居民收入稳步增长的良好势头，另一方面也进一步反映出中国省际居民收入水平不平衡的状况有所改善。

需要指出的是，“十三五”期间，中国居民收入状况依然表现出明显的地域性特征。各区域之间仍然存在一定的差距，尤其是东部地区居民收入状况与其他地区相比差距较为明显。具体而言，截至2020年底，东部地区、东北地区、中部地区和西部地区居民人均年收入分别是52027.1元、35700.1元、37658.2元、37548.1元，东部地区的居民人均收入明显高于其他地区，分别高于东北、中部、西部地区16327元、14368.9元、14479元，中部、西部地区的居民人均收入水平已经分别超过东北地区1958.1元、1848元。从综合得分评价来看，2016—2020年在居民收入状况综合评价方面排名前10位的省份中大多数仍是东部地区省份，而排名靠后的多是西部地区省份。居民收入综合评价的区域差异反映出中国经济发展的地区不平衡，居民收入状况综合评价得分从东部沿海到西部内陆呈现出依次下降的趋势。

针对中国居民人均收入区域差距较大的现象，党的十九届五中全会明确提出要促进“全体人民共同富裕取得更为明显的实质性进展”，扎实推进共同富裕。当然，区域居民收入的增长离不开区域经济的发展，为了统筹各区域协调发展，党的十九大报告再次强调了实施区域协调发展战略，进一步明确指出，要加大力度支持革命老区、民族地区、边疆地区、贫困地区加快发展，强化举措推进西部大开发形成新格局，深化改革加快东北等老工业基地振兴，发挥优势推动中部地区崛起，创新引领率先实现东部地区优化发展，建立更加有效的区域协调发展新机制。以城市群为主体构建大、中、小城市和小城镇协调发展的城镇格局，加快农业转移人口市民化。

在具体的区域发展政策方面，2016年，中共中央、国务院发布了《关于全面振兴东北地区等老工业基地的若干意见》，指出实施东北地区等老工业基地振兴战略是党中央、国务院在新世纪做出的重大决策，要求东北地区及其他老工业基地要着力完善体制机制、推进经济结构优化升级、鼓励创新创业、保障和改善民生，提出要稳定城乡居民就业和收入，确保社会和谐稳定。2016年12月，国家发展和改革委员会印发《促进中部地区崛起“十三五”规划》，提出了中部地区的发展目标，要求中部地区经济要保持中高速增长，地区总体经济实力稳步提升，城乡居民收入稳步增长。此外，《促进中部地区崛起“十三五”规划》还明确提出“支持武汉、郑州建设国家中心城市”，随后在2017年1月25日，国家发展和改革委员会公布了关于支持武汉、郑州建设国家中心城市的复函。中部地区取得的快速发展与国家的区域政策支持密不可分，这些有力的政策支持也为中部地区居民收入的快速增长打下了稳固的经济基础。2017 年 1 月，国家发展和改革委员会印发的《西部大开发“十三五”规划》要求始终把改善生产生活条件、提高人民生活水平作为西部大开发工作的出发点和落脚点，稳步提高城乡居民收入。不仅如此，在“十三五”时期，中国深入实施了区域重大战略和区域协调发展战略，京津冀协同发展迈出了坚实步伐，长江经济带共抓大保护格局基本形成，长三角一体化发展进程不断加快，粤港澳大湾区建设稳步推进，黄河流域生态保护和高质量发展扎实起步。随着一系列促进区域协调发展举措的稳步实施，中国区域收入分配差距不断拉大的趋势得到了总体控制。

改革开放以来，中国经济发展形成了“经济特区—沿海开放城市—沿海经济开放区—内地”的对外开放格局。党的十八大以来，实行更加积极主动的开放战略，推动“一带一路”高质量发展及贸易和投资自由化、便利化，构建面向全球的高标准自由贸易区网络，建设自由贸易试验区和海南自由贸易港，形成更大范围、更宽领域、更深层次对外开放格局。当然，全面深化改革开放、促进区域协调发展的任务依然繁重，东、南、西、北、中各个区域均衡发展的格局尚未实现。目前来看，东部地区的区位优势明显，作为改革开放较早的地区，东部地区在政策、资金、人力资源、地理位置等方面优势突出，经济发展水平和人民生活水平比较高，居民收入状况要明显好于其他地区。尽管国家持续推进区域协调发展战略，但区域发展的进程并不一致，东部地区已经加速向区域现代化迈进，而其他区域尤其是革命老区、民族地区、边疆地区、相对贫困地区还处于持续改善生产生活条件的发展阶段，短期内中国区域发展的差异仍然难以实现显著缩小，由此可知，实现区域协调发展、居民收入均衡仍然任重道远。

基于居民收入状况得分及聚类分析结果能够发现，部分省份在“十三五”时期的收入状况的得分和排名取得了长足的增长和进步，下面以浙江省和湖南省作为典型省份进行更为深入的案例分析。

根据收入得分计算结果，浙江省在五年内的排名稳居全国第 3 位，且收入综合得分从 2016 年的 0.6817 增长到 2020 年的 0.7327，增长 0.051，增幅较高。浙江省在“十三五”时期取得了优异的发展成绩。截至 2020 年，浙江生产总值为 6.46 万亿元，人均生产总值超过 10 万元，居民人均可支配收入 5.24 万元，仅次于上海和北京，是全国平均水平的 1.63 倍，城乡居民收入分别连续 20 年和 36 年居全国各省区第 1 位，说明浙江省的富裕程度较高。在取得总体良好发展局面的同时，浙江省还十分注重发展的均衡性，省内城乡居民收入比倍差为1.96，远低于全国的2.56，最高最低地市居民收入倍差为1.67，是全国唯一一个所有设区市居民收入都超过全国平均水平的省份。[①] 凭借优越的浙江省情基础和优势，2021年6月，中共中央、国务院发布《关于支持浙江高质量发展建设共同富裕示范区的意见》，支持浙江建设成为共同富裕示范区，这彰显出浙江省在过去一段时期通过快速发展积累了良好的基础和优势条件。可以预见，未来一段时期，浙江省会以更加务实高效的实际行动持续推动建设共同富裕示范区，着力为全国提供先行示范经验。

从表8可以看出，湖南省的居民收入状况评价得分增长势头良好。湖南省作为中部地区的重要省份，在推动中部崛起中实现高质量发展有基础、有优势、有条件，在中部省份中具有代表性。“十三五”时期，湖南省城乡居民收入状况取得了长足的进步，居民收入稳步增长，与“十二五”时期相比，湖南城乡居民收入分别由2015年的28838元、10993元，增至2019年底的39842元、15395元，分别增长38%、40%。[②] 即使是在受到疫情影响的2020年，城乡居民人均可支配收入依然分别增长4.7%、7.7%。这些成绩的取得与湖南省“十三五”时期实施的增收政策密不可分。2017年8月，湖南省印发了《湖南省激发重点群体活力带动城乡居民增收实施方案》，明确要求城乡居民收入增长与经济增长保持同步、收入分配格局不断优化，城乡之间、区域之间、不同群体之间收入差距逐步缩小，中等收入人群比重上升，低收入人群收入明显提高。[③] 与此同时，湖南省坚持持续扩大民生领域支出，2020年，湖南坚持政府过紧日子，全省民生支出占一般公共预算的比重高达70.4%，这为湖南省城乡居民的持续增收提供了有力支持。

---

① 参见《为促进全体人民共同富裕探索路径——就支持浙江高质量发展建设共同富裕示范区访国家发展改革委有关负责人》，2021年6月10日，http://www.gov.cn/zhengce/2021-06/10/content_5616869.htm。

② 参见《辉煌“十三五”奋进新湖南｜迈向高质量发展》，2020年9月28日，http://www.hunan.gov.cn/hnyw/sy/hnyw1/202009/t20200928_13768389.html。

③ 参见《湖南省人民政府关于印发〈湖南省激发重点群体活力带动城乡居民增收实施方案〉的通知》，2017年8月30日，http://www.hunan.gov.cn/xxgk/wjk/szfwj/201708/t20170831_4824757.html。

综合来看，“十三五”时期，中国不同区域居民收入福祉评价得分呈现出较为平稳的上涨趋势。其中，以浙江、湖南等省份为代表的中部、东部地区涨势较快，东北地区涨势趋缓。

（三）2016—2020 年居民消费状况的综合分析

1.2016—2020 年居民消费状况整体趋势

运用构建的消费福祉综合评价函数对中国 2016—2020 年相关统计数据进行分析，得到“十三五”期间中国居民消费福祉综合评价结果，如图 7 所示。由图 7 可以看出，“十三五”期间，中国居民消费状况评价得分除 2020 年外，前四年均稳中有涨，2020 年受疫情影响略有回落。为了进一步了解“十三五”期间中国居民消费福祉的变化，根据图中相关数据计算得出“十一五”“十二五”和“十三五”期间中国居民消费综合评价得分增长率并进行比较发现，虽然“十三五”期间消费综合评价得分增长率低于“十二五”时期，但是依旧比“十一五”时期的增长率高 0.1 个百分点。综上可知，面对持续的经济下行压力和疫情的负面影响，“十三五”时期居民消费福祉依旧不断提升。

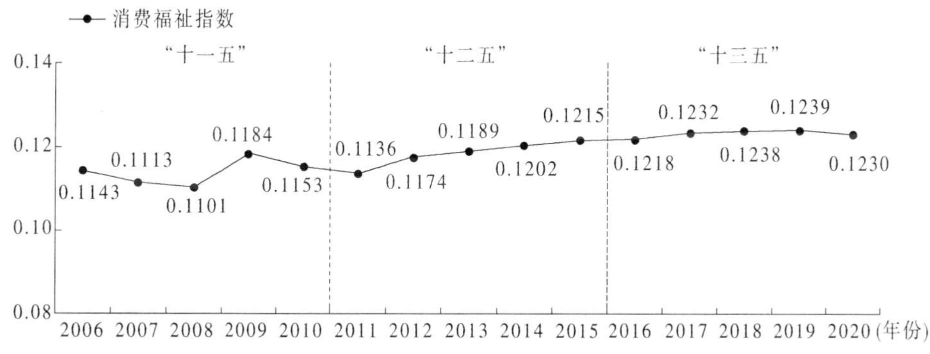

图 7　2006—2020 年中国居民消费综合评价得分趋势

根据构建的中国经济福祉指标体系，居民消费状况共有 3 个指标，分别是城乡居民人均生活消费支出、居民消费价格指数和城乡居民家庭恩格尔系数。“十三五”期间，消费市场活力满满，消费结构转型优化，居民消费需求稳步释放，消费对经济增长的基础性作用持续发挥。具体表现在以下几方面。

中国居民人均生活消费支出总体呈良好发展态势，前四年稳步增长，2020 年消费市场经受住了新冠肺炎疫情的冲击，呈现出持续稳定的复苏态势，如图 8 所示。就全国居民人均生活消费支出而言，城乡居民人均生活消费支出由 2016 年的 17110.7 元上涨到 2020 年的 21209.9 元，其中城镇居民人均生活消费支出由 2016 年的 23078.9 元上涨到 2020 年的 27007.4 元，农村居民人均生活消费支出由 2016 年的 10129.8 元上涨到 2020 年的 13713.4 元，表明中国居民人均生活消费能力不断提升。其中医疗保健、居住以及教育文化娱乐支出增速较快，位列消费支出的前三名。居住支出自 2015 年后一直处于所有支出项目的第二位，表明近年来中国人均居住支出较高且压力较大。但随着中央“房住不炒”这一政策定位的提出以及相关配套政策的出台和实施，中国居民人均居住支出增速较以往减缓，2020 年全国居民人均居住支出 5215.3 元，增速较 2016 年下降约 6.4 个百分点，相关政策实施正面效果明显。2019 年人均教育文化消费支出 2513.1 元，比 2016 年增长约 31%。2020 年初受新冠肺炎疫情影响，全国居家生活和办公的情况明显增加，室外活动和消费骤减。随着疫情防控常态化以及社会生活生产恢复，消费开始持续复苏，2020 年全国城乡居民人均消费支出 21209.9 元，食品烟酒人均支出较 2019 年增长 5%。就城乡居民家庭消费支出而言，城乡市场共同发展，区域协调性不断增强。2020 年中国人均生活消费支出比 2016 年增长近 24%，城镇人均生活消费支出增长约 17%，农村增长约 35%，总体呈现增长态势，农村增速约为城市的两倍，增速明显。

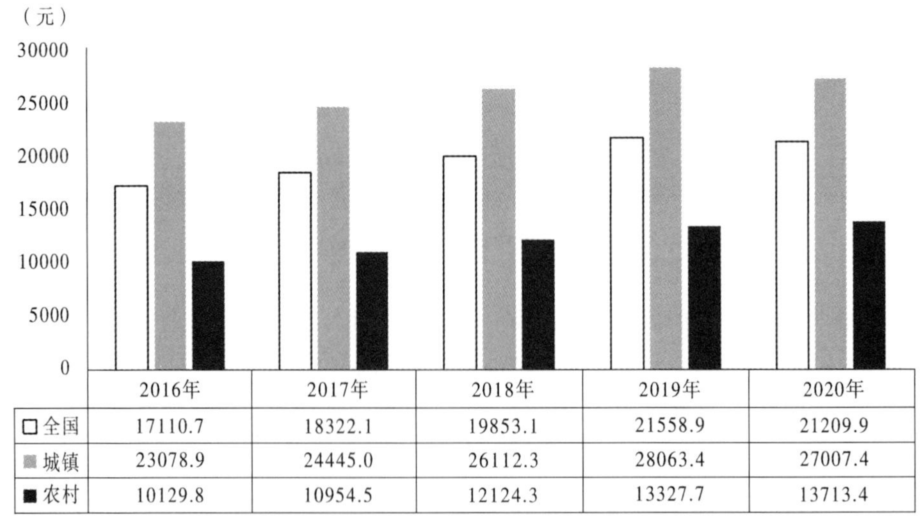

	2016年	2017年	2018年	2019年	2020年
□全国	17110.7	18322.1	19853.1	21558.9	21209.9
■城镇	23078.9	24445.0	26112.3	28063.4	27007.4
■农村	10129.8	10954.5	12124.3	13327.7	13713.4

图 8　2016—2020 年中国居民人均消费支出

“十三五”期间，居民消费价格指数温和上涨，相对平稳运行，如图 9 所示。截至“十三五”末，全年居民消费价格指数为 102.5，城市居民消费价格指数为 102.3，农村居民消费价格指数为 103.0。其中食品烟酒消费价格指数为 108.3，衣着消费价格指数为 99.8，居住消费价格指数为 99.6，交通和通信消费价格指数为 96.5，教育文化和娱乐消费价格指数为 101.3，医疗保健消费价格指数为 101.8，其他用品和服务消费价格指数为 104.3。

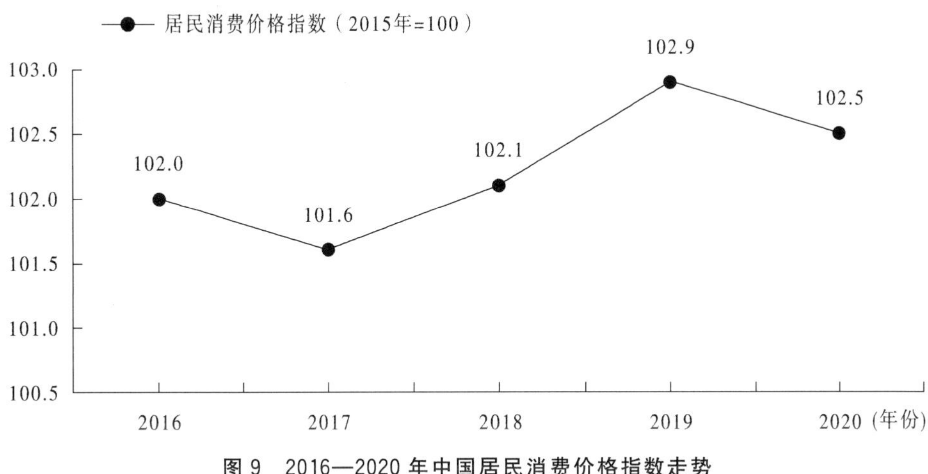

图 9　2016—2020 年中国居民消费价格指数走势

“十三五”期间，居民家庭恩格尔系数除 2020 年受新冠肺炎疫情影响有所上升外，前四年均持续下降，如图 10 所示。到 2020 年末，居民家庭恩格尔系数比 2015 年下降 0.4 个百分点。根据联合国公布的世界各国生活水平划分标准，一个国家平均家庭恩格尔系数大于 60％为贫穷，50％－60％为温饱，40％－50％为小康，30％－40％为相对富裕，20％－30％为富裕，20％以下为极其富裕。按此标准，“十三五”期间，除却受新冠肺炎疫情影响严重的特殊年份外，中国正逐步从相对富裕步入富裕社会。从城乡居民恩格尔系数看，2016—2020 年城镇居民恩格尔系数分别为 29.3％、28.6％、27.7％、27.6％和 29.2％，农村居民恩格尔系数分别为 32.2％、31.2％、30.1％、30.0％、32.7％，2016—2020 年农村居民恩格尔系数比城镇居民分别高 2.9、2.6、2.4、2.4、3.5 个百分点。中国居民家庭恩格尔系数在城镇和农村之间尽管依然存在差距，但是从上述数据可以看出，除了疫情影响的特殊年份外，城乡间的差距正在逐步缩小。

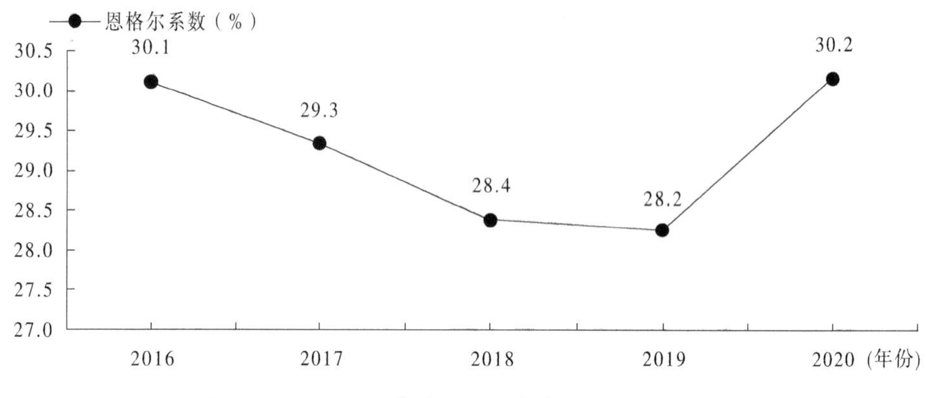

图 10　2016—2020 年中国居民家庭恩格尔系数走势

“十三五”期间中国居民消费状况的良好发展态势，得益于这一时期中国政策的指引和推动。《中华人民共和国国民经济和社会发展第十三个五年规划纲要》提出，消费对经济增长贡献继续加大，促进消费升级，以消费环境改善释放消费潜力，增强消费能力，改善大众消费预期，以扩大服务消费为重点带动消费结构升级，推动线上线下融合等消费新模式发展，实施消费品质量提升工程。在“十三五”规划要求和指导下，2016 年《国务院办公厅关于印发消费品标准和质量提升规划（2016—2020 年）的通知》（国办发〔2016〕68 号）发布，要求深化消费品供给侧结构性改革，提升消费品标准和质量水平，确保消费品质量安全，扩大有效需求。为适应互联网技术与经济社会深度融合、线上线下融合消费模式，2017 年《国务院关于进一步扩大和升级信息消费持续释放内需潜力的指导意见》（国发〔2017〕40 号）发布，改善了信息消费有效供给创新不足的局面，进一步扩大和升级信息消费、持续释放内需潜力。同年，党的十九大报告提出，要完善促进消费的体制机制，增强消费对经济发展的基础性作用；加快建立绿色生产和消费的法律制度和政策导向；推进能源生产和消费革命。为加快破解制约居民消费最直接、最突出、最迫切的体制机制障碍，增强消费对经济发展的基础性作用，2018 年发布了《国务院办公厅关于印发完善促进消费体制机制实施方案（2018—2020 年）的通知》（国办发〔2018〕93 号）。2020 年新冠肺炎疫情发生以来，传统消费受到严重影响。《国务院办公厅关于以新业态新模式引领新型消费加快发展的意见》（国办发〔2020〕32 号）发布，着力补齐新型消费短板、以新业态新模式为引领加快新型消费发展。同年，十九届五中全会强调要畅通国内大循环，促进国内国际双循环，全面促进消费，拓展投资空间。

在中央政策指导下，各省市的“十三五”规划纲要也把促进消费升级放在重要的战略位置，并且根据具体环境变化出台了一系列促进消费的政策，如《山东省人民政府办公厅关于印发大力拓展消费市场加快塑造内需驱动型经济新优势重点任务细化落实分工方案的通知》（鲁政办字〔2019〕164 号）提出，要抓住用好市场需求持续扩大的战略机遇，大力拓展消费市场，加快塑造内需驱动型经济新优势，推动山东高质量发展。面对疫情影响，陕西印发《陕西省人民政府办公厅关于印发促进市场消费积极应对新冠肺炎疫情影响若干措施的通知》（陕政办发〔2020〕10 号），加快建立同疫情防控相适应的经济社会运行秩序，增强居民消费信心，扩大商品消费，激发市场活力，推动全省经济平稳健康发展。此外，四川省为了促进该省消费进一步提质升级，发布了《四川省人民政府办公厅关于印发四川省完善促进消费体制机制实施方案的通知》（川办发〔2019〕43 号），通过放宽服务消费领域市场准入，完善促进实物消费结构升级的政策体系，加快推进重点领域产品和服务标准建设，建立健全消费领域信用体系，优化促进居民消费的配套保障，加强消费宣传推介和信息引导六大方面来完善和促进消费机制体制。此外，为解决新冠肺炎疫情对消费造成的负面影响，各地还通过发放财政补贴和消费券来刺激消费，如 2020 年 4 月 9 日，商务部新闻发言人高峰在商务部例行新闻发布会上介绍，杭州通过支付宝发放的消费券核销 2.2 亿元，带动消费 23.7 亿元，乘数效应达 10.7 倍。[①]

2.2016—2020 年居民消费状况的省际分析

根据消费状况综合评价得分的聚类分析结果，每一年均可将中国 31 个省（自治区、直辖市）分为四类，得分由高到低分别为 A 类、B 类、C 类、D 类，至少 4 个年份及以上有相同分类的为稳定类，否则为波动类，其中，将稳定类省份按照高低类别划分为三类。“十三五”期间中国 31 个省份的消费状况综合评价聚类分析以及等级和类型划分如表 10、表 11 所示。

① 参见《以消费券加快企业数字化升级》，2020 年 4 月 10 日，http：//opinion.people.com.cn/n1/2020/0410/c1003-31668219.html。

表 10　2016—2020 年各省份居民消费状况年度得分及聚类评价情况

地区	2016	得分	2017	得分	2018	得分	2019	得分	2020	得分	聚类合并
北京	A	0.1360	A	0.1352	A	0.1338	A	0.1367	A	0.1367	AAAAA
天津	B	0.1253	B	0.1262	B	0.1284	B	0.1265	B	0.1273	BBBBB
河北	B	0.1221	C	0.1222	C	0.1197	C	0.1175	B	0.1213	BCCCB
山西	B	0.1236	C	0.1241	C	0.1215	C	0.1179	D	0.1163	BCCCD
内蒙古	B	0.1253	C	0.1237	B	0.1238	B	0.1218	B	0.1230	BCBBB
辽宁	B	0.1247	B	0.1260	C	0.1216	B	0.1226	B	0.1210	BBCBB
吉林	B	0.1219	C	0.1225	C	0.1213	C	0.1176	C	0.1197	BCCCC
黑龙江	B	0.1220	C	0.1237	C	0.1213	C	0.1184	C	0.1191	BCCCC
上海	B	0.1280	A	0.1364	A	0.1390	A	0.1363	A	0.1377	BAAAA
江苏	B	0.1226	B	0.1263	B	0.1248	B	0.1222	B	0.1242	BBBBB
浙江	B	0.1263	B	0.1263	B	0.1270	B	0.1257	B	0.1279	BBBBB
安徽	C	0.1195	C	0.1230	C	0.1203	C	0.1183	C	0.1178	CCCCC
福建	B	0.1229	B	0.1259	B	0.1258	B	0.1223	B	0.1237	BBBBB
江西	C	0.1178	D	0.1187	C	0.1194	C	0.1170	C	0.1179	CDCCC
山东	C	0.1200	C	0.1237	C	0.1201	C	0.1179	C	0.1198	CCCCC
河南	C	0.1190	C	0.1222	C	0.1191	C	0.1167	D	0.1171	CCCCD
湖北	C	0.1189	C	0.1229	C	0.1230	C	0.1188	C	0.1186	CCCCC
湖南	C	0.1203	C	0.1237	C	0.1222	C	0.1189	B	0.1216	CCCCB
广东	B	0.1221	B	0.1267	B	0.1244	B	0.1206	B	0.1237	BBBBB
广西	C	0.1188	D	0.1198	D	0.1180	D	0.1123	D	0.1156	CDDDD
海南	D	0.1131	D	0.1141	D	0.1170	D	0.1142	C	0.1182	DDDDC
重庆	C	0.1202	C	0.1250	C	0.1214	C	0.1191	B	0.1212	CCCCB
四川	C	0.1185	C	0.1218	C	0.1216	D	0.1157	D	0.1155	CCCDD
贵州	C	0.1202	C	0.1233	C	0.1203	C	0.1180	D	0.1164	CCCCD
云南	C	0.1195	C	0.1231	C	0.1214	C	0.1179	D	0.1131	CCCCD
西藏	D	0.1097	D	0.1149	D	0.1171	D	0.1154	D	0.1161	DDDDD

续表

地区	2016	得分	2017	得分	2018	得分	2019	得分	2020	得分	聚类合并
陕西	B	0.1226	C	0.1218	C	0.1205	C	0.1175	C	0.1191	BCCCC
甘肃	B	0.1211	C	0.1212	C	0.1195	C	0.1189	C	0.1203	BCCCC
青海	C	0.1205	C	0.1224	D	0.1185	C	0.1188	C	0.1190	CCDCC
宁夏	B	0.1230	C	0.1227	C	0.1202	B	0.1220	B	0.1238	BCCBB
新疆	B	0.1217	D	0.1189	C	0.1204	B	0.1216	B	0.1223	BDCBB

注：表中不包含港澳台数据。

表 10 反映了 2016—2020 年各省（自治区、直辖市）具体得分和聚类评价情况。2016—2020 年，31 个省（自治区、直辖市）的消费状况综合评价得分在 0.1097 和 0.1390 之间。从 31 个省（自治区、直辖市）的具体得分来看，北京和上海的历年得分均位居前两位。2016—2020 年，全国 31 个省（自治区、直辖市）居民消费福祉状况排在前 4 位的是北京、上海、浙江和天津，均是东部地区，具体分布在京津冀经济圈和长三角经济圈，与经济福祉状况一致；历年排在后 5 位的省份有西藏、海南、江西、四川、广西、新疆、河南、青海、山西等。2016—2020 年历年最低分分别为 0.1097、0.1141、0.1170、0.1123 和 0.1131，历年最高分分别为 0.1360、0.1364、0.1390、0.1367 和 0.1377。江西、新疆、北京、福建等 14 个省份 2020 年较 2016 年评价得分有所增长，但涨幅较小，涨幅区间为 0.0001－0.0097 分，山西、云南、贵州等 17 个省份均有所下降，降幅区间为 0.0002－0.0073 分。

表 11　2016—2020 年各省份居民消费状况聚类评价结果分布

类别	相应省份	数量	百分比
第一类	北京、上海、天津、江苏、浙江、广东、福建、内蒙古、辽宁	9	29.0%
第二类	甘肃、吉林、黑龙江、陕西、湖南、重庆、山东、湖北、安徽、河南、贵州、云南、青海、江西	14	45.2%
第三类	广西、海南、西藏	3	9.7%
第四类	宁夏、新疆、河北、四川、山西	5	16.1%

注：表中不包含港澳台数据。

基于2016—2020年省际消费状况综合得分及聚类情况，可以将31个省（自治区、直辖市）消费状况指数分为四类。

第一类省份消费状况聚类评价结果稳定性较强且消费福祉水平高。该类省份包括北京、上海、天津、江苏、浙江、广东、福建、内蒙古、辽宁9个省份，除内蒙古和辽宁为中部、东北地区省份外，其他省份均为东部地区省份。具体来看，北京五年均为A类，上海2016年为B类，2017—2020年上升到A类，呈现稳定的增长态势；天津、江苏、浙江、广东、福建五年均为B类。辽宁和内蒙古则有4年为B类，1年为C类，整体比较稳定，表现为由B类降到C类再提升到B类的趋势。

第二类省份2016—2020年聚类评价结果稳定性较强，消费福祉综合评价在全国处于中等水平，至少有4个年份被评为C类，包括甘肃、吉林、黑龙江、陕西、湖南、重庆、山东、湖北、安徽、河南、贵州、云南、青海、江西14个省份。其中，甘肃、吉林、黑龙江、陕西、湖南、重庆均有1年为B类，4年为C类；山东、湖北、安徽则5年均为C类；河南、贵州、云南、青海、江西则有4年为C类，1年为D类，其中河南、贵州、云南2020年较前4年有所下降，从C类降为D类，青海、江西则是由中间年份的D类上升为C类。

第三类省份2016—2020年消费福祉聚类评价具有较强的稳定性并且五年间消费福祉水平均处于全国较低水平，从类别来看以D类为主，包含广西、海南、西藏3个省份，其中海南为东部地区省份，广西和青海为西部地区省份。具体来看，西藏5年均稳定为D类；广西和海南则分别有1个年份为C类，其他4年为D类，其中广西由2016年的C类降为D类，海南则是由前4年的D类上升为2020年的C类。

第四类省份主要为“十三五”期间消费福祉水平聚类评价结果具有较强波动性的地区，包括宁夏、新疆、河北、四川、山西，分布在东部、中部和西部三个区域。具体来看，宁夏和新疆均有3年为B类，宁夏由中间年份的C类增长为2020年的B类；新疆波动较大，2016—2020年由B类降为D类，而后又升为C类，之后升为B类；河北则是呈现U形，由B类降为C类，再升为B类；四川和山西均有3年为C类，到2020年降为D类。

从分类结果来看，消费处于高水平的省份主要在东部区域，其他区域省份较少，由此可以看出，在消费方面同样存在区域不均衡现象。为进一步挖掘中西部消费潜力，升级消费结构，进而增强区域发展的协调性，“十三五”

规划与党的十九大报告均将区域协调发展作为重要战略，深入实施西部开发、东北振兴、中部崛起和东部率先的区域发展总体战略。在中央政策指引下，《东北振兴“十三五”规划》提出，培育旅游、文化、体育、健康、养老等新消费增长点，引导绿色消费，扩大和引导文化消费。《西部大开发“十三五”规划》则提出要严控新增产能，确保完成钢铁、煤炭去产能目标任务，优化煤炭生产和消费结构。以上政策的有力支持，为促进区域协调发展和居民消费打下了坚实的基础。

基于居民消费状况综合评价得分及聚类分析结果能够发现，部分省份在“十三五”时期的居民消费状况得分取得了长足的进步，下面以上海、西藏和宁夏作为典型省份进行更为深入的案例分析。

上海的居民消费福祉在“十三五”期间不断提升，由 2016 年的 B 类提升到 A 类，消费状况得分由 2016 年的 0.1280 分增加到 2020 年的 0.1377 分，增长幅度在稳定类省份中位列第一，同时也是全国增幅最大的省份。从具体指标来看，上海居民家庭人均生活消费支出从 2016 年的 37458 元增加到了 2020 年的 42536 元；家庭恩格尔系数由 2016 年的 25.53%下降到 2019 年的 24.02%，2020 年虽受疫情影响，但也稳定在了 26.39%；居民消费价格指数由 2016 年的 103.2 下降到 2020 年的 101.7。上海居民消费状况之所以能够稳中有升，与上海在此期间出台的一系列挖掘居民消费能力、促进居民消费的政策和具体落地举措息息相关。早在 2016 年，为顺应消费升级大趋势，加快推进上海供给侧结构性改革，更好发挥新消费引领作用，加快培育形成经济发展新供给新动力，上海市人民政府办公厅印发了《上海市促进新消费发展发挥新消费引领作用行动计划（2016—2018 年）》，以实现力争市场消费总额增长显著快于同期经济增速、最终消费对经济增长的贡献率持续提升的目标。随后，上海又在 2018 年发布《全力打响“上海购物”品牌加快国际消费城市建设三年行动计划（2018—2020 年）》，通过新消费引领专项行动、消费品牌集聚专项行动、老字号重振专项行动、消费名片擦亮专项行动、消费环境优化专项行动等，实现消费对城市经济社会发展贡献度显著提升、消费者对城市消费综合环境的消费满意度显著提升等目标。2020 年上海颁布《关于提振消费信心强力释放消费需求的若干措施》，加大经济社会发展工作力度，全力打响上海“四大品牌”，加快建设国际消费城市，进一步提振消费信心，强力释放消费需求。为进一步积极响应上海“四大品牌”以及国际消费城市建设，进一步提振消费信心，有效促进消费回补，上海各区制定了更加具体、贴合当地实际的文件，如嘉定区印发了《嘉定区关于进一步提升消费能级 释放消费潜力的若干措施》，促进消费稳定增长、扩容提质。《2020 年上海市国民经济和社会发展统计公报》数据显示，由于受到新冠肺炎疫情的影响，2020 年上海市居民人均消费支出 42536 元，比 2019 年下降 6.7%。其中，城镇常住居民人均消费支出 44839 元，下降 7.1%；农村常住居民人均消费支出 22095 元，下降 1.6%。尽管如此，整体来看上海市在“十三五”期间通过以上一系列的新举措和专项行动，实现了居民消费能力增长和质量提升：与 2016 年相比，2020 年全市居民人均消费支出增长 22.3%；其中，城镇常住居民人均消费支出增长 21.4%，农村常住居民人均消费支出增长 36.8%。

西藏的居民消费福祉增长幅度在全国仅次于上海，由 2016 年的 0.1097 上升到 2020 年的 0.1161。“十三五”期间，西藏积极贯彻落实中央促消费工作部署，通过促进重点消费支撑消费升级，通过补齐短板弱项挖掘农村消费潜力，通过强化政策保障优化消费环境，打通经济循环的“堵点”“断点”。① 《西藏自治区“十三五”时期国民经济和社会发展规划纲要》明确指出，要改善旅游消费环境、扩大和引导文化消费、优化能源生产消费结构等。同时通过开展“冬季惠民生促消费”活动，实现扩内需、保供给、惠民生、促发展。此外，为适应电子商务的发展和消费新生态，西藏自治区商务厅全力推动农牧区电子商务发展，推进线上线下融合发展，加快构建西藏商贸流通体系，电子商务对西藏消费的驱动作用日益增强。“十三五”期间，城镇居民人均消费支出由 2016 年的 19440 元增加到 2020 年的 24927 元，农村居民人均消费支出由 2016 年的 6070 元增加到 2020 年的 8917 元；全区居民家庭吃穿类消费占比持续下降，向发展型和享受型消费倾斜，家庭恩格尔系数由 2016 年的 48.62%下降到 2020 年的 36.19%。

宁夏消费状况评价得分在“十三五”期间由 2016 年的 0.1230 分增长到 2020 年的 0.1238 分，涨幅为 0.0008 分，是波动类省份中涨幅最大的省份。2016 年《自治区人民政府办公厅关于印发消费品工业“三品”专项行动实施方案的通知》要求，加快构建具有宁夏特点的消费品工业体系，着力改善营商环境，提升全区消费品工业市场竞争力。2017 年《自治区人民政府办公厅关于推动实体零售创新转型的实施意见》就新业态和消费模式提出指导意见，

① 参见《“十三五”西藏社会消费品零售总额达三千亿余元》，2021 年 2 月 16 日，http://www.xizang.gov.cn/xwzx_406/shfz/202102/t20210216_193171.html。

要求优化商业业态，培育新型需求；优化商品供给，提升消费品质；拓宽服务消费领域，推动实体零售创新转型和消费升级。在具体的消费领域，宁夏政府也不断加强指引和监管，如在体育消费领域出台了《自治区人民政府办公厅关于印发贯彻落实加快发展体育产业促进体育消费实施意见分工方案的通知》。宁夏全体居民人均消费支出由 2016 年的 14965 元增长到 2020 年的 17506 元，2020 年城镇居民人均消费支出达到 22379 元，比 2016 年增长 2015 元，农村居民人均消费支出由 2016 年的 9138 元增长到 2020 年的 11724 元，2020 年居民消费价格指数为 101.5，消费领域提升显著。

（四）2016—2020 年居民劳动就业状况综合分析

1. 2016—2020 年居民劳动就业状况整体趋势

运用居民劳动就业评价函数，得到 2016—2020 年中国居民劳动就业综合评价结果，如图 11 所示。从图中可以看出，"十三五"期间中国居民劳动就业得分前四年逐年提升，收官年有所下降。根据图中相关数据计算可知，"十一五""十二五"期间中国居民劳动就业福祉得分的增长率分别为 1.08%和 6.04%，"十三五"前四年的增长率为 4.15%。与"十一五""十二五"相比，"十三五"期间居民劳动就业除去疫情影响的特殊年份外，劳动就业质量不断提升，增长趋势也更为平稳。

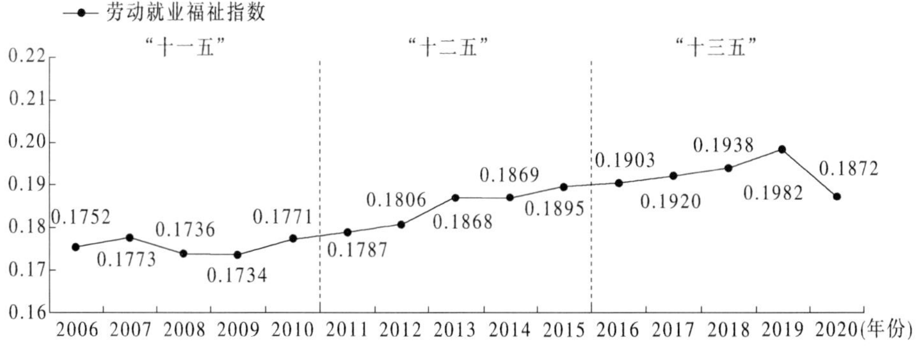

图 11 2006—2020 年中国居民劳动就业综合评价得分趋势

根据构建的中国居民经济福祉指标体系，劳动就业共有 3 个指标，分别为城镇登记失业率、第三产业增加值占 GDP 的比重、工资收入占 GDP 的比重。"十三五"期间城镇登记失业率、第三产业增加值占 GDP 的比重、工资收入占 GDP 的比重的具体情况如下。

“十三五”期间，中国居民劳动就业形势总体稳定。2016—2020 年，全国城镇登记失业率分别为 4.02%、3.9%、3.8%、3.62%和 4.24%，始终在 5%以内的合理区间内（见图 12）。劳动就业直接关系经济社会发展大局，就业稳定收入就会增长，民生就会逐步改善。上述劳动就业成绩的取得与国家采取积极改进措施“稳增长、保就业”密切相关。2017 年党的十九大报告指出，就业是最大的民生。要坚持就业优先战略和积极就业政策，实现更高质量和更充分就业。大规模开展职业技能培训，注重解决结构性就业矛盾，鼓励创业带动就业。提供全方位公共就业服务，促进高校毕业生等青年群体、农民工多渠道就业创业。破除妨碍劳动力、人才社会性流动的体制机制弊端，使人人都有通过辛勤劳动实现自身发展的机会。完善政府、工会、企业共同参与的协商协调机制，构建和谐劳动关系。同年，《国务院关于印发“十三五”促进就业规划的通知》（国发〔2017〕10 号）要求在 2020 年要实现就业规模稳步扩大，就业质量进一步提升；创业环境显著改善，带动就业能力持续增强；人力资源结构不断优化，劳动者就业创业能力明显提高三大目标。2018 年，为全面落实党中央、国务院关于稳就业工作的决策部署，《国务院关于做好当前和今后一个时期促进就业工作的若干意见》（国发〔2018〕39 号）发布，坚持实施就业优先战略和更加积极的就业政策，支持企业稳定岗位，促进就业创业，强化培训服务。《国务院关于进一步做好稳就业工作的意见》（国发〔2019〕28 号）进一步突出强调就业是民生之本、财富之源，坚持把稳就业摆在更加突出位置，要求突出重点、统筹推进、精准施策，全力防范化解规模性失业风险，全力确保就业形势总体稳定。2020 年，中国劳动就业形势受新冠肺炎疫情影响，为加快恢复和稳定就业，国务院精准有力及时采取多种举措。国务院办公厅发布《关于应对新冠肺炎疫情影响强化稳就业举措的实施意见》，要求更好地实施就业优先政策、引导农民工安全有序转移就业、拓宽高校毕业生就业渠道、加强困难人员兜底保障、完善职业培训和就业服务、压实就业工作责任。在多措并举和多方共同努力下，各地积极做好复工复产、复商复市，政府推进减税降费，帮扶中小企业渡过难关，最终稳住了就业，将新冠肺炎疫情对就业的影响降到了最低。到 2020 年，全国就业人员 75064 万人，其中城镇就业人员 46271 万人，乡村就业人员 28793 万人，

6 月全国城镇调查失业率回落至 5.7%，12 月全国城镇调查失业率进一步降至 5.2%。[①]

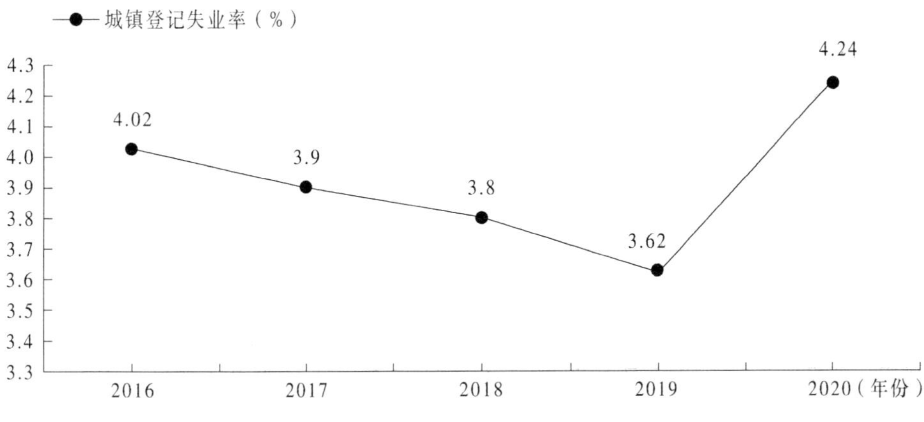

图 12　2016—2020 年全国城镇登记失业率

此外，随着经济、社会和科技的发展，个体经营、新就业形态等灵活多样的就业方式成为劳动者就业增收的重要途径。为了创造更多的灵活就业机会，激发劳动者创业活力和创新潜能，2020 年国务院办公厅印发了《关于支持多渠道灵活就业的意见》，通过拓宽灵活就业发展渠道、优化自主创业环境、加大对灵活就业的保障支持、加强组织实施，实现对灵活就业的支持。2020 年，国务院办公厅印发《关于应对新冠肺炎疫情影响强化稳就业举措的实施意见》，同样对灵活就业做出了安排和部署，提出要支持劳动者依托平台就业，取消灵活就业人员参加企业职工基本养老保险的省内城乡户籍限制，引导平台企业放宽入驻条件，降低管理服务费，进而实现对多渠道灵活就业的支持。

第三产业作为国民经济的重要组成部分，不仅有利于加快经济发展，提高国民经济素质和综合国力，而且有利于扩大就业，缓解中国就业压力和提高人民生活水平，对社会经济发展和居民幸福具有重大意义。“十三五”期间，中国高度重视第三产业的发展，第三产业增加值占 GDP 的比重不断提升，如图 13 所示。以上成就离不开中国实施的一系列重要举措。在制度建设

---

① 参见《迈向高质量发展》编写组编：《迈向高质量发展：“十三五”经济社会发展成就报告》，中国统计出版社 2021 年版，第 69 页。

方面，2016 年《国务院办公厅关于同意建立服务业发展部际联席会议制度的函》(国办函〔2016〕8 号) 发布，同意建立由发展改革委牵头的服务业发展部际联席会议制度。除加强制度建设外，在具体服务行业领域也发布了一系列文件加以规范并提供支持。为促进养老服务业更好更快地发展，《国务院办公厅关于全面放开养老服务市场提升养老服务质量的若干意见》(国办发〔2016〕91 号) 提出，要培育健康养老意识，加快推进养老服务业供给侧结构性改革，保障基本需求，繁荣养老市场，提升服务质量，让广大老年群体享受优质养老服务。2017 年，《国务院办公厅关于制定和实施老年人照顾服务项目的意见》(国办发〔2017〕52 号) 发布，进一步优化相关服务。为促进婴幼儿照护服务发展，2019 年《国务院办公厅关于促进 3 岁以下婴幼儿照护服务发展的指导意见》(国办发〔2019〕15 号) 出台，加强对家庭婴幼儿照护的支持和指导，加大对社区婴幼儿照护服务的支持力度，规范发展多种形式的婴幼儿照护服务机构等。2020 年，针对养老托育两大服务业，印发《国务院办公厅关于促进养老托育服务健康发展的意见》(国办发〔2020〕52 号)。为促进家政服务业提质扩容，实现高质量发展，《国务院办公厅关于促进家政服务业提质扩容的意见》(国办发〔2019〕30 号) 提出采取综合支持措施，提高家政从业人员素质，着力发展员工制家政企业，增加家政服务有效供给等要求。2016—2020 年，中国第三产业增加值占 GDP 的比重不断增加，“十三五”期间年均比重为 53.44%。截至 2020 年底，第三产业增加值为 551973.7 亿元，全年国内生产总值为 1013567.0 亿元，第三产业增加值占 GDP 的比重为 54.5%。

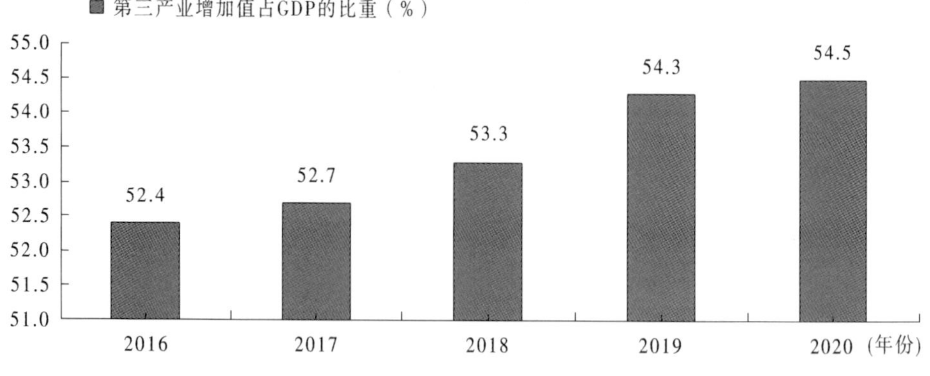

图 13　2016—2020 年第三产业增加值占 GDP 的比重

工资收入占 GDP 的比重反映的是在整个国民收入分配体系中劳动报酬所占的份额。工资收入占 GDP 的比重过低，说明在整个国民收入的分配体系中，通过劳动报酬分配的比重过小，大量国民财富通过非规范的途径流入个人手中。如果劳动者的工资收入长期在低水平徘徊，就背离了社会发展的目标。改革劳动薪酬结构，使劳动力的价格与其价值相符，提高工资收入占 GDP 的比重，减少非规范、非正常收入，是减少贫富分化的必要之举。[①] 党的十九大报告提出，坚持在经济增长的同时实现居民收入同步增长、在劳动生产率提高的同时实现劳动报酬同步提高，拓宽居民劳动收入和财产性收入渠道。国家在“十三五”期间出台了一系列政策文件来落实党的十九大报告提出的发展目标。这包括《国务院办公厅关于印发保障农民工工资支付工作考核办法的通知》(国办发〔2017〕96 号)、《国务院关于改革国有企业工资决定机制的意见》(国发〔2018〕16 号)、《保障农民工工资支付条例》(国务院令第 724 号）等。在中央和地方的指引、全国人民的共同努力下，2016—2020 年劳动者工资收入占 GDP 的比重有所提高，截至 2020 年底，工资收入占 GDP 的比重为 16.19%，比 2015 年增长 0.1 个百分点。

2. 2016—2020 年居民劳动就业状况省际分析

根据劳动就业状况综合评价得分的聚类分析结果，每一年均可将中国 31 个省（自治区、直辖市）分为四类，得分由高到低分别为 A 类、B 类、C 类、D 类，有至少 4 个年份分类相同的为稳定类，否则为波动类。其中，将稳定类省份按照高低类别划分为三类。“十三五”期间中国 31 个省份的劳动就业状况综合评价聚类分析以及等级和类型划分如表 12、表 13 所示。

表 12　2016—2020 年各省份居民劳动就业状况年度得分及聚类评价情况

地区	2016	得分	2017	得分	2018	得分	2019	得分	2020	得分	聚类合并
北京	A	0.2330	A	0.2336	A	0.2343	A	0.2354	A	0.2291	AAAAA
天津	C	0.2106	B	0.2099	B	0.2094	C	0.2103	C	0.2099	CBBCC
河北	D	0.2008	D	0.200	D	0.2026	D	0.2040	D	0.2024	DDDDD

① 参见邓聿文：《工资收入占 GDP 比重过低说明什么》，2005 年 6 月 21 日，http：//zqb. cyol. com/content/2005-06/21/content _ 1132928. htm。

续表

地区	2016	得分	2017	得分	2018	得分	2019	得分	2020	得分	聚类合并
山西	C	0.2077	C	0.2067	C	0.2073	C	0.2104	C	0.2090	CCCCC
内蒙古	D	0.2022	D	0.2020	D	0.2019	D	0.2019	D	0.2015	DDDDD
辽宁	D	0.2036	C	0.2030	D	0.2024	D	0.2012	D	0.1997	DCDDD
吉林	C	0.2064	C	0.2065	C	0.2063	D	0.2085	D	0.2059	CCCDD
黑龙江	D	0.2035	C	0.2040	C	0.2048	D	0.2064	D	0.2066	DCCDD
上海	C	0.2120	B	0.2126	B	0.2144	B	0.2171	B	0.2168	CBBBB
江苏	D	0.2055	C	0.2052	C	0.2053	D	0.2051	D	0.2045	DCCDD
浙江	C	0.2080	B	0.2088	B	0.2091	C	0.2098	C	0.2097	CBBCC
安徽	D	0.2025	C	0.2039	C	0.2059	D	0.2065	D	0.2054	DCCDD
福建	D	0.2007	D	0.2004	D	0.2014	D	0.2017	D	0.2001	DDDDD
江西	D	0.2032	C	0.2036	D	0.2029	D	0.2055	D	0.2046	DCDDD
山东	D	0.2024	C	0.2030	D	0.2029	D	0.2035	D	0.2051	DCDDD
河南	D	0.2047	C	0.2057	D	0.2039	D	0.2031	D	0.2031	DCDDD
湖北	C	0.2071	C	0.2060	C	0.2060	D	0.2065	D	0.2029	CCCDD
湖南	D	0.1975	D	0.1987	D	0.2007	D	0.2051	D	0.2051	DDDDD
广东	C	0.2109	B	0.2108	B	0.2120	C	0.2135	B	0.2135	CBBCB
广西	C	0.2061	B	0.2094	B	0.2088	D	0.2079	C	0.2078	CBBDC
海南	C	0.2100	B	0.2105	B	0.2111	C	0.2114	C	0.2102	CBBCC
重庆	D	0.2032	C	0.2042	C	0.2063	D	0.2077	D	0.1990	DCCDD
四川	D	0.2007	D	0.2014	D	0.2037	D	0.2047	D	0.2042	DDDDD
贵州	C	0.2068	C	0.2066	C	0.2061	D	0.2067	D	0.2043	CCCDD
云南	D	0.2041	C	0.2064	C	0.2053	D	0.2043	D	0.2013	DCCDD
西藏	B	0.2187	B	0.2174	B	0.2167	B	0.2199	B	0.2155	BBBBB
陕西	D	0.2053	C	0.2049	C	0.2049	D	0.2053	D	0.2038	DCCDD
甘肃	B	0.2156	B	0.2139	B	0.2129	C	0.2119	B	0.2120	BBBCB
青海	C	0.2090	B	0.2100	B	0.2099	C	0.2146	B	0.2162	CBBCB
宁夏	D	0.2037	C	0.2029	D	0.2026	D	0.2039	D	0.2042	DCDDD
新疆	B	0.2145	B	0.2129	B	0.2121	C	0.2140	B	0.2137	BBBCB

注：表中不包含港澳台数据。

表 12 反映了 2016—2020 年各省（自治区、直辖市）劳动就业具体得分和聚类评价情况。2016—2020 年，31 个省（自治区、直辖市）的劳动就业福祉综合评价得分在 0.1975 和 0.2354 之间。从 31 个省（自治区、直辖市）的具体得分来看，2016—2020 年北京历年得分最高，始终排在全国首位；历年曾经排在前 7 位的省份有北京、西藏、上海、新疆、甘肃、广东、海南、天津等；历年曾经排在后 5 位的省份有福建、湖南、四川、河北、内蒙古、辽宁等。2016—2020 年历年最低分分别为 0.1975、0.1987、0.2007、0.2012 和 0.1990，历年最高分分别为 0.2330、0.2336、0.2343、0.2354、0.2291。从总体趋势看，“十三五”期间 15 个省份劳动就业状况得分有所增长，增长幅度在 0.0002 和 0.0076 之间，其他省份得分则有所下降。

基于 2016—2020 年省际劳动就业福祉综合得分及聚类情况，可以将 31 个省（自治区、直辖市）劳动就业福祉指数分为四类（见表 13）。

表 13　2016—2020 年各省份居民劳动就业福祉聚类评价结果分布

类别	相应省份	数量	百分比
第一类	北京、西藏、甘肃、新疆、上海	5	16.1%
第二类	山西	1	3.2%
第三类	辽宁、河南、宁夏、江西、山东、内蒙古、福建、河北、四川、湖南	10	32.3%
第四类	广东、广西、青海、天津、吉林、黑龙江、江苏、浙江、安徽、湖北、海南、重庆、贵州、云南、陕西	15	48.4%

注：表中不包含港澳台数据。

第一类劳动就业福祉聚类评价结果稳定性较强且劳动就业福祉水平高。该类省份包括北京、西藏、甘肃、新疆、上海 5 个省份。北京历年均为 A 类；西藏 5 年均为 B 类；甘肃、新疆、上海 3 个省份有 4 年为 B 类，仅 1 年为 C 类。

第二类省份 2016—2020 年劳动就业聚类评价结果稳定性较强，劳动就业福祉综合评价在全国处于中等水平，至少 4 个年份被评为 C 类。在该类型中，仅有山西一个省份。该省在 5 年内劳动就业等级均为 C 类，一直稳定居于全国中等水平。

第三类省份2016—2020年劳动就业福祉聚类评价具有较强的稳定性并且5年间劳动就业福祉综合评价均处于全国较低水平，从类别来看以D类为主。主要包括辽宁、河南、宁夏、江西、山东、内蒙古、福建、河北、四川、湖南，以上省份分布在东部、西部、东北和中部各区域。其中，辽宁、河南、宁夏、江西、山东5个省份均在2017年为C类，其他年份为D类；内蒙古、福建、河北、四川、湖南则五年均为D类。

第四类省份主要为“十三五”期间劳动就业福祉水平聚类评价结果具有较强波动性的地区，包括广东、青海、天津、海南、浙江、广西、湖北、贵州、吉林、重庆、云南、陕西、江苏、安徽、黑龙江15个省份。广东和青海2016年为C类，2017—2018年上升为B类，2019年下降到C类，2020年再次上升为B类，历年波动较大。海南、天津和浙江历年等级一样，2017年和2018年为B类，其他年份为C类；广西5年内波动也比较大，2016年和2020年为C类，2017年、2018年为B类，2019年为D类；湖北、贵州、吉林2016—2018年为C类，2019—2020年为D类；重庆、云南、陕西、江苏、安徽、黑龙江均有3年为D类，2年为C类。

从以上聚类评价和省份数据分析看出，在第一类的5个省份中，西部省份占据了一半以上。这说明该时期中央和西部在就业上持续发力，不断提升就业质量，改善就业结构，取得了一定成效。2017年《国务院关于印发“十三五”促进就业规划的通知》，多次提到西部和东北地区的就业问题，引导劳动密集型企业向中西部和东北地区转移，进一步引导和鼓励高校毕业生到城乡基层、中西部地区就业，实施大学生志愿服务西部计划。2017年，《国家发展改革委关于印发西部大开发“十三五”规划的通知》（发改西部〔2017〕89号）同样从国家层面对西部地区的劳动就业给予高度重视并坚持就业优先，明确指出在西部地区地（市）级以上城市建立一批农民工综合服务中心，支持转移就业脱贫，要求发展以就业为导向、服务西部地区经济社会发展的现代职业教育。在国家政策的带动下，西部各省份纷纷出台相关文件、采取行动促进就业。如《甘肃省“十三五”就业和社会保障规划》就甘肃省“十三五”期间的就业规模、就业结构、就业质量、就业服务体系、创新能力等提出了具体要求。从政策效果看，中央和地方的促就业政策在“十三五”期间确实起到了积极作用，成效显著，西部地区的劳动就业状况进一步企稳向好。

基于居民劳动就业状况综合评价得分及聚类分析结果能够发现，部分省份在“十三五”时期的劳动就业得分有所变化，下面以湖南、青海、上海和湖北作为典型省份进行更为深入的案例分析。

“十三五”期间湖南省居民劳动就业综合评价得分上升幅度是全国增幅最大的省份，2020年比2016年增加0.0076分。从具体指标来看，城镇登记失业率由2016年的4.2%下降到2020年的2.74%；工资收入占GDP的比重由2016年的10.57%上涨到2020年的11.27%，第三产业增加值占GDP的比重由2016年的48.6%上涨到2020年的51.7%。以上成效的取得与2016年以来湖南省陆续出台的促进居民就业的政策息息相关。2016年《湖南省“十三五”服务业发展规划》指出，要实现服务业创新发展、提质增速，充分发挥服务业吸纳就业、促进消费等作用，并把大力发展生产性服务业和优化提升生活性服务业作为重点发展任务。2017年，《湖南省“十三五”人口发展规划》印发，要求加强职业教育，完善职业技能培训，提升创新创业能力，实施渐进式延迟退休政策、弹性退休年龄制度等。同年，针对重点人群，《湖南省残疾人事业“十三五”发展规划》发布，进一步为残疾人就业增收和融合发展创造便利化条件和友好型环境，同时有序组织农村残疾人转移就业、稳步推进残疾人集中就业、大力支持残疾人多种形式就业增收。2018年，《湖南省进一步促进就业工作二十条措施》发布，要求进一步做好当前和今后一个时期的促进就业工作，确保全省就业局势持续稳定，实现更高质量和更充分就业。文件明确提出支持企业稳定就业、鼓励创业带动就业、加强培训优化就业、聚焦重点帮助就业、提升能力服务就业、落实责任促进就业等具体举措。五年来，湖南省就业创业成效卓著，全省城镇累计新增就业385万人，累计新增农村劳动力转移就业233.9万人，转移就业总规模达1600万人以上，城镇登记失业率控制在4.5%目标范围内。[①]

“十三五”期间青海居民劳动就业综合评价得分2020年比2016年增加0.0072分，增幅位居全国所有省份第二位。“十三五”期间，青海城镇登记失业率由2016年的3.1%下降到2020年的2.1%；工资收入占GDP的比重由2016年的18.58%上升到了2020年的22.24%。2017年，为贯彻落实国务院

① 参见《湖南省人民政府办公厅关于印发〈湖南省“十四五”人力资源和社会保障事业发展规划〉的通知》，2021年9月27日，http://www.hunan.gov.cn/hnszf/xxgk/wjk/szfbgt/1202110/t20211012_20750476.html。

《关于做好当前和今后一段时期就业创业工作的意见》，青海省结合本省具体情况发布了《青海省人民政府贯彻落实国务院关于做好当前和今后一段时期就业创业工作意见的实施意见》（青政〔2017〕57号），确保就业局势总体稳定、就业质量持续提高。为深入贯彻落实“以更大力度实施好就业优先政策，确保就业大局稳定”，2020年发布《青海省人民政府关于进一步做好稳就业和农民工务工工作的实施意见》，对新冠肺炎疫情期间稳就业和农民工务工做出了安排，坚持就业优先扩充就业增量、支持企业发展稳定就业岗位、大规模开展职业技能培训等。五年来，青海省城镇新增就业31.2万人、农牧区劳动力转移就业566万人次，年均超过6万人、105万人次，就业规模持续扩大；三次产业就业比例由“十二五”末的36∶23∶41发展为32∶20∶48，就业结构日趋优化；市场主体总量从28.89万户增加到49万户，增长了70%[①]，青海省就业状况明显提升。

上海市“十三五”期间居民劳动就业综合评价得分上升幅度位居全国第三，2020年比2016年增加了0.0048分。“十三五”期间，上海市城镇登记失业率由2016年的4.1%下降到3.7%，失业人数减少了4.6万人；第三产业增加值占GDP的比重由70.94%增加到73.14%，工资收入占GDP的比重由25.43%增加到28.79%。上海在过去的五年里就业状况不断提升，与上海实施的各项政策密不可分。《上海市就业和社会保障“十三五”规划》将实现更加充分更高质量的就业、构建和谐劳动关系作为重要目标。与此同时，上海贯彻落实就业优先战略，不断完善体制机制、以创业带动就业、强化劳动培训、营造公平就业环境。“十三五”期间，上海每年城镇新增就业岗位近60万个，五年共帮助引领成功创业近6万人，城镇调查失业率持续保持在5.5%以内，高技能人才占技能劳动者的比重从30.18%上升到35.03%。[②]

湖北省在“十三五”期间居民劳动就业状况综合评价排名下降幅度最大，2020年比2016年下降了0.0042分。具体来看，2016—2020年湖北省城镇居

① 参见《以更实的举措稳就业》，2021年9月14日，http://www.qhnews.com/newscenter/system/2021/09/14/013450841.shtml。

② 参见《上海市人民政府办公厅关于印发〈上海市就业和社会保障“十四五”规划〉的通知》，2021年8月4日，http://rsj.sh.gov.cn/txgszfgz_17262/20211013/t0035_1403070.html。

民失业有所增加，城镇登记失业率由2.4%增长到3.4%；工资收入占GDP的比重由2016年的12.6%下降到2020年的12.2%。回顾湖北前四年居民劳动就业状况综合评价情况可以发现，虽然湖北在2020年跌至第25名、分数下降到0.2029分，但前四年历年排名和得分依然处在中等水平且下降幅度较小：历年名次为第12名、第16名、第16名、第16名，历年得分为0.2071、0.2060、0.2060、0.2065。此外，"十三五"期间湖北省在劳动就业方面也做出了各种努力，如大力推进农村劳动力转移就业、精准推进就业扶贫、对城镇就业困难人员提供就业援助以及对有创业意向的人员提高贷款额度等。基于湖北在就业方面的努力、前四年排名情况以及2020年湖北受疫情影响较大这一事实，我们合理推测湖北之所以在2020年劳动就业综合状况排名出现大幅下降，并非因为湖北缺乏强有力的就业优先举措和政策指引，而是因为不可控的客观疫情所产生的负面影响太大，导致该省积极的就业政策难以有效抵消疫情所带来的经济和就业压力，致使居民劳动就业状况综合评价得分下降。

三、居民经济福祉的变化、挑战与政策建议

（一）经济福祉的变化与挑战

1. 居民收入福祉的变化与挑战

变化：中国居民收入实现了与经济同步增长。通过对"十三五"时期收入福祉发展变化的分析能够发现，中国居民收入与经济基本实现了同步增长，"十三五"期间，中国居民人均可支配收入年均名义增长2045元，比"十二五"时期多增加156元，民众的获得感进一步提升，收入增长与经济发展的匹配程度进一步加强。与此同时，城乡居民收入差距也在持续缩小，表明城乡之间发展的不平衡性得到改善。从增收的群体结构来看，"十三五"时期，中国中等收入群体规模持续扩大，夯实了居民增收的社会群体基础。

挑战一：经济发展的风险因素增多，给居民收入的持续增加带来更多不确定性。"十三五"时期经济发展面临的多项风险因素可能会延续至"十四

五”发展阶段，宏观经济发展进程面临的风险因素十分复杂。新冠肺炎疫情的反复、极端天气的频繁出现、房地产和碳减排等结构性调整政策的同步实施、金融风险的控制以及平台整顿引发的不确定性增多，导致经济下行的压力持续加大，这可能会给微观家庭的收入持续增长带来更多不确定性。

挑战二：居民收入增长的区域不均衡状况没有得到根本改善。尽管“十三五”时期城乡和区域收入发展不断向着均衡化的方向迈进，但需要指出的是，中国城乡和区域收入差距仍然客观存在，城乡收入相对差距仍处在高位区间，城乡和区域收入差距的问题依然比较突出。受到宏观层面农村经济发展水平低、产业结构单一、劳动力素质偏低、城乡民生公共福利制度差异的客观限制，农村居民收入来源的多元化仍有待进一步推进，与城镇居民收入的绝对差距仍在持续扩大，且农村居民收入追赶城镇居民的后劲不足。此外，东北地区、中部地区、西部地区与东部发达地区之间的居民收入差距仍然需要通过实施促进区域协同发展的政策举措予以缩小。

挑战三：脱贫人口返贫风险长期存在，相对贫困人口增收任务繁重。中国在“十三五”时期脱贫攻坚战已经取得全面胜利，完成了消除绝对贫困的艰巨任务，但相对贫困问题仍将长期存在。落后地区的脱贫人口由于受到各种客观限制性条件的影响，依然面临着一定的返贫风险，重点人群收入的持续增长面临瓶颈，脱贫人口的增收任务任重道远，欠发达地区依然面临着将巩固脱贫攻坚成果同乡村振兴有效衔接的现实挑战。

挑战四：规模性失业风险影响居民收入的持续提高。与就业领域出现了许多新变化和新挑战密切相关的是居民收入，由于人口结构、经济结构的深度调整，劳动力市场的供需两端均发生了明显的变化，产业转型升级、技术的进步均对劳动者提出了更高的要求，而对劳动力的培训工作依然难以适应就业市场的需要。高校毕业生、农村转移劳动力等重点群体面临一定的规模性失业风险，这势必会影响居民收入的持续提高，为居民收入福祉的进一步改善带来了现实挑战。

2. 居民消费福祉的变化与挑战

变化一：居民消费类型日趋多元化，消费结构不断优化。“十三五”时期，伴随着中国迈入中高等收入发展阶段，居民的消费类型开始加速向多元化转变，消费类型的多元化带动了消费结构的优化，主要表现在体验式、时尚化、个性化消费均获得了蓬勃发展。在体验式消费方面，诸如大众餐饮、文化娱乐、休闲旅游、体育健身等即时性、服务型消费正在成为新的消费增长点，更多带有体验性质的消费快速发展。以旅游行业为例，2016—2019年，旅游总收入从4.69万亿元增长至6.63万亿元，旅游业收入逐年提高，2019年旅游人次超过60亿人次，表明居民的旅游消费得到快速释放，大众化旅游时代已经到来。[①] 在时尚化消费方面，互联网技术的快速普及为网络红人拉动消费提供了空间，直播带货更是成为疫情期间引领消费的重要形式，为带动消费市场的回暖发挥了重要作用。在个性化消费方面，包括服装设计、家庭耐用品、定制旅游在内的消费逐渐向个性化方向扩展，各种定制型消费品牌受到消费者的广泛青睐。

变化二：消费新业态、新模式蓬勃发展。“十三五”时期，消费升级步伐的加快和新技术的创新应用，助推了多种消费新业态和新模式，网络消费、海外消费、信用消费、绿色消费等消费业态和模式获得了蓬勃发展。移动互联网的快速普及为网络消费的发展提供了基础条件。自2013年起，中国已连续8年成为全球最大的网络零售市场。2020年，中国网上零售额达11.76万亿元，网络零售不断培育消费市场新动能，通过助力消费“质”“量”双升级，推动消费“双循环”。在国内消费循环方面，网络零售激活城乡消费循环；在国际国内双循环方面，跨境电商发挥稳外贸作用。网络直播成为“线上引流＋实体消费”的数字经济新模式，实现蓬勃发展。直播电商成为广受用户喜爱的购物方式，66.2%的直播电商用户购买过直播商品。[②] 此外“十三五”期间，共享单车、网约车和食品外卖等网络服务消费也在不断深入发展，为消费者提供了更加高效便捷的服务。与此同时，人们的消费意识也在发生转变，信用卡消费、互联网消费信贷引领的超前消费行为逐渐兴起，并逐步覆盖全方面、多维度的消费场景，新生代消费者对消费信用普遍较为接受。

挑战一：新冠肺炎疫情对消费的抑制效应可能长期存在，增收的不可持续性对消费的负面影响不容忽视。2020年新冠肺炎疫情显著增强了消费市场

---

① 参见《中华人民共和国文化和旅游部2019年文化和旅游发展统计公报》，2020年6月22日，http://www.gov.cn/xinwen/2020-06/22/content_5520984.htm。

② 参见《第47次〈中国互联网络发展状况统计报告〉》，2021年2月3日，http://www.cnnic.net.cn/hlwfzyj/hlwxzbg/hlwtjbg/202102/t20210203_71361.htm。

的不确定性，同样以旅游消费为例，2020 年，国内旅游人数 28.79 亿人次，比 2019 年同期下降 52.1%；国内旅游收入 2.23 万亿元，同比下降 61.1%。[①] 此外，餐饮消费、娱乐消费也受到了显著的负面影响。随后中国在较短的时间内控制住了疫情，取得了疫情防控的胜利，消费市场也相应有所回暖，但受到国际疫情暴发的影响，持续的散发输入性疫情也给消费市场的恢复带来了一定的冲击。需要指出的是，散发性疫情对消费的抑制效应可能会长期存在。与此同时，疫情的暴发对居民的收入造成了较强的影响，通过影响收入进而降低了其消费水平，受到较强影响的群体主要是年轻群体、低收入人群、个体经营者等。在疫情的严重冲击下，居民收入的持续增长面临着严峻挑战，这可能会对消费市场进一步产生负面影响。

挑战二：城乡和区域消费的不均衡状况依然存在。与城乡和区域收入差距的客观现实密切关联，城乡居民和不同区域居民的消费不均衡状况依然需要受到正视。受到农村和落后地区经济发展程度较低、社会保障水平不足的客观影响，农村地区、中西部地区的消费水平与城镇和东部发达地区存在较大差距。食品烟酒、居住、交通通信是城乡居民消费的三大“巨头”。其中，食品烟酒、居住方面城乡居民人均消费差距偏大，交通通信、文娱方面消费也仍有较大差距。这对于社会总体消费水平的提升而言是一项长期的挑战。

3. 居民劳动就业福祉的变化与挑战

变化一：新产业、新业态的就业动力持续加强，为就业增长提供多元支撑。“十三五”时期，随着“放管服”改革举措不断深化，各地改善营商环境的措施陆续出台，带动营商环境持续改善，这为“大众创业、万众创新”的深入推进营造了良好的社会氛围。随之而来的是数字经济、平台经济、共享经济等新型经济业态在经济社会生活中的强势兴起，相应地也营造出新的就业增长空间，呈现出就业领域的“新常态”。同时，创新创业带动就业的能力在持续加强，逐渐成为促就业的新引擎之一。

变化二：服务业吸纳就业的能力继续增强。近年来，伴随着人工智能等自动化技术的发展应用，各地逐步推进的“机器换人”产业政策使得传统行

---

① 参见《中华人民共和国文化和旅游部 2020 年文化和旅游发展统计公报》，2021 年 7 月 5 日，http://www.gov.cn/xinwen/2021-07/05/content_5622568.htm。

业中从事常规任务较多的岗位大量被替代，劳动者纷纷转向吸纳劳动力相对多的服务行业从事相关就业活动，服务业从业人员数量稳步增加。服务业的快速发展吸引了大批劳动者从事相关工作，拓宽了新的就业空间，服务业的就业比重稳步提升。

变化三：民营经济在“稳就业”中发挥的作用更加突出。“十三五”时期，在一系列全方位支持民营经济发展的政策举措的推动下，民营经济在“稳就业”过程中发挥了更为重要的作用。从民营经济的发展现实来看，民营经济为中国贡献了50%以上的税收、60%以上的GDP、70%以上的技术创新、80%以上的城镇就业、90%以上的市场主体数量[①]，这表明提振民营经济是“稳就业”的重中之重。

挑战一：国内外不确定性风险加大就业压力。“十三五”时期，在错综复杂的国内外形势下，受全球经济下行压力增大、国际贸易摩擦加剧、国内就业结构不平衡等因素叠加影响，促进就业的工作形势依然严峻、任务艰巨、面临的压力较大。特别是2020年的新冠肺炎疫情更是给稳定就业的工作任务带来了持续的压力。在中国疫情防控取得重大胜利的背景下，各地偶发的疫情对重点地区、重点行业、重点人群就业的冲击依然不可忽视。在新冠肺炎疫情等外部不确定性风险的叠加冲击之下，就业受到的长短期冲击压力持续释放，“稳就业”已经成为中国经济当前阶段的重要任务和挑战。

挑战二：劳动年龄人口呈现负增长趋势。劳动年龄人口[②]的减少不只是“十三五”时期面临的挑战，早在2012年，中国劳动年龄人口的总量达到峰值9.22亿人，之后增量由正转负，总量进入减少阶段，中国劳动年龄人口数量年均减少300万人以上，并且下降幅度在加大，预计“十四五”期间还将减少3500万人。[③] 根据第七次全国人口普查数据，劳动年龄人口为89438万人，占63.35%，与2010年相比，15—59岁人口所占比重下降6.79个百分点。不仅如此，生育率的持续下降更是不断引发人们对于社会劳动力供给的

---

① 参见《刘鹤出席2021中国国际数字经济博览会开幕式》，2021年9月6日，http：//www.gov.cn/xinwen/2021-09/06/content_5635619.htm。

② 15—59岁的人口被定义为劳动年龄人口。

③ 参见《第七次全国人口普查新趋势：人口增长放缓、老龄化加深、劳动力素质提高》，2021年5月11日，https：//baijiahao.baidu.com/s?id=1699447942222018420&wfr=spider&for=pc。

担忧，人口红利因素的逐渐减弱也给就业工作带来了挑战。

挑战三：新技术对就业的替代效应存在不断扩大的风险。近年来，伴随着互联网、人工智能、大数据等新技术取得的突破性发展，新兴技术被逐步应用到更多的场景中，这给传统行业的就业工作带来了持续性的挑战。在制造业较为发达的珠三角、长三角地区，以“机器换人”为主要特征的生产信息化和自动化技术改造正成为产业升级的主要手段，工业机器人的应用范围还将持续扩大①，新技术对就业的替代效应已经成为“稳就业”面临的新挑战。

（二）增加经济福祉的政策建议

1. 提高居民收入福祉的政策建议

完善收入分配体制机制，提高居民收入福祉。要持续贯彻落实收入分配制度改革的具体要求，坚持按劳分配原则，完善按要素分配的体制机制，促进收入分配更合理、更有序。应拓宽居民劳动收入和财产性收入渠道，继续提高劳动报酬在初次分配中的比重，建立起与经济增长相适应的工资增长机制，同时拓宽城乡居民的收入增长渠道，多渠道增加城乡居民的财产性收入，包括农民土地增值收益、上市公司分红、创新家庭财富管理产品在内的财产性收入占比应得到稳步提升。要切实按照《“十四五”规划纲要》的具体要求，通过建立完善个人收入和财产信息系统、健全现代支付和收入监测体系，进一步提高税收、社会保障、转移支付的精准性。要切实发挥慈善等第三次分配作用，改善收入和财富分配格局。健全直接税体系，完善综合与分类相结合的个人所得税制度，加强对高收入者的税收调节和监管。增强社会保障待遇水平和服务的公平性、可及性，完善兜底保障标准动态调整机制。

鼓励勤劳守法致富，扩大中等收入群体，增加低收入者收入，调节过高收入，取缔非法收入。为了有效落实党的十九届五中全会提出的“全体人民共同富裕取得更为明显的实质性进展”的目标要求，在迈向社会主义现代化

---

① 参见许怡、许辉：《“机器换人”的两种模式及其社会影响》，《文化纵横》2019年第3期，第88～96页，第143页。

的进程中，一个需要完成的重要目标便是持续扩大中等收入群体规模。[①] 实施扩大中等收入群体行动计划，应以技术工人、科研人员、中小企业主和个体工商户、高校毕业生、高素质农民、新就业形态从业人员、进城农民工、低收入农户、困难群体等为重点，通过实施差别化的收入分配激励政策，不断提高中等收入群体比重。

在劳动生产率提高的同时实现劳动报酬同步提高。在资本主义生产方式下难以实现劳动生产率与劳动报酬同步提高，而在社会主义市场经济条件下，也不能认为两者的同步提高就能自动实现。研究指出，实现这一目标需要劳动者能够有效参与剩余分享过程，应通过劳动力和物质资料两种要素合作生产，构建劳动力要素与物质要素联合生产的机制，并依据要素投入量的大小共同参与利润分享，在具体的实现形式上表现为劳动力产权的实现。[②]

加快推进城乡统筹发展和区域协调发展，缩小城乡和区域收入分配差距。在促进农民增收方面，应从增加经营净收入和财产净收入方面入手，一方面，围绕现阶段居民对高质量农产品的需求，通过延长农产品的产业链条，增加农产品的附加值，进而提高农户的经营性净收入，此外，可以通过积极发展小城镇，为农村人口创造更多非农就业机会；另一方面，应促进农村土地经营权以出租、入股等创新形式流转，以此创造土地租金或分红收益，积极发展乡村旅游等特色产业带动农户增收。在区域收入差距的应对方面，应继续通过实施区域重大战略、区域协调发展战略、主体功能区战略，健全区域协调发展体制机制，不断缩小各区域之间的经济发展差距，进而缩小各区域居民收入差距。

2. 提高居民消费福祉的政策建议

优化调节收入分配结构，缩小阶层、城乡和区域消费支出差距。收入是消费的基础，农村地区与城镇地区的消费差距、相对落后地区与发达地区的消费差距实际上与居民的收入差距密不可分，应通过优化和调节收入分配来促进农村地区、相对落后地区消费潜力的有效释放。具体而言，要做好政策

---

① 参见刘伟、陈彦斌：《“两个一百年”奋斗目标之间的经济发展：任务、挑战与应对方略》，《中国社会科学》2021 年第 3 期，第 86～102 页。

② 参见周建锋、杨继国：《劳动生产率与劳动报酬能否同步提高：基于马克思经济学的分析》，《经济学家》2019 年第 10 期，第 36～45 页。

优化组合，完善城乡融合消费网络，全面促进消费。一是促进农民、中低收入群体持续增收，切实提升其购买力；二是夯实农村基础设施建设，进而促进农村商品的高效流通，通过建设农村消费市场、拓宽流通渠道、加快电商发展，拉动农村居民消费需求的进一步提升；三是要持续完善农村居民、中低收入人群的社会保障体系，通过完善的社会保险和社会救助来消除居民消费的后顾之忧。

培育扩大新兴消费市场，实施差异化消费政策，持续提升居民的消费能力。应加大补贴和税收优惠力度，通过支持新型信息基础设施建设，促进新兴消费市场扩容和升级。以财政的数字化转型来带动私人消费，以优惠减免促进线上消费。[①] 例如，疫情后各地探索发行的数字消费券，有力地实现了公共消费对私人消费的拉动作用，线上教育、线上医疗等新型消费形式也应得到积极推动。未来可以继续探索更多通过数字化工具来实施财政补贴的新形式，进而更加有效地促进特殊时期的居民消费。“十三五”期间，居民的消费需求已经呈现出多元化的特征，未来这一趋势将继续强化，因此应针对不同生命周期、不同收入水平、城镇和乡村居民制定差异化的消费政策，不断满足多元化的消费需求，发展消费新业态新模式。此外，应继续着力提高产品和服务质量，强化消费者权益保护，着力适应群众需求，增强其消费意愿和消费能力。

3. 提高居民劳动就业福祉的政策建议

实施就业优先战略，全面强化就业优先政策。面对各方面风险叠加给就业带来的冲击和挑战，实施就业优先战略是“十四五”时期应持续发力的重要举措。这就要求政府不断强化就业优先政策，不断完善重点群体的就业支持政策体系。应通过加强毕业生职业指导，举办高校毕业生就业专项活动，多措并举促进高校毕业生就业；持续帮扶困难群体、农村劳动力就业；统筹做好退役军人、妇女、残疾人等群体的就业工作。具体而言，“十四五”时期，应从供需两侧协同发力，精准施策。一方面，应从健全就业公共服务体系入手，不断健全覆盖全社会的就业公共服务体系，尤其是要持续建设基层

---

① 参见《以民生为导向，培育消费新增长点的若干建议》，2020 年 11 月 11 日，https：//www. ndrc. gov. cn/xxgk/jd/wsdwhfz/202012/t20201218 _ 1253059 _ ext. html。

公共就业、创业的服务平台，为劳动者和用工单位提供免费且高效的就业信息服务平台，建设跨区域就业对接协调机制。此外，面对新就业形态的兴起，应积极探索建立面向新业态从业者的劳动权益保障机制。另一方面，面对劳动人口绝对数量的下降态势，应通过持续的技能培训全面提升劳动者的就业创业能力，进一步通过挖掘“人才红利”使得劳动者不断适应新技术应用带来的就业挑战。

稳定存量，创造增量，扩大就业总量，改善就业结构。在新冠肺炎疫情等风险因素的叠加冲击之下，未来的就业形势依然严峻，一是应通过稳定就业存量来保持就业总量不能减少，“十三五”时期，中国每年新增就业多年保持增长，但也应看到，中国的就业压力始终不减，稳定就业总量对于实现充分就业依然十分关键。在错综复杂的内外不确定性风险因素的长期影响下，中小企业依然面临着严峻的生存和发展压力，应通过持续的政策帮扶来加大援企稳岗力度，引导企业开拓国内市场，进而吸引更多就业。二是要通过持续创造就业增量、扩大就业总量来应对日益严峻的就业挑战。未来应通过发展新型经济业态来开发更多就业岗位，如消费升级带动的生活型服务业催生的就业岗位等，也可以通过挖掘内需、加大投资和稳定外贸来扩大就业总量。三是要通过有效的就业培训等举措不断改善就业结构，区域发展水平的不均衡导致的就业供需矛盾应通过劳动力转移和产业结构调整来加以解决，充分发挥有利于就业的条件来持续缓解就业的结构性问题。

（承担人：张乐、李瑾、李森林）

附录　本报告主要指标解释

1. **居民人均可支配收入：**反映居民家庭全部现金收入中能用于安排家庭日常生活的那部分收入。居民人均可支配收入＝城镇居民人均可支配收入×城镇人口比重＋农村居民人均可支配收入×（1－城镇人口比重）。

2. **城乡居民收入比：**城镇居民人均可支配收入除以农村居民人均可支配收入。

3. **城乡居民人均生活消费支出：**一定时期内居民人均用于满足家庭日常

生活消费需要的全部支出，包括食品、衣着、家庭设备及服务、医疗保健、交通和通信、娱乐教育文化服务、居住、杂项商品和服务等八大类。

4. **居民消费价格指数：**反映一定时期内城乡居民所购买的生活消费品和服务项目价格变动趋势和程度的相对数，是对城市居民消费价格指数和农村居民消费价格指数进行综合汇总计算的结果。

5. **城乡居民家庭恩格尔系数：**食品支出总额占城乡居民个人消费支出总额的比重。

6. **城镇登记失业率：**报告期末城镇登记失业人数占期末城镇从业人员总数与期末实有城镇登记失业人数之和的比重。

7. **第三产业增加值占 GDP 的比重：**流通和服务行业在周期内比上个清算周期的增长值与国内生产总值的比例。计算方法：第三产业增加值占 GDP 的比重＝第三产业增加值/GDP。

8. **工资收入占 GDP 的比重：**国有、集体和其他所有经济单位的职工工资（包括计时工资、基础工资、职务工资、计件工资与计件超额工资、各种奖金、各种津贴、加班工资和其他工资在内）总额与国内生产总值的比值。

中国居民文化福祉报告

“十三五”时期我国文化和旅游发展稳中有进、繁荣向好。文化引领风尚、教育人民、服务社会、推动发展的作用得到了较好的发挥，旅游对于国民经济和社会发展的综合带动功能更加突显，文化和旅游发展为全面建成小康社会提供了强有力的支持，文化事业、文化产业和旅游业也日益成为满足人民美好生活需要的重要支撑，在党和国家工作全局中的地位和作用愈加突出。文化是力量源泉，能够凝魂聚气、培根铸魂，为全体人民奋进新时代、实现中华民族伟大复兴的中国梦提供强大精神动力。本报告将对 2016—2020 年我国文化福祉进行综合评价，分析影响我国文化福祉的因素，并就增进国民文化福祉、促进文化平衡充分发展进行对策性思考。

一、中国居民文化福祉指标体系的调整

（一）中国居民文化福祉指标体系相关指标的调整

文化福祉源于人们的文化生活需求，并以文化生活质量为核心内涵。文化福祉既是民生福祉的重要内容，也是人类全面可持续发展的重要衡量标准之一。本报告采用课题组已有研究对文化福祉的相关定义[①]，将文化福祉定义为各种精神活动和产品的保障状况以及人们对文化生活需求的满足程度，反映了居民精神文化福利状况。参照《中国幸福指数报告（2011—2015）》，通

① 参见邢占军等：《公共政策导向的生活质量评价研究》，山东大学出版社 2011 年版，第 210 页。

过专家评价咨询和相关分析，本报告继续将文化福祉指标体系确定为两个方面的评价因素：一个评价因素包括指标初、中、高等教育生师比，成人识字率，6 岁及以上人口平均受教育年限（以下简称“平均受教育年限”）和文教娱乐消费占总消费性支出比重，这些指标与居民文化生活中促进人类生产发展的精神能力有关，我们将其命名为“教育水平”；另一个评价因素包括指标人均文化事业费（如无特殊说明，以下称“人均文化和旅游事业费”），万人接入互联网的用户数，万人拥有图书、报纸、期刊数目，这些指标反映的是居民文化生活中大众高层次需求的满足程度和获取途径的通达度，将其命名为“文化休闲”。其中，人均文化事业费指标名称发生变化，2018 年及以前采用“人均文化事业费”，2019 年后使用“人均文化和旅游事业费”，统计指标含义有所扩展，原因为 2018 年国务院机构改革，将文化部、国家旅游局的职能整合，组建文化和旅游部，作为国务院的新组成部门。这有助于形成文化事业和文化产业、旅游事业和旅游产业统筹发展、相互促进的良好格局。最终的文化福祉综合评价指标结构体系如表 1 所示，通过对这些指标的测量和综合评价分析，可以从教育水平和文化休闲两方面来反映和监测一定时期内我国居民文化福祉状况。

表 1　调整后的文化福祉综合评价指标体系

评价要素	评价指标编号、名称与指标性质	主观权重 W_i	数据来源
教育水平	d_1 初、中、高等教育生师比（—）	0.1707	《中国统计年鉴》
	d_2 成人识字率（+）	0.2232	《中国统计年鉴》
	d_3 平均受教育年限（+）	0.3058	《中国统计年鉴》
	d_4 文教娱乐消费占总消费性支出比重（+）	0.0942	《中国统计年鉴》
文化休闲	d_5 人均文化和旅游事业费（+）	0.0838	《中国文化文物和旅游统计年鉴》
	d_6 万人接入互联网的用户数（+）	0.0606	《中国统计年鉴》
	d_7 万人拥有图书、报纸、期刊数目（+）	0.0617	《中国统计年鉴》

注：“+”表示正指标，“—”表示逆指标。

（二）指标权重的调整与综合评价指数的形成

采用层次—主成分分析法来确定指标权重，构建文化福祉综合评价函数。在层次分析阶段，本轮专家主观权重未进行调整，因此与“十二五”期间相同，沿用了上一轮的文化福祉各个评价指标的对应权重 W_i（见表 1）。

在采用层次—主成分分析法合成文化福祉综合评价指数之前，考虑到指标数据评价年际的可比性，需要对原始数据进行无量纲化（标准化）处理，以消除量纲的影响，将不同单位数据统一成可比较的单位并加总为综合指数，从而实现我国文化福祉各地区各年份之间的横向与纵向比较。使用上一版报告[①]中指标数据无量纲化的处理方法，即以 2006 年为基年，选取该基年各指标最大（最小）值，以后年份各指标值与基年最大（最小）值做减法，再与基年各指标极差相比，具体公式如下。

正指标的无量纲化方法计算公式为：

$$Z_i = \frac{X_i - X_{\min}^{2006}}{X_{\max}^{2006} - X_{\min}^{2006}}$$

逆指标的无量纲化方法计算公式为：

$$Z_i = \frac{X_{\max}^{2006} - X_i}{X_{\max}^{2006} - X_{\min}^{2006}}$$

经过上述处理，基年数据结果在 0 和 1 之间，以后年份单项指标水平提高直至高于基年最大值水平，结果将大于 1；单项指标水平下降直至低于基年最小值水平，则结果将小于 0。因此，为使最终评价结果均以正值呈现，结合数据处理的具体情况，数据无量纲化处理公式如下。

正指标的无量纲化方法计算公式为：

$$Z_i = \frac{X_i - X_{\min}^{2006}}{X_{\max}^{2006} - X_{\min}^{2006}} + 6$$

逆指标的无量纲化方法计算公式为：

$$Z_i = \frac{X_{\max}^{2006} - X_i}{X_{\max}^{2006} - X_{\min}^{2006}} + 6$$

无量纲化处理后，选取相关指标 2006—2020 年 15 年的公开统计数据，

---

① 参见邢占军主编：《中国幸福指数报告（2011—2015）》，社会科学文献出版社 2018 年版，第 31 页。

以2006年的数据为基期，进行加权转换（即各指标相应的专家主观权重 W_i），进入主成分分析阶段，采用探索性因素分析方法，按照特征值大于0.5以及累计贡献率大于85%的加权原则对文化福祉的两个部分——教育水平和文化休闲分别提取主成分因子。

教育水平的因素分析显示，教育水平可以得到的特征值有3个，前三个因子反映了大部分原始信息，能够有效解释整体变异的96.694%（见表2）。

表2　教育水平指标加权处理后的总方差分解数据

主成分	各部分特征值	方差百分比（%）	累计方差百分比（%）
1	2.401	60.034	60.034
2	0.911	22.780	82.814
3	0.555	13.881	96.694
4	0.132	3.306	100.000

教育水平部分主成分的载荷矩阵如表3所示。使用成分矩阵中的因子载荷值除以主成分相对应的初始特征值的平方根便得到主成分中每个指标所对应的系数，即可得到特征向量，再将特征向量与专家主观权重进行加权转换后的指标数据相乘，就可以得出教育水平部分三个主成分的表达式：

$$F_1 = 0.3904W_1Z_1 + 0.5582W_2Z_2 + 0.6047W_3Z_3 + 0.4124W_4Z_4$$

$$F_2 = 0.7544W_1Z_1 - 0.2200W_2Z_2 + 0.1289W_3Z_3 - 0.6056W_4Z_4$$

$$F_3 = 0.4322W_1Z_1 - 0.5383W_2Z_2 - 0.2456W_3Z_3 + 0.6806W_4Z_4$$

表3　教育水平指标加权处理后的主成分载荷矩阵

	成分		
	1	2	3
1（d_1）	0.605	0.720	0.322
2（d_2）	0.865	−0.210	−0.401
3（d_3）	0.937	0.123	−0.183
4（d_4）	0.639	−0.578	0.507

注：提取了3个成分。

为了得到较好的综合评价，以每个主成分对应的方差贡献率为权重系数，加权求和后得到教育水平部分的评价函数：

$$Y_1 = 0.4822W_1Z_1 + 0.2175W_2Z_2 + 0.3705W_3Z_3 + 0.2111W_4Z_4$$

利用同样的计算方法可以得到文化休闲部分的总方差分解和主成分载荷矩阵信息（见表 4、表 5）。文化休闲的因素分析显示，文化休闲可得特征值有 2 个，能够有效解释整体变异的 88.056%。

表 4　文化休闲指标加权处理后的总方差分解数据

主成分	各部分特征值	方差百分比（%）	累计方差百分比（%）
1	1.776	59.212	59.212
2	0.865	28.843	88.056
3	0.358	11.944	100.000

表 5　文化休闲指标加权处理后的主成分载荷矩阵

	成分	
	1	2
1（d_5）	0.883	−0.184
2（d_6）	0.850	−0.332
3（d_7）	0.524	0.849

注：提取了 2 个成分。

同理，经过分步计算得到的文化休闲部分评价函数为：

$$Y_2 = 0.3807W_5Z_5 + 0.3120W_6Z_6 + 0.5634W_7Z_7$$

将教育水平和文化休闲两个部分的评价函数相加即得到文化福祉评价初始函数：

$$Y = 0.4822W_1Z_1 + 0.2175W_2Z_2 + 0.3705W_3Z_3 + 0.2111W_4Z_4 + 0.3807W_5Z_5 + 0.3120W_6Z_6 + 0.5634W_7Z_7$$

最后再对以上评价函数的权重系数进行归一化处理，便得到了最终的文化福祉评价函数：

$$Y = 0.1900W_1Z_1 + 0.0857W_2Z_2 + 0.1460W_3Z_3 + 0.0832W_4Z_4 + 0.1501W_5Z_5 + 0.1230W_6Z_6 + 0.2220W_7Z_7$$

从评价函数公式来看，通过层次—主成分分析法得到的文化福祉评价指标对应指标系数与2011—2015年评价指标权重系数相比有所变动，但总体变化不大（见表6）。

表6　文化福祉评价指标对应的最终权重系数与“十二五”期间比较

二级指标	三级指标	上轮系数	本轮系数	变动差
教育水平	d_1 初、中、高等教育生师比	0.1971	0.1900	−0.0071
	d_2 成人识字率	0.0913	0.0857	−0.0056
	d_3 平均受教育年限	0.1518	0.1460	−0.0058
	d_4 文教娱乐消费占总消费性支出比重	0.0970	0.0832	−0.0138
文化休闲	d_5 人均文化和旅游事业费	0.1402	0.1501	0.0099
	d_6 万人接入互联网的用户数	0.1100	0.1230	0.0130
	d_7 万人拥有图书、报纸、期刊数目	0.2126	0.2220	0.0094

注：表中各指标系数已经过归一化处理。

具体来说，教育水平方面，d_1 初、中、高等教育生师比，d_2 成人识字率，d_3 平均受教育年限，d_4 文教娱乐消费占总消费性支出比重四个指标的权重都有所减少，这主要受“十三五”期间国家教育领域综合改革、坚持优先发展教育事业的影响，教育面貌发生格局性变化，人民的教育发展水平得到进一步提升。而文化休闲评价指标中，d_5 人均文化和旅游事业费，d_6 万人接入互联网的用户数，d_7 万人拥有图书、报纸、期刊数目三个指标的权重有所增加，主要是因为随着经济发展和人民生活水平的提高，居民对文化休闲美好生活的需要更加迫切，对高质量文化休闲设施、产品与服务等资源更加向往。文化福祉评价七个指标中，文教娱乐消费占总消费性支出比重和万人接入互联网的用户数两个指标系数变动幅度较大，结合“十三五”实际情况对这两个指标权重的变动简要分析如下。

从文教娱乐消费情况来看，2019年我国文教娱乐消费占总消费性支出比重为11.7%，比2016年增长了0.5个百分点，2020年受疫情影响，该指标下降至9.6%，较2019年下降2.1个百分点。文化消费覆盖多个领域，其扩大有赖于地区经济的发展和居民收入水平的提高，居民在满足基本生活消费之后才会考虑更高层次的文教娱乐消费。文教娱乐消费更多的是属于场景消费，但无论是线上场景消费还是线下场景消费，都需要投入货币成本和闲暇时间成本，而这几年经济增长下行、房贷等生活成本增加、工作时间延长等宏微观因素对居民文化消费的经济能力和时间支配能力影响均较大，这会显著影响指标权重系数的大小。

从文化休闲发展趋势来看，近几年来，文化休闲领域的产品形态和服务模式越来越丰富，表现出多样化的特征。一方面，公共文化娱乐场馆线下休闲、艺术表演等传统文化休闲的增长态势逐步趋于稳定，发展重点聚焦于提升文化休闲的普惠性和均衡性。另一方面，5G、大数据、云计算、人工智能等技术进步和休闲模式转变使“文化休闲＋互联网”的融合发展趋势明显。随着移动互联网的大规模普及，网络音乐、网络视频、网络文学、网络游戏、网络直播等线上文化休闲内容及模式也迅速发展，行业供给侧对于新兴文化休闲方式的信息整合能力增强，线上文化休闲能够更为便捷、流畅地满足人们的文化休闲需求。特别是在疫情防控和公共卫生环境发生变化的情况下，这种趋势和特征更加明显。因此，万人接入互联网的用户数指标系数大幅度增加，也是互联网信息技术发展因素对新时代文化休闲供给与需求层面的影响程度更深的重要体现。

二、2016—2020年中国居民文化福祉分析

（一）文化福祉综合评价

1. 全国层面文化福祉整体趋势分析

采用文化福祉综合评价函数，对全国层面居民文化福祉进行综合评价，在数据处理时，我们以2006年的数据为基期，对统计数据进行了标准化处理，选取2006—2020年全国相关统计数据，应用文化福祉综合评价函数，得到我国文化福祉评价得分及整体趋势（见图1）。

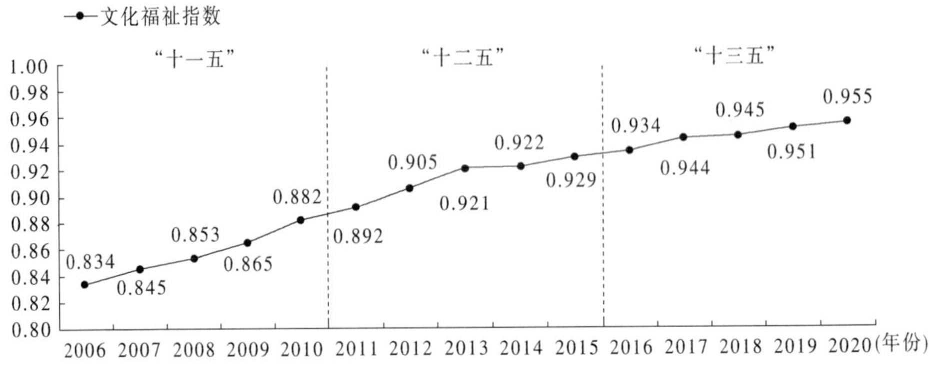

图 1　2006—2020 年中国居民文化福祉指数综合评价得分及趋势

由图 1 可以看出，2016—2020 年我国居民文化福祉综合评价结果保持平稳上升的趋势，“十三五”时期居民文化福祉综合评价得分由 2016 年的 0.934 增长至 2020 年的 0.955，增长率为 2.25%。从整体上看，“十一五”时期到“十三五”时期，文化福祉综合评价得分同样呈稳定上升的趋势，“十一五”时期和“十二五”时期的增长率分别为 5.76%、4.15%。虽然与“十一五”“十二五”时期相比，“十三五”时期文化福祉综合评价得分的增长率有所降低，但应该看到的是，“十三五”时期我国教育领域和文化领域的发展站在了更高的起点，处于可以大有作为的重要战略机遇期，也面临诸多矛盾叠加、风险隐患增多的严峻挑战。在此背景下，我国在教育和文化领域多措并举，有效应对各种风险和挑战，实现了“十三五”时期居民文化福祉的健康、可持续发展。

第一，教育投入是教育事业发展的基础保障和关键举措。“十三五”时期我国教育投入力度持续加大，基础能力建设不断加强。首先，国家财政性教育经费投入力度不断增强。2020 年全国教育经费总投入为 53033.87 亿元，比 2015 年增长 46.79%；2020 年国家财政性教育经费为 42908.15 亿元，比 2015 年增长 46.84%，占 GDP 的比例为 4.22%，“十三五”期间国家财政性教育经费占 GDP 的比例持续做到“不低于 4%”，这也是自 2012 年以来连续第 9 年做到“不低于 4%”。其次，各级教育投入水平不断提升，为教育事业发展奠定良好基础。2020 年，全国普通小学、普通初中、普通高中、中等职业学校、普通高校生均一般公共预算教育经费分别为 12330.58 元、17803.60 元、18671.83 元、17446.93 元、22407.39 元，分别是 2015 年的 1.4 倍、

1.47倍、1.73倍、1.59倍、1.24倍。[①] 再次，教育经费投入结构不断优化，义务教育保障不断加强。2020年，中央财政下达城乡义务教育补助经费1695.9亿元，比2019年增加130.6亿元，增长8.3%。通过城乡义务教育补助经费，重点支持地方落实城乡义务教育经费保障机制，全国约1.54亿名城乡义务教育学生免除学杂费并获得免费教科书，约2500万名家庭经济困难学生获得生活补助，1400万名进城务工农民工随迁子女实现了“两免一补”和生均公用经费基准定额资金可携带。[②] 不断加大的教育投入和持续优化的投入结构，为“十三五”时期我国教育事业改革发展和教育现代化水平提升奠定了坚实基础。

第二，教育信息化进程持续加快，有效推动教育现代化进程。随着信息技术在教育领域的广泛应用，教育信息化成为教育改革的重要方向。教育部印发的《教育信息化十年发展规划（2011—2020年）》，明确了教育信息化的主要任务是大力推进“三通两平台”建设，即宽带网络校校通、优质资源班班通、网络学习空间人人通，建设教育资源公共服务平台、教育管理公共服务平台。“十三五”期间，各级政府和教育行政管理部门落实经费投入，制定和落实教育信息化优先发展政策，各项重点工作取得明显成绩。截至2020年底，全国中小学网络接入比例已达到100%，全国中小学（含教学点）互联网接入率达到100%，95.2%的中小学拥有多媒体教室，学校统一配备的教师和学生终端数量分别为1060万台和1703万台；农村教学点数字教育资源全覆盖项目持续实施，整合开发英语、音乐、美术等学科数字资源6948学时，与基础教育阶段所有学科教材配套的资源达5000万条。[③] 信息化手段助力优质教育资源实现实时共享，新冠肺炎疫情防控期间，国家中小学网络云平台和中国教育电视台“空中课堂”系统开发了覆盖各年级、各学科的精品课程资源，并免费向农村学校输送资源。

第三，现代公共文化服务体系基本建成。“十三五”时期，我国坚持政府

---

① 参见《关于2020年全国教育经费执行情况统计公告》，2021年11月30日，http://www.moe.gov.cn/srcsite/A05/s3040/202111/t20211130_583343.html。

② 参见《中央财政下达城乡义务教育补助经费1695.9亿元》，2020年6月18日，http://www.gov.cn/xinwen/2020-06/18/content_5520110.htm。

③ 参见《让每个孩子都享有公平而有质量的教育》，《人民日报》2022年1月12日，第7版。

主导、社会参与、重心下移、共建共享，坚持缺什么补什么，注重有用、适用、综合、配套，统筹建设使用与管理，健全各级各类公共文化基础设施，推进基层公共文化设施资源共建共享，基本公共文化服务标准化、均等化水平稳步提高。2020 年末，我国共有公共图书馆 3212 个，比 2015 年末增加 73 个；全国平均每万人公共图书馆建筑面积 126.49m²，比 2015 年末增加 30.69m²；全国人均图书藏量 0.84 册，比 2015 年增加 0.23 册；2020 年全年全国群众文化机构共组织开展各类文化活动 192.65 万场次，比 2015 年全年增加 26.26 万场次；服务人次 56327.04 万人次，比 2015 年全年增加 1500 万人次。[①]

第四，现代文化产业体系和现代文化市场体系更加完善。“十三五”时期我国加快发展文化产业，壮大文化市场主体，推进文化市场建设，优化文化产业结构布局，促进文化产品和要素在全国范围内合理流动，提高文化产业发展质量和效益。2019 年我国文化及相关产业实现增加值 45016 亿元，按同口径和现价计算，比 2015 年增加 27781 亿元，增长了 161%；2019 年文化及相关产业增加值占 GDP 的比重为 4.54%，按同口径计算，比 2015 年提高 0.59 个百分点；根据中国文化及相关产业统计年鉴数据，2020 年全国规模以上文化及相关产业企业实现营业收入 103465 亿元，按可比口径比 2015 年增加 19303 亿元，增长了 22.9%；2020 年末全国文化市场经营单位营业收入为 9967.49 亿元，比 2015 年增加 7001.85 亿元，增长了 236.1%，营业利润 1699.70 亿元，比 2015 年增加 697.6 亿元，增长了 69.61%。

2. 文化福祉省际分析

选取 2016—2020 年我国 31 个省（自治区、直辖市）[②] 相关统计数据，采用文化福祉综合评价函数可以得到“十三五”时期各省（自治区、直辖市）各年份的文化福祉综合评价得分。由此得到的综合得分体现的是时间序列上的动态得分，为了从空间动态角度进一步全面直观地认识各省份文化福祉水平的层次分布、变化趋势以及省域差异特征，我们利用主成分分析法测算的各地区 5 年的指数得分进行基于离差平方和法的系统聚类分析。聚类分析可

① 参见《中华人民共和国文化和旅游部 2020 年文化和旅游发展统计公报》，2021 年 7 月 5 日，http://www.gov.cn/fuwu/2021-07/05/content_5622568.htm。

② 此部分不包含港澳台数据。

以建立一种分类模型，将一批样本或变量，按照它们在性质和特征上的亲疏、相似程度进行分类。采用系统聚类方法，将每个省份看作一个样本，依据2016—2020年我国31个省份的文化福祉得分，每一年分别聚类为A、B、C、D四类（得分取值范围依次递减，文化福祉水平由高到低），最后将五年的单独聚类评价结果进行合并，由此可以从得分和聚类评价结果的变化情况来分析并揭示文化福祉省际层面的差异和发展趋势特征。表7反映了2016—2020年各省（自治区、直辖市）具体得分和聚类评价情况。

表7　2016—2020年各省份文化福祉指数得分与聚类评价

地区	2016	得分	2017	得分	2018	得分	2019	得分	2020	得分	聚类合并
北京	A	1.1064	A	1.1128	A	1.1277	A	1.1444	A	1.1358	AAAAA
天津	B	1.0138	B	1.0298	B	1.0378	B	1.0539	B	1.0745	BBBBB
河北	D	0.9738	C	0.9828	D	0.9843	D	0.9897	C	0.9986	DCDDC
山西	C	0.9882	C	1.0011	C	1.0055	C	1.0154	C	1.0279	CCCCC
内蒙古	C	1.0054	B	1.0120	B	1.0165	C	1.0197	C	1.0288	CBBCC
辽宁	B	1.0311	B	1.0294	B	1.0306	C	1.0340	B	1.0341	BBBCB
吉林	B	1.0213	B	1.0345	B	1.0264	C	1.0390	B	1.0477	BBBCB
黑龙江	C	0.9961	C	0.9967	C	1.0038	C	1.0096	C	1.0254	CCCCC
上海	A	1.0780	A	1.0975	A	1.1053	A	1.1321	A	1.1262	AAAAA
江苏	B	1.0213	B	1.0398	B	1.0498	B	1.0580	B	1.0557	BBBBB
浙江	B	1.0452	B	1.0653	A	1.0800	B	1.0926	B	1.0715	BBABB
安徽	D	0.9540	D	0.9620	D	0.9748	D	0.9775	D	0.9835	DDDDD
福建	C	0.9971	B	1.015	B	1.0280	C	1.0262	C	1.0299	CBBCC
江西	D	0.9581	D	0.9580	D	0.9620	D	0.9803	D	0.9889	DDDDD
山东	D	0.9725	C	0.9885	C	0.9979	C	1.0068	C	1.0093	DCCCC
河南	D	0.9590	D	0.9637	D	0.9696	D	0.9724	D	0.9743	DDDDD
湖北	D	0.9776	C	0.9803	C	0.9921	D	0.9929	C	1.0009	DCCDC
湖南	D	0.9574	D	0.9614	D	0.9686	D	0.9761	D	0.9831	DDDDD

续表

地区	2016	得分	2017	得分	2018	得分	2019	得分	2020	得分	聚类合并
广东	C	0.9986	C	1.0024	B	1.0249	C	1.0289	C	1.0206	CCBCC
广西	D	0.9586	D	0.9626	D	0.9785	D	0.9898	C	1.0024	DDDDC
海南	C	1.0027	B	1.0189	B	1.0382	B	1.0482	B	1.0451	CBBBB
重庆	C	0.9910	C	1.0055	B	1.0190	C	1.0250	C	1.0238	CCBCC
四川	D	0.9629	C	0.9835	C	0.9963	C	1.0070	C	1.0174	DCCCC
贵州	D	0.9347	D	0.9507	D	0.9560	D	0.9637	D	0.9657	DDDDD
云南	D	0.9482	D	0.9505	D	0.9626	D	0.9720	D	0.9776	DDDDD
西藏	D	0.9580	C	0.9909	B	1.0222	C	1.0276	B	1.0406	DCBCB
陕西	C	0.9981	C	0.9934	C	1.0047	C	1.0092	C	1.0181	CCCCC
甘肃	D	0.9651	C	0.9768	D	0.9772	D	0.9944	C	1.0031	DCDDC
青海	D	0.9807	C	0.9997	C	1.0068	C	1.0312	B	1.0380	DCCCB
宁夏	C	0.9926	B	1.0144	B	1.0274	C	1.0363	B	1.0443	CBBCB
新疆	C	1.0032	B	1.0095	B	1.0192	C	1.0244	B	1.0362	CBBCB

数据显示，31个省份文化福祉指数五年间的得分范围为0.9347—1.1444，得分均值为1.0110，有15个省份超过均值水平，占比48.39%。在处理数据时，我们以2006年的数据为基期对统计数据进行无量纲化处理，所以可以将各地区的数据进行纵向比较与横向比较。由表7可知，2016—2020年，文化福祉综合评价得分呈逐步上升趋势，说明多数省份的居民文化福祉水平均有不同程度的提高和改善。从每个省份的得分可以大致看出，各省份的文化福祉水平与现阶段各省份实际经济发展情况不完全一致。“十三五”期间，文化福祉指数值显著增长（增长大于0.045）的省份依次为：西藏（+0.0826）、天津（+0.0607）、青海（+0.0573）、四川（+0.0545）、宁夏（+0.0517）、上海（+0.0482），31个省份中辽宁（+0.0030）提升幅度最小。

如表8所示，2016年31个省域的文化福祉指数方差为0.001419，2020年增加至0.001523，结合五年间文化福祉指数的最大值省份与最小值省份的差异比率，可以看出“十三五”期间各省域之间的文化福祉指数差距依然较大，并呈现出“先缩小、再扩大、后缩小”的波动趋势。2016 年，文化福祉水平（综合得分）高于全国均值的有 15 个省份。31 个省（自治区、直辖市）文化福祉指数平均得分为 0.9920，得分最高的是北京市（1.1064），高于全国均值水平 0.1144 分；得分最低的是贵州（0.9347），贵州和省域头名北京之间的极差达到了 0.1717 分。2018 年文化福祉综合得分高于全国均值的仍然有 15 个省份，这一年 31 个省份文化福祉水平的平均得分较 2016 年增速超过 2%，分值为 1.0127，得分最高的北京（1.1277），比全国平均水平高 0.1150 分，与 2016 年相比，它与 31 个省份的平均分值差距继续增大；得分最低的贵州（0.9560）和北京之间的分差（极差）继续保持在 0.1717 分。2020 年文化福祉水平的平均得分为 1.0267，与 2018 年相比增长了 1.38%，与 2016 年、2018 年相比，高于全国均值水平的省份数量没有变化；北京仍保持省域头名，其综合得分为 1.1358，较 2016 年得分增长 2.66%，与全国平均水平相比多 0.1091 分，与 2018 年相比，北京与全国文化福祉平均水平的差距开始缩小；得分最低的省份贵州，文化福祉指数五年间增长率为 3.32%，2020 年与北京的得分差距（极差）为 0.1701，尽管贵州在文化福祉领域的发展速度快于北京，但发展差距客观来看依然较大。

表 8　2016—2020 年各省份文化福祉指数相关统计量

	2016 年	2017 年	2018 年	2019 年	2020 年
均值	0.9920	1.0029	1.0127	1.0219	1.0267
最大值	1.1064	1.1128	1.1277	1.1444	1.1358
最小值	0.9347	0.9505	0.9560	0.9637	0.9657
差距比率	18.37%	17.08%	17.96%	18.75%	17.61%
方差	0.001419	0.001529	0.001606	0.001821	0.001523

从聚类分析与评价结果来看，由表 7 可知，“十三五”期间，各省（自治区、直辖市）聚类评价结果总体变化不大，个别省份波动幅度比较大。基于 2016—2020 年省际文化福祉综合得分及聚类情况，可以将 31 个省（自治区、直辖市）文化福祉指数分为四类（见表 9）。第一类省份主要分布在京津冀和江浙沪两大热点地区，包括北京、上海、浙江、天津、江苏五年均为 B 类评价以上的省份以及辽宁、吉林、海南以 B 类评价为主的省份，这 8 个省份文化福祉聚类评价结果稳定性强且文化福祉水平高。具体来看，北京、上海凭

借在教育文化领域巨大的影响力以及市场环境、公共环境的驱动优势，其文化福祉综合评价得分始终稳定位于全国前列，是31个省份中仅有的两个连续五年文化福祉水平被综合评定为A类的地区。江苏和天津的文化福祉水平也较高，其中天津五年间文化福祉指数提升幅度显著，连续五年被评为B类，表现出稳定增长的态势。浙江曾于2018年晋升为A类地区，其余年份稳定居于B类地区，表明浙江的居民文化福祉在高水平发展的同时也在努力向北京、上海追赶和看齐。辽宁、吉林、海南三省由于拥有较为均衡的教育资源、人口分布以及较高的文旅发展水平，总体上其文化福祉综合评价水平在全国居于前列。

表9　2016—2020年31省份文化福祉综合聚类评价结果分布

类别	相应省份	个数	百分比
第一类	北京、上海、浙江、天津、江苏、辽宁、吉林、海南	8	25.81%
第二类	福建、内蒙古、广东、重庆、山西、黑龙江、陕西、山东、四川	9	29.03%
第三类	安徽、河南、湖南、江西、广西、贵州、云南	7	22.58%
第四类	宁夏、新疆、湖北、河北、甘肃、青海、西藏	7	22.58%

第二类省份2016—2020年以C类评价为主且结果具有一定的连续性，聚类评价结果稳定性较强，这9个省份文化福祉处于中上游水平。除福建、广东、山东地处东部沿海外，其余省份主要分布在中西部地区，例如重庆、陕西、山西、四川等。山东和四川两个地区在“十三五”期间表现出平稳的增长趋势，由2016年的D类地区平稳过渡到C类地区，实现了较为稳健的提升。综合来看，广东、山东两个东部沿海发达地区聚类评价结果不太理想，原因除了两省各自的独特省情之外，评价指标所占权重的变化以及指标本身的相对增长水平波动是影响其文化福祉评价的重要因素，例如山东省是人口大省，“十三五”期间，一方面，由于全面二孩政策效应释放明显，全省人口规模持续扩大，2020年人口总量排全国第二位，是全国两个人口过亿的省份之一，导致文化福祉综合评价中涉及人均指标的人均文化和旅游事业费，万人接入互联网的用户数，万人拥有图书、报纸、期刊数目等容易出现低于全国平均水平的情况，与其他省份相比比较靠后；另一方面，文化福祉评价指标权重系数有所变化，教育水平部分四个指标所占比重普遍降低而文化休闲三个指标权重均增大，山东省与文化休闲相关的指标相对其他地区排名靠后，

所以文化底蕴深厚的山东省的文化福祉水平评价结果不太理想。

第三类省份 2016—2020 年文化福祉聚类评价以 D 类为主，评价结果体现出较强的稳定性并且五年间文化福祉均处于全国均值水平以下，这一类共包括 7 个省份，全部为中西部省份，其中安徽、河南、江西、湖南等省份在五年间未发生类型变化，聚类评价结果高度稳定，究其原因，如贵州、云南等省份，虽然从得分数据上看每年都在提升，但是相对其他省份来说，其仍然是中国文化福祉水平较为落后的地区，这也与这些地区文化投入相对不足、文化产品和服务供给薄弱等因素有关。这类地区具有丰富的文化底蕴和巨大的发展潜力，需要积极补齐短板和加强发展。

第四类省份主要为“十三五”期间文化福祉水平聚类评价结果具有较强波动性的地区，除湖北、河北外，还包括宁夏、新疆、甘肃、青海、西藏等西部省份；作为我国打赢脱贫攻坚战、全面建成小康社会的重点难点区域，“十三五”时期，在西部大开发战略的支持下，西部省份积极参与和融入“一带一路”建设，基本公共服务体系不断完善，教育文化等覆盖面持续扩大，文化福祉水平提升显著，尤其是宁夏、新疆两个自治区聚类评价结果尽管在 B 类与 C 类之间波动，但在全国来看其水平相对靠前；经济较为发达且分别地处中部和东部地区的湖北、河北两省五年间聚类评价结果在 C 类与 D 类之间变动，这主要与 2019 年教育文化资源投入与供给有所减少有关，下一步两省份还需利用各自的区位优势和丰富的资源并根据实际状况逐步提升其文化福祉水平。值得注意的是，西藏在所有省域中文化福祉指数增幅最大，从相关指标情况来看，西藏在人均文化和旅游事业费，万人接入互联网的用户数，万人拥有图书、报纸、期刊数目三项评价指标上分别从 2016 年的 220.01（元）、3238.67（户）、1.96（种）大幅增长到 2018 年的 293.22（元）、5648.26（户）、2.27（种），同时期大幅度领先一些中西部省份。由此可见，文化建设相关投入增长、互联网和信息化设施及服务建设快速发展以及部分指标与人口数量具有较强的相关性，是西藏地区文化福祉进步和聚类评价结果波动明显的主要归因。

通过省际分析和进一步的聚类分析可以看出，“十三五”时期北京、上海的文化福祉综合排名始终保持在前列，得分远高于其他省份。以上海市为例，在教育方面，“十三五”时期，上海市深入贯彻国家和上海市中长期教育规划纲要、上海市教育综合改革总体部署，致力于基础教育公平优质科学发展，推进高等教育创新人才培养质量全面提升，提高职业教育技术技能人才培养水平，促进各级各类教育科学发展、内涵发展，同时以重点领域改革为突破口，全面深化教育综合改革，努力为每一个学生提供更加公平、更高质量、更富活力的教育。首先，教育公平迈上新台阶。上海市各级各类教育实现全面普及，建立广覆盖、保基本、有质量的学前教育公共服务体系，义务教育优质均衡发展格局基本形成，城乡义务教育一体化“五项标准”全面落实，实施百所初中强校工程，学区化集团化办学覆盖75%以上义务教育学校；学前教育特殊教育布点覆盖每个街镇，义务教育阶段配备特殊资源教室的普通教育学校增加157所。其次，教育质量得到新提升。义务教育阶段学生和教师参加国际教育质量测评情况优良；普通高中特色多样发展取得新进展，“基础+选择”的课程教学体系普遍建立；国家“双一流”建设深入落实，高峰高原学科和高水平地方高校建设全面实施，一流本科、一流研究生和一流专科高职教育引领计划全面启动；职业院校师生在世界技能大赛摘金夺银，助力上海获得第46届世界技能大赛举办权；教师队伍建设取得新成效，涌现出一批教书育人先进典型。最后，服务贡献开辟新格局。上海高校获国家科学技术“三大奖”数量占全国高校获奖数逾10%、占全市获奖数逾60%，在若干核心关键技术研发、大科学装置建设、技术转移等方面发挥了重要作用，成为人文社会科学重大成果的主要贡献者；终身教育体系日益完备，劳动年龄人口平均受教育年限达到12.6年，为社会发展和产业升级提供了有力的人才支撑。①

在文化建设方面，“十三五”时期上海市坚持深化文化发展改革，全力打造“上海文化”品牌，加快建设具有世界影响力的社会主义国际文化大都市。首先，现代公共文化服务体系率先基本建成。基本公共文化服务标准化、均等化全面推进，中心城区10分钟、郊区15分钟公共文化服务圈不断完善，全市常住人口人均公共文化设施建筑面积达到0.2m^2，超额完成“十三五”规划目标；市、区、街镇三级投入保障和四级服务配送机制基本形成。公共文化服务设施运行管理社会化、专业化加快发展，全市90%以上社区文化活动中心委托各类社会主体参与运营；上海市民文化节成为市民群众参与文化

① 参见《上海市人民政府关于印发〈上海市教育发展“十四五”规划〉的通知》，2021年8月27日，https://www.shanghai.gov.cn/nw12344/20210827/3eb4bdfdfe014bbda40ff119743b74f0.html。

活动的大舞台，“文化上海云”成为全国第一个实现省级区域覆盖的文化数字化服务平台。2020 年末全市公共文化设施 384 个，其中公共图书馆 23 个，图书总藏量 8091.23 万册，总流通人次 668.32 万人次；群众艺术馆、文化馆 24 个，服务惠及人数 430.45 万人次；文化站 218 个，服务惠及人数 839.10 万人次；博物馆 107 个，参观人次 1235.93 万人次；美术馆 12 个，从业人员 368 人。其次，文化创意产业支柱地位日益凸显。政策措施更加完备，“上海文创 50 条”“电竞产业 20 条”等相继出台；文化创意产业发展迅速，核心产业更具优势，全球影视创制中心、国际重要艺术品交易中心、亚洲演艺之都、全球电竞之都建设成效显著，集聚 7000 余家影视企业，成为全国举办各类艺术博览会数量最多、影响力最大的城市之一；“演艺大世界”成为国内密度最高的剧场群，全国 80%以上电竞企业在上海集聚，重大文化节展活动影响力持续提升，上海国际电影节成为亚太地区最具影响力的国际电影盛会，中国国际数码互动娱乐展览会成为亚洲第一、世界三大数码互动娱乐展会之一。最后，文艺创作生产活跃繁荣。“五年百部精品创作工程”提前完成，首演、首秀、首发重镇地位逐步确立；舞台艺术精品剧目年均出品 3 部以上，影视精品年均出品数量较“十二五”期末增长 132%；重大主题创作成效显著，11 部作品入选第十四届、第十五届“五个一工程”奖，社会反响良好；国家级出版奖项获得数量名列全国前茅，重大主题出版、专业学术出版继续保持全国优势地位。①

（二）居民教育水平综合评价

1. 全国层面居民教育水平整体趋势分析

选取 2016—2020 年全国相关统计数据，应用教育水平评价函数，得到“十三五”时期全国层面教育水平综合评价得分。为了更好地反映近三个“五年规划”时期我国教育水平的整体趋势，选取 2006—2015 年全国相关统计数据，应用教育水平评价函数，得到全国“十一五”时期和“十二五”时期的教育水平综合得分及趋势（见图 2）。

---

① 参见《上海市社会主义国际文化大都市建设“十四五”规划》，2021 年 9 月 10 日，https：//fgw.sh.gov.cn/sswghgy_zxghwb/20210910/f541a05fbcb94b6897281c7e31e0b4c5.html。

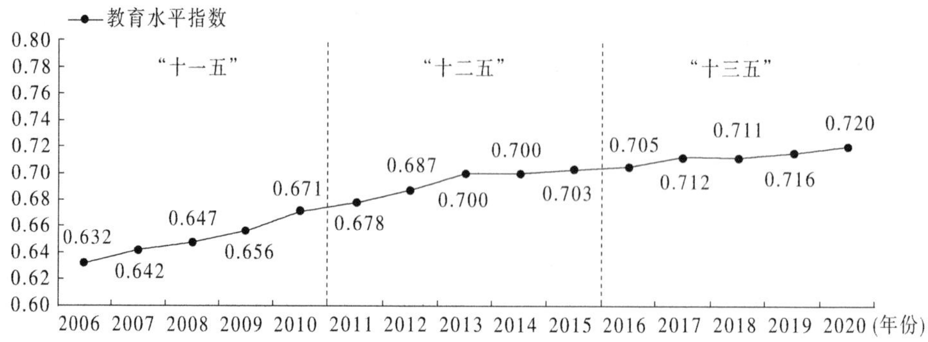

图 2　2006—2020 年中国居民教育水平指数综合评价得分及趋势

由图 2 可以看出，2016—2020 年我国教育水平评价结果保持平稳上升的趋势，"十三五"时期教育水平评价得分由 2016 年的 0.705 增长至 2020 年的 0.720，增长率为 2.13%。从整体上看，从"十一五"时期到"十三五"时期，教育水平综合评价得分同样呈稳健上升的趋势，表明我国的教育水平在不断提升。

"十三五"时期我国教育事业面临诸多前所未有的新任务、新要求，教育系统全面落实立德树人根本任务，改革创新驱动教育发展，推进教育结构调整，全面提升教育发展共享水平，着力加强教师队伍建设，这五年我国教育现代化取得重要进展，教育总体实力和国际影响力显著增强。选取的教育水平评价指标包括初、中、高等教育生师比，成人识字率，平均受教育年限和文教娱乐消费占总消费性支出比重，下面通过主要指标的趋势分析来展示"十三五"时期我国教育事业取得的突破性进展。

首先是初、中、高等教育生师比。作为一项逆指标，2015—2020 年我国初、中、高等教育生师比的变化趋势如图 3 所示。从整体来看，该指标呈现下降的趋势，由 2015 年的 15.52∶1 下降至 2020 年的 15.41∶1，这在一定程度上反映出我国教师队伍的不断充实，教师资源配置的不断优化。习近平总书记在 2018 年全国教育大会上指出，在实践中，我们就教育改革发展提出一系列新理念新思想新观点。"坚持把教师队伍建设作为基础工作"是其中一个重要方面，建设社会主义现代化强国对教师队伍建设提出新的更高要求。"十三五"时期，我国着力加强教师队伍建设，一方面吸引一流人才从教，吸引优秀毕业生和引进行业企业一流人才从教；另一方面，大力加强乡村教师队伍建设，优化乡村教师补充机制，逐步扩大农村教师特岗计划实施规模，落实集中连片特困地区乡村教师生活补助政策，同时加快补充紧缺教师，着力解决学前教育、义务教育、职业教育等师资不足和结构性缺员问题。“十三五”时期，我国义务教育、高中教育、高等教育阶段专任教师人数逐步增加，配置水平不断提升。2020 年，小学阶段专任教师 643.42 万人，比 2015 年增加 74.91 万人，增长 13.18%，专任教师学历合格率 99.98%，比 2015 年提高 0.08 个百分点，生师比由 2015 年的 17.1∶1 下降至 16.7∶1；初中阶段专任教师 386.07 万人，比 2015 年增加 38.51 万人，增长 11.08%，专任教师学历合格率 99.89%，比 2015 年提高 0.19 个百分点；普通高中阶段专任教师 193.32 万人，比 2015 年增加 23.78 万人，增长 14.03%，专任教师学历合格率 98.79%，比 2015 年提高 1.09 个百分点，生师比由 2015 年的 14.0∶1 下降至 12.9∶1；中等职业学校专任教师 85.7 万人，比 2015 年增加 1.3 万人，增长 1.54%，专任教师本科及以上学历比例为 92.9%，比 2015 年提高 2.8 个百分点，生师比由 2015 年的 20.5∶1 下降至 19.5∶1，“双师型”教师比例为 30.9%，比 2015 年提高 2.2 个百分点；普通高等学校专任教师 183.3 万人，比 2015 年增加 26 万人，增长 16.53%，具有研究生学位的教师比例为 75.8%，比 2015 年提高 7.4 个百分点。①

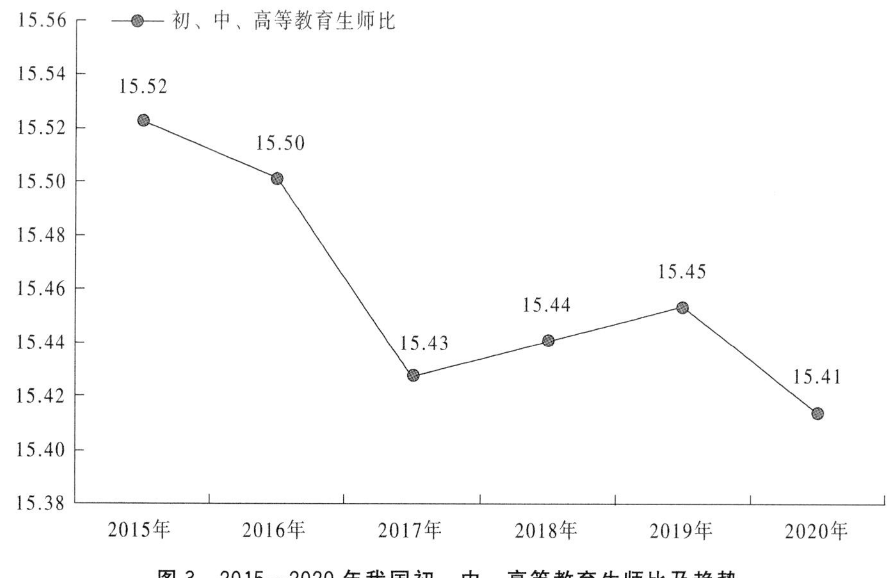

图 3　2015—2020 年我国初、中、高等教育生师比及趋势

① 参见《中国教育概况——2020 年全国教育事业发展情况》，2021 年 11 月 15 日，http：//www.moe.gov.cn/jyb_sjzl/s5990/202111/t20211115_579974.html。

其次是成人识字率和平均受教育年限。2015—2020 年，我国成人识字率和平均受教育年限的变化趋势如图 4 所示，这两项指标水平均呈现不断上升的趋势，成人识字率由 2015 年的 94.58%上升至 2020 年的 96.74%，平均受教育年限由 2015 年的 9.13 年增加至 2020 年的 9.50 年，这在一定程度上反映出我国教育规模的不断扩大，教育水平的大幅提升。“十三五”期间，各级教育部门坚持把教育的结构性改革作为主线，主动适应经济社会发展和人民群众的需求，统筹利用好、布局好各类教育资源，突出保基本、补短板、促公平，公共教育资源配置向薄弱地区、薄弱学校、薄弱环节和困难人群倾斜，推动区域、城乡协调发展，着力提高基本公共教育服务的覆盖面和质量水平；优化人才供给结构，加快高中阶段教育普及进程，推动高等教育分类发展，大力发展现代职业教育和继续教育，加快培养经济社会发展急需人才；创新教育供给方式，大力发展民办教育，拓展教育新形态，以教育信息化推动教育现代化。我国教育规模不断扩大，水平得到很大提高。2020 年，我国学前教育在园儿童 4818.26 万人，比 2015 年增加 553.43 万人，学前教育毛入园率达到 85.2%，比 2015 年提高 10.2 个百分点；2020 年我国义务教育巩固率达 95.2%，比 2015 年提升了 2.2 个百分点；初中阶段教育在校生 4914.09 万人，比 2015 年增加 602.14 万人，增长 14%；高中阶段教育在校生 4163.02 万人，比 2015 年增加 125.33 万人，高中阶段毛入学率为 91.2%，比 2015 年提升 4.2 个百分点，其中普通高中在校生 2494.45 万人，占高中阶段教育在校生的比重为 59.92%，比 2015 年提高了 1.12 个百分点，普通高中教育水平进一步提高；各类高等教育在校总规模 4183 万人，比 2015 年增加 536 万人，高等教育毛入学率 54.4%，比 2015 年提升 14.4 个百分点，其中研究生在校人数为 313.96 万人，比 2015 年增长了 64.3%，普通本专科招生 967.45 万人、在校生 3285.29 万人、毕业生 797.20 万人，分别比 2015 年增加 229.6 万人、659.99 万人、116.31 万人，高等教育大众化程度进一步提高。[①] 同时，2020 年，我国新增劳动力平均受教育年限为 13.8 年，比 2015 年提高 0.5 年，其中受过高等教育的比例为 53.5%，比 2015 年提高 11 个百分点。

---

① 参见《中国教育概况——2020 年全国教育事业发展情况》，2021 年 11 月 15 日，http：//www.moe.gov.cn/jyb_sjzl/s5990/202111/t20211115_579974.html。

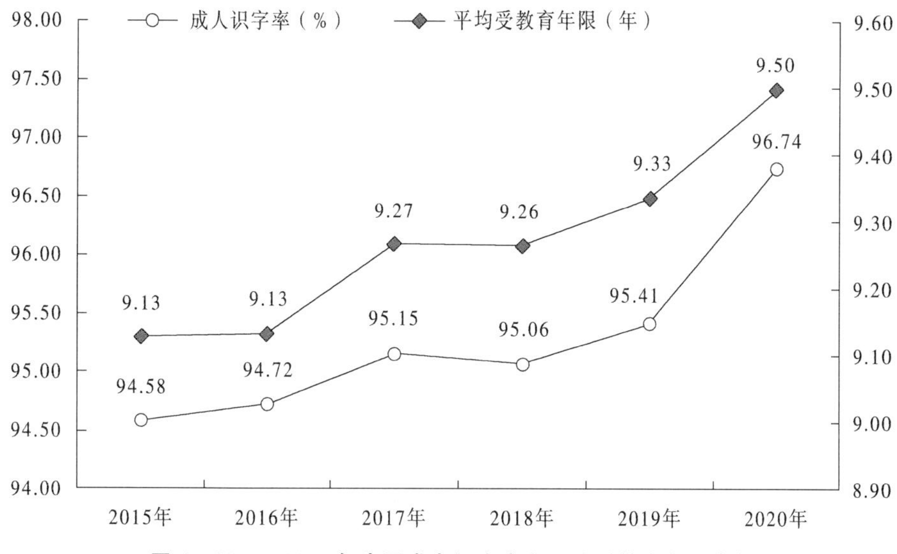

图 4　2015—2020 年我国成人识字率和平均受教育年限走势

2. 教育水平省际分析

根据前述文化福祉部分的评价函数和聚类分析思路，应用教育水平评价函数，代入 2016—2020 年教育水平相关统计指标数据后，可以得出 31 个省（自治区、直辖市）的教育水平评价指数得分及评价类型分布情况（见表 10）。

表 10　2016—2020 年各省份教育水平指数得分与聚类评价情况

地区	2016	得分	2017	得分	2018	得分	2019	得分	2020	得分	聚类合并
北京	A	0.7362	A	0.7386	A	0.7387	A	0.7396	A	0.7340	AAAAA
天津	A	0.7134	A	0.7166	A	0.7170	B	0.7174	B	0.7127	AAABB
河北	B	0.6925	B	0.6941	B	0.6940	C	0.6960	C	0.6965	BBBCC
山西	A	0.7108	A	0.7125	A	0.7109	B	0.7114	B	0.7106	AAABB
内蒙古	A	0.7070	A	0.7067	A	0.7076	B	0.7095	B	0.7073	AAABB
辽宁	A	0.7111	A	0.7117	A	0.7114	B	0.7115	B	0.7094	AAABB
吉林	A	0.7107	A	0.7104	A	0.7100	B	0.7104	B	0.7122	AAABB
黑龙江	A	0.7073	A	0.7082	A	0.7092	B	0.7101	B	0.7088	AAABB
上海	A	0.7198	A	0.7247	A	0.7235	B	0.7234	A	0.7242	AAABA
江苏	B	0.7000	B	0.7001	B	0.6981	C	0.7014	C	0.7027	BBBCC

续表

地区	2016	得分	2017	得分	2018	得分	2019	得分	2020	得分	聚类合并
浙江	B	0.6954	B	0.6966	B	0.6971	C	0.6992	C	0.7000	BBBCC
安徽	C	0.6861	C	0.6866	C	0.6884	C	0.6884	C	0.6890	CCCCC
福建	C	0.6896	B	0.6929	C	0.6904	C	0.6884	C	0.6916	CBCCC
江西	C	0.6846	C	0.6855	C	0.688	C	0.6919	C	0.6926	CCCCC
山东	B	0.6947	B	0.6963	B	0.6950	C	0.6952	C	0.6996	BBBCC
河南	C	0.6867	C	0.6887	C	0.6899	C	0.6921	C	0.6935	CCCCC
湖北	B	0.6977	B	0.6981	B	0.6981	C	0.6972	C	0.6974	BBBCC
湖南	B	0.6950	B	0.6971	B	0.6958	C	0.6982	C	0.6972	BBBCC
广东	B	0.6967	B	0.6986	B	0.6976	C	0.6981	C	0.6979	BBBCC
广西	C	0.6836	C	0.6851	C	0.6855	C	0.6878	C	0.6882	CCCCC
海南	B	0.6949	B	0.6981	B	0.7011	C	0.6990	C	0.6978	BBBCC
重庆	B	0.6933	B	0.6953	B	0.6952	C	0.6964	C	0.6974	BBBCC
四川	C	0.6837	C	0.6873	C	0.6881	C	0.6902	C	0.6920	CCCCC
贵州	C	0.6777	C	0.6825	C	0.6813	C	0.6801	C	0.6831	CCCCC
云南	C	0.6829	C	0.6848	C	0.6855	C	0.6865	C	0.6882	CCCCC
西藏	D	0.6469	D	0.6526	D	0.6563	D	0.6576	D	0.6656	DDDDD
陕西	B	0.7012	B	0.7006	B	0.7026	C	0.7027	C	0.7033	BBBCC
甘肃	B	0.6963	B	0.6976	B	0.6954	C	0.6954	C	0.6978	BBBCC
青海	C	0.6790	C	0.6830	C	0.6830	C	0.6823	C	0.6836	CCCCC
宁夏	B	0.6936	B	0.6949	C	0.6903	C	0.6911	C	0.6944	BBCCC
新疆	B	0.6996	B	0.7034	B	0.7016	C	0.6990	C	0.6984	BBBCC

数据显示，中国各省份的教育水平指数五年间的得分范围为 0.6469－0.7396，得分均值为 0.6976，有 13 个省份超过均值水平，占比 41.94%。由表 10 可知，2016—2020 年，大多数省份教育水平综合评价得分呈缓慢上升趋势，全国教育水平指数均值增长了 0.0032，说明多数省份的教育水平均取得了一定程度的改善，这与全国教育水平指数提升趋势（见图 2）一致。“十三五”期间，教育水平指数值显著增长（增长大于 0.005）的省份依次为：西藏（＋0.0187）、四川（＋0.0083）、江西（＋0.0080）、河南（＋0.0068）、贵州（＋0.0054）、云南（＋0.0053），31 个省份中教育水平综合指数值出现下降

（下降大于 0.001）的省份有北京（−0.0022）、辽宁（−0.0017）、新疆(−0.0012)。

如表 11 所示，2016—2020 年，31 个省份的教育水平指数均值总体呈增长态势，而方差逐步降低，结合五年间教育水平最高的省份和最低的省份之间的差距比率值持续下降趋势，可以发现“十三五”期间 31 个省（自治区、直辖市）的教育水平指数差距有明显缩小的趋势，这也充分说明了我国在此期间教育事业所取得的巨大进步。2016 年教育水平（综合得分）高于全国均值的有 14 个省份，31 个省域教育水平指数平均得分为 0.6957，得分最高的是北京市，分值为 0.7362，比全国均值高 0.0405；得分最低的是西藏(0.6469)，西藏和省域头名北京之间的极差达到了 0.0893。2018 年教育水平高于全国均值的有 13 个省份，教育水平的平均得分为 0.6976，得分最高的依然是北京（0.7387），比全国平均水平高 0.0411 分，与 2016 年相比，北京与 31 个省份的平均分值差距在拉大；得分最低的西藏（0.6563）和北京之间的分差（极差）达到了 0.0824，分值的差距在缩小。2020 年教育水平的平均得分为 0.6989，高于全国均值水平的省份数量有 12 个，与 2016 年、2018 年相比数量分别减少 2 个、1 个；得分最高的依然是北京，其综合得分为 0.7340，与全国平均水平相比高 0.0351 分，与 2018 年相比，北京与全国平均教育水平的差距进一步缩小；得分最低的省份西藏较 2016 年、2018 年都有不同程度的提高，与北京的得分差距（极差）为 0.0684，进一步说明北京与西藏之间的省际差距较 2016 年、2018 年明显缓和。从每个省份的得分可以大致看出，我国各省份的教育水平与现阶段各省份实际经济发展情况高度相关。

表 11　2016—2020 年各省份教育水平指数相关统计量

	2016 年	2017 年	2018 年	2019 年	2020 年
均值	0.6957	0.6977	0.6976	0.6983	0.6989
最大值	0.7362	0.7386	0.7387	0.7396	0.7340
最小值	0.6469	0.6526	0.6563	0.6576	0.6656
差距比率	13.80%	13.18%	12.56%	12.47%	10.28%
方差	0.000245	0.0002298	0.0002163	0.0002134	0.0001606

由表 10 可知，“十三五”期间，各省（自治区、直辖市）聚类结果总体

变化不大，绝大部分省份波动幅度较为平稳，地区的教育水平发展是一个长期而缓慢的过程，上述聚类结果的层次分布情况呈现出一定的稳定性，比较符合我国国情和教育发展实际。基于2016—2020年省际教育水平综合得分及聚类合并情况，可以将31个省（自治区、直辖市）聚类评价结果分为四类（见表12）。

表12　2016—2020年31个省份教育水平综合聚类评价结果分布

类别	相应省份	个数	百分比
第一类	北京、上海、天津、辽宁、吉林、山西、黑龙江、内蒙古	8	25.81%
第二类	江苏、浙江、陕西、湖北、广东、山东、湖南、新疆、甘肃、重庆、海南、河北、宁夏	13	41.94%
第三类	福建、四川、安徽、河南、江西、广西、云南、青海、贵州	9	29.03%
第四类	西藏	1	3.23%

注：因四舍五入，百分比之和不等于100%。

第一类省份包括北京、上海、天津、辽宁、吉林、山西、黑龙江、内蒙古，这8个省份教育水平聚类评价结果稳定性强且教育水平高。具体来看，北京、上海、天津三个直辖市的教育水平综合评价得分始终稳定位于全国头部地区，这些地区处于教育事业发展的自我完善阶段，其中北京是31个省份中唯一一个连续五年教育水平综合评价为A类的地区；东北地区作为曾经的工业经济发达地区，其教育发展水平在全国一直很高，后来受中国经济发展重心转移的影响，教育水平逐步被东部经济发达地区超越，但由于其具有较均衡的教育资源基础和东北振兴等国家重大区域发展战略的支撑，东北三省的教育水平相比其他中西部地区，在“十三五”期间依然具有显著优势。

第二类省份2016—2020年教育水平聚类评价结果稳定性较强，这13个省份教育水平处于中等偏上，主要包括江苏、浙江、广东、山东等经济发展水平较高的东部省份，湖北、陕西、湖南等教育资源雄厚的中部省份以及新疆、甘肃和重庆等西部地区，且呈现出教育水平“东部＞中部＞西部”的分布特征。

第三类省份2016—2020年教育水平聚类评价以C类为主，评价结果体现出较强的稳定性并且五年间教育水平均处于全国均值以下，进步和提升空间仍较大，这一类型共包括 9 个省份，除福建外，其他基本为中西部省份，其中安徽、河南、江西、广西、青海等省份在五年间未发生类型变化，但这一类省份均是“十三五”期间教育水平提升最为显著的地区。教育水平指数值显著增长（增长大于 0.005）的省份全国共有 6 个，第三类省份占据 5 个席位，可见这些省份正处于教育事业的快速发展阶段。

第四类省份仅包括西藏自治区，西藏地区单独归为一类，主要因为“十三五”期间其教育水平聚类评价结果连续五年均为 D 类，在 31 个省份中是唯一一个。西藏五年的教育水平综合得分以及成人识字率、平均受教育年限等指标都远低于全国平均水平，教育水平较为落后，体现出中国教育事业发展较大的不平衡性。

通过省际分析和进一步的聚类分析可以看出，北京、上海、天津是教育水平最发达的城市。这些地区集中了众多高等学府，并且门类、层次也最为齐全，依托得天独厚的地理区位和厚重的经济实力，北京、上海、天津汇聚了来自各个地区的优秀师资和生源力量，加之完善的基础教育教学设施，促进了这三大教育重心的形成。党的十九大报告从新时代坚持和发展中国特色社会主义的战略高度，做出了优先发展教育事业，加快教育现代化，建设教育强国的重大部署。党的十九大报告指出：“要全面贯彻党的教育方针，落实立德树人根本任务，发展素质教育，推进教育公平，培养德智体美全面发展的社会主义建设者和接班人。推动城乡义务教育一体化发展，高度重视农村义务教育，办好学前教育、特殊教育和网络教育，普及高中阶段教育，努力让每个孩子都能享有公平而有质量的教育。”近年来，北京、天津、上海等地深化教育改革，加强内涵建设，提升教育质量，促进教育公平，不断推进教育现代化。

以北京市为例，“十三五”期间，北京拓展基础教育优质资源，努力办好每一所中小学和幼儿园，完善职业教育体系，深化办学模式改革，提高高等学校办学水平和人才培养质量，建立“学分银行”“市民终身学习卡”等终身学习制度，拓宽终身学习通道，实施“乡村教师素质提升计划”“中小学教师开放型教学实践活动计划”“职业院校教师素质提升计划”等，加强高素质专业化师资队伍建设，同时有序疏解部分教育功能，完善区域教育合作机制。“十三五”时期，北京市教育育人水平、服务经济社会发展能力、人民群众获得感均有明显提升，圆满完成了教育规划确定的主要任务，在全国率先实现了教育现代化。首先，教育公平达到新高度。“十三五”期间累计增加学前教育学位 23 万个，学前教育普及、普惠程度大幅提升；通过不断扩充优质教育资源和规范入学办法，在“资源优质”和“机会公平”上同时发力，小学、初中的就近入学比例均达到 99%以上，使老百姓在家门口就能上好学校，中考中招选择机会更为丰富，高考高招录取率持续保持在 90%以上。其次，教育质量实现新提升。北京市 34 所高校、162 个学科进入“双一流”建设名单，在京高校 A+类学科数量占全国的 44%；重点建设 100 个一流专业，实施高水平人才交叉培养计划，每年近万名学生受益；推进职业教育“高质量、有特色、国际化”发展，7 所高职院校入选国家高职教育“双高计划”。最后，教育保障能力实现新提升。2020 年，全市教育财政经费投入达到 1128 亿元，公共财政教育支出占公共财政支出的比例达到 15.85%；改革教育经费体制，投入市级财政资金 150 多亿元引导民办幼儿园转成普惠园，让更多老百姓受益；健全教师绩效工资激励机制，落实乡村教师岗位生活补助，每年向 3 万余名乡村教师发放岗位生活补助，教师收入水平不断提升。[①] 另外，京津冀教育协同发展不断深化，教育资源共建共享水平也显著提高。

（三）文化休闲综合评价

1. 全国层面文化休闲整体趋势分析

选取 2016—2020 年全国相关统计数据，应用文化休闲指数评价函数，得到“十三五”时期全国层面文化休闲水平综合评价得分，为了更好地反映近三个“五年规划”时期我国文化休闲水平的整体趋势，同样选取 2006—2015 年全国相关统计数据，应用文化休闲水平评价函数，得到全国“十一五”时期和“十二五”时期的文化休闲水平综合得分及趋势（见图 5）。

① 参见《北京市“十四五”时期教育改革和发展规划（2021—2025 年）》，2021 年 10 月 6 日，http：//www.gov.cn/xinwen/2021-10/06/content_5641123.htm。

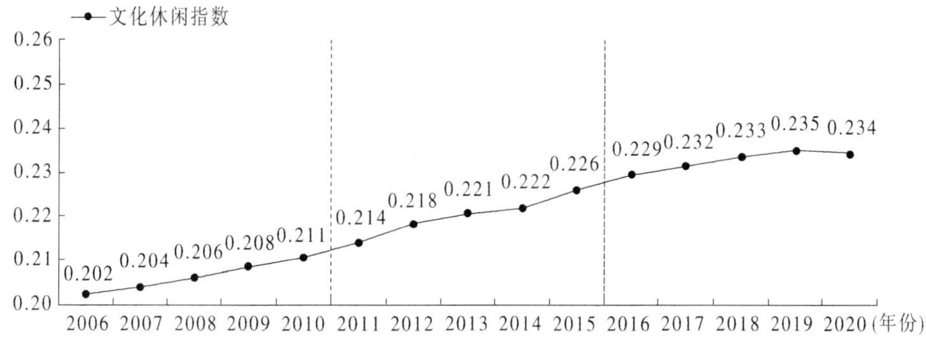

图 5　2006—2020 年中国居民文化休闲指数综合评价得分及趋势

由图 5 可以看出，2016—2020 年我国文化休闲评价得分基本上保持平稳上升的趋势，虽然受新冠肺炎疫情的严重影响，2020 年的评价得分较 2019 年略微下降，但从整体上看，“十三五”时期文化休闲评价得分由 2016 年的 0.229 增长至 2020 年的 0.234，增长率为 2.18%。从“十一五”时期到“十三五”时期，文化休闲得分呈现基本稳定上升的趋势，“十三五”时期文化发展面临着诸多新的机遇与挑战，我国坚持加快现代公共文化服务体系建设，完善现代文化市场体系和文化产业体系，推进文化体制改革，创新繁荣文化产品创作生产。这五年我国文艺创作繁荣发展，公共文化服务效能不断提升，文物保护利用全面推进，非物质文化遗产保护传承卓有成效，文化产业和旅游业健康快速发展，文化和旅游产品更加优质丰富，中华文化“走出去”的广度和深度不断拓展，中华文化的影响力不断扩大。选取的文化休闲评价指标包括人均文化和旅游事业费，万人接入互联网的用户数，万人拥有图书、报纸、期刊数目，下面通过主要指标的趋势分析来展示“十三五”时期我国文化建设和旅游发展取得的成绩。

首先是人均文化和旅游事业费。该指标集中体现了各级政府对文化和旅游事业费的资金投入，是反映文化事业发展的关键指标。“十三五”时期我国对文化和旅游事业的资金投入总量持续加大，投入结构不断优化。从总量上看，“十三五”以来，我国文化和旅游事业费逐年增加，2016 年和 2017 年保持 10%以上的增长速度，2018 年增长速度有所减慢，2019 年全国文化和旅游事业费达 1065.75 亿元，比 2018 年增加 137.42 亿元，增长了 14.8%，增幅比 2018 年回升 6.32 个百分点（见表 13）。与之相伴的是我国人均文化和旅游事业费不断提高，如图 6 所示，由 2015 年的 49.68 元增加至 2020 年的 77.08

元，增加了 27.4 元，比 2015 年增长了 55.15%。同时 2020 年文化和旅游部落实中央补助地方转移支付资金 54.92 亿元，比 2015 年增加 7.12 亿元，增长 14.9%；从结构上看，全国文化和旅游事业费中，县以上文化和旅游事业费 500.98 亿元，占比为 46%，比重比 2015 年下降 5.7 个百分点，县及县以下文化和旅游事业费 587.28 亿元，占比为 54%，比重比 2015 年提高了 5.7 个百分点。[①]

表 13 “十三五”以来文化和旅游事业费总量和增长速度

年份	文化和旅游事业费（亿元）	增长速率（%）
2016	770.69	12.84
2017	855.80	11.04
2018	928.33	8.48
2019	1065.75	14.80
2020	1088.30	2.12

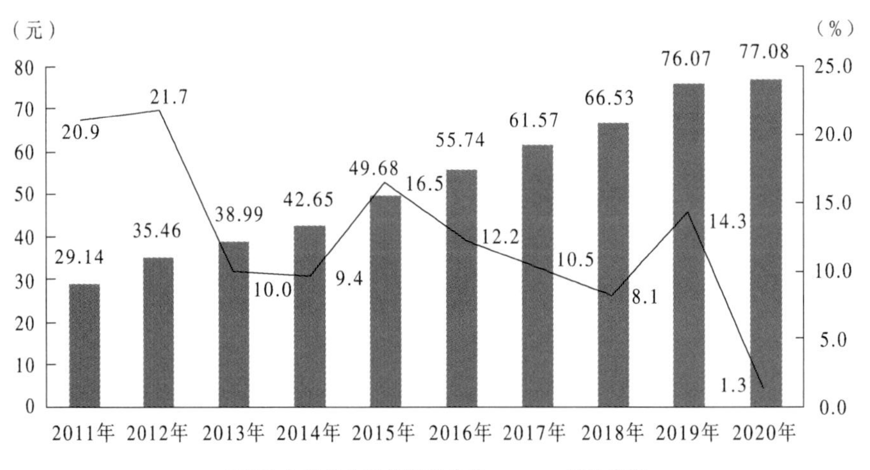

图 6 2011—2020 年全国人均文化和旅游事业费及增速情况

其次是万人接入互联网的用户数。2016—2020 年万人接入互联网的用户

① 参见《中华人民共和国文化和旅游部 2020 年文化和旅游发展统计公报》，2021 年 7 月 5 日，http://www.gov.cn/fuwu/2021-07/05/content_5622568.htm。

数由 5154.87 个上升至 6699.48 个，增加了 1544.61 个，增长了 29.96%。随着经济和技术的不断发展，互联网在居民生活中扮演着越来越重要的角色，为网民在信息获取、商务交易、交流沟通、网络娱乐等方面提供了重要渠道，也为企业进行客户服务、内部管理、电子商务、网络营销等提供了较好的平台。随着国家信息化建设的全面展开，计算机和网络技术不断创新，居民信息消费需求增长强劲，我国网民规模实现跨越式增长，网络接入也更加普及。为满足人民日益增长的通信需求，五年间，电信企业一直加大对宽带和互联网业务的投资力度，使互联网通信能力快速提高。根据《中国统计年鉴(2021)》的数据，2020 年末，互联网宽带接入端口比 2015 年增长 1.64 倍，达到 94604.7 万个；互联网宽带接入用户继 2015 年达到 25946.6 万户之后，到 2020 年达到 48355.0 万户。近年来，中国已成为网民绝对数量第一的大国，到 2020 年末，我国互联网上网人数达到 9.89 亿，比 2015 年末的 6.88 亿增加加了 3.01 亿，增长了 44%。互联网普及率由 2015 年的 50.3%上升到 2020 年的 70.4%，增长了 20.1 个百分点（见图 7）。

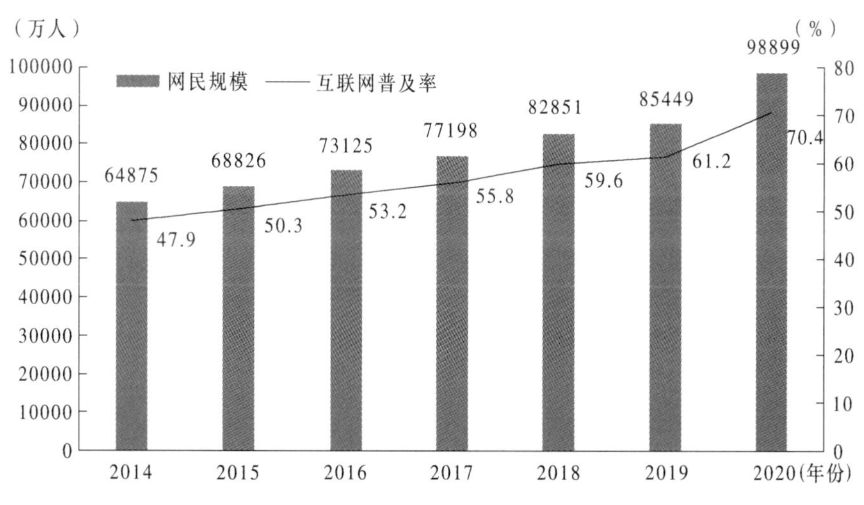

图 7　2014—2020 年网民规模与互联网普及率[①]

资料来源：《第 47 次〈中国互联网络发展状况统计报告〉》，2021 年 2 月 3 日，http://www.cnnic.net.cn/hlwfzyj/hlwxzbg/hlwtjbg/202102/t20210203_71361.htm。

最后是万人拥有图书、报纸、期刊数目。2016—2018 年该指标由 3.70 种

① 2019 年数据统计时间截至 2019 年 6 月，其余年份截至年底。

上升至3.81种，虽然2019年和2020年万人拥有图书、报纸、期刊数目有所下降，但仍高于“十二五”时期整体水平，这在一定程度上反映出我国为人民群众提供的文化服务和文化产品不断增多，水平持续提升。“十三五”时期我国大力繁荣文化产品创作生产，实施基层综合性文化服务中心建设、全民阅读等系列公共文化服务重大工程，开展电影繁荣发展、出版融合发展等重大文化产业工程，从而使人民群众的精神文化生活更加丰富多彩。2019年全国艺术表演团体机构数17795个，比2015年增加7008个，增长64.97%，演出场次296.8万场，比2015年增加86.02万场，增长40.81%。国内演出观众人次12.3亿人次，比2015年增加2.72亿人次，增长28.39%；2019年公共图书馆总流通人次90135万人次，比2015年增加31243万人次，增长53.05%，书刊文献外借册次61373万次，比2015年增加10477万次，增长20.59%；2020年末全国共有A级旅游景区13332个，比2015年增加4378个，2019年国内旅游人次60.06亿人次，比2015年增加20.16亿人次，增长50.53%，人民群众的文化消费内容日益丰富，文化消费方式不断多元。[①] 2020年受疫情等因素影响，相关指标有所下降。

2. 文化休闲省际分析

根据前述文化福祉部分的评价函数和聚类分析思路，应用文化休闲评价函数，代入文化休闲相关统计指标数据后，可以得出31个省（自治区、直辖市）的文化休闲评价指数得分及聚类评价类型（见表14）。

表14 2016—2020年各省份文化休闲指数得分与聚类评价情况

地区	2016	得分	2017	得分	2018	得分	2019	得分	2020	得分	聚类合并
北京	A	0.3702	A	0.3742	A	0.3890	A	0.4048	A	0.4018	AAAAA
天津	B	0.3004	B	0.3132	B	0.3208	C	0.3365	B	0.3617	BBBCB
河北	D	0.2813	C	0.2887	C	0.2903	D	0.2936	D	0.3021	DCCDD
山西	D	0.2774	C	0.2886	C	0.2946	D	0.3040	C	0.3173	DCCDC
内蒙古	C	0.2984	B	0.3052	C	0.3089	D	0.3102	C	0.3215	CBCDC

① 参见《中华人民共和国文化和旅游部2019年文化和旅游发展统计公报》，2020年6月22日，http://www.gov.cn/fuwu/2020-06/22/content_5520984.htm。

续表

地区	2016	得分	2017	得分	2018	得分	2019	得分	2020	得分	聚类合并
辽宁	B	0.3200	B	0.3177	B	0.3192	C	0.3225	C	0.3246	BBBCC
吉林	B	0.3106	B	0.3242	B	0.3164	C	0.3285	B	0.3354	BBBCB
黑龙江	C	0.2888	C	0.2885	C	0.2947	D	0.2996	C	0.3166	CCCDC
上海	A	0.3581	A	0.3728	A	0.3818	A	0.4087	A	0.4020	AAAAA
江苏	B	0.3213	B	0.3398	A	0.3516	B	0.3566	B	0.3530	BBABB
浙江	A	0.3498	A	0.3687	A	0.3829	A	0.3933	B	0.3715	AAAAB
安徽	D	0.2679	D	0.2753	C	0.2864	D	0.2890	D	0.2945	DDCDD
福建	B	0.3075	B	0.3221	B	0.3375	C	0.3378	B	0.3383	BBBCB
江西	D	0.2735	D	0.2725	D	0.2740	D	0.2884	D	0.2963	DDDDD
山东	D	0.2778	C	0.2922	C	0.3029	D	0.3116	D	0.3097	DCCDD
河南	D	0.2723	D	0.2750	D	0.2797	D	0.2803	D	0.2808	DDDDD
湖北	D	0.2799	D	0.2822	C	0.2940	D	0.2956	D	0.3036	DDCDD
湖南	D	0.2624	D	0.2643	D	0.2727	D	0.2779	D	0.2859	DDDDD
广东	C	0.3018	B	0.3037	B	0.3273	C	0.3308	C	0.3226	CBBCC
广西	D	0.2750	D	0.2775	C	0.2930	D	0.3020	C	0.3142	DDCDC
海南	B	0.3078	B	0.3208	B	0.3372	B	0.3491	B	0.3472	BBBBB
重庆	C	0.2977	B	0.3102	B	0.3238	C	0.3286	C	0.3264	CBBCC
四川	D	0.2792	C	0.2962	C	0.3082	D	0.3168	C	0.3254	DCCDC
贵州	D	0.2570	D	0.2682	D	0.2747	D	0.2836	D	0.2826	DDDDD
云南	D	0.2652	D	0.2656	D	0.2771	D	0.2856	D	0.2893	DDDDD
西藏	B	0.3111	B	0.3383	A	0.3660	B	0.3701	B	0.3750	BBABB
陕西	C	0.2969	C	0.2928	C	0.3021	D	0.3066	C	0.3149	CCCDC
甘肃	D	0.2688	D	0.2791	D	0.2818	D	0.2990	D	0.3053	DDDDD
青海	C	0.3016	B	0.3168	B	0.3238	B	0.3489	B	0.3544	CBBBB
宁夏	C	0.2991	B	0.3195	B	0.3370	B	0.3452	B	0.3499	CBBBB
新疆	C	0.3035	B	0.3061	B	0.3176	C	0.3254	B	0.3378	CBBCB

数据显示，中国各省份文化休闲指数五年间的得分范围为 0.2570—0.4087，得分均值为 0.3136，有 15 个省份超过均值水平，占比 48.39%。

由表 14 可知，总体上看，从起点（2016 年）到终点（2020 年），31 个省份文化休闲综合评价得分均实现了正增长，并呈平缓上升趋势，文化休闲指数全国均值增长了 0.0316，增长率超过 10%，说明大多数省份文化休闲水平均获得了一定程度的改善，这与全国文化休闲指数提升趋势（见图 5）一致。"十三五"期间，文化休闲指数值显著增长（增长大于 0.04）的省份依次为：西藏（+0.0639）、天津（+0.0613）、青海（+0.0528）、宁夏（+0.0508）、四川（+0.0462）、上海（+0.0439），31 个省份中文化休闲综合指数值提升幅度不明显的地区有辽宁（+0.0046）、河南（+0.0085）。如表 15 所示，2016—2020 年，31 个省份的文化休闲指数均值总体呈增长态势，五年间，文化休闲水平（综合得分）高于全国均值的省份数量分别为 17、14、15、14、12 个，数量减少；另外，方差在增大，得分最高和最低的省份之间的差距比率值波动较大。总体来看，"十三五"期间 31 个省（自治区、直辖市）的文化休闲指数差距略有起伏，省份之间文化休闲发展相对不平衡的问题依然明显。从每个省份的得分可以大致看出，各省份的文化休闲发展与现阶段各省份实际经济发展情况不完全一致，这与文化福祉综合指数得出的结论相似。

表 15　2016—2020 年各省份文化休闲指数相关统计量

	2016 年	2017 年	2018 年	2019 年	2020 年
均值	0.2962	0.3052	0.3151	0.3236	0.3278
最大值	0.3702	0.3742	0.3890	0.4087	0.4020
最小值	0.2570	0.2643	0.2727	0.2779	0.2808
差距比率	44.05%	41.58%	42.65%	47.07%	43.16%
方差	0.0007489	0.0009275	0.0010932	0.0012664	0.0010362

由表 14 可知，"十三五"期间，各省（自治区、直辖市）聚类评价结果总体变化不大，个别省份波动幅度比较大。基于 2016—2020 年省际文化休闲综合得分及聚类评价情况，可以将 31 个省（自治区、直辖市）文化休闲指数分为四类（见表 16）。

表 16　2016—2020 年 31 个省份文化休闲综合聚类评价结果分布

类别	相应省份	数量	百分比
第一类	北京、上海、浙江、江苏、海南、西藏	6	19.35%
第二类	天津、福建、吉林、宁夏、青海、辽宁、陕西、黑龙江	8	25.81%
第三类	湖北、安徽、河南、江西、湖南、甘肃、贵州、云南	8	25.81%
第四类	广东、山东、重庆、内蒙古、新疆、四川、山西、河北、广西	9	29.03%

第一类省份包括北京、上海、浙江、江苏、海南、西藏，这 6 个省份文化休闲聚类评价结果稳定性强且文化休闲水平高。具体来看，北京、上海两个地区文化休闲综合评价得分始终稳定位于全国前列，同文化福祉指数聚类评价结果一致，是仅有的两个连续五年文化休闲水平被综合评定为 A 类的地区。浙江曾连续四年被评为 A 类地区，可见浙江在居民文化休闲水平上已经和北京、上海跨入同一行列。江苏、海南得益于先天的资源优势、区位优势，文化休闲发展水平较高。而西藏自治区一方面在相关人均指标上评价占优，另一方面，西藏还不断完善文化旅游基础设施，丰富旅游休闲产品供给，进一步打造西藏旅游品牌，“十三五”期间累计接待国内外游客 15763.26 万人次、完成旅游收入 2125.96 亿元，分别是“十二五”同期的 2.3 倍和 2.4 倍，提前两年超额完成“十三五”规划目标，旅游经济在全区国民经济总收入中占比达到 33.3%，西藏地区文化休闲发展水平进步明显。①

第二类省份 2016—2020 年至少有 4 个年份被评为 B 类或 C 类，聚类评价结果稳定性较强，这些省份文化休闲发展基本上处于中等偏上水平，除天津、福建和东北三省外，还包括宁夏、陕西、青海。天津、青海和宁夏三个地区在“十三五”期间，文化休闲指数提升幅度明显，增长稳健。

第三类省份 2016—2020 年文化休闲聚类评价以 D 类为主，评价结果具有较强的稳定性并且“十三五”期间文化休闲评分均处于全国均值水平以下，这一类地区包括湖北、安徽等 8 个省份，全部为中西部省份。其中河南、江

① 参见《西藏“十三五”接待游客近 1.6 亿人次》，2021 年 5 月 6 日，http：//ent. people. com. cn/n1/2021/0506/c1012-32094945. html。

西、湖南、甘肃、贵州、云南等省份在五年间未发生类型变化，同文化福祉聚类评价结果表现出一致性，这些地区在文化休闲 3 个评价指标上发展都较为落后，其提升空间很大，需要积极改进和大力发展。

第四类省份主要为“十三五”期间文化休闲水平聚类评价结果波动性较强的地区，这些省份的文化休闲基本上处于中游水平，包括广东、山东、重庆、内蒙古、新疆等 9 个地区。其中内蒙古自治区波动幅度最明显，五年间经历了包含 C 类、B 类和 D 类三种类型的调整变化，这可能和该地区文旅休闲建设和融合发展过程中出现的文化和旅游机构改革、文旅事业经费投入不到位、公共文化服务体系以及基础设施瓶颈突出等问题有关。经济发展水平高的广东、山东两个地区评价结果都不理想，其原因与文化福祉评价相同。

通过省际得分分析和进一步的聚类分析，可以看出天津市“十三五”时期文化休闲综合水平提升明显，评价得分由 2016 年的 0.3004 上升至 2020 年的 0.3617，增长了 20.41%，这得益于“十三五”时期天津市紧紧围绕自身城市定位和现代化建设目标，着力推动文化和旅游融合发展战略，多措并举，提供优秀文化产品和优质旅游产品。一是根据全市城乡发展总体布局，发挥区域资源优势，重点打造六大文化板块，完善文化建设布局，实施中华文化传承工程，传承中华优秀传统文化，发展城市特色文化，实施精品创作工程，繁荣文化产品创作生产。二是完善公共文化服务设施网络，推动文化资源向基层和农村倾斜，促进城乡文化一体化发展，实施公共文化资源整合提升计划，提高公共文化服务水平和供给能力，打造品牌，开展群众性文化活动。三是在文化产业发展上，优化产业结构，全面提升核心层文化产业，突出抓好龙头企业，扶持大中小企业，做强市场主体，实施“互联网＋”和“文化＋”这两个“双＋”工程，建设文化众创空间，加快发展文化新兴产业，打造新兴文化品牌，扩大文化消费市场，发展文化金融。四是在旅游业发展上，加快旅游业与其他产业融合发展，创新发展模式，形成产业集聚效应，突出特色，立足津派文化、北国水都、国门港城、国际都会四大特色资源，打造具有鲜明的天津文化符号的旅游产品，同时加强区域合作，树立京津冀大旅游目的地观念。“十三五”时期天津市打造了一批高质量文化和旅游景区，推出了一系列优质特色产品，使文化和旅游产业成为全市经济社会快速发展的强力引擎和提升人民幸福感的有效途径。

首先，文化和旅游公共服务水平有效提升。截至 2020 年底，天津市共有市级公共图书馆 1 个、群众艺术馆 1 个，区级公共图书馆 19 个、文化馆 16 个；不断完善街镇和村居文化基础设施建设，创建综合性文化服务中心近 3000 个。其次，文化和旅游综合实力显著提升。2016—2019 年，天津市接待中外游客数量年均增长 9.15%，旅游总收入年均增长 11.5%，均高于预定目标；2019 年全市接待游客 2.47 亿人次，旅游总收入 4317.99 亿元，在全国重点城市中分别居第七位和第六位；文化产业取得显著成绩，文化遗产保护成效显著，文化综合实力和竞争力显著提升。最后，“旅游+”战略实施效果明显。乡村旅游提质升级，建成 18 个全国乡村旅游重点村、200 个市级旅游特色村（点）、24 家天津市乡村旅游区（点）；中国邮轮旅游发展实验区建设成效显著，天津邮轮母港 2017 年接待邮轮达到 175 艘次，接待游客突破 100 万人次，均创历史新高①；智慧文旅取得新进展，天津市文化和旅游大数据平台成功上线；天津图书馆数字体验区入选文化和旅游部 2020 年度文化和旅游信息化发展典型案例；启动文物数字化保护项目，打造博物馆“智慧服务”，天津市博物馆公共服务平台向公众开放。

（四）我国居民文化福祉存在的主要问题

1. 文化福祉内在结构发展不协调

文化福祉综合评价指数是由教育水平和文化休闲水平两部分构成的，各省（自治区、直辖市）文化福祉综合水平及其各部分评价水平呈现出的差异，从整体上看是评价得分和所属类别的不同。通过对 31 个省（自治区、直辖市）文化福祉、教育水平和文化休闲的评价结果分析可以看出，有些省份间文化福祉综合评价结果与其内部构成的教育水平和文化休闲的评价结果不尽相同。为了更加清晰地呈现出不同省份文化福祉整体水平在两个内部构成维度上的分布情况，绘制了“十三五”时期我国 31 个省（自治区、直辖市）在教育水平和文化休闲方面的散点分布图（见图 8）。第一象限（右上角）代表教育水平和文化休闲均高于全国均值，第三象限（左下角）代表二者均低于全国均值，而第二象限（左上角）代表文化休闲水平高于全国均值、教育水

---

① 参见《天津市文化和旅游融合发展“十四五”规划》，2021 年 6 月 20 日，http://whly.tj.gov.cn/ZWGKYXXGK1640/zcwj09271/WLJZCWJ09274/202108/t20210826_5557026.html?ivk_sa=1024320u。

平低于全国均值，第四象限则反之。由图 8 可以看出，2016—2020 年西藏的文化休闲评价水平均值高于全国均值，但其教育水平远低于全国均值；黑龙江省五年间教育水平均值处于全国较高水平，但文化休闲评价得分却大幅低于全国均值。部分省（自治区、直辖市）文化福祉内部构成发展水平不平衡不协调，将会影响其文化福祉整体的提升。

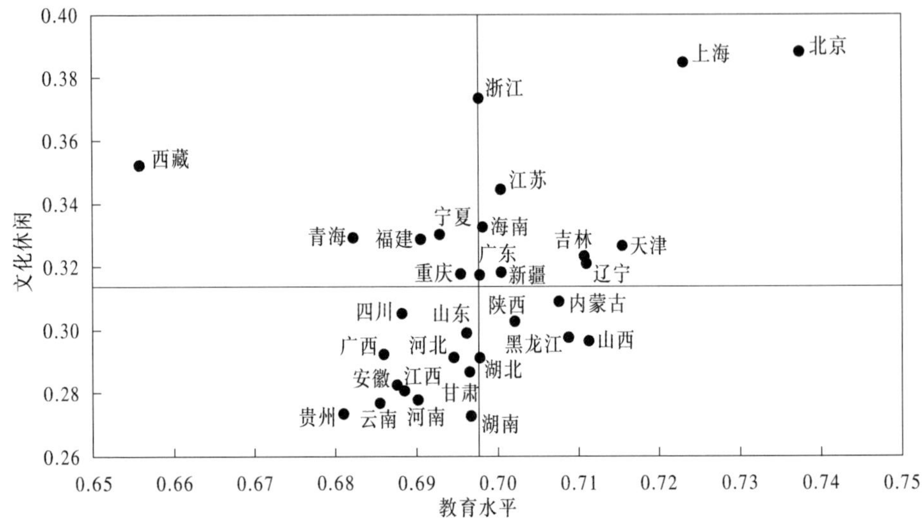

图 8 “十三五”时期各省份文化休闲和教育水平指数散点分布

2. 教育水平区域发展不均衡

通过教育水平省际分析与聚类评价发现，全国 31 个省份教育发展不平衡。尽管我国教育事业发展的不均衡在“十三五”期间有所减缓，但省份之间，尤其是头部省份和尾部省份之间的差距依然明显。五年间教育水平指数聚类评价获得较多 A 类和 B 类评价的省份绝大多数位于东部地区，而 C 类和 D 类主要分布在中西部地区，空间差异显著。从东、中、西部的教育水平来看，呈现出明显的梯度分布特征（见表 17）。“十三五”期间从东部地区到中部地区再到西部地区，教育水平综合评价得分呈现由高到低的变化趋势，东部地区的教育水平评价得分均值为 0.7052，高于全国平均水平（0.6976），而中部、西部地区的教育水平评价得分分别为 0.6953、0.6895，处于全国平均水平以下。由此分析可以看出，不同区域的教育水平存在一定的差距，东部地区的教育水平要明显高于中西部地区，我国教育水平区域发展不平衡。

表 17　2016—2020 年各区域教育水平指数平均得分情况

地区	2016 年	2017 年	2018 年	2019 年	2020 年	均值
东部地区	0.7033	0.7057	0.7053	0.7058	0.7057	0.7052
中部地区	0.6935	0.6948	0.6952	0.6965	0.6967	0.6953
西部地区	0.6871	0.6895	0.6894	0.6899	0.6916	0.6895
全国平均	0.6957	0.6977	0.6976	0.6983	0.6989	0.6976

注：东、中、西部区域参照国家统计局所提出的经济区域划分方式划分。表中未列出东北地区数据。

从综合评价所选取的统计指标来看，2016—2020 年东部地区的成人识字率平均水平为 96.28%，比西部地区的均值高 5 个百分点；东部地区的平均受教育年限为 10.004 年，比西部地区多 1.4020 年；初、中、高等教育生师比指标，2016—2020 年东部地区最高值省份和西部地区最低值省份的数值差虽然较“十二五”时期稍有减少，但还是维持在 8 个百分点左右。这在一定程度上反映出我国不同地区间教育水平发展的差异，中西部地区在教育资源、教育规模等方面落后于东部地区，我国地区间教育水平差异是亟待解决的社会现实问题。如果差距持续扩大，会加剧资源配置公平与效率之间的矛盾，降低教育资源的使用效益，造成教育资源短缺与浪费并存的局面，从长远来看，它也会影响我国经济社会的整体发展和社会公平正义。

3. 文化休闲区域发展不均衡

文化休闲区域发展不均衡，一是体现在资金投入上。总量上，全国文化和旅游事业费在不同区域的投入不平衡，2020 年我国东部地区文化和旅游事业费 491.62 亿元，比 2015 年增加 203.7 亿元，占比为 45.1%，比 2015 年提高 3 个百分点；中部地区文化和旅游事业费 269.78 亿元，比 2015 年增加 105.5 亿元，占比为 24.8%，比 2015 年提高 0.7 个百分点；而西部地区文化和旅游事业费 301.64 亿元，比 2015 年增加 107.7 亿元，占比为 27.7%，比 2015 年降低了 0.7 个百分点。可以看出，在资金投入上，无论是规模还是占比，中西部地区与东部地区都有较大差距，尤其是中部地区人均文化和旅游事业费明显偏低，2020 年全国人均文化和旅游事业费为 77.08 元，中部地区为 54.53 元，只相当于全国平均水平的 70.74%。

文化休闲区域发展不均衡，二是体现在文化消费上。城乡文化娱乐消费水平相差较大，2016—2019 年城镇居民人均文化娱乐消费支出由 1268.7 元增加至 1290.6 元，增长了 1.73%，文化娱乐消费占人均消费支出的比重由 5.5%下降至 4.6%；而农村居民人均文化娱乐消费支出由 251.8 元增加至 289.1 元，增长了 14.81%，文化娱乐消费占人均消费支出的比重由 2.5%下降至 2.2%。虽然农村居民文化娱乐消费的增长速度快于城镇居民，但无论是消费规模还是所占比重，仍与城镇居民有较大差距。以 2019 年为例，城镇居民人均消费总支出为 28063.4 元，是农村居民的 2.1 倍，但城镇居民人均文化娱乐消费支出却是农村居民的 4.46 倍。

三、提升居民文化福祉的相关政策建议

（一）教育水平方面的公共政策分析与建议

从国际来看，世界多极化、文化多样化、社会信息化深入发展，互联网、云计算、大数据、智能机器人、3D 打印等现代技术深刻改变着人类的思维、生产、生活和学习方式，国际竞争日趋激烈，人才培养与争夺成为焦点。优先发展教育，构建现代教育体系，已成为人类共同面临的重大课题和应对诸多复杂挑战、实现可持续发展的关键。从国内来看，我国已全面建成小康社会，实现了第一个百年奋斗目标，继而乘势而上开启全面建设社会主义现代化国家新征程，向第二个百年奋斗目标进军，这是我国教育发展的关键时期。当前推进经济转型升级，深入实施创新驱动发展战略，开展“中国制造 2025”和“一带一路”建设等，迫切需要优化人才培养结构，加快培养各类紧缺人才。保障基本民生，迫切要求完善基本公共教育服务体系。新型城镇化加快推进，人民群众生活水平和质量普遍提高，生育政策调整，学龄人口、劳动年龄人口规模结构改变，人口老龄化速度加快，教育需求发生结构性变化，对高质量、多样化的教育需求日益增长。无论从当前推进经济转型升级，还是从长远促进经济和社会协调发展来看，教育都是最基础的环节。

从前面的分析中可以看出，当前我国教育水平地区发展不平衡是一个突出问题，这主要受教育资源尤其是公共教育资源配置不均等的影响。教育水

平和教育资源的不平衡，不仅降低了教育资源的使用效率，造成资源短缺与浪费并存，而且有悖于教育公平，影响社会稳定和经济社会整体发展。因此，我们着重从推进我国区域教育协调发展的角度来提出政策建议。

1. 科学规划，统筹推进区域教育协调发展

充分发挥规划对区域教育协调发展的引领作用，区域教育协调发展是实现教育公平的内在要求，体现着政府供给教育这一公共服务的价值导向，因此要科学规划、分类指导，统筹推进东部、中部、西部和东北地区教育发展。

首先，推动东部地区率先实现教育现代化。东部地区继续围绕深化教育改革，加强内涵建设，优化各级各类教育服务供给，满足人民群众品质生活需求，推进教育与现代科技深度融合发展，增强教育引领支撑功能，提升服务社会能级水平。其次，支持东北地区加快提升教育服务支撑老工业基地全面振兴的能力。通过多种形式扩大普惠性学前教育资源，提高学前教育水平。加快推进义务教育学校标准化建设，改善农村义务教育薄弱学校基本办学条件，强化对农村牧区、经济欠发达地区和民族学校的支持；提高高中阶段教育办学水平，逐步实现家庭经济困难学生资助全覆盖；办好特殊教育，提高特殊教育普及程度、保障水平和教育质量。最后，加快中西部地区教育发展。优化顶层设计，整合工程项目，加强最薄弱环节，深入实施中西部高等教育振兴计划和中西部高校基础能力建设工程，支持中西部本科高校改善办学条件，提高办学水平，办好一批高水平大学，立足中西部经济社会发展实际，大力发展职业教育，增加中西部优质教育资源，提升教育发展综合实力，进一步缩小与东部发达地区的差距；继续实施支援中西部地区招生协作计划、农村和贫困地区定向招生专项计划，扩大农村贫困地区学生接受优质高等教育机会。

2. 倾斜资源，重点支持中西部教育优先发展

教育资源是教育发展的基础保障，主要包括经费投入和师资配备等方面，传统教育资源配置以地方政府作为资源的主要配置者，故教育发展水平与地方政府资源配置能力密切相关，呈现出显著的分割性和差异性，从而导致并加剧区域教育资源供给的差距。中西部地区是教育资源供给的薄弱地区，因而教育资源尤其是新增教育资源需要重点向中西部地区倾斜。

首先，在经费投入上，第一，要优先保障教育投入。全面落实教育优先

发展战略，中西部地区在经济社会发展规划上优先安排教育、财政资金投入上优先保障教育、公共资源配置上优先满足教育和人力资源开发需要。坚持把教育作为中西部地区人民政府财政支出重点领域给予优先保障，健全保证财政教育投入持续稳定增长的长效机制，确保财政一般公共预算教育支出逐年只增不减，确保按在校学生人数平均的一般公共预算教育支出逐年只增不减。第二，完善教育经费投入机制。根据各类教育事业的不同特点和发展改革实际需要以及财力可能，进一步完善中西部各类教育预算拨款制度和投入机制，合理确定并适时提高相关拨款标准和投入水平。义务教育全面纳入公共财政保障范围，建立城乡统一、重在农村的义务教育经费保障机制。非义务教育实行以政府投入为主、受教育者合理分担、其他多种渠道筹措经费的投入机制。规范中央对地方的教育转移支付，着力加强重点地区、关键领域和薄弱环节。落实对个人和企业捐赠教育的税收优惠政策，鼓励社会资本加大对中西部地区的教育投入力度。

其次，在师资配备上，第一，优化教师资源配置。加强中西部地区乡村教师队伍建设，逐步扩大农村教师特岗计划实施规模，采取多种方式定向培养“一专多能”的乡村教师；探索建立新聘教师农村学校任教服务期制度，将在乡村学校或薄弱学校任教经历作为城镇中小学教师晋升高级教师的必要条件；鼓励支持教学效果好、身体健康的退休特级教师、高级教师到中西部地区乡村学校支教讲学。第二，完善教师管理制度。严格教师职业准入，依照科学合理、分类指导原则，依法实施中小学教师资格考试制度，进行中小学教师定期登记，幼儿园新入职教师须取得幼儿园教师资格证，畅通民办学校教师申报参加职务（职称）评审渠道；改进教师考核评价制度，建立符合大中小学教师岗位特点的评价机制，深入推进高校教师考核评价制度改革，坚持德才兼备，以实际能力为衡量标准，注重凭能力、实绩和贡献评价人才，克服唯学历、唯职称、唯论文等倾向。第三，继续实施好中西部教师培养重点工程，包括中西部中小学首席教师岗位计划，在中西部贫困地区中小学设置首席教师岗位，遴选师德高尚、教学水平高、带动能力强的优秀教师担任，负责组织开展教学研究，帮助青年教师提升教学水平；实施幼儿园和中小学教师国家级培训计划，以乡村教师为重点，对幼儿园和中小学教师、骨干校（园）长进行专项培训；此外还包括省级免费师范生定向培养计划，东部高校教师对口支援西部高校计划等。

3. 提升质量，有效促进区域教育公平发展

统筹推进中西部地区各类教育，重视发展学前教育、义务教育、职业教育、高等教育和民族教育等，在扩大教育规模的基础上，不断提升各类教育水平和质量，加快补齐中西部地区教育短板，不断推进教育现代化，提升中西部地区人民的思想道德素质和科学文化素质，从而增强教育方面人民群众的获得感。

一是继续扩大普惠性学前教育资源，鼓励中西部地区普惠性幼儿园发展，加强农村普惠性学前教育建设，积极引导和扶持民办幼儿园提供普惠性学前教育服务。二是促进东、中、西部义务教育发展更加均衡，中西部地区需要因地制宜建立完善义务教育学校建设基本标准，科学推进城乡义务教育公办学校标准化建设，改善薄弱学校和寄宿制学校办学条件，提高中西部地区义务教育质量和保障水平，缩小与东部发达地区的差距。三是继续普及高中阶段教育，在中西部地区以中等职业教育为重点发展高中阶段教育，加强中等职业教育基础能力建设，重点改善中西部贫困地区和薄弱中等职业学校基本办学条件，调整优化资源配置，统筹办好一批中等职业学校。四是进一步振兴高等教育发展，统筹推进中西部高校综合实力提升工程、中西部高校基础能力建设工程、对口支援西部高校计划、省部共建等工作，引导和支持中西部高校增强“造血”功能。五是加快提升民族教育质量，加快双语教师培养培训，建设一批双语教师培养培训基地，通过特岗计划、定向培养，引导内地民族班高校毕业生到农村中小学担任双语教师等方式补充新疆、西藏、四省藏区双语教师，推进新疆、西藏和四省藏区教育内涵发展，继续实施好援藏援疆教师计划，实施好新一批教育人才“组团式”援藏工作。

（二）文化休闲方面的公共政策分析与建议

文化休闲活动与人民美好生活需要的满足息息相关。休闲作为人类文化和精神生活的重要组成部分，具有深刻的文化内涵，其不仅创造和丰富人类的文化，而且传承和发展人类文化。而现代社会孕育的文化休闲是一种契合新时代发展的文化价值观，是人们生活质量的标志与人民美好生活的重要体现。文化休闲以促进人类自由全面发展为主要目的，它反映了现代人类的一种崭新的生活态度和生活方式。在中国特色社会主义进入新时代的背景下，

文化休闲的价值在社会生产和社会生活各个领域不断凸显。文化休闲是提升休闲生活品质、满足人民美好生活需要，甚至培育发展新动能的一种重要方式，人民群众为国家社会发展做出重要贡献，应当充分享受改革发展的成果。基于此，满足人民日益增长的美好生活需要，回应人民群众的文化和精神生活诉求，是文化休闲发展的战略目标。

从我国文化休闲的经济社会发展环境来看，一方面，随着经济的快速发展，我国的收入分配结构和消费结构在向着更加有利于消费的方向转变，居民消费能力持续增强，发展型、享受型消费和服务消费所占比重逐渐提高，“十三五”期间居民可支配收入的增长势头仍在持续，居民的收入水平和生活水平显著提高；另一方面，居民的文化休闲娱乐时间在自由支配时间中所占的比重上升，文化休闲被越来越多的人需要并享有。文化休闲能够切实提升居民幸福感，人们开始越来越多地追求精神文化生活，文化休闲消费渐渐成为人们关注的消费新热点，大众化、常态化、多样化、品质化是文化休闲在新时代发展变化的主要趋势。其形成既是社会公众文化休闲需求和意识的直接体现，又以不同层面的制度体系、政策支撑、产业、市场为条件。

在文化强国建设与顺利开启“十四五”新征程的背景下，我国以文化、旅游、体育与线上休闲等为载体的休闲文化发展得到前所未有的重视，面临良好发展契机；然而同时，受各种社会历史因素限制，我国文化休闲发展依然面临诸多不平衡不充分的问题，如文化休闲资源公共供给总体不足，文化资源开发和利用相对滞后，供需上出现不匹配不协调，不同区域之间、城乡之间文化休闲公共服务和设施存在显著差别等。为进一步促进文化休闲发展，改善人民群众文化休闲质量，根据我国文化休闲的实际情况，并结合前文文化休闲的相关指标分析评价结果和文化休闲中存在的问题，提出如下建议。

1. 加大规划创新和文化休闲投入，推动文化事业与文化休闲产业融合发展

文化休闲兼具文化事业属性和文化产业属性。文化事业和文化产业是我国文化体制建设中的两条主要内容。推动文化事业与文化休闲产业融合发展，既有利于激发全社会的文化参与和创造活力，坚持社会效益优先，保障人民群众享有经济和文化的发展成果，又有利于促进现代文化市场体系的成熟完

善，从而提升经济效益。[①] 文化事业和文化产业的融合发展，离不开法律与政策制度的支撑、文化改革的体制环境支撑、市场机制与公共服务平台支撑、人才与科技要素的支撑。为此，可结合我国国情，借鉴其他发达国家的文化事业、文化产业发展经验，从人才、市场、环境、制度四个层面创新优化顶层设计，凸显相关文化休闲发展规划的引领力，多领域推动文化休闲进一步发展。

从文化休闲的指数评价结果和相关原始指标统计数据可以看出，“十三五”期间，我国文化和旅游事业费以及文化和旅游建设资金补助继续保持增长势头，为文化休闲业高质量发展奠定了资金基础。但与其他事业和产业相比，文化休闲业的资金投入和使用力度还较低。为解决文化休闲公共供给总体不足的问题，各级政府应加大财政投入，建立健全文化休闲投入的稳定增长机制、考核与激励机制，加大文化休闲投入资金使用的监管力度，提高资金的使用效率。

2. 加强文化资源的开发和整合利用，引导和促进文化休闲消费

我国文化资源丰富，但对文化资源的开发利用总体上还不够。技术进步和公共卫生环境的变化，使得线上文化休闲的发展优势日益突出。鉴于此，政府和社会有关力量要充分挖掘文化休闲资源，加大文化资源规划、开发、整合、创新的政策支持，实施“文化＋”“旅游＋”战略，因地制宜，找准产业结合点，推动文化休闲产业与其他产业融合发展，特别是推动文化旅游产业和科技产业深度融合，利用各地文化资源和区位优势，打造具有区域特色的新业态、新主体、新模式。从文化资源入手，推动文化产业供给侧结构性改革，发挥文化产业创新创意优势，推动更多文化资源转化为高品质文化休闲产品，深化文化与人工智能、数字技术、增强现实、虚拟现实等现代高新技术的融合，扩大产品和服务有效供给，满足人民群众多样化多层次需求。

文化休闲资源经开发、整合、生产等阶段以后，便进入供给与消费阶段。文化消费既是促进经济增长的重要组成部分，也是弘扬社会主义核心价值观，提升人民幸福感、获得感的重要途径。文化旅游、文化演艺、文化场景沉浸、

---

① 参见杜利娜：《当代中国特色社会主义文化事业建设的问题与出路反思》，《重庆理工大学学报》（社会科学版）2019 年第 1 期，第 141～148 页。

文化传播等文化休闲活动和体验构成了文化休闲消费的最主要部分。为鼓励和促进文化休闲消费、改善文化休闲质量，应抓住当前国家经济发展方式转型和经济结构调整的契机，深刻认识娱乐和休闲的经济和文化价值，持续改善文化消费的社会环境与氛围，完善文化消费长效促进机制，可以通过税费补贴、政府购买等多种手段，提高群众文化消费能力和意愿，引导居民文化消费观念转变，构建文化消费的新发展格局。

3. 加强文化休闲研究和教育普及，为文化休闲发展提供智力支持

经济社会生活的发展规律表明，物质条件得到改善和自由时间得到保障之后，人们对生活质量有着更高的期待，休闲这一能够为人的发展提供无限可能的生活方式将成为更多人的追求。在新时代，我国政治、经济、文化、社会、生态文明建设的进一步推进，给文化和休闲带来了强劲的发展动力和发展机遇，同时也带来了新的挑战：休闲内容的结构转变，休闲方式的技术依赖以及休闲需求的伪个性化倾向。这些挑战皆源于人们文化休闲内容、方式、需求的新变化，并且都在以更加隐蔽的方式威胁着休闲文化的生态发展、健康发展、创新发展。[①] 为应对挑战，应加强文化休闲的理论研究和智库研究。相比西方而言，我国文化休闲研究尚处在初级阶段，研究相对粗浅而分散，呈现明显的碎片化特征，既不能为解释中国的文化休闲发展现实提供完善的理论支撑，也无法对国外文化休闲理论和方法体系形成系统输出。在中国社会发展和学术研究背景下，应重点关注中国特色的文化休闲研究体系的构建问题，并架起理论研究、政策制定、实践发展之间的桥梁。这对于通过文化休闲准确把握人的精神发展势态，引导国民休闲生活复归其本质，提升国民在文化休闲生活中的幸福感、获得感具有重要价值。

发展休闲文化，应将休闲教育纳入国民教育体系。现阶段，为培育良好的文化休闲氛围，与时代发展相适应的休闲生活急需休闲教育的指引。休闲教育是促进人类幸福的人本教育方法，它针对闲暇时间的利用问题，通过提高人的自身素质来实现生活质量提升的目标。为此，应积极开展休闲教育，构建起以家庭为单位、以社区为依托、学校和社会广泛参与的休闲教育体系。

---

① 参见郭力源：《新时代休闲文化发展的新挑战及其应对》，《江西财经大学学报》2018 年第 2 期，第 3～10 页。

政府和社会、个人各司其职、各尽其力，形成合力共同推动文化和休闲教育的开展。

4. 统筹区域、城乡文化协调发展，缩小城乡和区域差距

文化协调发展，既体现在文化与经济社会的协调发展，又体现在区域和城乡之间的协调发展。我国目前的文化休闲发展仍面临一些结构性问题，优质的文化休闲资源主要集中在城市和东部地区，集中在相对少数的大型文化设施和机构，基层文化资源总量不足与结构失衡并存，既有资源配置的不均衡，又有重复建设和闲置浪费，导致城乡间、城市间、区域间和群体间的差距仍然较大。对于广大人民群众而言，越是基层、越是贴近生活的文化休闲设施，越能满足日常精神文化需要。

要实现文化休闲的整体发展，需要着力缩小差距，不断提升区域和城乡基本公共文化服务均等化水平。一方面，要加大财政投入力度，尤其是加大中央财政转移支付力度，在维持总体发展趋势的基础上，更加关注中西部地区和农村文化休闲资源的配置和供给，加大对中西部地区和农村地区的政策支持力度，实现对中西部地区和广大农村地区的倾斜性投入机制，以解决各地尤其是中西部地区和农村基层地区文化休闲公共设施和服务不足的问题，从而使每位公民都能均等地享受由政府提供的在数量、质量、可及性上大致相同的基本公共休闲服务。另一方面，加大公共文化惠民力度，以农村和中西部地区为重点，深入实施文化休闲资源共享、文化基础设施建设、高雅文化进农村等文化惠民工程，增强对老年人、未成年人、残疾人、农民工等特殊群体和弱势群体文化休闲供给的精准性，通过引入社会力量、公益众筹等方式，提供个性化、差异化、特色化服务，保障不同群体的文化休闲基本权利。在此基础上，可以进一步探索优化城乡文化资源配置、推进城乡公共文化服务体系一体化建设的有效机制，开展发达地区和欠发达地区基本公共服务在线对接，支持发展东西部线上对口帮扶、优质资源“1带N”、人才对口支援等，扩大优质服务资源的辐射覆盖范围，缩小地区差距。

（承担人：吴东民、王从、刘博）

附录　本报告主要指标解释

1. **初、中、高等教育生师比：**各初、中、高等学校在校学生和专任教师比。

2. **成人识字率：**15周岁以上人口中有读写能力的人口百分比。这一指标反映了一个国家或地区的教育水平，体现了教育的普及状况。成人识字率＝100％－文盲率。

3. **平均受教育年限：**人口群体人均接受学历教育的年数。平均受教育年限是一项反映国民受教育程度的可持续指标，反映了一段时期一个国家或地区总的教育发展水平和普及状况。

4. **文教娱乐消费占总消费性支出比重：**居民用于文化活动、娱乐用品及服务性的支出与居民生活消费总支出之比。文教娱乐消费占总消费性支出比重＝［（农村文教娱乐消费支出/农村总支出）×农村人口比重＋（城市文教娱乐消费支出/城市总支出）×城市人口比重］×100％

5. **人均文化和旅游事业费：**人均文化和旅游事业费是以一年为核算基准的前提下政府对文化和旅游事业的投入总额与该辖区内人数的比值。

6. **万人接入互联网的用户数：**10000人中接入互联网的用户数。万人接入互联网的用户数＝互联网端口数/各省（自治区、直辖市）人口数×10000。

7. **万人拥有图书、报纸、期刊数目：**一段时间内（通常以年度为基本核算单位）地区出版图书、报纸、期刊的数目与地区总人口的比值。万人拥有图书、报纸、期刊数目＝各省（自治区、直辖市）图书、报纸、期刊的种数/各省（自治区、直辖市）人口数×10000。

中国居民社会福祉报告

“十三五”时期是我国全面建成小康社会的决胜阶段，也是全面深化改革开放、建立健全社会保障体系的关键阶段。党的十九届四中全会提出：“坚持和完善统筹城乡的民生保障制度，满足人民日益增长的美好生活需要……健全幼有所育、学有所教、劳有所得、病有所医、老有所养、住有所居、弱有所扶等方面国家基本公共服务制度体系，注重加强普惠性、基础性、兜底性民生建设……完善覆盖全民的社会保障体系，强化提高人民健康水平的制度保障。”[①] 社会福祉的评价涉及社会保障、慈善事业、公共服务等多个方面。本报告在已经建构的社会福祉指标体系的基础上，全面描述“十三五”期间我国居民社会福祉的变化情况，并结合问题进行分析，就社会福祉的提升发展提出有关政策建议。

一、中国居民社会福祉指标体系的确定

（一）中国居民社会福祉评价指标的确定

社会福祉是指国家依法为公民普遍提供旨在保证一定的生活水平和尽可能提高生活质量的资金和服务的社会制度，旨在解决广大社会成员在各个方面的福利待遇问题。参照《中国幸福指数报告（2011—2015）》，通过专家评价和相关分析，本报告继续将社会福祉指标体系确定为三个方面的评价因素：

---

① 参见《中国共产党第十九届中央委员会第四次全体会议公报》，2019 年 10 月 31 日，https：//www.12371.cn/2019/10/31/ARTI1572515554956816.shtml。

保障救济、社会互助和福利服务，其中保障救济包括基本社会保险覆盖率（f_1）、城镇最低生活保障平均支出水平（f_2，以下简称“城镇低保平均支出水平”）、农村最低生活保障平均支出水平（f_3，以下简称“农村低保平均支出水平”）和人均民政事业费支出水平（f_4）四个分指标，社会互助指标包括人均社会捐赠款数（f_5）和万人社会组织数（f_6）两个分指标，福利服务包括千人医疗机构床位数（f_7）、社区服务设施覆盖率（f_8）和城镇每万人公共厕所数（f_9）三个分指标。

基本社会保险覆盖率这一指标无法通过以往途径获取数据，故本报告利用各省（自治区、直辖市）相关数据计算得出。根据《全面建设小康社会统计监测方案》，基本社会保险覆盖率的计算方法为已参加基本养老保险和基本医疗保险的人口占政策规定应参加人口的比重，具体计算公式为：基本社会保险覆盖率＝已参加基本养老保险人口数/应参加基本养老保险人口数×50%＋已参加基本医疗保险人口数/应参加基本医疗保险人口数×50%。其中，应参加基本养老保险人口数＝15 岁以上人口－普通本专科在校学生数－普通高中在校学生数－中等职业学校在校生人数。此外，由于统计指标的调整，2019—2021 年的《中国民政统计年鉴》不再公布社会捐赠款数据，因此 2018—2020 年的人均社会捐赠款数这一指标数据是在往年数据的基础上通过线性拟合的方式得出的。最终的社会福祉综合评价指标体系如表 1 所示。

表 1　中国居民社会福祉综合评价指标体系

评价因素	评价指标编号与名称	主观权重 W_i	数据来源
保障救济	f_1 基本社会保险覆盖率（＋）	0.2470	《中国统计年鉴》
	f_2 城镇低保平均支出水平（＋）	0.1037	《中国民政统计年鉴》
	f_3 农村低保平均支出水平（＋）	0.1270	《中国民政统计年鉴》
	f_4 人均民政事业费支出水平（＋）	0.0599	《中国民政统计年鉴》
社会互助	f_5 人均社会捐赠款数（＋）	0.1328	《中国民政统计年鉴》
	f_6 万人社会组织数（＋）	0.0783	《中国统计年鉴》
福利服务	f_7 千人医疗机构床位数（＋）	0.1508	《中国统计年鉴》
	f_8 社区服务设施覆盖率（＋）	0.0624	《中国统计年鉴》
	f_9 城镇每万人公共厕所数（＋）	0.0381	《中国统计年鉴》

注：“＋”表示正指标，“－”表示逆指标。

（二）中国居民社会福祉评价函数的调整

采用主成分分析法确定指标权重。确定指标权重的基本思路是，首先对原始数据进行无量纲化处理，以 2013 年为基年，选取基年各指标最大（最小）值，以后年份各指标值与基年最大（最小）值做减法，再与基年各指标极差相比。这种数据标准化处理方法不仅能够消除量纲的影响，将不同单位数据统一成可比较的单位加总为综合指数，而且使年份间可进行纵向比较。经过上述处理，我们发现，当某个指标数据低于基年相应指标的最小值时，无量纲化结果可能小于 0。因此，为使最终评价结果均以正值呈现，从而保证指数计算的有效性，结合数据处理的具体情况，对数据无量纲化处理公式进行调整，加上常数 6，具体计算公式为：

$$Z_i = \frac{X_i - X_{\min}^{2013}}{X_{\max}^{2013} - X_{\min}^{2013}} + 6$$

选取 2013—2020 年的公开数据，利用上期报告的主观权重进行初步加权，然后进行主成分分析的操作。按照特征值大于 0.5 以及累计贡献率大于 85%的原则对保障救济、社会互助和福利服务三个部分分别提取主成分因子。保障救济评价指数因素分析显示，保障救济特征根大于 0.5 的因子有 3 个，能够解释整体的 97.544%，同时得到保障救济部分各个主成分的载荷矩阵，如表 2 所示。

表 2　保障救济部分加权处理后的主成分载荷矩阵

	成分		
	1	2	3
1（f_1）	0.321	0.841	0.436
2（f_2）	0.955	0.034	−0.190
3（f_3）	0.949	0.061	−0.218
4（f_4）	0.508	−0.709	0.489

使用表 2 的数据除以主成分相对应的特征值的平方根便可得到保障救济部分三个主成分中每个指标所对应的系数，即可得到特征向量，再将得到的特征向量与加权后的指标数据相乘，就可以得到保障救济部分三个主成分的表达式：

$$F_1 = 0.2177W_1X_1 + 0.6475W_2X_2 + 0.6435W_3X_3 + 0.3445W_4X_4$$

$$F_2 = 0.7630W_1X_1 + 0.0308W_2X_2 + 0.0553W_3X_3 - 0.6432W_4X_4$$

$$F_3 = 0.6088W_1X_1 - 0.2653W_2X_2 - 0.3044W_3X_3 + 0.6828W_4X_4$$

为了得到较好的综合评价，以每个成分对应的方差贡献率为系数，加权求和后得到保障救济评价函数：

$$Y_1 = 0.4280W_1X_1 + 0.3274W_2X_2 + 0.3276W_3X_3 + 0.0794W_4X_4$$

根据同样的计算方法，可以得到社会互助和福利服务部分各个主成分的载荷矩阵，如表 3、表 4 所示，进而得出社会互助和福利服务评价函数：

$$Y_2 = 0.1603W_5X_5 + 0.7071W_6X_6$$

$$Y_3 = 0.2307W_7X_7 + 0.4363W_8X_8 + 0.3422W_9X_9$$

表 3 社会互助部分加权处理后的主成分载荷矩阵

	成分	
	1	2
5（f_5）	0.783	−0.622
6（f_6）	0.783	0.622

表 4 福利服务部分加权处理后的主成分载荷矩阵

	成分		
	1	2	3
7（f_7）	−0.408	0.832	0.376
8（f_8）	0.850	−0.070	0.522
9（f_9）	0.647	0.616	−0.449

将以上保障救济、社会互助和福利服务三个部分的评价函数相加，得到最终的社会福祉综合评价函数：

$$Y = 0.4280W_1X_1 + 0.3274W_2X_2 + 0.3276W_3X_3 + 0.0794W_4X_4 + 0.1603W_5X_5 + 0.7071W_6X_6 + 0.2307W_7X_7 + 0.4363W_8X_8 + 0.3422W_9X_9$$

对指标权重进行归一化处理后，得到社会福祉评价函数的最终表达式为：

$$Y = 0.1408W_1X_1 + 0.1077W_2X_2 + 0.1078W_3X_3 + 0.0261W_4X_4 + 0.0528W_5X_5 + 0.2327W_6X_6 + 0.0759W_7X_7 + 0.1436W_8X_8 + 0.1126W_9X_9$$

从评价公式来看，本轮各指标权重较 2011—2015 年各指标权重发生了一定程度的变化，具体变化如表 5 所示。

表 5　社会福祉各指标权重比较

二级指标	三级指标	本轮系数	上轮系数	变动差	本轮归一化系数
保障救济	f_1 基本社会保险覆盖率	0.4280	0.4427	−0.0147	0.1408
	f_2 城镇低保平均支出水平	0.3274	0.3713	−0.0439	0.1077
	f_3 农村低保平均支出水平	0.3276	0.3442	−0.0166	0.1078
	f_4 人均民政事业费支出水平	0.0794	0.3995	−0.3201	0.0261
社会互助	f_5 人均社会捐赠款数	0.1603	0.2338	−0.0735	0.0528
	f_6 万人社会组织数	0.7071	0.7075	−0.0004	0.2327
福利服务	f_7 千人医疗机构床位数	0.2307	0.2425	−0.0118	0.0759
	f_8 社区服务设施覆盖率	0.4363	0.3560	0.0803	0.1436
	f_9 城镇每万人公共厕所数	0.3422	0.4187	−0.0765	0.1126

从表 5 中可以看出，2016—2020 年，我国社会福祉综合评价指标体系中，大部分评价指标权重与上期报告的指标权重基本持平，变化较大的指标是人均民政事业费支出水平，由 0.3995 下降至 0.0794。2018 年，我国对民政机构进行改革，直接造成民政事业费支出的降低，从而影响了本期人均民政事业费支出水平这一指标权重的变化。

二、2016—2020 年中国居民社会福祉分析

（一）2016—2020 年中国居民社会福祉综合评价

1. 社会福祉整体趋势

运用构建的社会福祉综合评价函数对我国 2016—2020 年相关统计数据进

行分析，得到“十三五”期间我国居民社会福祉综合评价结果，如图 1 所示。

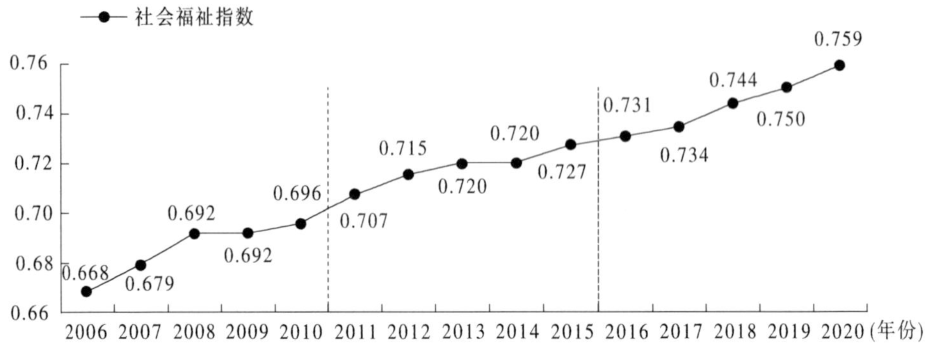

图 1　2006—2020 年中国居民社会福祉综合评价得分趋势

从图 1 中可以看出，2016—2020 年我国居民社会福祉综合评价得分表现出逐年增长的趋势。我国居民社会福祉综合评价得分增长率在“十一五”“十二五”“十三五”期间分别为 4.2%、2.8%、3.8%。面对错综复杂的国际环境、艰巨繁重的国内改革发展稳定任务以及新冠肺炎疫情的冲击，“十三五”时期我国居民社会福祉综合评价得分仍实现了 3.8%的增长，尽管与“十一五”相比增速有所下降，但比“十二五”高出 1 个百分点，民生福祉显著提升，主要体现在以下三个方面。

第一，区域性整体贫困基本得到解决。“十三五”时期是我国全面建成小康社会的决胜阶段。习近平总书记强调：“全面建成小康社会最艰巨最繁重的任务在农村特别是在贫困地区，没有农村的小康特别是没有贫困地区的小康，就没有全面建成小康社会。”[①] 因此，贫困地区、贫困人口仍然是我国经济社会发展及全面建成小康社会最突出的“短板”。2011 年制定的《中国农村扶贫开发纲要（2011—2020 年）》将国家扶贫标准确定为农民人均纯收入 2300 元（2010 年不变价），在此标准下对应的贫困人口有 12238 万；随着消费价格指数等因素的变化，我国按现价计算的国家扶贫标准不断更新，2015 年为 2855 元，在此标准下对应的贫困人口为 5575 万。[②]《中华人民共和国国民经济和社

① 习近平：《在全国脱贫攻坚总结表彰大会上的讲话》，人民出版社 2021 年版，第 3～4 页。

② 参见苏国霞：《精准发力 打赢“十三五”脱贫攻坚战》，《中国财政》2017 年第 1 期，第 14～18 页。

会发展第十三个五年规划纲要》《“十三五”脱贫攻坚规划》提出了“现行标准下，我国农村贫困人口实现脱贫，贫困县全部摘帽，解决区域性整体贫困”“两不愁、三保障”的要求。“十三五”期间，国家不断强化政策保障和对扶贫工作的资金支持力度，不断加大中央和省级财政扶贫投入，2020 年我国城镇和农村最低生活保障平均支出分别是 6674.2 元、3939.1 元，与 2015 年相比分别增长了 61.2%、110.09%。到 2018 年末，全国农村贫困人口减少至 1660 万人，贫困发生率下降至 1.7%；到 2020 年末，我国 5575 万农村贫困人口实现脱贫，绝对贫困问题得到历史性解决。

第二，基本社会保险参保率不断提升。推动社保、医疗等公共服务体系更加健全是我国经济社会发展的重要目标之一。《人力资源和社会保障事业发展“十三五”规划纲要》指出，实施全民参保计划，促进和引导各类单位和符合条件的人员长期持续参保，基本实现法定人员全覆盖。2016 年 1 月，国务院发布《关于整合城乡居民基本医疗保险制度的意见》，将城镇居民基本医疗保险和新型农村合作医疗两项制度整合为统一的城乡居民基本医疗保险制度，以保障城乡居民公平享有基本医疗保险权益，提振农村居民的参保意愿。同年 5 月，人力资源和社会保障部发布《关于进一步扩大全民参保登记计划试点范围的通知》，提出引导各类符合条件的人群参加社会保险，尤其要以中小微企业就业人员和各类灵活就业人员为重点工作对象，实现参保登记工作的全覆盖。2018 年修正的《中华人民共和国个人所得税法》明确将居民按国家规定范围和标准缴纳的基本养老保险、基本医疗保险等社会保险费和住房公积金等列入专项扣除项目。2019 年修订的《中华人民共和国企业所得税法实施条例》重申企业按国家规定的范围和标准为职工缴纳的基本养老保险费、基本医疗保险费等基本社会保险费用可以税前扣除。在国家相关政策的支持和推动下，我国基本社会保险参保率不断提高，到 2020 年末，我国参加基本养老保险的人数为 99865 万人，与 2015 年相比增加了 14032 万人，参保率达到 90%；2020 年基本医疗保险人数达到 136131 万，参保率稳定在 95%以上，其中，城镇职工的参保人数为 34455 万人，与 2015 年相比增加了 5562 万人。①

---

① 参见《2020 年国民经济和社会发展统计公报》，2021 年 2 月 28 日，http://www.stats.gov.cn/tjsj/zxfb/202102/t20210227_1814154.html。

第三，公共服务配套设施建设规模不断扩大。一是社区服务体系日益完善，2015 年底，我国城乡社区综合服务机构和设施有 27.3 万个，城市和农村社区服务设施覆盖率分别是 82%、12.3%；到 2020 年末，我国共建成城乡社区服务设施 51.1 万个，与 2015 年底相比增加了 23.8 万个，城市社区服务设施实现全覆盖，农村社区服务设施覆盖率提高至 65.7%，社区服务供给能力不断增强，“互联网＋社区政务服务”“互联网＋社区商业服务”加速推进，服务信息化建设不断加强。二是医疗卫生服务能力和水平显著提高。2015 年，全国医疗卫生机构有 983528 个，医疗机构床位数为 701.52 万张，卫生从业人员 1069.39 万人；到 2020 年末，我国医疗卫生机构数达到 1022922 个，医疗机构床位数增加至 910.1 万张，卫生从业人员增加至 1347.5 万人，且学历层次不断提高，医疗卫生服务的专业化水平与质量得到提高。[①] 三是城市公共厕所数量逐渐增加，2020 年我国城市公共厕所数为 165185 座，与 2015 年相比增加了 38841 座，其中，三类以上公共厕所占公共厕所数量的比重由 2015 年的 74.04%提高至 2020 年的 85.53%，说明我国城市公共厕所建设标准得到提升。“十三五”期间，国家先后出台《关于进一步鼓励和引导社会资本举办医疗机构意见的通知》《城乡社区服务体系建设规划（2016—2020 年）》，修正《城市市容和环境卫生管理条例》，鼓励各类社会资本公平参与医疗、市政公用等领域的建设，推动了我国居民福利服务的发展。

2. 社会福祉省际分析

运用社会福祉综合评价函数，得到 2016—2020 年各省（自治区、直辖市）最终的社会福祉综合得分。由此得到的综合评价得分体现的是时间序列上的动态得分，为了从空间动态角度进一步全面直观地认识 31 个省份（不含港澳台）社会福祉水平的层次分布、变化趋势以及省域差异特征，保证数据结果分析过程的客观性和有效性，我们对每年的社会福祉综合评价得分分别进行基于离散平方和法的系统聚类分析。聚类分析可以建立一种分类模型，将一批样本或变量按照性质和特征上的亲疏、相似程度进行分类。通过系统聚类，将 31 个省（自治区、直辖市）按照社会福祉综合评价得分从高到低分

① 参见《2015 年卫生和计划生育事业发展统计公报》，2016 年 7 月 21 日，http：//www.gov.cn/shuju/2016-07/21/content_5093411.htm。

为 A、B、C、D 四类，然后将五年的聚类结果合并。由此，可以从得分和聚类评价结果的变化情况分析并揭示社会福祉省际层面的差异和发展趋势。表 6、表 7 展示了“十三五”期间各省（自治区、直辖市）居民社会福祉得分及聚类结果。

表 6 2016—2020 年各省份社会福祉综合评价得分与聚类结果

地区	2016	得分	2017	得分	2018	得分	2019	得分	2020	得分	聚类合并
北京	A	0.7746	A	0.7849	A	0.8023	A	0.8195	A	0.8257	AAAAA
天津	C	0.7311	C	0.7387	B	0.7556	C	0.7550	B	0.7731	CCBCB
河北	D	0.7063	D	0.7150	D	0.7317	D	0.7410	D	0.7444	DDDDD
山西	D	0.7116	D	0.7175	D	0.7308	D	0.7434	D	0.7490	DDDDD
内蒙古	C	0.7244	C	0.7360	C	0.7471	C	0.7536	D	0.7529	CCCCD
辽宁	C	0.7266	C	0.7341	C	0.7455	C	0.7503	C	0.7559	CCCCC
吉林	D	0.7120	D	0.7182	D	0.7331	C	0.7521	D	0.7523	DDDCD
黑龙江	D	0.7099	D	0.7182	D	0.7319	D	0.7419	D	0.7507	DDDDD
上海	A	0.7574	A	0.7653	A	0.7807	A	0.7944	A	0.8047	AAAAA
江苏	A	0.7633	A	0.7666	A	0.7891	A	0.7991	A	0.8019	AAAAA
浙江	B	0.7482	A	0.7695	B	0.7650	A	0.7920	A	0.8050	BABAA
安徽	D	0.6995	D	0.7055	D	0.7139	D	0.7231	C	0.7586	DDDDC
福建	C	0.7243	C	0.7338	B	0.7518	B	0.7608	C	0.7666	CCBBC
江西	D	0.7097	C	0.7241	C	0.7378	C	0.7561	C	0.7576	DCCCC
山东	C	0.7222	C	0.7274	C	0.7423	C	0.7505	C	0.7588	CCCCC
河南	D	0.7109	D	0.7171	D	0.7305	D	0.7413	D	0.7435	DDDDD
湖北	C	0.7258	C	0.7293	C	0.7407	C	0.7508	C	0.7592	CCCCC
湖南	C	0.7229	C	0.7273	C	0.7415	C	0.7485	D	0.7514	CCCCD
广东	B	0.7412	B	0.7477	B	0.7586	B	0.7639	C	0.7656	BBBBC
广西	D	0.7108	D	0.7172	D	0.7291	D	0.7277	D	0.7390	DDDDD
海南	C	0.7257	C	0.7320	C	0.7492	C	0.7547	C	0.7610	CCCCC

续表

地区	2016	得分	2017	得分	2018	得分	2019	得分	2020	得分	聚类合并
重庆	B	0.7358	B	0.7444	B	0.7531	B	0.7594	C	0.7644	BBBBC
四川	C	0.7202	C	0.7271	D	0.7341	D	0.7398	D	0.7442	CCDDD
贵州	C	0.7205	C	0.7281	C	0.7378	D	0.7432	D	0.7465	CCCDD
云南	C	0.7166	C	0.7235	C	0.7401	D	0.7446	D	0.7533	CCCDD
西藏	D	0.7118	D	0.7195	D	0.7268	D	0.7367	D	0.7425	DDDDD
陕西	C	0.7287	C	0.7371	B	0.7542	B	0.7640	C	0.7611	CCBBC
甘肃	B	0.7346	B	0.7456	B	0.7567	B	0.7647	C	0.7633	BBBBC
青海	C	0.7261	B	0.7442	B	0.7625	B	0.7763	B	0.7818	CBBBB
宁夏	C	0.7307	B	0.7430	B	0.7520	C	0.7526	C	0.7567	CBBCC
新疆	D	0.7113	D	0.7162	D	0.7221	D	0.7318	D	0.7420	DDDDD

从表6中可以看出，“十三五”期间各个省份居民社会福祉综合评价得分总体上表现出显著的增长趋势。从社会福祉综合评价得分来看，31个省（自治区、直辖市）均有不同程度的提高，涨幅较大的省份有安徽、青海、浙江、江西、北京，增长率分别是8.45%、7.67%、7.59%、6.75%、6.60%；涨幅较小的省份有广东、四川、宁夏、贵州、重庆，增长率分别是3.29%、3.33%、3.56%、3.61%、3.89%。可以看出，我国居民社会福祉发展速度的省际差异仍然存在。

表7　2016—2020年各省份社会福祉聚类评价结果分布

类别	相应省份	数量	百分比
第一类	北京、上海、江苏	3	9.68%
第二类	广东、青海、重庆、甘肃、山东、海南、湖北、辽宁	8	25.81%
第三类	江西、湖南、内蒙古、安徽、黑龙江、河北、山西、河南、西藏、新疆、广西、吉林	12	38.71%
第四类	浙江、福建、天津、云南、陕西、贵州、宁夏、四川	8	25.81%

注：由于四舍五入，百分比之和不等于100%。

由社会福祉综合评价得分的聚类结果可以发现，“十三五”期间，我国绝大部分省份的聚类结果较为稳定，个别省份出现了较为显著的波动。基于2016—2020年的聚类分析结果，可以将31个省（自治区、直辖市）社会福祉指数分为四类。第一类包括北京、上海、江苏，这3个省份的社会福祉综合评价得分表现为逐年提升的趋势，在全国处于最高水平且聚类结果稳定，社会福祉指数连续五年被综合评定为A类。第二类包括广东、青海、重庆、甘肃、山东、海南、湖北、辽宁，这8个省份的社会福祉指数聚类结果保持稳定，基本处于中游水平，除甘肃的社会福祉综合评价得分在个别年份出现小幅度下降以外，其他省份的评价得分均表现为逐年增长的趋势。第三类包括江西、湖南、内蒙古、安徽、黑龙江、河北、山西、河南、西藏、新疆、广西、吉林12个省份，除内蒙古、广西的社会福祉综合评价得分在个别年份出现小幅度的下降以外，其余各省份的评价得分均逐年提升，这一类省份的聚类结果呈现出较强的稳定性，基本处于全国较低水平，尚有较大的提升空间。第四类各省份社会福祉综合评价得分聚类结果的波动幅度与前三类相比较为显著，包括浙江、福建、天津、云南、陕西、贵州、宁夏、四川8个省份。各省份之间存在较为显著的差距，其中浙江的社会福祉综合评价得分仅次于北京、江苏、上海，在该类中处于最高水平；其次是天津、福建、陕西、宁夏，基本处于中等水平；而贵州、云南、四川则处于较为落后的水平。从得分变动情况来看，除浙江、天津、陕西的评价得分在个别年份出现下降以外，其他省份的评价得分均逐年提升。

2016—2020年，青海省的居民社会福祉得到较大幅度的发展，实现了从全国落后水平到中等水平的提升。分析各项指标可以发现，青海省社会福祉的进步主要得益于城镇和农村低保平均支出水平的提升。青海省人口点多面广，贫困程度深，2015年全省有贫困人口52万人[①]，贫困发生率高达13.2%[②]。作为典型的欠发达地区，青海省面临艰巨的脱贫攻坚任务，为充分发挥最低生活保障制度在脱贫攻坚中的兜底作用，“十三五”期间，青海省从

---

① 参见《青海省2015年国民经济和社会发展统计公报》，2016年2月29日，http://tjj.qinghai.gov.cn/tjData/yearBulletin/201602/t20160229_39207.html。

② 参见《青海五年减少贫困人口53.9万人》，2021年1月30日，http://www.gov.cn/xinwen/2021-01/30/content_5583819.htm。

两个方面完善了低保工作：一是提高最低生活保障的指导标准，2016 年和 2020 年国家发改委分别发布《关于进一步完善青海省社会救助和保障标准与物价上涨挂钩联动机制的通知》《青海省社会救助和保障标准与物价上涨挂钩联动机制》，提出建立完善最低生活保障标准与物价上涨挂钩联动机制，逐步实现各项社会救助和保障标准的提高幅度与经济发展速度、居民收入增长水平基本同步。二是扩大最低生活保障制度的保障范围，青海省人民政府、民政厅先后发布《青海省“十三五”人口发展规划》《青海省人民政府办公厅关于加强困境儿童保障工作的实施意见》《关于加强农村留守妇女关爱服务工作的实施意见》《青海省城乡支出型贫困家庭认定办法》等文件，将符合条件的残疾人、法定扶养人有抚养能力但家庭经济困难的儿童、农村留守妇女、享受救助后依然贫困的长期支出型贫困家庭纳入最低生活保障范围，实现应保尽保。此外，中央财政也不断加大对青海省最低生活保障补助的资金支持力度，青海省财政也不断加大民政事业投入力度，到 2022 年，青海省低保标准实现 13 年连增。在政策及财政的双重作用下，青海省的低保支出水平逐年提升，到 2020 年，青海省城镇和农村低保平均支出分别达到 10204.2 元、5547.41 元，与 2016 年相比分别增长了 111.14%、234.06%，为发挥最低生活保障制度在脱贫攻坚中的兜底作用、保障贫困人口的基本生活水平提供了资金支撑，同时也为青海省社会福祉综合评价得分的增长奠定了重要基础。

3. 社会福祉地区层面分析

按照经济发展水平的差异，我们将 31 个省（自治区、直辖市）划分为四大区域：东部地区包括北京、天津、河北、上海、江苏、浙江、福建、山东、广东和海南 10 个省份；东北地区包括黑龙江、吉林、辽宁 3 个省份；中部地区包括山西、安徽、江西、河南、湖北、湖南 6 个省份；西部地区包括内蒙古、广西、重庆、四川、贵州、云南、陕西、西藏、新疆、甘肃、青海、宁夏 12 个省份。我国不同地区在“十三五”期间的社会福祉综合评价结果如图 2所示。从图中可以看出，我国不同地区社会福祉综合评价得分具有以下特征。

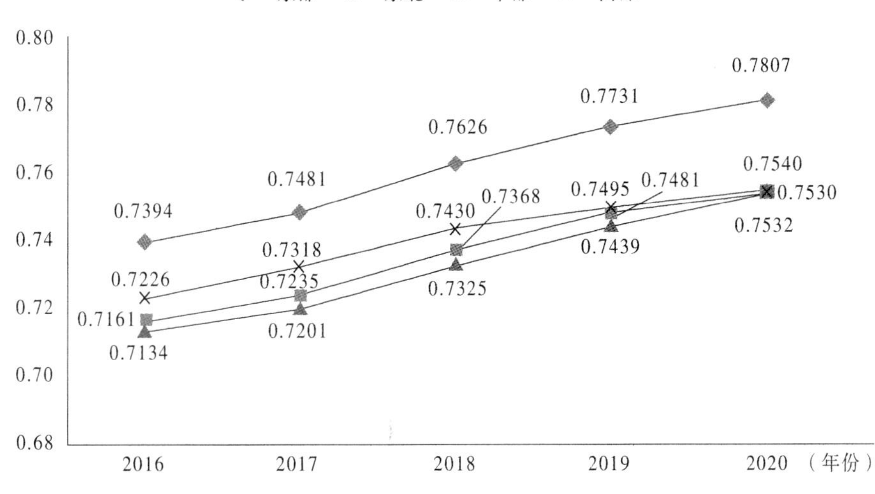

图 2　2016—2020 年我国各地区社会福祉综合评价

注：2020 年，东北地区为 0.7530，西部地区为 0.7540，中部地区为 0.7532。

首先，“十三五”期间，我国各个地区的社会福祉指数均呈现逐年增长的趋势。其中，东部地区社会福祉指数的提升幅度最大，增长率为 5.59%，中部、东北地区次之，增长率分别是 5.58%、5.15%，西部地区社会福祉指数的提升幅度最小，增长率为 4.35%。可以看出，社会福祉的地区差异仍然存在，但这一差异并没有显著的拉大趋势。

其次，从地区间的横向比较来看，2016—2020 年，东部地区社会福祉综合评价得分始终高于其他地区；其次是西部地区，东北和中部地区的社会福祉综合评价得分于 2017 年突破 0.72，并且以高于西部地区的增幅逐年提升。可以看出，社会福祉与经济发展水平有较强的相关性，整体表现为经济发展水平较高的地区，其社会福祉质量也较高。

将社会福祉的地区比较与分年度聚类分析的结果进行对比可以发现，类别层次较高的大多数为经济较发达的东部省份，如北京、上海、江苏、浙江多次被归入 A 类，而黑龙江、山西、河南、西藏、广西、新疆则多次被归入等级最低的 D 类，这也在一定程度上说明了聚类的合理性。但聚类分析的结果与区域划分也存在差异，如西部地区的青海、甘肃在聚类分析中多次被归入等级较高的 B 类，这主要是受“十三五”期间青海、甘肃的低保支出大幅度增长的影响；而东部地区的海南则常年被归入等级较低的 C 类，这与海南经济发展水平有密切的联系。

(二) 2016—2020年居民保障救济综合评价

1. 保障救济整体走势

运用保障救济评价函数，得到2016—2020年我国居民保障救济综合评价结果，如图3所示。可以看出，“十三五”期间，我国居民保障救济评价得分逐年提升，但不同年份的增速有所不同。由图3中的数据可以得出，“十一五”“十二五”“十三五”期间我国保障救济综合评价得分的增长率分别是5.7%、2.5%、3.7%，尽管2016—2020年保障救济评价得分增长率与“十一五”相比较低，但仍高于“十二五”的增长率。

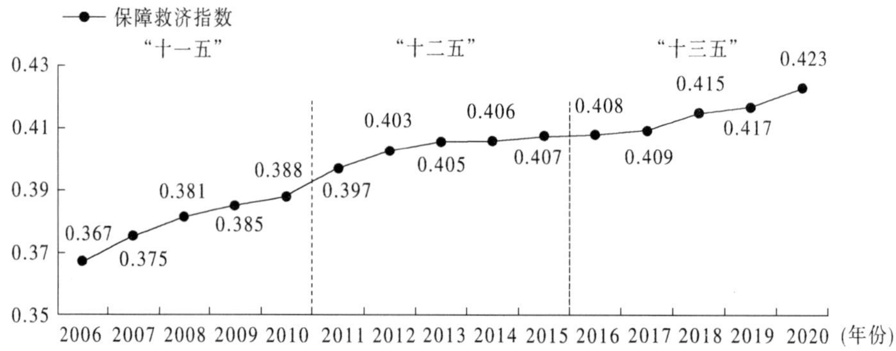

图3 2006—2020年中国居民保障救济综合评价得分趋势

根据构建的中国居民社会福祉综合评价函数，保障救济部分共有四个指标，分别是基本社会保险覆盖率、城镇低保平均支出水平、农村低保平均支出水平和人均民政事业费支出水平。2016—2020年保障救济各部分评价指标情况如表8所示。

表8 2016—2020年我国居民保障救济各评价指标情况

	2016	2017	2018	2019	2020	增长率
基本社会保险覆盖率	0.8586	0.8360	0.9053	0.9172	0.9418	0.0970
城镇低保平均支出水平（元）	4460.1	4895.8	5521.2	5733.6	6674.2	0.4964
农村低保平均支出水平（元）	2137.2	2529.6	2928.6	3123.5	3939.1	0.8431

续表

	2016	2017	2018	2019	2020	增长率
人均民政事业费支出水平（元）	393.4	426.8	292.2	305.6	340.6	−0.1342

注： 增长率＝2020 年指标数据/2016 年指标数据－1，下同。

（1）基本社会保险覆盖率。基本社会保险覆盖率是指已参加基本养老保险和基本医疗保险人口占政策规定应参加人口的比重。从表 8 中可以看出，2017 年基本社会保险覆盖率出现小幅度的下降，发生这种变化的原因主要有两点：一是受医疗社会保险制度调整的影响。2016 年 1 月，国务院发布《关于整合城乡居民基本医疗保险制度的意见》，将城镇居民医疗保险和新型农村合作医疗（以下简称“新农合”）两项制度进行整合，建立统一的城乡居民基本医疗保险制度。制度整合之初，不可避免地会出现中断参保人群，从而造成实际参保人数的减少。二是受统计项目的影响。《中国统计年鉴（2017）》仅统计了城镇居民和城镇职工参加医疗社会保险人口数，未统计新农合参保人口数，而《中国统计年鉴（2018）》统计的医疗保险参保人口数包括城镇和农村，故 2016 年医疗社会保险的参保率实际上由城镇职工和城镇居民参保率情况计算得出，2017 年医疗保险参保率包括农村居民的参保情况。在我国城乡二元体制下，城镇地区由于经济发展水平和居民可支配收入较高，与农村地区相比有更好的参保基础，因此，在此基础上计算所得的 2016 年基本社会保险覆盖率较高。

尽管 2017 年出现了一定程度的下降，但此后基本社会保险覆盖率逐年提高，整体的增长趋势并没有受到影响，到 2020 年末，我国基本社会保险覆盖率达到 94.18%，与 2015 年相比提高了 5.71 个百分点。“十三五”期间，我国继续实施“全民参保登记计划”，扩大养老保险覆盖面，健全全民医疗保障体系，并在《中华人民共和国国民经济和社会发展第十三个五年规划纲要》中提出城乡医保参保率稳定在 95%以上、基本养老保险参保率达到 90%、基本实现法定人员全覆盖的要求。为实现上述目标，2016 年，国务院发布《深化医药卫生体制改革 2016 年重点工作任务》，提高城乡居民医保的政府补助标准；2017 年 3 月，人社部发布《关于全面实施全民参保登记工作的通知》，提出进一步推进职工和城乡居民全面、持续参保；此外，为保障特殊人群的基本社会保险权益，国务院先后出台《关于完善支持政策促进农民持续增收的若干意见》《关于支持返乡下乡人员创业创新促进农村一二三产业融合发展的意见》《兴边富民行动“十三五”规划》《关于强化实施创新驱动发展战略进一步推进大众创业万众创新深入发展的意见》《关于促进平台经济规范健康发展的指导意见》《关于以新业态新模式引领新型消费加快发展的意见》《关于深化医疗保障制度改革的意见》等，提出将新就业形态从业者、返乡下乡创业就业人员及其子女纳入基本社会保险的覆盖范围，完善灵活就业人员参保缴费方式，全面落实自主重点救助对象参保缴费政策，引导边境地区居民、农村贫困人口参加基本社会保险。2017 年 4 月，国务院《关于做好当前和今后一段时期就业创业工作的意见》提出建设“网上社保”，为新就业形态从业者参保及转移接续提供便利。在上述政策的推动下，我国基本社会保险参保人数逐年增加，覆盖面不断扩大，为全面建成小康社会奠定了坚实的基础。

(2) 城镇、农村低保平均支出水平。城镇、农村低保平均支出水平为城镇、农村低保计划资金支出与当地最低生活保障人数的比值。从图 4 中可以看出，“十三五”期间，我国城镇低保平均支出水平和农村低保平均支出水平均呈现出显著的增长态势，其中城镇低保平均支出水平由 2016 年的 4460.1 元增长至 2020 年的 6674.2 元，农村低保平均支出水平由 2016 年的 2137.2 元增长至 2020 年的 3939.1 元，增长率分别为 49.64%、84.31%。考虑到城乡消费水平的差异，低保平均支出水平绝对值的横向比较没有意义，故将城镇、农村低保平均支出水平分别与当年人均可支配收入（小康数据）做对比，结果如图 5 所示。

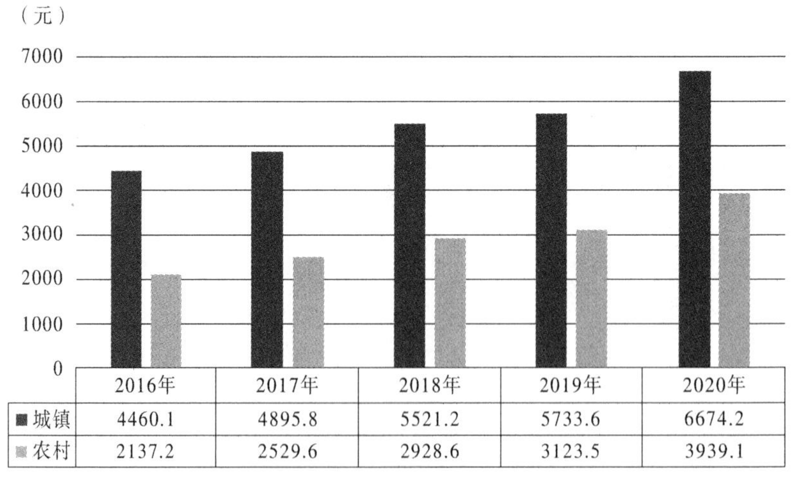

	2016年	2017年	2018年	2019年	2020年
■城镇	4460.1	4895.8	5521.2	5733.6	6674.2
■农村	2137.2	2529.6	2928.6	3123.5	3939.1

图 4　2016—2020 年城镇和农村低保平均支出水平

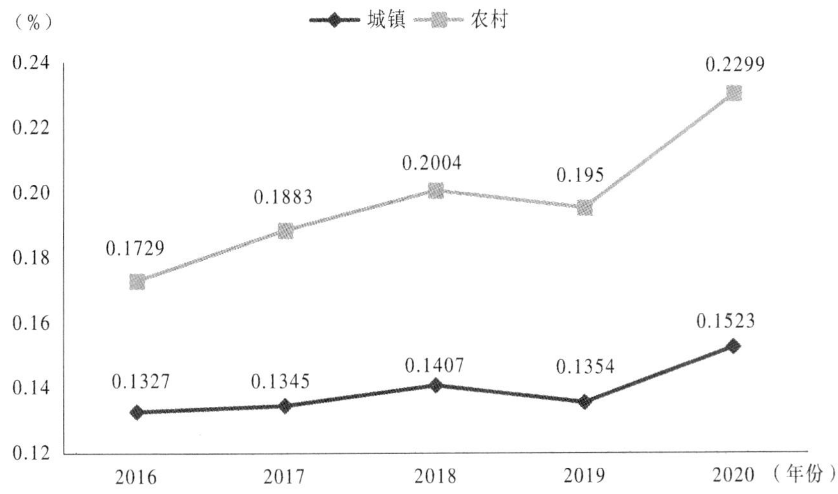

图 5　城镇、农村低保平均支出水平占当年人均可支配收入的比重

从纵向比较来看，"十三五"期间，城镇、农村低保平均支出占人均可支配收入的比重总体上均表现为增长趋势，但 2019 年这一比重出现了小幅度的下降。导致这一比重下降的原因并不是最低生活保障支出数额减少，而是最低生活保障支出的增长幅度小于人均可支配收入的增长幅度：2019 年城镇、农村低保平均支出分别是 5733.6 元、3123.5 元，与 2018 年相比分别增长了 3.85%、6.66%；同年城镇、农村人均可支配收入为 42358.8 元、16020.7 元，与 2018 年相比分别增长了 7.92%、9.6%。

从横向比较来看，"十三五"期间，农村低保平均支出占人均可支配收入的比重始终高于城镇，并且这一差距有扩大的趋势：2016 年农村低保平均支出占人均可支配收入的比重与城镇相比高出 0.0402，到 2020 年，这一差距增长至 0.0776，与 2016 年相比增长了 93%。"十三五"是我国全面建成小康社会的决胜阶段，而全面建成小康社会的最大难点在农村。《关于打赢脱贫攻坚战的决定》指出"确保到 2020 年农村贫困人口实现脱贫，是全面建成小康社会最艰巨的任务"，提出完善农村最低生活保障制度，并加快制定农村最低生活保障制度与扶贫开发政策有效衔接的实施方案，发挥农村最低生活保障制度在脱贫攻坚中的兜底作用。2016 年，国务院发布《"十三五"脱贫攻坚规划》，提出动态调整农村低保标准，完善农村低保标准与物价上涨挂钩联动机制。2018 年 1 月，国务院发布《关于实施乡村振兴战略的意见》，要求把符合条件的贫困人口全部纳入保障范围。在以上政策的推动下，到 2020 年末，我国农村最低生活保障支出达到 14262751.8 万元，与 2016 年相比增长了 40.59%，在助力脱贫攻坚中发挥了不可替代的作用。

(3) 人均民政事业费支出水平。民政事业费是由各级政府安排的，用于优抚安置、救灾救济和社会福利等方面工作，由民政部门负责使用和管理的专项资金。人均民政事业费支出水平是民政事业费支出与当地总人口的比值。图 6 展示了 2016—2020 年我国人均民政事业费支出水平的变化趋势。从图中可以看出，“十三五”期间我国人均民政事业费支出水平总体上呈现出较大的下降趋势，并出现了较大幅度的波动。具体而言，2016—2017 年有一定程度的增长，2018 年出现了大幅度的下降，此后又呈现逐年增长的态势。需要指出的是，2018 年人均民政事业费出现大幅度下降，并不是由于项目本身支出数额的降低，而是受民政机构改革的影响。为消除机构改革的影响，将 2016 年、2017 年民政事业费支出中的抚恤、退役安置、自然灾害救助和医疗救助支出额减去，形成与 2018 年机构改革后一样的统计项目，得到修正后的人均民政事业费支出水平。可以看出，排除机构改革带来的影响后，我国人均民政事业费支出水平呈现稳定的逐年上升趋势。

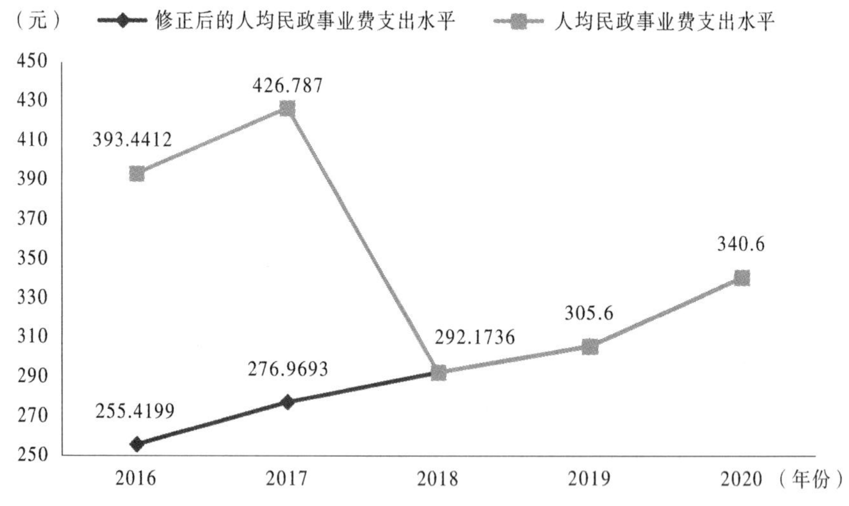

图 6 2016—2020 年我国人均民政事业费支出水平的变化趋势

《民政事业发展第十三个五年规划》是这一时期主导民政事业发展的核心文件，该文件从社会救助、社会福利、养老服务、基层民主治理、慈善事业等多个方面提出民政事业的发展目标，为“十三五”期间民政事业的发展指明了方向。为推动各项民生事业的发展，国务院及相关部委先后出台了《关于进一步健全特困人员救助供养制度的意见》《关于建立残疾儿童康复救助制度的意见》《关于加强农村留守儿童关爱保护工作的意见》《关于加强困境儿童保障工作的意见》《“十三五”脱贫攻坚规划》《“十三五”推进基本公共服务均等化规划》《“十三五”加快残疾人小康进程规划纲要》《关于制定和实施老年人照顾服务项目的意见》《国家残疾预防行动计划（2016—2020年）》《关于加强困难群众基本生活保障有关工作的通知》等，修订《社会救助暂行办法》《残疾预防和残疾人康复条例》，为儿童救助、残疾人救助、老年人与儿童福利等方面工作的开展提供了政策支持，并通过“互联网＋政务服务”技术体系建设、国家信息化建设，为民政事业构建服务平台，推动了民政事业的快速发展。

2. 保障救济省际层面分析

运用保障救济评价函数，得到2016—2020年各省（自治区、直辖市）居民保障救济综合评价得分，并对每一年度的评价得分进行聚类分析，将31个省份按评分由高到低划分为A、B、C、D四类，结果如表9、表10所示。

表9　2016—2020年各省份保障救济综合评价得分与聚类结果

地区	2016	得分	2017	得分	2018	得分	2019	得分	2020	得分	聚类合并
北京	A	1.3306	A	1.3556	A	1.3969	A	1.4411	A	1.4576	AAAAA
天津	B	1.2631	A	1.2815	A	1.3343	B	1.3282	A	1.3636	BAABA
河北	D	1.1860	C	1.2082	C	1.2482	D	1.2705	C	1.2784	DCCDC
山西	C	1.1966	C	1.2144	C	1.2452	D	1.2754	C	1.2787	CCCDC
内蒙古	C	1.2031	C	1.2166	C	1.2352	D	1.2530	D	1.2537	CCCDD
辽宁	C	1.2159	C	1.2323	B	1.2610	D	1.2706	C	1.2746	CCBDC
吉林	D	1.1839	C	1.2037	C	1.2315	D	1.2626	D	1.2655	DCCDD
黑龙江	D	1.1713	D	1.1850	D	1.2115	D	1.2301	D	1.2542	DDDDD

续表

地区	2016	得分	2017	得分	2018	得分	2019	得分	2020	得分	聚类合并
上海	A	1.2901	A	1.3089	A	1.3450	B	1.3718	A	1.4034	AAABA
江苏	B	1.2428	B	1.2536	B	1.3022	B	1.3231	B	1.3351	BBBBB
浙江	B	1.2525	A	1.3077	B	1.2854	B	1.3400	A	1.3869	BABBA
安徽	D	1.1602	D	1.1709	D	1.1876	D	1.2089	C	1.2953	DDDDC
福建	C	1.2168	C	1.2329	B	1.2791	C	1.2960	C	1.2960	CCBCC
江西	C	1.2040	C	1.2264	B	1.2583	C	1.2958	C	1.2853	CCBCC
山东	C	1.2184	C	1.2290	B	1.2675	C	1.2850	C	1.2924	CCBCC
河南	C	1.2036	C	1.2137	C	1.2403	D	1.2555	D	1.2539	CCCDD
湖北	C	1.2168	C	1.2245	C	1.2500	D	1.2709	C	1.2940	CCCDC
湖南	C	1.2011	C	1.2068	C	1.2409	D	1.2556	D	1.2539	CCCDD
广东	B	1.2520	B	1.2656	B	1.2961	C	1.3048	B	1.3315	BBBCB
广西	D	1.1862	C	1.2017	C	1.2328	D	1.2222	D	1.2603	DCCDD
海南	C	1.2133	C	1.2248	B	1.2680	D	1.2723	C	1.2770	CCBDC
重庆	B	1.2386	B	1.2579	B	1.2770	C	1.2839	C	1.2990	BBBCC
四川	C	1.2021	C	1.2103	C	1.2275	D	1.2386	D	1.2496	CCCDD
贵州	C	1.2110	C	1.2257	C	1.2495	D	1.2608	D	1.2701	CCCDD
云南	C	1.1974	C	1.2043	C	1.2431	D	1.2599	C	1.2791	CCCDC
西藏	B	1.2321	B	1.2430	B	1.2672	C	1.2896	C	1.2972	BBBCC
陕西	C	1.2187	C	1.2253	B	1.2638	C	1.2858	C	1.2797	CCBCC
甘肃	C	1.2073	C	1.2169	C	1.2415	D	1.2681	C	1.2791	CCCDC
青海	C	1.1919	C	1.2127	B	1.2564	C	1.2934	B	1.3144	CCBCB
宁夏	C	1.2038	C	1.2193	C	1.2477	D	1.2517	C	1.2755	CCCDC
新疆	D	1.1814	D	1.1942	D	1.2139	D	1.2433	D	1.2629	DDDDD

从表9中可以看出，“十三五”期间各个省份居民保障救济综合评价得分总体上均表现为显著的增长趋势。31个省（自治区、直辖市）的增长幅度存

在差异，涨幅较大的省份有安徽、浙江、青海、北京、上海，增长率分别是11.64%、10.73%、10.28%、9.54%、8.78%，涨幅较小的省份有四川、河南、内蒙古、湖南、辽宁，增长率分别是3.95%、4.18%、4.21%、4.40%、4.83%。可以看出，我国居民保障救济发展速度的省际差异较为显著。

表10　2016—2020年各省份保障救济聚类结果分布

类别	相应省份	数量	百分比
第一类	北京、上海、江苏、广东	4	12.90%
第二类	山西、福建、江西、山东、湖北、云南、陕西、甘肃、宁夏、重庆、西藏	11	35.48%
第三类	内蒙古、黑龙江、安徽、河南、湖南、四川、新疆	7	22.58%
第四类	浙江、天津、河北、辽宁、吉林、海南、贵州、青海、广西	9	29.03%

注：因四舍五入，百分比之和不等于100%。

通过对保障救济综合评价得分进行聚类分析可以发现，“十三五”期间，我国大部分省份保障救济综合评价得分的聚类结果比较稳定，少数省份出现了波动。基于2016—2020年的聚类分析结果，可以将31个省份的保障救济指数分为四类。

第一类包括北京、上海、江苏、广东4个省份，这4个省份的保障救济综合评价得分均逐年增长，基本处于全国较高水平且聚类结果的稳定性较强。其中北京是唯一一个连续五年被归入A类的省份，江苏连续五年被归入B类，而广东、上海的聚类结果仅在个别年份出现了小幅度降低。

第二类包括山西、福建、江西、山东、湖北、云南、陕西、甘肃、宁夏、重庆、西藏，这11个省份的保障救济指数保持稳定，基本处于全国中等水平，评价得分均表现为显著的逐年提升趋势。

第三类包括内蒙古、黑龙江、安徽、河南、湖南、四川、新疆7个省份，各省份的保障救济综合评价得分均逐年增长，聚类结果的稳定性较强，整体上处于全国较低水平，仍有较大的提升空间，尤其是与经济较发达的北京、上海等地相比。

第四类包括浙江、天津、河北、辽宁、吉林、海南、贵州、青海、广西

9个省份，各省份之间存在较为显著的差距，天津、浙江的保障救济综合评价得分仅次于北京、上海，在全国处于较高水平；其次是辽宁、海南、河北、贵州；吉林、广西处于相对较低的水平。除了浙江、天津、广西的评价得分在个别年份出现了小幅度下降以外，其他省份的评价得分均逐年提高，这一类中各省的聚类结果出现了不同程度的波动，其中辽宁（CCBDC）和海南（CCBDC）的波动幅度较大。

“十三五”期间，安徽省的保障救济综合评价得分取得了较为显著的提升，2020年安徽省保障救济得分为1.2953，与2016年相比增长了11.64%，由D类的较低水平提升至C类上游。为推进民生福祉的发展，先后发布《安徽省“全民参保登记计划”工作实施方案》《关于支持企业参与脱贫攻坚的若干意见》《关于进一步降低实体经济企业成本的通知》等，根据人社部工作部署实施“全民参保登记计划”，推进职工、城乡居民全面、持续参加社会保险，并开展社会保险缴费降费工作，加大对贫困劳动者、困难企业参保缴费的补贴力度，更好地保障城乡居民、职工的社会保险权益。为保障生活困难群众的基本生活水平，2018年修订了《安徽省最低生活保障办法》，明确了最低生活保障制度的覆盖范围、责任主体及资金来源等内容，通过《关于进一步加强困境儿童保障和农村留守儿童关爱保护工作的意见》《关于支持多渠道灵活就业的实施意见》，将符合条件的困境儿童、基本生活存在困难的灵活就业人员及家庭纳入最低生活保障范围，并通过《关于持续增加城镇居民收入的意见》等建立完善低保标准与人均消费性支出同步增长机制，适时调整最低生活保障标准。到2020年末，安徽省基本养老保险和基本医疗保险参保人数分别为4773.6万人、6704.6万人，医疗保险参保率和养老保险参保率均达到95%，基本社会保险覆盖率与2016年相比提升了30.48个百分点，城镇低保平均支出和农村低保平均支出分别达到6743.81元、5137.12元，与2016年相比分别增长了38.53%、85.48%，推动了安徽省保障救济质量的提升。

3. 保障救济区域分析

图7展示了2016—2020年我国不同区域保障救济综合评价得分情况。从纵向分析来看，“十三五”期间，我国各个地区的保障救济均表现为稳定的逐年提升趋势。其中，东部地区的增长率最高，2020年东部地区的保障救济综合评价得分为1.3473，与2016年相比增长率为7.79%；其次是中部和东北

地区，增长率分别是6.68%、6.25%；西部地区保障救济评价得分增长幅度最小，与2016年相比增长了5.85%。

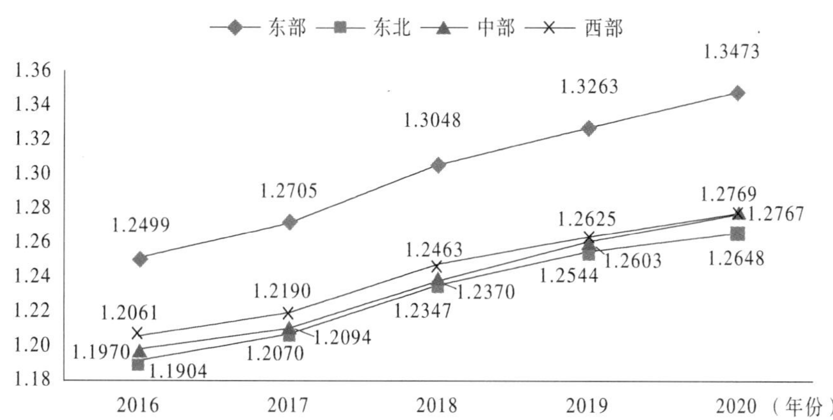

图7　2016—2020年各地区保障救济综合评价得分

注：2016—2020年各地区保障救济综合评价得分，西部地区（1.2061、1.2190、1.2463、1.2625、1.2767）；中部地区（1.1970、1.2094、1.2370、1.2603、1.2769）；东北地区（1.1904、1.2070、1.2347、1.2544、1.2648）。

从横向比较来看，“十三五”期间，东部地区的保障救济始终处于全国最高水平，且与其他三个地区存在较为显著的差异。2016—2019年其他三个地区的排名从高到低分别是西部、中部和东北地区，2020年这一排名发生了变化，评分从高到低分别是中部、西部和东北地区。

将保障救济的地区比较与聚类分析结果进行对比可以发现，类别层次较高的大多数是经济较为发达的东部地区，如北京常年被归入A类，江苏、上海、广东、浙江、天津多次被归入B类；而广西、内蒙古、新疆、黑龙江、西藏等西部或东北省份则多次被归入D类，这也在一定程度上说明了聚类分析的合理性。但聚类分析的结果与区域划分也存在一定的差异，如福建、海南与同属于东部地区的北京、上海、江苏等地相比，在保障救济指数上较为落后，多次被划入等级较低的C类。

综上所述，由于东部地区经济发展水平和人民收入水平较高，参保基础良好，保障救济始终处于较高水平；中部地区和东北地区增长幅度较大，总体向好；而西部地区的增长幅度出现下降趋势。“十四五”期间，国家应进一步推进西部大开发和中部崛起战略，加大对中西部地区的政策倾斜力度，实施东西部扶贫协作和对口支援计划，构建区域平衡发展新格局。

（三）2016—2020 年居民社会互助综合评价

1. 社会互助整体走势

运用社会互助评价函数，得到 2016—2020 年中国居民社会互助综合评价结果，如图 8 所示。从图中可以看出，“十三五”期间，我国居民社会互助指数逐年提升。利用图中的数据可以得出，“十一五”“十二五”“十三五”期间我国社会互助综合评价得分的增长率分别是 2.0％、3.2％、3.0％。尽管与“十二五”相比增幅较小，但与“十一五”相比，“十三五”期间社会互助的增长幅度有所提升，增长趋势也更为平稳。

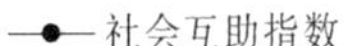

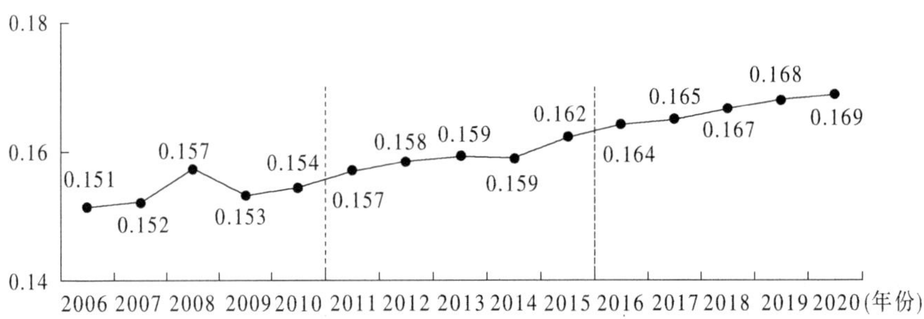

图 8　2006—2020 年中国居民社会互助综合评价得分趋势

根据构建的中国居民社会福祉综合评价函数，社会互助部分共有两个指标，即人均社会捐赠款数和万人社会组织数。2016—2020 年社会互助部分两个评价指标情况如表 11 所示。

表 11　2016—2020 年我国居民社会互助各评价指标情况

	2016 年	2017 年	2018 年	2019 年	2020 年	增长率
人均社会捐赠款数（元）	59.9216	56.5099	61.7490	65.3795	69.0100	0.1517
万人社会组织数（个）	5.0449	5.4391	5.8158	6.1439	6.3321	0.2551

（1）人均社会捐赠款数。人均社会捐赠款数是社会捐赠款总额与当地人口数的比值。社会捐赠是社会互助的重要组成部分，是公民个人、单位以自

愿为基础，无偿或部分有偿地将有价值的东西赠予他人的一种形式，有助于自动调节社会资源分配，为生活困难群体提供一定的帮助和保障，一定程度上能够体现社会互助水平。从表 11 中可以看出，尽管 2017 年我国人均社会捐赠款数出现了一定程度的下降，但总体上仍表现为较为显著的增长趋势。

第十二届全国人大第四次会议审议通过的《中华人民共和国慈善法》是我国慈善领域第一部基础性、综合性的法律，将慈善捐赠专列一章，在系统规范捐赠行为方面起到了重要作用，法律意义上的慈善组织和慈善活动开始走向规范，并明确了自然人、法人和其他组织捐赠财产用于慈善活动可以享受的税收优惠。[①] 2017 年 2 月，全国人大常委会修正《中华人民共和国红十字会法》，明确了红十字会的财产监管责任及违规处理办法；修正的《中华人民共和国企业所得税法》《中华人民共和国个人所得税法》进一步明确了企业与个人发生的公益性捐赠支出可以享受税前扣除的具体情形，以鼓励企业和个人积极参与公益性捐赠。以上法律文件的出台或修正，为慈善捐赠的规范、健康、可持续发展创造了有利的环境。此外，社会建设方面的一些具体文件也提出鼓励个人、企事业单位等社会主体通过捐赠、资助的方式支持各项社会事业的发展。如 2016 年 2 月国务院发布的《关于进一步健全特困人员救助供养制度的意见》，提出鼓励、引导、支持社会力量通过承接政府购买服务、慈善捐赠以及提供志愿服务等方式，为特困人员提供服务和帮扶；《国家自然灾害救助应急预案》《自然灾害救助条例》提出鼓励和引导单位和个人参与自然灾害救助捐赠，建立健全救灾捐赠动员、运行和监管机制；《国家残疾预防行动计划（2016—2020 年）》《残疾人预防和残疾人康复条例》提出，倡导企业、社会组织通过捐款、志愿服务、设立基金会等方式支持和参与残疾预防工作、帮助残疾人接受康复服务；《社会救助暂行办法》也提出鼓励单位和个人等社会力量通过捐赠、设立帮扶项目等方式参与社会救助。在国家政策的支持和倡导下，慈善事业逐渐被社会公众认可和接受，社会捐赠款数额不断提升。到 2020 年，我国人均社会捐赠款数（线性模拟）达到 69.01 元，与 2016 年相比增长了 15.17%。

（2）万人社会组织数。万人社会组织数是社会组织数与当地总人口（万

---

① 参见刘蕾、史钰莹：《我国慈善捐赠政策的政策变迁与工具选择：基于中央层面的政策文本分析》，《北京行政学院学报》2021 年第 6 期，第 30～39 页。

人）的比值。作为促进社会进步的重要力量，社会组织承载着提供社会服务、满足社会发展需求、调节社会矛盾、均衡社会资源、表达公众诉求等多种功能。[①] 从表 11 中可以看出，“十三五”期间我国万人社会组织数这一指标呈现逐年增长的趋势，这得益于国家相关政策的扶持。2016 年发布的《中华人民共和国国民经济和社会发展第十三个五年规划纲要》提出，要支持行业协会类、科技类、公益慈善类、社区服务类社会组织的发展，推动社会组织承接政府转移职能；同年民政部发布《民政事业发展第十三个五年规划》，提出全面建立统一登记、各司其职、协调配合、分级负责、依法监管的社会组织管理制度，加快形成政社分开、权责明确、依法自治的现代社会组织体制的要求，积极引导社会组织参与社会救助、社区养老、残疾人康复、防灾减灾救灾等各项社会工作，并提出通过建立社区社会组织服务平台和孵化机制、提供资金支持、加强人才队伍建设等保障措施，发挥社会组织在促进经济发展、管理社会事务、提供公共服务中的作用。2016 年国务院和财政部先后发布《关于改革社会组织管理制度促进社会组织健康有序发展的意见》《关于通过政府购买服务支持社会组织培育发展的指导意见》，从改善准入环境、降低准入门槛、完善财税支持政策、加强自身能力建设和人才培养、强化监督管理等方面提出培育和完善社会组织发展的意见；2017 年民政部发布的《关于大力培育发展社区社会组织的意见》提出，到 2020 年实现城市社区平均拥有不少于 10 个社区社会组织、农村社区平均拥有不少于 5 个社区社会组织的建设目标，并指出通过实施分类管理、加大扶持力度、加强党的领导与工作指导等措施加大对社区社会组织的培育扶持力度和监督管理力度，发挥社区社会组织在提供社区服务、培育社区文化等方面的积极作用。此外，为支持社会组织参与扶老助老、关爱儿童、扶残助残、社会工作、救助扶贫等服务项目，2016—2020 年中共中央通过财政部部门预算安排专项资金，仅 2016—2018 年就安排专项资金 5.8 亿元。[②] 在国家政策的支持下，社会组织有序发展，到

---

① 参见宁德鹏、李继兵：《困境与出路：社会组织参与社会治理的多维度思考》，《广西大学学报》（哲学社会科学版）2020 年第 3 期，第 151～156 页。

② 参见《民政部办公厅关于印发〈2018 年中央财政支持社会组织参与社会服务项目实施方案〉的通知》，2018 年 2 月 27 日，http：//www.mca.gov.cn/article/xw/tzgg/201803/20180315007956.shtml。

“十三五”期末，全国社会组织数量达到 89.4 万个，吸纳社会各类就业人员超过 1000 万人，与“十二五”末相比增长均超过 30%。①

2. 社会互助省际分析

运用社会互助综合评价函数，得到 2016—2020 年各省（自治区、直辖市）最终的社会互助综合得分及排序，并对每一年度的社会互助综合评价得分进行聚类分析，将 31 个省（自治区、直辖市）按照评价得分从高到低划分为 A、B、C、D 四类，结果如表 12、表 13 所示。

表 12　2016—2020 年各省份社会互助综合评价和聚类结果

地区	2016	得分	2017	得分	2018	得分	2019	得分	2020	得分	聚类合并
北京	B	0.5149	B	0.5204	B	0.5304	B	0.5345	B	0.5378	BBBBB
天津	D	0.4819	D	0.4829	D	0.4831	D	0.4869	D	0.4902	DDDDD
河北	D	0.4706	D	0.4715	D	0.4781	D	0.4831	D	0.4896	DDDDD
山西	D	0.4795	D	0.4816	D	0.4874	C	0.4916	D	0.4940	DDDCD
内蒙古	C	0.5000	C	0.5060	B	0.5133	B	0.5150	C	0.5142	CCBBC
辽宁	C	0.4929	C	0.4981	C	0.4997	C	0.5036	C	0.5074	CCCCC
吉林	D	0.4862	C	0.4869	C	0.4969	C	0.4992	C	0.5003	DCCCC
黑龙江	D	0.4840	C	0.4894	C	0.4997	C	0.5044	C	0.5078	DCCCC
上海	B	0.5154	B	0.5188	B	0.5278	B	0.5320	B	0.5339	BBBBB
江苏	A	0.5619	A	0.5568	A	0.5725	A	0.5783	A	0.5806	AAAAA
浙江	B	0.5273	A	0.5334	B	0.5376	A	0.5588	A	0.5598	BABAA
安徽	D	0.4858	C	0.4898	C	0.4945	C	0.4971	C	0.5001	DCCCC
福建	B	0.5097	B	0.5146	B	0.5174	B	0.5224	B	0.5283	BBBBB
江西	D	0.4789	C	0.4946	C	0.4998	C	0.5026	C	0.5065	DCCCC
山东	C	0.4923	C	0.4944	C	0.4982	C	0.5033	C	0.5076	CCCCC

① 参见《民政部 国家发展和改革委员会关于印发〈“十四五”民政事业发展规划〉的通知》，2021 年 6 月 18 日，https://xxgk.mca.gov.cn:8445/gdnps/pc/content.jsp?mtype=4&id=14980。

续表

地区	2016	得分	2017	得分	2018	得分	2019	得分	2020	得分	聚类合并
河南	D	0.4718	D	0.4761	D	0.4833	D	0.4871	D	0.4905	DDDDD
湖北	C	0.4927	C	0.4941	C	0.4951	C	0.4971	C	0.5002	CCCCC
湖南	C	0.4984	C	0.5022	C	0.5040	C	0.5067	C	0.5077	CCCCC
广东	C	0.4971	C	0.5009	C	0.5049	C	0.5069	C	0.5073	CCCCC
广西	C	0.4922	C	0.4931	C	0.4956	C	0.4977	C	0.5011	CCCCC
海南	B	0.5098	B	0.5161	B	0.5208	B	0.5261	B	0.5301	BBBBB
重庆	C	0.4984	C	0.4997	C	0.5024	C	0.5029	C	0.5046	CCCCC
四川	C	0.4922	C	0.4981	C	0.4980	C	0.4993	C	0.5002	CCCCC
贵州	D	0.4779	D	0.4766	D	0.4792	D	0.4800	D	0.4809	DDDDD
云南	C	0.4916	C	0.4930	C	0.4948	C	0.4945	D	0.4937	CCCCD
西藏	D	0.4603	D	0.4600	D	0.4607	D	0.4582	D	0.4587	DDDDD
陕西	C	0.4974	C	0.5088	B	0.5175	B	0.5231	B	0.5243	CCBBB
甘肃	B	0.5361	A	0.5543	A	0.5544	B	0.5445	B	0.5371	BAABB
青海	B	0.5174	A	0.5464	A	0.5564	A	0.5574	A	0.5590	BAAAA
宁夏	B	0.5303	A	0.5410	B	0.5373	B	0.5334	B	0.5257	BABBB
新疆	D	0.4821	D	0.4822	D	0.4781	D	0.4767	D	0.4759	DDDDD

注：不包含港澳台数据，下同。

表 13 2016—2020 年各省份社会互助综合评价聚类结果分布

类别	相应省份	数量	百分比
第一类	江苏、青海、宁夏、北京、上海、福建、海南	7	22.58%
第二类	陕西、辽宁、山东、湖北、湖南、广东、广西、重庆、四川	9	29.03%
第三类	吉林、黑龙江、安徽、江西、云南、天津、河北、山西、河南、贵州、西藏、新疆	12	38.71%
第四类	内蒙古、甘肃、浙江	3	9.68%

从表 12、表 13 中可以看出，“十三五”期间，除西藏、宁夏、新疆的社

会互助综合评价得分有所降低以外，其他各个省份居民社会互助综合评价得分总体上均表现为上升趋势。社会互助综合评价得分增长幅度较大的省份有青海、浙江、江西、陕西、黑龙江，增长率分别是8.04%、6.16%、5.76%、5.41、4.92%；涨幅较小的省份有甘肃、云南、贵州、重庆、湖北，增长率分别是0.19%、0.43%、0.63%、1.24%、1.52%。可以看出，我国居民社会互助的发展速度仍然存在较为显著的省际差异。

由社会互助综合评价得分的聚类结果可以发现，“十三五”期间，我国绝大部分省份的聚类结果保持稳定，个别省份出现了波动。基于2016—2020年各年度的聚类结果，可以将31个省（自治区、直辖市）的社会互助综合评价得分分为四类。第一类包括北京、江苏、青海、宁夏、上海、福建、海南7个省份，其中江苏省的社会互助指数在2017年出现了小幅度的下降，宁夏的社会互助指数在2018年后呈现逐渐下降的趋势，其他省份的评价得分均表现为逐年增长的趋势。整体上这一类7个省份的社会互助在全国处于较高水平，且聚类结果的稳定性较高。第二类包括陕西、辽宁、山东、湖北、湖南、广东、广西、重庆、四川，这9个省份的社会互助综合评价得分均呈现逐年增长的趋势，尤其是陕西的增长趋势较为显著。该类各省份的社会互助指数在全国基本处于中等水平，且聚类结果的稳定性较强。第三类有吉林、黑龙江、安徽、江西、云南、天津、河北、山西、河南、贵州、西藏、新疆12个省份，除西藏的社会互助综合评价得分在波动中有所下降以外，其他省份的社会互助指数均逐年增长，这一类各省份的聚类结果表现出较强的稳定性，基本处于全国较低水平，尚有较大的提升空间。与前三类相比，第四类各省份社会互助指数聚类结果有较大的变动，这一类包括内蒙古、甘肃、浙江3个省份，浙江、甘肃的社会互助综合评价得分在全国处于较高水平，而内蒙古则处于中游水平；除甘肃省的得分在波动中下降以外，内蒙古、浙江的评价得分均稳步增长。

“十三五”期间，黑龙江的社会互助综合评价得分取得了较为显著的进步。到2020年，黑龙江的社会互助评分达到0.5078，与2016年相比增长了4.92%，由等级较低的D类上升至C类，居于全国中等水平。“十三五”期间，黑龙江不断完善相关政策，鼓励和引导社会组织参加志愿服务、儿童保护、特困人员供养、防灾救灾减灾等各项社会事务，并通过相关措施，为培育和发展社会组织、引导社会组织健康有序发展创造有利的环境。黑龙江省先后发布《贯彻落实〈关于深化人才发展体制机制改革的意见〉的实施意见》《关于进一步引导和鼓励高校毕业生到基层工作的实施意见》《黑龙江省人民政府关于做好当前和今后一段时期就业创业工作的实施意见》，提出畅通社会组织人才申报参加职称评审渠道，挖掘社会组织吸引高校毕业生就业的潜力，鼓励高校毕业生到社会组织就业，为社会组织的发展提供人才政策支持。2017 年 9 月，黑龙江省委办公厅出台的《关于加强乡镇政府服务能力建设的实施意见》提出，加大对社会组织在政策辅导、培育孵化、项目运作、人才培训等方面的支持力度，鼓励社会组织承接各类政府购买服务项目，为社会组织开展活动创造有利条件，并提出到 2020 年平均每个乡镇拥有 10 个以上公共服务类社会组织的发展目标。《黑龙江省人民政府关于“先照后证”改革后加强事中事后监管的实施意见》《黑龙江省人民政府办公厅关于推进体育强省建设的实施意见》《黑龙江省电商精准扶贫实施方案》《黑龙江省民政厅、黑龙江省财政厅关于通过政府购买服务支持社会组织培育发展的实施意见》等文件提出，大力支持体育类、公共服务类等各类社会组织的发展，进一步厘清政府与社会、政府与市场的边界，为社会组织的发展创造良好的环境。此外，“十三五”期间，黑龙江省人民政府、民政厅等部门先后出台《黑龙江省自然灾害救助应急保障预案》《黑龙江省加强农村最低生活保障制度与扶贫开发政策有效衔接工作实施方案》《黑龙江省人民政府办公厅关于推进养老服务发展的实施意见》《关于做好贫困重度残疾人照护服务工作的指导意见》等，鼓励通过社会捐赠、设立基金会等方式为脱贫攻坚、灾害救助、互助养老等提供资金支持，并对符合公益性捐赠税收政策有关条件的实施税前扣除。2020 年 2 月，黑龙江省民政厅发布《关于加强全省肺炎疫情防控工作中慈善捐赠管理工作的通知》，进一步规范慈善捐赠款物的接收和使用行为，加强对慈善活动的监督管理，推进慈善捐赠工作的有序开展。相关政策的支持为黑龙江省社会组织的培育发展提供了有利的环境，慈善组织建设和慈善捐赠实现突破，到“十三五”期末，黑龙江省民政部门登记的社会组织共有 20404 个，与 2015 年底相比增加了 36.65%，慈善组织有 168 个[①]，基本建立了全省慈善捐赠网，为社会救助水平的提高奠定了基础。

---

① 参见《黑龙江省“十四五”民政事业发展规划》，2021 年 10 月 28 日，https://www.hlj.gov.cn/n200/2021/1028/c1042-11023959.html。

3. 社会互助区域分析

图 9 是 2016—2020 年我国各地区社会互助综合评价结果。从图 9 中可以看出，2016—2020 年，我国各个地区的社会互助质量均表现出总体的上升趋势。其中，东部地区社会互助综合评价得分的增长幅度最大，与“十三五”期初相比，东部地区的社会互助综合评价得分增长率为 3.62%；其次是东北和中部地区，增长率分别是 3.59%、3.16%；2016—2018 年西部地区社会互助综合评价得分逐年提升，此后有小幅度的下降，总体上表现为波动的增长趋势。

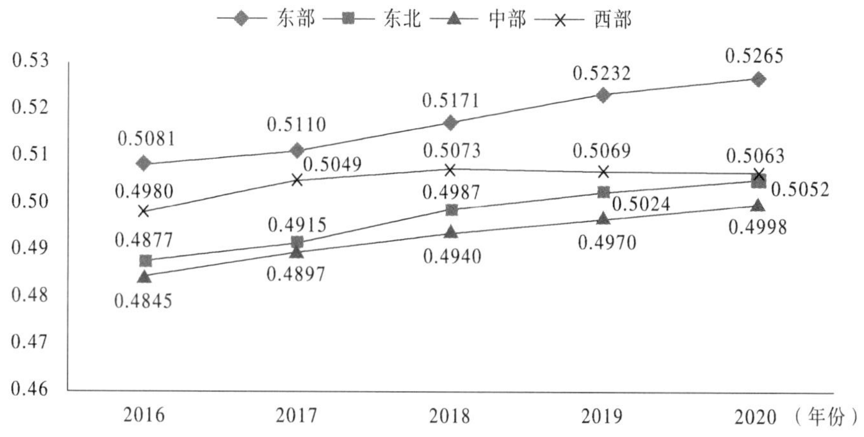

图 9　2016—2020 年我国不同地区社会互助综合评价

注： 2020 年西部地区得分为 0.5063，东北地区得分为 0.5052。

从横向比较来看，“十三五”期间，东部地区的社会互助水平远高于其他三个地区，始终处于全国最高水平；尽管西部地区社会互助综合评价得分的增长幅度较小，但总体上仍表现出了较高的水平，仅次于东部地区；东北地区和中部地区紧随其后，表现出了较大的增长幅度，尤其是东北地区，到 2020 年基本与西部地区持平。

将社会互助的地区比较与聚类分析结果进行对比可以发现，二者存在共性，如经济较为发达的东部地区中，北京、江苏、浙江、上海多次被归入等级较高类别，而贵州、西藏、新疆、广西、河南、吉林等中西部和东北省份则多被归入等级较低的类别，从一定程度上说明了聚类分析结果的合理性。

但聚类分析的结果与区域划分存在差异，如宁夏、青海等西部省份多次被归入等级较高的A类或B类，而山东、河北等几个东部省份则被归入等级较低的类别。

(四) 2016—2020年居民福利服务综合评价

1. 福利服务整体走势

运用福利服务评价函数，得到2016—2020年我国居民福利服务综合评价结果，如图10所示。可以看出，“十三五”期间，我国居民福利服务指数逐年提升。利用图10中的数据可以得出，“十一五”“十二五”“十三五”期间我国居民福利服务综合评价得分的增长率分别是2.4%、2.8%、5.4%。由此可见，与“十一五”和“十二五”相比，我国居民福利性服务质量在“十三五”期间取得了更为显著的进步。

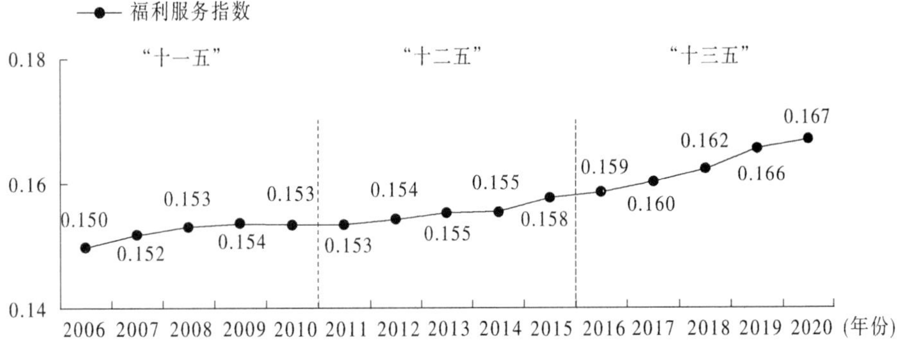

图10　2006—2020年福利服务综合评价得分趋势

根据构建的中国居民社会福祉综合评价函数，福利服务部分共有三个指标，分别是千人医疗机构床位数、社区服务设施覆盖率、城市每万人公共厕所数。2016—2020年福利服务部分各指标情况如表14所示。从表14中可以看出，“十三五”期间，福利服务部分三个具体指标数据均取得了较为显著的增长，尤其是社区服务设施覆盖率指标，到2020年达到0.804，千人医疗机构床位数、城市每万人公共厕所数的增长率低于社区服务设施覆盖率的增长率。

表 14　2016—2020 年居民福利服务各具体指标情况

	2016 年	2017 年	2018 年	2019 年	2020 年	增长率
千人医疗机构床位数（张）	5.3594	5.7121	6.0228	6.2905	6.4447	0.2025
社区服务设施覆盖率	0.5829	0.6167	0.6563	0.8212	0.8040	0.3793
城市每万人公共厕所数（座）	2.72	2.77	2.88	2.93	3.07	0.1287

（1）千人医疗机构床位数。根据《医疗机构管理条例》的规定，医疗卫生机构包括从事疾病诊断、治疗活动的医院、卫生院、养老院、门诊部、诊所、卫生所（室）以及急救站等。千人医疗机构床位数是指地区医疗机构拥有的所有床位数与当地总人口（千人）的比值。从表 14 中可以看出，2016—2020 年全国千人医疗机构床位数表现为逐年增长的趋势。

卫生资源的合理配置是制定医疗卫生机构设置规划的基础，床位是连接医疗卫生机构和医疗卫生从业人员的关键指标，是反映医疗服务提供能力的核心指标。《全国医疗卫生服务体系规划纲要（2015—2020 年）》提出到 2020 年全国每千常住人口医疗卫生机构床位数达到 6 张的指导性目标，其中每千常住人口基层医疗卫生机构床位数达到 1.2 张，指出要控制公立医院床位规模的不合理增长，避免对基层医疗卫生机构的发展产生“虹吸效应”，同时按照每千常住人口不低于 1.5 张床位为社会办医院预留规划空间，推进社会办医院，与公立医院形成有序竞争。2016 年发布的《“十三五”卫生与健康规划》提出社会办医院床位占医院床位总数的比重不低于 30%的发展目标，同时提出提高基层医疗卫生机构康复、护理床位占比，鼓励基层医疗卫生机构根据服务需求增设老年养护、安宁疗护病床；《中医药发展“十三五”规划》提出到 2020 年中医医院床位数增长至 113.6 万张，每千常住人口公立中医医院床位数增长至 0.55 张的发展目标，为发挥中医药在促进卫生发展中的作用提供支撑；《全民健康保障工程建设规划》提出到 2020 年每千人口县级医疗机构床位数达到 1.8 张的建设目标，为实现县域内就诊率达到 90%的任务目标提供设施保障。2019 年国家卫生健康委员会办公厅发布《关于开展社区医院建设试点工作的通知》，提出按照服务人口 1.0－1.5 张/千人配置床位。2020 年国家卫生健康委员会《关于全面推进社区医院建设工作的通知》鼓励有条件的社区医院设置内科、外科、妇科、儿科等床位。在社会服务床位建设上，《民政事业发展第十三个五年规划》指出要重点发展医养结合型养老机构，增加养护型、医护型养老床位，并提出到 2020 年每千名老年人口拥有养老床位数达到25－40张、实现护理型床位比例不低于30%的建设目标。2018年民政部、国务院扶贫办等发布的《深度贫困地区特困人员供养服务设施（敬老院）建设改造行动计划》提出，到2020年，深度贫困地区每个县至少建设1个县级供养服务中心，护理型床位达到70%以上，进一步加强对特困人员的集中供养保障能力。2019年国家发改委等发布《普惠养老城企联动专项行动实施方案（2019年修订版）》，指出提升普惠性养老床位数量，并采用差别化补助的方式，按床位对居家社区型和医养结合型机构的建设给予补贴。此外，国家也为医疗卫生机构的床位建设提供专项资金支持，2018年安排中央预算内投资21.9亿元支持儿童医院、市县级妇幼保健机构建设；2019年、2020年共下达中央预算内投资37亿元用于实施普惠养老城企联动专项行动，新增普惠性养老床位近20万张。截至2020年末，全国医疗卫生机构床位达到910.1万张，每千人医疗卫生机构床位数由2016年5.36张增加至6.45张，增长率达到20.34%，基层医疗卫生机构床位数占比达到18.1%[①]，为医疗卫生服务能力的增强提供了有力的设施保障。

（2）社区服务设施覆盖率。社区服务设施覆盖率是指社区服务设施数与村委会数和居委会数之和的比值。从图11中可以看出，2016—2020年，我国社区服务设施覆盖率总体上呈现上升趋势，其中前三年的增长趋势较为平稳，2019年社区服务设施覆盖率的增幅较大，2020年有小幅度的下降。

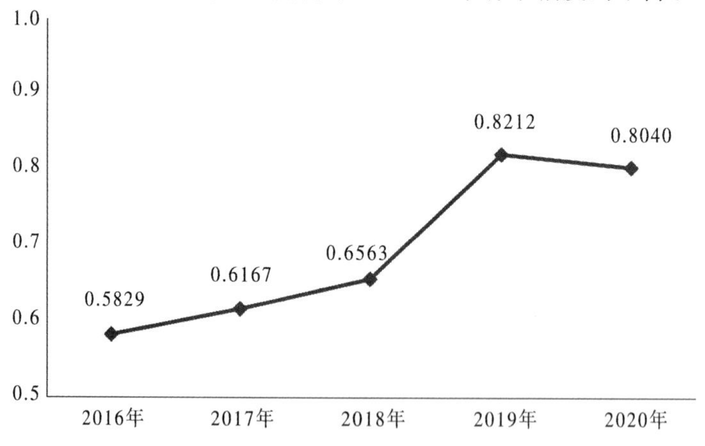

图11　2016—2020年我国社区服务设施覆盖率

① 参见《2020年我国卫生健康事业发展统计公报》，2021年7月22日，http://www.gov.cn/guoqing/2021-07/22/content_5626526.htm。

2016年，民政部、中央组织部等十余个部门联合发布《城乡社区服务体系建设规划（2016—2020年）》，提出要依托城乡社区综合服务设施，发展城乡社区就业、社会保障、医疗卫生、养老、文化等服务，为全体城乡居民提供贯穿生存发展各个阶段和生产生活各个领域的基本公共服务项目，推进基本公共服务均等化。《中华人民共和国国民经济和社会发展第十三个五年规划纲要》提出实现城市社区综合服务设施全覆盖、推进农村社区综合服务设施建设的发展目标。《“十三五”加快残疾人小康进程规划纲要》提出，依托社区综合服务设施，建设一批“温馨家园”残疾人社区服务站，为残疾人提供康复、照料、辅助性就业、无障碍改造等服务。2016年发布的《关于全面放开养老服务市场提升养老服务质量的若干意见》提出建设小型社区养老院，依托社区中心服务站、社区日间照料中心等资源，推进居家社区养老服务全覆盖，为老年人提供健康、文化、体育等服务。2018年修正的《残疾预防和残疾人康复条例》提出利用社区资源设立康复场所或通过政府购买的方式为残疾人提供康复指导、康复护理、知识普及和转介等社区康复工作。2019年国务院发布《关于促进家政服务业提质扩容的意见》，对家政企业在社区设置服务网点提供房屋租赁、税收减免等优惠政策，推进家政进社区，为社区居民提供便捷服务；同年9月国家发改委、国务院办公厅先后出台《关于促进特色小镇规范健康发展的意见》《关于以新业态新模式引领新型消费加快发展的意见》，指出完善社区服务，加快建设便民生活服务圈、城市社区邻里中心和农村社区综合性服务网点；《关于加强和改进城市基层党的建设工作的意见》提出整合资金、资源、项目等，加强对社区的工作支持和资源保障，采取政府购买的方式丰富社区服务供给。在相关政策的支持下，“十三五”期间城乡社区服务体系建设取得显著成效，到2020年末，我国城市社区综合服务设施实现全覆盖，农村社区综合服务设施覆盖率达到65.7%，为“十四五”城乡社区服务体系建设奠定了坚实的基础。[①]

（3）城市每万人公共厕所数。城市每万人公共厕所数是城市公共厕所数与城市总人口（万人）的比值。公共厕所是公共设施供给的一部分，也是城市环卫建设的重要方面，与居民生活密切相关，反映了居民享有的公共设施

① 参见《国务院办公厅关于印发“十四五”城乡社区服务体系建设规划的通知》，2022年1月21日，http：//www.gov.cn/zhengce/content/2022-01/21/content_5669663.htm。

的有效性和便利性的程度，也在一定程度上反映了当地政府提供的市政服务的水平和居民享有的生活环境的卫生水平。

2016 年，住建部发布《城市公共厕所设计标准》，规范了城市公共厕所的设计建设标准；2017 年，住建部发布《关于加强生态修复城市修补工作的指导意见》，提出加强污水处理设施、垃圾处理设施、公共厕所、应急避难场所建设，以提高基础设施承载能力；同年 3 月修订的《城市市容和环境卫生管理条例》指出相关行政部门应根据城市居住人口密度和流动人口数量以及公共场所等特定地区的需要制定公共厕所建设规划，并按照规定的标准建设、改造或支持有关单位建设改造公共厕所；2018 年，住建部发布了《关于做好推进“厕所革命”提升城镇公共厕所服务水平有关工作的通知》，对提升城市公共厕所服务水平提出具体要求；2019 年全国爱国卫生运动委员会发布《关于在国家卫生城镇推进“厕所革命”工作的通知》，要求以卫生城镇创建为抓手，全面推进“厕所革命”，重点解决数量不足、标准不高的问题。到 2020 年，城市每万人公共厕所数达到 3.07 座，与 2016 年相比增长了 12.97%，在一定程度上反映出我国城市市容的改善和环境卫生水平的提高。

2. 福利服务省际分析

运用福利服务综合评价函数，得到 2016—2020 年全国 31 个省（自治区、直辖市）的福利服务综合评价得分，并对每一年度的评价得分进行基于瓦尔德法的系统聚类分析，将 31 个省（自治区、直辖市）按照评分从高到低划分为 A、B、C、D 类，结果如表 15、表 16 所示。

表 15 2016—2020 年各省份福利服务综合评价得分及聚类结果

地区	2016	得分	2017	得分	2018	得分	2019	得分	2020	得分	聚类合并
北京	A	0.5088	A	0.5095	B	0.5111	B	0.5153	A	0.5142	AABBA
天津	D	0.4771	D	0.4808	D	0.4791	D	0.4797	C	0.4959	DDDDC
河北	C	0.4901	C	0.4934	C	0.4977	C	0.4984	C	0.4944	CCCCC
山西	C	0.4867	D	0.4849	D	0.4885	D	0.4926	B	0.5037	CDDDB
内蒙古	B	0.4986	A	0.5144	A	0.5222	A	0.5224	A	0.5204	BAAAA

续表

地区	2016	得分	2017	得分	2018	得分	2019	得分	2020	得分	聚类合并
辽宁	B	0.4996	B	0.5007	C	0.5051	B	0.5064	A	0.5155	BBCBA
吉林	B	0.4939	C	0.4924	C	0.4997	A	0.5241	A	0.5207	BCCAA
黑龙江	B	0.5022	A	0.5086	B	0.5135	A	0.5203	A	0.5198	BABAA
上海	B	0.4963	B	0.4984	C	0.5002	B	0.5108	B	0.5084	BBCBB
江苏	A	0.5150	A	0.5196	A	0.5236	A	0.5274	A	0.5215	AAAAA
浙江	B	0.4942	B	0.4978	C	0.5021	B	0.5082	C	0.5000	BBCBC
安徽	C	0.4800	D	0.4836	D	0.4878	D	0.4917	B	0.5102	CDDDB
福建	D	0.4749	D	0.4827	D	0.4886	D	0.4939	B	0.5057	DDDDB
江西	D	0.4741	D	0.4797	D	0.4842	C	0.4998	B	0.5107	DDDCB
山东	C	0.4846	C	0.4876	D	0.4905	D	0.4928	B	0.5062	CCDDB
河南	C	0.4853	C	0.4900	C	0.4968	B	0.5105	A	0.5155	CCCBA
湖北	B	0.4966	B	0.4980	C	0.5062	B	0.5140	A	0.5133	BBCBA
湖南	B	0.4978	B	0.5015	B	0.5089	B	0.5127	A	0.5221	BBBBA
广东	B	0.5036	A	0.5061	C	0.5048	B	0.5100	D	0.4881	BACBD
广西	C	0.4818	D	0.4850	D	0.4877	D	0.4919	D	0.4848	CDDDD
海南	C	0.4825	D	0.4838	D	0.4883	D	0.4953	B	0.5058	CDDDB
重庆	B	0.4993	A	0.5051	B	0.5097	A	0.5212	A	0.5195	BABAA
四川	B	0.4948	B	0.5015	C	0.5057	B	0.5105	A	0.5123	BBCBA
贵州	B	0.5009	A	0.5107	B	0.5137	A	0.5182	A	0.5178	BABAA
云南	C	0.4890	B	0.5017	B	0.5114	B	0.5087	A	0.5167	CBBBA
西藏	D	0.4710	D	0.4838	D	0.4812	D	0.4914	C	0.5008	DDDDC
陕西	B	0.4986	A	0.5063	B	0.5111	B	0.5133	B	0.5092	BABBB
甘肃	C	0.4894	C	0.4950	C	0.5041	B	0.5117	B	0.5040	CCCBB
青海	B	0.4976	B	0.5029	C	0.5048	B	0.5088	B	0.5027	BBCBB
宁夏	C	0.4869	B	0.4978	C	0.5007	C	0.5023	C	0.4986	CBCCC
新疆	B	0.4986	B	0.5003	C	0.5028	C	0.5042	A	0.5165	BBCCA

表 16　2016—2020 年各省份福利服务综合评价聚类结果分布

类别	相应省份	数量	百分比
第一类	江苏、内蒙古、陕西、北京、黑龙江、重庆、贵州	7	22.58%
第二类	湖南、上海、浙江、河北、青海、宁夏、甘肃	7	22.58%
第三类	天津、福建、江西、广西、西藏	5	16.13%
第四类	新疆、辽宁、吉林、河南、湖北、四川、云南、广东、山东、山西、安徽、海南	12	38.71%

从表 15 中可以看出，“十三五”期间，除了广东省出现小幅度的下降以外，其余省份的福利服务综合评价得分总体上均呈现出增长趋势，其中，广东省福利服务指数的下降主要是受社区服务设施覆盖率降低的影响。从得分来看，除广东外的 30 个省（自治区、直辖市）均有不同程度的提高，增长幅度较大的省份有江西、福建、西藏、安徽、河南，增长率分别是 7.72%、6.49%、6.33%、6.29%、6.22%；涨幅较小的省份有广西、河北、青海、北京、浙江，增长率分别是 0.62%、0.88%、1.02%、1.06%、1.17%。可以看出，我国福利服务的发展速度仍存在较为显著的省际差异。

由福利服务综合评价得分的聚类结果可以发现，“十三五”期间，我国大部分省份福利服务指数的聚类结果保持相对稳定，但也有部分省份的聚类结果出现了较为显著的波动。基于 2016—2020 年的聚类分析结果，可以将 31 个省（自治区、直辖市）的福利服务综合评价得分分为四类。

第一类包括江苏、内蒙古、陕西、北京、黑龙江、重庆、贵州，这 7 个省份的福利服务综合评价得分在 2016—2019 年表现为逐年提升的趋势，2020 年有一定程度的降低，总体上处于全国较高水平，且聚类结果保持相对稳定，多次被归入 A 类或 B 类。

第二类包括湖南、上海、浙江、河北、青海、宁夏、甘肃，这 7 个省份的福利服务综合评价得分的聚类结果保持稳定，基本处于全国中等水平，除湖南省的评价得分逐年增长外，其他省份的评价得分均表现为波动中的增长趋势。

第三类包括天津、福建、江西、广西、西藏 5 个省份，其福利服务综合评价得分的聚类结果表现出较强的稳定性，大多数年份被归入 D 类，在全国处于较低水平，尚有较大的进步空间，其中福建、江西的评价得分逐年增长，而天津、广西、西藏的评价得分则在个别年份出现了小幅度的波动。

第四类包括新疆、辽宁、吉林、河南、湖北、四川、云南、广东、山东、山西、安徽、海南12个省份；其中，山西、吉林、湖北、广东、云南5个省份的福利服务指数在个别年份出现了小幅度的下降，总体上呈现出波动中的增长趋势，其他省份则表现为逐年提升态势。这一类各省份的聚类结果有所波动，且出现了跨类别波动，总体上福利服务得分不高，多为中等或较低水平。

从以上分析可以看出，江西、云南、西藏等省份福利服务的提升趋势较为显著且相对平稳。以江西省为例，2020年，江西省的福利服务综合评价得分为0.5107，与2016年相比增长了7.72%，这得益于江西省相关政策的扶持。在推动医疗卫生机构床位建设方面，江西省先后发布《关于进一步扩大旅游文化体育健康养老教育培训等领域消费的实施意见》《关于全面放开养老服务市场的实施意见》，提出加大对社会养老服务体系建设的投入，着力增加护理型床位，省财政对普通型、护理型民办养老机构分别按核定床位每张3000元、5000元的标准给予一次性建设补助。江西省人民政府2016年发布的《江西省防治慢性病中长期规划（2017—2025年）》和2017年发布的《江西省老龄事业发展“十三五”规划》鼓励有条件的养老机构、医院设置老年病科和老年病床，加快公办养老院改革，增加老年病床尤其是护理型床位的数量和比重，为老年人就医提供便利条件。2019年7月出台的《江西省养老服务体系建设发展三年行动计划（2019—2021年）》提出到2021年新增有效供给床位5万张以上、居家养老服务设施10000个、社区嵌入式养老院1200个的建设目标。在推进社区服务发展方面，江西省委出台《关于落实发展新理念加快农业现代化实现全面小康目标的实施意见》，提出优化整合农村各类公共服务资源，建立农村社区综合公共服务平台。2016年向社会力量购买妇女儿童公共服务项目和购买关爱留守儿童公共服务项目实施方案提出，计划支持资金10万元用于解决留守儿童比较集中的村和社区在寄宿托管、生活照顾、心理抚慰等方面的需要。《2016年社区健康养老管理体系建设试点实施方案》提出，在社区卫生服务中心开设健康养老服务点，为社区内老年人提供健康监测、助医等服务，满足老年人对健康养老的各种需求；《关于指导推进江西省家庭教育的五年规划（2016—2020年）》提出依托城乡社区公共服务设施、城乡社区教育机构、儿童活动中心等，建立家长学校或家庭教育指导服务中心，强化社区家庭教育服务功能，并将完善家庭教育服务功能纳入城乡社区服务体系规划；《江西省“十三五”社会服务兜底工程行动计划》指出，依托社区和农村综合服务平台建设居家养老服务中心，并提出城市居家和社区养老服务全覆盖、农村居家和社区养老服务覆盖率达到70%以上的建设目标。在市容建设方面，江西省每年下达城市建设专项资金，除用于推进装配式建筑发展外，主要用于公共环境卫生设施建设维护、市政工程设施建设维护等方面。此外，“十三五”期间，江西省各地级市出台当地的市容和环境卫生管理条例，要求县级以上人民政府加大对公共厕所的资金投入，按照标准配套建设垃圾转运站、公共厕所等环境卫生设施。在江西省各级人民政府的努力下，到2020年末，江西省医疗卫生机构床位数、社区服务设施和城市公共厕所数分别为28.58万张、2.2659万个、4331座，与2016年相比分别增长了36.68%、535.7%、108.52%。① 这些服务设施规模的增加，推动了江西省福利服务水平的提升。

3. 福利服务区域分析

图12是2016—2020年我国各地区福利服务综合评价结果。从图中可以看出，“十三五”期间，我国各个地区的福利服务总体上均表现为上升趋势。其中，中部地区的增长率最大，到2020年中部地区的福利服务综合评价得分为0.5126，与2016年相比增长了5.32%；其次是东北和西部地区，增长率分别是4.01%、3.36%；东部地区福利服务综合评价得分的增长率最低，为2.29%。

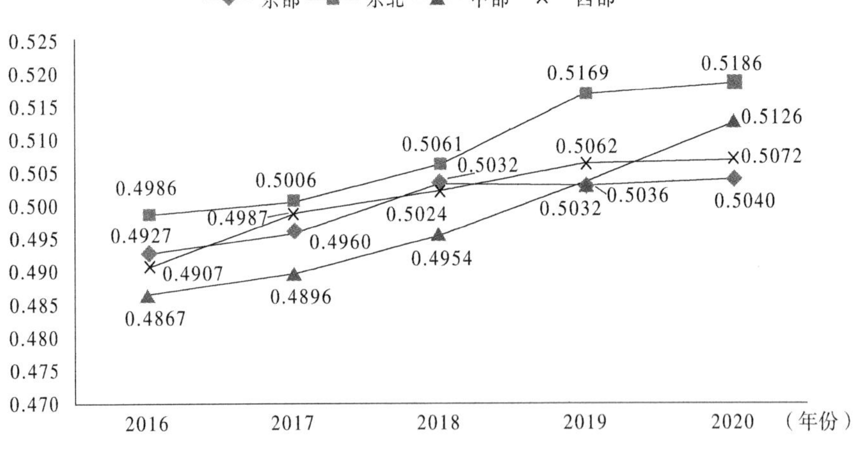

图12 2016—2020年福利服务综合评价得分的区域变化

① 参见《江西省2020年四季度民政统计数据》，2021年2月10日，http://mzt.jiangxi.gov.cn/art/2021/2/10/art_34865_3192153.html。

从横向比较来看，“十三五”期间，东北地区的福利服务综合评价得分略高于其他三个地区，始终处于全国最高水平；东部、中部、西部地区的排名有所波动，2016—2018 年东部和西部地区的福利服务水平高于中部地区，2019 年西部地区超过东部和中部地区，福利服务水平居于第二位，仅次于东北地区；2020 年福利服务评价得分从高到低依次为东北地区、中部地区、西部地区和东部地区。

将福利服务的地区比较与聚类分析结果进行对比可以发现，部分类别层次较高的省份位于经济发展水平较高的东部地区，如北京、江苏多次被归入等级较高的 A 类，而西藏、宁夏则多次被归入等级较低的 C 类、D 类。但聚类分析的结果与区域划分也存在较大差异，如内蒙古、重庆、贵州、吉林等中西部和东北省份多次被归入类别层次较高的 A 类、B 类；而广东、山东、浙江等东部省份则多次被归入等级层次较低的类别。“十三五”期间福利服务综合评价排名较为靠前的大多是经济欠发达的中西部省份，如内蒙古、陕西、重庆、黑龙江等。分析各具体指标可以发现，福利服务的综合评价情况与人口密度有着密切的关系，尤其是千人医疗机构床位数和城市每万人公共厕所数。因此，尽管北京、江苏、上海等地的经济发展水平较高，医疗机构床位数和公共厕所数总量较大，但受人口密度大的影响，福利服务的综合评价得分并不高。

三、中国居民社会福祉存在的主要问题

通过对我国居民社会福祉的综合评价结果可以看出，2016—2020 年我国各省份居民的社会福祉综合评价得分总体上呈现上升趋势，居民的保障救济、社会互助及福利服务均得到了不同程度的提升。但必须正视的是，现阶段我国居民社会福祉仍存在一些亟待解决的问题。

（一）我国居民社会福祉区域发展不均衡问题仍然存在

“十三五”期间，我国各省（自治区、直辖市）的居民社会福祉综合评价得分均有显著提高，尤其是中部、东北和西部地区，与东部地区相比有了较大幅度的增长，区域间的差距得到了一定程度的缩小。然而，社会福祉发展水平的区域差

距并没有完全消失。从社会福祉综合评价得分来看，东部地区的社会福祉在“十三五”期间保持全国领先水平；尽管其他三个地区的社会福祉综合评价得分也有增长，但始终落后于东部地区。

影响社会福祉发展状况的主要因素有经济发展水平、政府财政支出、居民收入等。[①] 从经济发展水平来看，尽管全国经济发展水平差异逐渐减小，但仍存在一定的差异，其中，东部地区的经济发展水平常年领先，东部地区和东北地区的经济发展总体上优于中部和西部地区，而西部地区的经济发展效益则相对较差。[②] 而政府财政支出和居民收入水平也与经济发展水平有着密不可分的关系。东部地区由于经济发展水平较高，在大多数评价指标中获得了较为理想的排名，如保障救济排名比较靠前的省份有北京、上海、天津等，而广西、新疆等西部地区省份和湖北、陕西等中部地区省份的排名则较为靠后。因此，推进区域协调发展仍是现阶段我国社会经济发展面临的一项艰巨任务。

（二）农村社区服务设施发展规模参差不齐，城乡及区域差异明显

社区服务设施是以非营利为主要目的，为本社区优抚对象、老年人、残疾人等服务的各种福利设施机构，是社区服务的载体和平台。自 20 世纪 90 年代推行社区服务开始，我国的社区服务设施建设规模和建设水平不断提升，但目前仍存在一些问题。

首先，我国社区服务设施发展水平仍存在区域差距。从数据来看，尽管“十三五”期间各个地区的社区服务设施覆盖率都有所提高，但西部、东北和中部地区与东部地区相比仍存在较大的差距。以 2020 年为例，我国东部地区社区服务设施覆盖率有所下降，但仍保持在 1.1 左右，中部地区和西部地区分别为 0.9655、0.8288，均次于东部地区，而处于全国末位的西部地区，其社区服务设施覆盖率仅为 0.5218，不到东部地区的 1/2。可以看出，社区服务的发展水平仍存在显著的区域差异。

---

① 参见吕承超：《中国社会保障发展空间非均衡及影响因素研究》，《中央财经大学学报》2016 年第 2 期，第 10～21 页。

② 参见夏万军、余功菊：《我国区域经济发展不平衡性研究》，《安徽师范大学学报》（人文社会科学版）2018 年第 4 期，第 111～121 页。

其次，社区服务设施的城乡差距较为显著。以 2020 年为例，我国各省份农村地区的社区服务设施覆盖率均值为 0.6838，而城镇地区社区服务设施覆盖率均值为 1.3089，几乎为农村地区的两倍，城乡差异显著。此外，在农村内部，社区服务设施发展水平也参差不齐。仍以 2020 年数据为例，我国中部地区农村社区服务设施覆盖率最高，平均达到 0.8850；其次是东部地区，社区服务设施覆盖率达到 0.8832；东北地区次之，为 0.6874；西部地区农村社区服务设施覆盖率为 0.4126，处于全国最低水平。中部地区和东部地区农村社区服务设施覆盖率是西部地区的两倍多。而城镇社区服务设施覆盖率并没有表现出太大的区域差异。

（三）民政事业费支出水平不高，占财政支出的比重较低

广义的民政事业费不仅包括国家财政预算安排的消费基金部分和积累基金中用于民政事业基本建设投资的部分，还包括民政部门向国内外企事业单位、社会团体和个人募集和接受捐赠的资金以及通过事业创收所获得的其他资金；而狭义的民政事业费只包括国家财政预算中用于发展民政事业的专项资金。[①] 本书所指的民政事业费即狭义的民政事业费，主要用于优抚安置、救济救灾和社会福利等工作。随着社会保障体制的不断完善，各国政府纷纷调整财政支出结构，加大包括民政在内的基本公共服务的投入，提高民政事业费的支出速度和支出规模。

据统计，改革开放后至 2013 年，我国民政事业费支出年平均增速维持在 17.3％，尤其是 2000 年后，民政事业费的年平均增长率高达 25％，但近年来这一增长率却不断降低。以 2018 年为例，与 2017 年相比，2018 年我国民政事业费支出的增长率仅为 7.3％，尽管这一增速略高于 GDP 的实际增长率，但与财政支出的增长率相比还有一定的差距，并且民政事业费支出在财政支出结构中的比例也比较低，仅占国家财政支出的 1.8％。

同时，我国民政事业费投入也出现了区域发展不平衡的现象。从区域分析来看，2018 年我国西部地区民政事业费支出占国家财政支出的比重为 2.5％，在全国处于最高水平，其后依次是中部地区、东北地区和东部地区，分别是 2.3％、2.3％、1.8％（见图 13），极差为 0.6983％；从省际分析来

---

① 参见胡文木：《论政府在社会福利中的财政责任：基于民政事业经费支出分析》，《浙江学刊》2016 年第 3 期，第 126～135 页。

看，2018 年位于西部地区的甘肃省民政事业费支出占国家财政支出的比重为 3.3%，东北地区的辽宁省为 2.5%，中部地区的安徽省为 2.5%，与此相比，东部地区的天津市为 2.3%，北京市则为 1.9%。由此可见，东部地区的民政事业费投入有较大的提升空间。

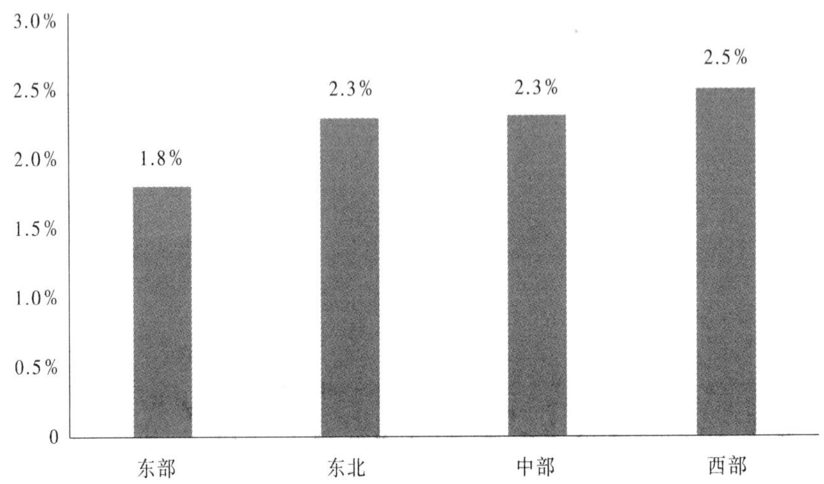

图 13　2018 年我国不同区域民政事业费支出占国家财政支出的比重

（四）慈善捐赠水平和常态化程度有待提升

社会捐赠是慈善事业的重要组成部分，也是衡量慈善事业发展程度的一个重要方面。尽管慈善捐赠在我国已经得到广泛的运用和发展，但由于起步较晚、发展速度较慢，我国慈善捐赠事业总体上仍处于初级发展阶段。“十三五”期间，我国社会捐赠水平总体上稳步提升，人均社会捐赠款数由 2016 年的 59.92 元增长至 2020 年的 69.01 元（拟合），增长率为 15.17%。人均社会捐赠水平显著提高，但与发达国家相比仍有一定的差距（2016 年，美国人均捐赠约合 7957.1 元人民币，英国人均捐赠约合 1316.5 元人民币①；同期我国人均社会捐赠款仅为 59.92 元）。此外，社会捐赠的常态化水平并不高，主要表现为受自然灾害的影响程度较大。以四川为例，2017 年四川九寨沟发生 7.0 级地震，当年四川省的人均社会捐赠款数增长至 35.83 元，与 2016 年相

① 数据来源于《2016 年度中国慈善捐助报告》。

比增长了111.25%；再如云南，作为2018年我国大陆地震灾害主要发生地之一，云南省共发生5级以上地震3次[①]，8至9月发生暴雨洪涝灾害，造成重大损失，该年云南省人均社会捐赠款数为12.67元，与2017年相比增长了295.94%。

四、提升中国居民社会福祉的政策建议

增进民生福祉是经济社会发展的根本目的。党的十九届四中全会审议通过了《中共中央关于坚持和完善中国特色社会主义制度 推进国家治理体系和治理能力现代化若干重大问题的决定》，提出“增进人民福祉、促进人的全面发展是我们党立党为公、执政为民的本质要求。必须健全幼有所育、学有所教、劳有所得、病有所医、老有所养、弱有所扶等方面国家基本公共服务制度体系，尽力而为，量力而行，注重加强普惠性、基础性、兜底性民生建设，保障群众基本生活”。从前文的分析可以看出，尽管我国居民社会福祉在国家的各项政策扶持下取得了显著的进步，但仍存在一些问题亟待解决。在此，为巩固全面建成小康社会成果、进一步增进社会福祉提出以下建议。

（一）加强顶层设计，推进区域协调发展

从前文的分析中可以看出，尽管“十三五”时期中西部和东北地区的社会福祉相对于东部地区有了较大幅度的提升，但总体上仍落后于东部地区。要缩小社会福祉的区域差异，首先应树立长远战略思维，改变过于追求短期成效的观念，认识到区域发展不平衡是我国经济社会发展面临的长期问题，尤其是消除绝对贫困后巩固深度贫困地区和人口的脱贫成果、防止出现规模性的返贫，要做好打持久战的部署。其次，要落实区域协调发展战略，坚定不移地推进西部大开发、振兴东北老工业基地、促进中部地区崛起，完善转移支付分配管理，将资源适度向中西部地区、脱贫地区、民族地区、特殊类型地区等倾斜，推动欠发达地区各项民生福祉的发展。最后，要充分发挥区

① 参见《云南四川为2018年我国地震主灾区》，2019年1月18日，https://www.cea.gov.cn/cea/xwzx/zyzt/5449234/5449230/5453758/index.html。

域协作帮扶、对口援藏、对口援疆工作在推进区域协调发展中的作用，为欠发达地区民生事业发展提供经验借鉴以及项目、资金、人力支持等。

（二）创新服务供给方式，扩大农村社区服务设施规模

“十三五”期间，我国社区服务设施覆盖率不断提升，但农村地区仍是城乡社区服务体系建设的短板，因此，补齐农村地区社区服务短板弱项，应当成为建设城乡社区服务体系的重要工作。2022年，国务院办公厅印发《“十四五”城乡社区服务体系建设规划》，提出争取到2025年，实现城乡社区综合服务设施全覆盖，农村社区综合服务设施覆盖率达到80%以上。[①] 推动农村地区社区服务设施发展，要找准着力点。首先，应明确农村社区居民的需求，农村社区居民在生活、就业方式上与城镇居民有显著区别，因此规划社区服务设施建设时，不能一味地照搬城镇地区的发展模式，而是要立足于农村居民的特点，围绕农村社区居民的需求，为其提供有针对性的服务。其次，政府相关部门应制定优惠政策，为农村社区居民提供一定的人、财、物、资金、信息服务和技术支持，确保农村社区的经济效益，同时要加大社区设施建设投入，比如新建一些文娱活动室，提供咨询服务、生活服务等，为农村社区发展创造良好的条件。最后，充分发挥政府引导作用，鼓励和支持社会组织、事业单位等其他社会主体参与社区服务的供给，构建社区服务的多元供给模式，提高农村社区服务的供给水平。

（三）加大财政投入力度，支持民政工作的开展

民政工作是我国社会建设中的重要组成部分，承担着解决社会问题、协调社会关系、处理社会矛盾的重要任务，充足的民政事业费为开展民政工作、保障民政事业的发展奠定了基础。我国民政事业费主要来源于政府拨款和集体自筹，从“十三五”期间民政事业费支出水平情况来看，当前我国民政事业费支出水平不高，占国家财政支出的比重偏低。《“十四五”民政事业发展规划》提出了民政事业发展的15项指标，为保障这些指标的实现，政府应进一步增加民政事业费支出，适当提高民政事业费支出在财政支出中的比重，

---

① 参见《国务院办公厅关于印发“十四五”城乡社区服务体系建设规划的通知》，2022年1月21日，http：//www.gov.cn/zhengce/content/2022-01/21/content_5669663.htm。

为民政工作的顺利开展提供充足的资金支持。此外，要尽快完善民政事业费支出的管理办法，优化支出结构，并建立健全民政事业费支出的监管制度，在统筹兼顾、全面抓好民政工作的同时，规范民政事业费的支出，推动民政事业科学、规范发展。

（四）完善法律法规，提升社会捐赠的透明度与公信度

社会捐赠作为慈善事业的重要组成部分，在救济救灾、救孤助残、扶贫济困方面发挥了重要作用。为推动慈善事业的规范运行，我国于 2016 年出台了《中华人民共和国慈善法》。然而，慈善事业运行发展的相关法律体系并不健全，近年来频发的社会捐赠领域的危机事件也阻碍了慈善捐赠事业的发展。因此，国家应进一步出台慈善事业的相关法律法规，首先要建立信息披露制度，加大社会监督力度，并强化内部监控制度，如设立专门的资金管理部门和监事机构，制定约束制度，开展年度审查与自审，建立完善多元的监督体系，规范慈善捐赠事业的运行与发展。其次，国家也要出台相应的政策扶持慈善事业，落实慈善捐赠的税前扣除政策，培育发展慈善组织，优化慈善机构的发展环境。再次，不断拓宽捐赠渠道，支持具有公开募捐资格的慈善组织依法开展互联网募捐。最后，要不断开展科普与宣传工作，纠正民众对慈善捐赠事业的认识误区，提高慈善捐赠在民众中的公信度。

（承担人：王怡、付海霞）

附录　本报告主要指标解释

1. **基本社会保险覆盖率：**已参加基本养老保险和基本医疗保险人口占政策规定应参加人口的比重。其中，基本养老保险包括城镇职工基本养老保险和城乡居民基本养老保险。按照政策规定，城镇职工基本养老保险和城镇职工基本医疗保险覆盖城镇所有类型用人单位及其职工，城乡居民基本养老保险的覆盖人群是年满 16 周岁、非国家机关和事业单位及不属于城镇职工基本养老保险制度覆盖范围的城乡居民，城乡居民基本医疗保险的覆盖人群是不属于城镇职工基本医疗保险制度覆盖范围的其他所有城乡居民。

2. **城镇/农村低保平均支出水平：**城市/农村低保计划资金支出除以当地最低生活保障人数。

3. **人均民政事业费支出水平：**民政事业费支出/当地总人口。

4. **人均社会捐赠款数：**社会捐赠款数/当地总人口。

5. **万人社会组织数：**社会组织数/当地总人口（万人）。

6. **千人医疗机构床位数：**医疗机构床位数/当地总人口（千人）。

7. **社区服务设施覆盖率：**社区服务设施数/（村委会数+居委会数）。

8. **城市每万人公共厕所数：**城市公共厕所数/城市总人口（万人）。

中国居民环境福祉报告

本报告沿用上一轮报告对于环境福祉的理解。在此基础上，本报告增加了生态文明建设视角来诠释环境福祉。1972 年 6 月 5 日至 16 日，联合国人类环境大会在瑞典首都斯德哥尔摩召开，大会发表了《联合国人类环境会议宣言》，指出人类环境的自然与人为两个方面对人类幸福和享有基本人权（生命本身的权利）都是必不可少的。该宣言提出的第一个原则是：人类享有处在保障生命尊严与幸福的优质环境中并能够自由、平等和充分生活的基本权利，并负有为当代和后代人保护与改善环境的庄严责任。1992 年 6 月在巴西里约热内卢召开的联合国环境与发展大会重申了 1972 年《联合国人类环境会议宣言》，并发表了《里约环境与发展宣言》，其中提出的第一条原则是：人类是可持续发展的核心关切，人类享有与自然和谐的健康而丰富的生命权利。习近平生态文明思想强调了绿水青山就是金山银山，尊重自然、顺应自然、保护自然和绿色发展、循环发展、低碳发展等基本理念，论述了良好生态环境是最公平的公共产品，也是最普惠的民生福祉。这些原则和论述与环境福祉的理念内核是契合的。

“十三五”时期是全面建成小康社会的决胜阶段，也是污染防治攻坚战全面开展的五年。2016—2020 年是迄今为止生态环境质量改善成效最大、生态环境保护事业发展最好的五年，党中央坚定信心坚决打好污染防治攻坚战，环境污染治理取得显著成效，生态环境保护各项工作都取得重要进展，规划纲要确定的主要目标任务已经基本完成。党的十九大报告把“坚持人与自然和谐共生”作为新时代坚持和发展中国特色社会主义的基本方略之一，为未来中国的生态文明建设和绿色发展指明了方向、规划了路线。本报告在已有研究的基础上，运用所编制的中国居民环境福祉评价指标体系，基于中国客观环境数据，对中国“十三五”时期环境福祉进行评价，并提出相应的对策建议。

一、中国居民环境福祉指标体系调整

（一）环境福祉指标体系的构建理念

中国生态文明建设成效如何，党中央、国务院发布的政策有何作用，其中确定的绿色发展目标任务能否实现，中国居民在生态环境改善上的获得感怎样，需要使用一套环境福祉指标体系来衡量检验。国家层面十分看重生态文明建设目标评价考核，2016 年 12 月，中共中央办公厅、国务院办公厅印发了《生态文明建设目标评价考核办法》，建立了生态文明建设目标指标，既监测评价每年的绿色发展进展成效，也综合考核生态文明建设阶段效果，坚持奖惩并举。

本报告沿用上一轮报告的环境福祉指标体系构建理念原则，致力于运用定量方法处理客观环境数据，从而构建一套着眼于资源与污染治理的环境福祉指标体系。该体系是由一系列相互联系、相互补充、具有层次性和结构性的评价指标构成的一个科学的、动态的有机整体。在构建环境福祉指标体系时，除了充分考虑数据的可得性，我们还从整体和系统的观点出发，遵循全面性与代表性相结合原则、系统性和科学性相结合原则、有效性和可比性相结合原则、简洁性和可操作性相结合原则、动态性与相对独立性相结合原则、前瞻性与政策关联性相结合原则以及城乡兼顾原则。[①]

环境是包括水环境、大气环境、土壤环境、生态环境、地质环境、噪声、辐射等环境要素的一个综合概念。按照以上对环境福祉的定义以及构建环境福祉指标体系的原则，并考虑到环境问题主要是城市环境问题，受制于环境统计数据的可得性，我们选择了包括单位 GDP 能耗在内的 8 个指标，涉及空气质量、能源利用、生态质量、植被绿化、工业“三废”排放与治理和生活垃圾处理等方面。

---

① 参见邢占军主编：《中国幸福指数报告（2006—2010）》，社会科学文献出版社 2014 年版，第 213～214 页。

(二) 中国居民环境福祉指标权重调整与评价函数

采用层次—主成分分析法，构建环境福祉评价函数。在层次分析阶段，根据上一轮从专家库中所抽取的相关领域专家问卷调查结果分析，沿用环境福祉各个指标所对应的首轮权重（见表 1）。

表 1　环境福祉指标体系首轮权重

分类	评价指标编号与名称	权重 W_i
资源与环境	c_1 单位 GDP 能耗	$W_1=0.0678$
	c_2 城市空气质量达标率	$W_2=0.2817$
	c_3 城市人均绿化覆盖面积	$W_3=0.1484$
环境污染及治理	c_4 工业废气排放总量	$W_4=0.1192$
	c_5 工业废水排放总量	$W_5=0.1316$
	c_6 工业固体废物综合利用率	$W_6=0.0752$
	c_7 工业污染治理投资占工业生产总值的比重	$W_7=0.0881$
	c_8 城市生活垃圾无害化处理率	$W_8=0.0880$

基于统计数据的可获得性，指标体系较 2011—2015 年发生了调整。由于 c_4 指标（工业废气排放总量）的统计年鉴表格发生变化，计算方式改为“二氧化硫排放量＋氮氧化物排放量＋粉尘总量排放量”；c_5 指标（工业废水排放处理率）数据难以获得，改为工业废水排放总量；c_7 指标（环境污染治理投资占 GDP 的比重）的统计年鉴表格于“十三五”期间有所缺失，改为工业污染治理投资占工业生产总值的比重。指标体系的最终调整结果及数据来源如表 2 所示。

表 2　环境福祉指标体系数据来源

分类	评价指标编号、名称与指标性质	数据来源
资源与环境	c_1 单位 GDP 能耗（－）	《中国统计年鉴》
	c_2 城市空气质量达标率（＋）	《中国统计年鉴》
	c_3 城市人均绿化覆盖面积（＋）	《中国城市建设统计年鉴》
环境污染及治理	c_4 工业废气排放总量（－）	《中国环境统计年鉴》
	c_5 工业废水排放总量（－）	《中国环境统计年鉴》

续表

分类	评价指标编号、名称与指标性质	数据来源
环境污染及治理	c_6 工业固体废物综合利用率（+）	《中国统计年鉴》
	c_7 工业污染治理投资占工业生产总值的比重（+）	《中国环境统计年鉴》
	c_8 城市生活垃圾无害化处理率（+）	《中国城市建设统计年鉴》

注："+"表示正指标，"−"表示逆指标。

由于指标体系的调整，此次报告数据无法与之前的数据保持连续性。考虑到数据指标评价的科学性与合理性，本书以 2016 年的数据为基期，对 2016—2020 年的统计数据根据公式①和公式②进行无量纲化处理。利用首轮权重对结果进行加权转换，再采用主成分分析法，按照特征值大于 0.5 以及累计方差贡献率大于 85%的原则对构成环境福祉的两个部分分别提取主成分因子。

正指标的无量纲化计算公式为：

$$Z_i = \frac{X_i - X_{\min}^{2016}}{X_{\max}^{2016} - X_{\min}^{2016}} + 6 \quad ①$$

逆指标的无量纲化计算公式为：

$$Z_i = \frac{X_{\max}^{2016} - X_i}{X_{\max}^{2016} - X_{\min}^{2016}} + 6 \quad ②$$

因素分析显示，资源与环境特征根大于 0.5 的因子有 3 个，能够解释整体的 100.00%，超过 85%，因此有效，从而得到资源与环境部分各个主成分的载荷矩阵（见表 3）。

表 3 资源与环境主成分载荷矩阵

	成分		
	1	2	3
c_1	0.733	0.204	−0.648
c_2	−0.019	0.966	0.257
c_3	0.738	−0.178	0.651

使用表 3 中的数据分别除以对应因子初始特征值的平方根便得到主成分

中每个指标所对应的系数，即可得到特征向量，再将特征向量与首轮权重进行加权转换后的指标数据相乘，便可得到资源与环境三个主成分的表达式：

$$F_1 = 0.7050W_1X_1 - 0.0182W_2X_2 + 0.7089W_3X_3$$

$$F_2 = 0.2035W_1X_1 + 0.9628W_2X_2 - 0.1777W_3X_3$$

$$F_3 = -0.6794W_1X_1 + 0.2696W_2X_2 + 0.6825W_3X_3$$

环境污染及治理特征根大于 0.5 的因子有 4 个，能够解释整体的 99.83%，超过 85%，比较有效，从而得到环境污染及治理各个主成分的载荷矩阵（见表 4）。

表 4　环境污染及治理主成分载荷矩阵

	成分			
	1	2	3	4
c_4	0.767	0.509	0.047	0.212
c_5	0.920	0.025	0.157	−0.027
c_6	−0.450	0.645	0.124	0.578
c_7	−0.015	−0.507	0.815	0.267
c_8	−0.219	0.597	0.512	−0.578

利用同样的方法，得到环境污染及治理部分四个主成分的表达式：

$$F_4 = 0.1991W_4X_4 + 0.2389W_5X_5 - 0.1169W_6X_6 - 0.0040W_7X_7 - 0.0569W_8X_8$$

$$F_5 = 0.1156W_4X_4 + 0.0057W_5X_5 + 0.1465W_6X_6 - 0.1152W_7X_7 + 0.1355W_8X_8$$

$$F_6 = 0.0093W_4X_4 + 0.0309W_5X_5 + 0.0244W_6X_6 + 0.1605W_7X_7 + 0.1007W_8X_8$$

$$F_7 = 0.0376W_4X_4 - 0.0048W_5X_5 + 0.1025W_6X_6 + 0.0474W_7X_7 - 0.1024W_8X_8$$

为了得到更好的综合评价，以每个主成分对应的方差贡献率为系数，加权求和后分别得到资源与环境、环境污染及治理两个部分的评价函数：

$$Y_1 = 0.1164W_1X_1 + 0.3985W_2X_2 + 0.4033W_3X_3$$

$$Y_2 = 0.3616W_4X_4 + 0.2707W_5X_5 + 0.1566W_6X_6 + 0.0887W_7X_7 + 0.0769W_8X_8$$

将上述两个评价函数相加，得到环境福祉综合评价函数：

$$Y = 0.1164W_1X_1 + 0.3985W_2X_2 + 0.4033W_3X_3 + 0.3616W_4X_4 + 0.2707W_5X_5 + 0.1566W_6X_6 + 0.0887W_7X_7 + 0.0769W_8X_8$$

最后再对以上评价函数的权重系数进行归一化处理，便得到了本轮最终的环境福祉评价函数：

$$Y = 0.0622W_1X_1 + 0.2128W_2X_2 + 0.2153W_3X_3 + 0.1931W_4X_4 + 0.1445W_5X_5 + 0.0836W_6X_6 + 0.0474W_7X_7 + 0.0411W_8X_8$$

(三) 中国居民环境福祉指标权重变化讨论

计算本轮环境福祉指标评价函数沿用了《中国幸福指数报告（2011—2015)》的第二轮专家主观权重。值得注意的是，在运用同样的权重的情况下，本轮环境福祉指标评价函数的各指标权重与上一轮存在差异（见表 5)。随着“十三五”规划的推进，中国整体及各地区的居民环境福祉也发生了变化，并体现在 2016—2020 年中国客观环境数据上，因此系数变动也是与时俱进的正常现象。基于此，对于在两轮评价函数对比中权重变动较大的指标，首先考虑是不是收集到的客观数据值特征的改变造成的结果，故本书先计算各环境福祉指标的变异系数来比较各指标数据离散程度（见表 6)，然后尝试从相关政策和指标特性等角度对这种变动做出基本解释。

表 5　评价函数中权重变化情况

指标	上轮系数	本轮系数	变动差
c_1 单位 GDP 能耗	0.2646	0.0622	−0.2024
c_2 城市空气质量达标率	0.1876	0.2128	0.0252
c_3 城市人均绿化覆盖面积	0.0067	0.2153	0.2086
c_4 工业废气排放总量	0.0356	0.1931	0.1575
c_5 工业废水排放总量	0.1435	0.1445	0.0010
c_6 工业固体废物综合利用率	0.1737	0.0836	−0.0901
c_7 工业污染治理投资占工业生产总值的比重	0.0231	0.0474	0.0243
c_8 城市生活垃圾无害化处理率	0.1651	0.0411	−0.1240

表 6　各指标的变异系数

指标	变异系数	加权变异系数
c_1 单位 GDP 能耗	0.5811	0.0394
c_2 城市空气质量达标率	0.2048	0.0577
c_3 城市人均绿化覆盖面积	0.3754	0.0557
c_4 工业废气排放总量	0.7081	0.0844
c_5 工业废水排放总量	0.9717	0.1279
c_6 工业固体废物综合利用率	0.3729	0.0280
c_7 工业污染治理投资占工业生产总值的比重	1.1416	0.1006
c_8 城市生活垃圾无害化处理率	0.0476	0.0042

1. 单位 GDP 能耗指标权重下降的原因

这一指标在整个环境福祉指标体系中属于资源与环境部分的基础指标。单位 GDP 能耗指标权重下降在很大程度上是因为指标自身数值小，各地区数据差异性较小，且持续下降的规律性强。

由表 6 可以看出，单位 GDP 能耗的加权变异系数较小，离散程度和差异性低，各地区指标数据具有趋同的趋势，该指标代表性减弱，这也可以解释其权重下降的原因。

单位 GDP 能耗宏观上描述一个国家（或地区）经济社会发展对能源消耗的依赖程度。单位 GDP 能耗是一项“约束性指标”，促使各地区、各行业更加重视提高经济发展的质量和效益，更加重视科学发展、可持续发展，加快走上新型工业化道路，引导人们过上更加舒适、便捷、绿色、低碳的生活。各地区单位 GDP 能耗指标于 2005 年末首次被纳入国家经济和社会发展五年计划，在党中央、国务院的正确领导下，各地区、各部门攻坚克难，从趋势来看，2011—2020 年，中国单位 GDP 能耗总体呈下降状态，2020 年受新冠肺炎疫情影响，单位 GDP 能耗较 2019 年小幅上升（见图 1）。

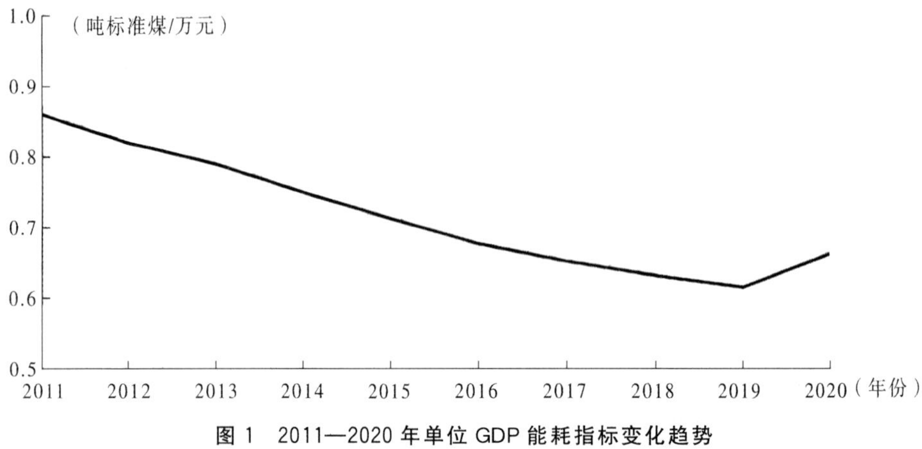

图 1　2011—2020 年单位 GDP 能耗指标变化趋势

2016—2020 年，中国运用工作推进、技术创新、政策保障等种种手段实现了节约能源的目标，单位 GDP 能耗继续下降，各地区差异性减小，总体呈现良好发展趋势，代表性便相应下降。按照《能源发展“十三五”规划》目标测算，“十三五”期间单位 GDP 能耗下降 15％以上，“十三五”期间最终实现下降近 14％，不但节约了大量能源资源，还减少了大量碳排放。

单位 GDP 能耗下降采取的主要措施有：积极推进能源清洁低碳转型，提升能耗较低行业比重，推进产业结构调整，提升了能源利用效率，重点控制化石能源消费，使非化石能源占能源消费总量的比重逐渐提升；推动节能降耗，提升工业、建筑、交通等重点领域节能减排水平，提升终端用能电气化水平，加强产业布局和能耗双控政策衔接，优先保障居民生活、现代服务业、高技术产业和先进制造业等用能需求；推进中国碳达峰、碳中和工作，大力推广企业技术创新。

在能源保供稳价、能耗双控等一系列政策措施的大力推动下，中国能源保供取得显著成效，能源绿色低碳发展扎实推进，能源消费逐季回落，能源供需整体延续稳定增长态势，能源结构持续优化，单位 GDP 能耗保持总体下降。单位 GDP 能耗的下降既节约了大量宝贵的能源，也减少了大量的污染物和二氧化碳排放，有力证明了中国经济持续转向并进入高质量发展。

2. 城市人均绿化覆盖面积指标权重上升的原因

这一指标主观权重的上升主要是因为国家对于城市绿地建设力度的加大与地区实施成效之间的差异。

自 2016 年《“十三五”生态环境保护规划》颁布以来，各地不断推进城市建设，引导城市扩大绿色生态空间，优化生态格局。根据《中共中央国务院关于进一步加强城市规划建设管理工作的若干意见》《全国国土规划纲要(2016—2030 年)》等文件的相关要求，各地区进一步提高城市人均公园绿地面积和城市建成区绿地率，加强城市环境综合治理，改变过去城市建设中存在的过度追求经济效益、过分开发、大面积硬化等问题，构建城市宜居环境。2016—2020 年，国家治理力度的增强与地区的积极贯彻落实促使城市人均绿化覆盖面积有了显著提升，城市环境得到明显改善，城市绿色化、生态化、自然化取得了骄人成果（见图 2）。

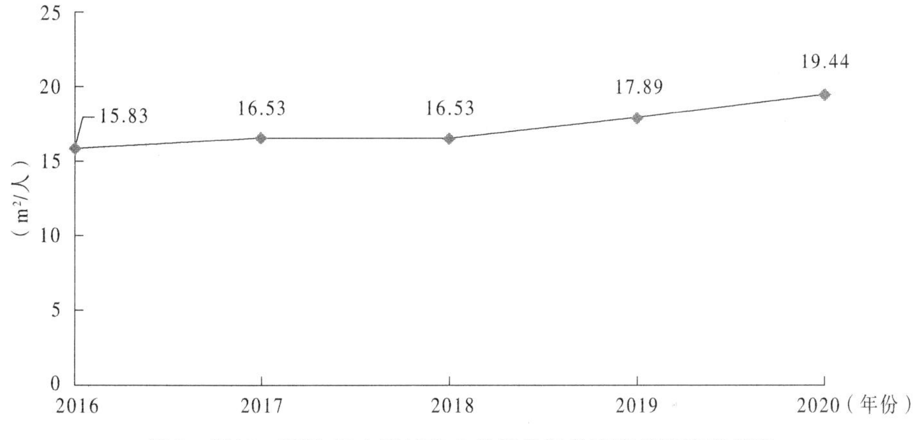

图 2　2016—2020 年中国城市人均绿化覆盖面积指标变化趋势

同时，城市人均绿化覆盖面积的主观权重提升，也受到其他因素的影响。城市人均绿化覆盖面积与城镇化的进程息息相关。而人口城镇化、土地城镇化与经济城镇化的推进，不同地区自然存在较大的差异。从人口城镇化层面分析，随着城镇人口规模越来越大，人口密度较高的地区，人均绿化覆盖面积可能会相对减少；从土地城镇化层面分析，城镇土地规模的扩张会为城市硬件建设提供空间载体，绿地建设资源供给增加，能够吸纳更多土地的地区在绿地建设方面可能具备更大的优势；从经济城镇化层面分析，经济总量的增长会为城市绿地建设提供坚实的物质基础，经济发展稳定向好的地区在建设城市绿化时具备更雄厚的资本。除此之外，各地区制定的规章制度存在差异，创新的程度不一，实施治理的力度自然也存在一定差异。这些差异的出现，导致城市人均绿化覆盖面积的地区差异性增强，在众多指标中的代表性增强，因此权重上升。

在数据层面，采取“城市建成区绿地面积（公顷[①]）/常住人口数（万人)”的形式进行计算。城市建成区绿地面积统计范围仅为城市人口居住区域，但是它是为所有人口提供的公共服务绿地，考虑到绿化区对于地区全部常住人口的辐射作用，故扩大分母范围。本指标聚焦于国家重点推进的城市建成区建设，排除其他城市土地的干扰，更加贴近城市人民生产生活，更加符合环境福祉研究的要求，因此该指标更具代表性。

3. 工业废气排放总量指标权重上升的原因

这一指标主观权重的上升有两部分原因：一是国家对于废气污染治理力度的加大和收集数据的来源发生变化；二是该指标变异系数大，数值达到0.7081，显示各地区指标数据差异大，具有代表性。

“十三五”期间，中国持续落实《“十三五”生态环境保护规划》《“十三五”节能减排综合工作方案》的相关要求，强化了京津冀及周边等重点地区与石化、化工、包装印刷、工业涂装等重点行业以及重点污染物的减排，提高管理的科学性、针对性和有效性，遏制工业废气排放总量的上升势头，促进环境空气质量持续改善。各规划及方案实施以来，中国环境空气质量持续改善，京津冀、长三角、珠三角等重点区域二氧化硫（SO_2）、二氧化氮（NO_2）、可吸入颗粒物（PM10）浓度大幅下降。2016—2020年，中国工业废气排放状况取得明显进展（见图3），对大气环境的影响日益突出，进一步改善了环境空气质量。

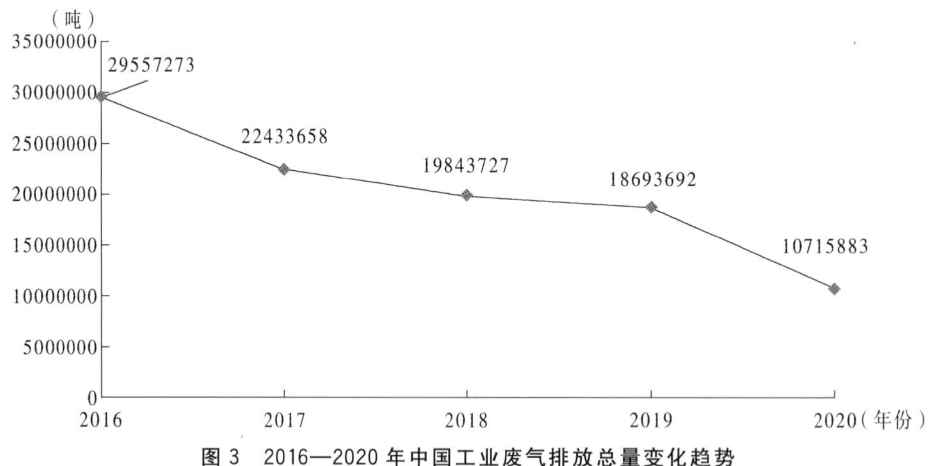

图3　2016—2020年中国工业废气排放总量变化趋势

① 1公顷＝10000m^2。

“十三五”期间，工业废气排放总量大幅下降，与党和国家的部署息息相关。中国加大产业结构调整力度，加快推进“散乱污”企业综合整治，严格建设项目环境准入，实施工业企业错峰生产；加快实施工业废气污染防治，全面实施石化行业达标排放，加快推进化工行业工业废气综合治理；建立健全工业废气管理体系，加快标准体系建设，建立健全监测监控体系，实施排污许可制度，加强统计、调查和监督执法，完善经济政策。环境保护部、国家发展改革委、财政部、质检总局、国家能源局等共同组织，部际协调，各司其职、各负其责、密切配合，及时协调解决推进过程中出现的困难和问题。各地完善信息公开制度，向社会公开工业废气排放重点企业排放情况。建立了企业环境信息强制公开制度，加大了环境宣传力度，鼓励、引导公众主动参与工业废气减排。

因统计数据缺失，工业废气排放总量指标数据来源改为“二氧化硫排放量＋氮氧化物排放量＋粉尘总量排放量”，二氧化硫、氮氧化物、粉尘是主要的工业废气，指标改为此三者排放量之和，从来源上剔除了其他次要工业废气的影响。一旦国家加大管控力度，控制主要工业废气排放，那么数据上的变动也更加显著，每一年显著下降的变化使该指标更直观清晰地呈现中国环境改善的力度与趋势，工业废气排放总量指标更具有代表性。

4. 城市生活垃圾无害化处理率指标权重下降的原因

这一指标权重下降是因为各地区城市生活垃圾已基本实现无害化处理，大部分地区能达到 95%以上，2020 年，共有 17 个省份完全实现城市生活垃圾无害化处理，处理率达 100%。因此该指标变异系数小，数据数值集中，不具备地区代表性。

从图 4 看，2011—2015 年，中国城市生活垃圾无害化处理率实现匀速抬升；2016—2020 年，上升空间的压缩导致该指标变化不显著。

2018 年，上海、深圳、武汉、成都、郑州等众多城市陆续开始进行垃圾分类，随着垃圾分类在中国各地的深入发展，中国生活垃圾处理全面无害化进程加速推进。国家统计局统计数据显示，2012 年以来，中国城市生活垃圾清运量总体呈现逐年增加的态势。到 2018 年，中国城市生活垃圾清运量达到了 22801.8 万吨，同比增长 5.95%。

中国生活垃圾无害化处理的方式主要有三种：卫生填埋、堆肥和焚烧。

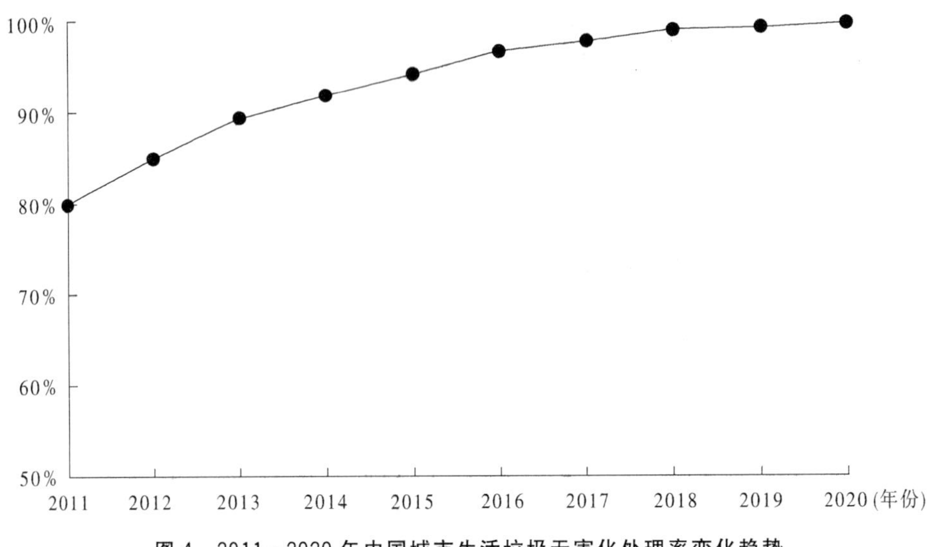

图 4　2011—2020 年中国城市生活垃圾无害化处理率变化趋势

国家统计局统计数据显示，2012 年，中国城市生活垃圾无害化处理量为 1.45 亿吨，2020 年增加到了 2.3 亿吨。其中，卫生填埋处理量为 0.7 亿吨，占 30.43%；焚烧处理量为 1.46 亿吨，占 63.48%。目前中国生活垃圾处理市场增速放缓，整体空间有限，但垃圾焚烧发电行业仍处于快速增长的时期。

"十三五"期间，随着城市化、工业化快速推进，北、上、广、深等大城市的环境压力日益增大，其纷纷出台各项政策，通过垃圾分类的标准化，有效提高了资源利用率和垃圾末端处置的安全性，其他采用无害化处理方式的垃圾处理量也将随之快速增长。2020 年，中国城市生活垃圾无害化处理率达 99.7%，这标志着中国垃圾无害化处理的基本实现。

二、2016—2020 年中国居民环境福祉分析

党的十八大以来，以习近平同志为核心的党中央把生态文明建设作为统筹推进"五位一体"总体布局和协调推进"四个全面"战略布局的重要内容，大力推动生态文明理论创新、实践创新、制度创新，形成了习近平生态文明思想，推动生态文明建设和生态环境保护从认识到实践都发生了历史性、转折性、全局性变化。"十三五"阶段全面实施了《"十三五"生态环境保护规

划》，中国生态环境质量总体改善，生产和生活方式绿色、低碳水平上升，环境风险得到有效控制，主要污染物排放总量大幅减少，生态环境领域国家治理体系和治理能力现代化取得重大进展。本报告根据调整后的环境福祉评价函数，选取2016—2020年官方公布的统计数据，对中国除港澳台外的31个省（自治区、直辖市）的环境福祉进行综合评价。

（一）2016—2020年居民环境福祉整体状况

2020年是全面建成小康社会和“十三五”规划收官之年。“十三五”期间生态环境保护的总体思路和目标追求为：以改善环境质量为核心，以解决生态环境领域突出问题为重点，全力打好补齐生态环境短板的攻坚战和持久战，确保2020年实现生态环境质量总体改善的目标，为人民群众提供更多的优质生态产品。在2020年这个关键节点，中国“十三五”时期的环境治理事业已取得巨大进展：牢固树立了“山水林田湖草是一个生命共同体”的理念，发展环保产业，积极应对气候变化，制定明确的碳排放条例，助推经济高质量发展；坚决打好污染防治三大战役，健全生态环境保护体系，开创生态环境领域国家安全工作新局面，强化全过程、多层级环境风险防控体系，完善突发环境事件应急处置机制，加大工业废物等生态环境风险要素的防控力度，防范化解生态领域的重大风险；加强区域协作，特别是大气污染联防联控，联合开展执法和应急处置，大幅度提升生态应急的水平；深化生态文明体制改革，提高生态环境精准治理、科学治理、依法治理的能力。

总体上看，“十三五”时期是迄今为止生态环境质量改善成效最大的五年，且为“十四五”的生态环境保护工作积累了宝贵经验。

从收集的各项环境指标数据来看，“十三五”时期环境治理成绩显著。中国倡导节约能源资源，大力推进能耗“双控”，中国单位GDP能耗由2016年的0.677吨标准煤/万元下降至2019年的0.615吨标准煤/万元，下降了9.16%，实现能耗增量控制目标；城市空气质量连续十年显著改善，2020年中国主要城市质量达标率达82.92%，较2016年上升10个百分点，臭氧浓度同比下降，大气治理行动循序渐进，环境空气质量改善成果进一步巩固；污染物排放总量控制已成为一项重要的环境法律制度，《水污染防治行动计划》在中国各地贯彻落实，水环境综合治理需求开始释放，涌现了一批工业废水处理领先企业，鼓励市场积极革新工业废气处理技术和设备；工业废水、废气排放总量持续下降，中国工业废水排放总量在 2016 年为 1292761 吨，至 2020 年下降为 518539 吨，下降率为 59.9%，而工业废气排放总量下降率达 63.7%。然而，工业固体废物总产生量持续增长，而其综合利用量、处理量、贮存量及倾倒量皆有一定的起伏，需进一步引导产生工业固体废物的企业进行无害化排放。尽管中国平均综合利用率缓慢提升，但 2020 年数据仍在 60%之下，中国工业固体废物资源化利用还有很大的提升空间。中国人均公共绿地面积逐年提升，城市园林绿化效果明显，城市人均绿化覆盖面积 2016—2020 年增加率达 22.8%，2020 年达 19.44m^2/人。

运用环境福祉综合评价函数对中国 2006—2020 年相关统计数据进行分析，得到“十一五”至“十三五”期间中国居民环境福祉综合评价得分趋势。通过图 5 的趋势分析，中国居民环境福祉在“十三五”期间总体呈增长态势，综合评价得分大幅提升。中国居民环境福祉综合评价得分增长率在“十一五”“十二五”“十三五”期间分别为 14.4%、2.1%、13.5%，虽然 2016—2020 年相较于“十一五”时期增速放缓，但这恰恰印证了中国生态环境保护工作已取得良好成效，在“十三五”时期纵深推入、持久发展。依据“十三五”时期的生态环境治理措施和治理成效，总结出以下五个方面。

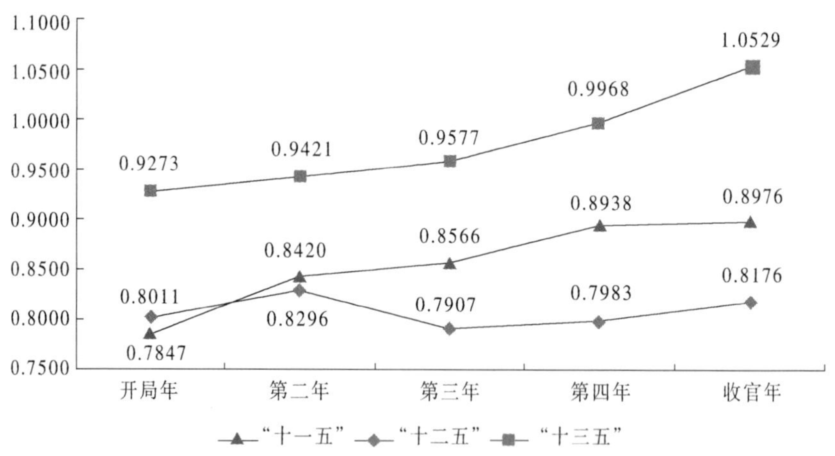

图 5　2006—2020 年中国居民环境福祉综合评价得分趋势

第一，污染防治攻坚战全面开展，人民群众环境获得感大幅提升。这也是“十三五”时期居民环境福祉综合评价得分显著上升的重要原因。“十三五”期间，中央财政累计安排大气、水污染防治资金高达 974 亿元和 783 亿元。2016年，中央财政安排水、大气、土壤污染防治资金合计338亿元；2020年，面对疫情的冲击，三项资金总和仍然达到了607亿元，较2016年增长了79.6%。《中华人民共和国国民经济和社会发展第十三个五年规划纲要》确定的9项约束性指标和污染防治攻坚战阶段性目标任务已超额完成。2015—2020年，中国地表水优良水质断面比例由64.5%上升到83.4%，劣Ⅴ类断面比例由8.8%降至0.6%；细颗粒物（PM2.5）平均浓度降至33微克/m^3；中国337个地级及以上城市年均优良天数比例升至87.0%。截至2019年，单位GDP二氧化碳排放降低48.1%，已提前完成了2015年提出的下降40%—45%的目标。[①] 在大气、水、土壤污染防治三大战役中，大气环境质量的改善成果是最突出、最显著的。2018年6月，国务院出台了《打赢蓝天保卫战三年行动计划》这一指导中国大气污染防治工作的纲领性文件，明确了大气质量改善目标、九大工作任务，覆盖政府各相关职能部门。2016年中国主要城市空气质量达标率为72.92%，2020年达到82.92%，提升了10个百分点。2020年中国337个地级及以上城市中，202个城市空气质量达标，占比59.9%，比2015年提升30.5个百分点。[②]

第二，完善环境治理政策体系，加大生态环境立法力度。“十三五”时期，中国发布并实施了《京津冀大气污染防治强化措施（2016—2017年）》《水污染防治行动计划》《土壤污染防治行动计划》《进口废物管理目录》（2017年）以及《生态环境损害赔偿制度改革方案》《关于全面加强生态环境保护坚决打好污染防治攻坚战的意见》等全方位的政策公文，完善了环境治理政策体系。在生态环境立法方面，先后完成了《中华人民共和国水污染防治法》《中华人民共和国核安全法》《中华人民共和国土壤污染防治法》《中华人民共和国固体废物污染环境防治法》《中华人民共和国生物安全法》等法律的制定和修订工作。

第三，落实生态文明体制改革要求，推进工业达标排放与治污减排。2015年9月，中共中央、国务院印发《生态文明体制改革总体方案》，中国扎

---

① 参见《2020中国生态环境状况公报》，2021年5月26日，https://www.mee.gov.cn/hjzl/sthjzk/zghjzkgb/202105/P020210526572756184785.pdf。

② 参见《2016中国环境状况公报》，2017年6月5日，https://www.mee.gov.cn/hjzl/sthjzk/zghjzkgb/201706/P020170605833655914077.pdf。

实推进供给侧结构性改革，积极构建绿色制造体系，加快淘汰落后产能，推进资源有偿使用和建立生态补偿制度，如《生态环境损害赔偿制度改革方案》指出，生态环境损害赔偿制度改革在中国展开并纳入中央生态环保督察，中国促进实现改革目标，加快构建现代环境治理体系。另外，强化综合治理，加强区域协作，特别是京津冀地区大气污染联防联控。2021 年，京津冀地区 PM2.5 平均浓度比 2013 年下降 63%，重度及以上污染天数减少 88%，多地联合开展执法和应急处置，加快实现生态应急与治污减排的目标。

第四，加大环境督察力度，实行最严格的环境保护制度。实行严格的责任追究和监管制度，进一步完善了国家生态治理体系和提升了治理能力。自 2015 年 7 月明确建立环保督察机制后，中央环保督察在“十三五”时期实现全覆盖。在实现第一轮对 31 个省区市全覆盖的同时，还对 20 个省份进行了“回头看”督察。第一轮督察共受理群众信访举报 13.5 万余件，罚款约 14.3 亿元；立案侦查 1518 件，拘留 1527 人；约谈党政领导干部 18448 人，问责 18199 人[①]，暴露了地方思想认识的共性问题。多省份建立污染地块联动监管机制，开展“绿盾 2017”到“绿盾 2020”自然保护区监督检查专项行动，严肃查处破坏生态环境的违法违规问题。随着《关于进一步强化生态环境保护监管执法的意见》与《中央生态环境保护督察工作规定》的出台，明确建立中央和省级两级督察体系，提升督察工作效率，规范生态环境保护督察工作，压实生态环境保护责任。

第五，加强环境风险防范与风险应急，守住自然生态安全边界。“十三五”时期，“三线一单”（生态保护红线、环境质量底线、资源利用上线和生态环境准入清单）开始实施，各省份落实到具体空间的生态、水、大气、土壤、资源利用等，围绕重点区域率先突破，如陕西省将其服务于秦岭水资源保护利用专项规划。“十三五”期间，中国自然保护地数量增加 700 多个，面积增加 2500 多万公顷，总数量达到 1.18 万个，约占中国陆域国土面积的 18%，生态红线以此为主体进行划定。中国着力提高生态系统自我修复能力和稳定性，守住自然生态安全边界，促进自然生态系统质量整体改善。2020 年，党和国家统筹做好疫情防控和经济社会发展生态环保工作，环境风险在

---

① 参见《中央环保督察实现全覆盖 问责人数超 1.8 万》，2017 年 12 月 28 日，http://www.gov.cn/xinwen/2017-12/28/content_5251261.htm。

疫情状况下得到有效控制：2020 年，中国 337 个地级及以上城市中，202 个城市空气质量达标，同比增加 45 个；中国臭氧年均浓度降低到 138 微克/m^3，同比下降 6.8%，实现自 2015 年以来的首次下降；中国地表水Ⅰ至Ⅲ类水质断面比例为 83.4%，同比上升 8.5 个百分点；中国土壤环境风险得到基本管控。[①] 由此可见，中国生态系统稳定性明显增强，生态安全屏障基本形成，生态环境领域国家治理体系和治理能力现代化取得重大进展。

党中央、国务院高度重视中国生态环境发展，“十三五”时期开展了一系列根本性、开创性、长远性工作。然而，中国推进绿色发展仍处于压力叠加、负重前行的关键期。习近平总书记指出，生态环境没有替代品，用之不觉，失之难存。生态文明建设是关系人民福祉、关乎民族未来的长远大计。要想交出一份满意的生态文明建设答卷，必须理论与实践并重，长期努力，严格要求。综合党的十九大报告提出的理念和“十三五”时期各方面的举措，中国生态文明建设力度越来越大，效果越来越明显。[②]

（二）2016—2020 年居民环境福祉的区域分析

按照中国目前地区间社会经济发展水平，将除港澳台外的 31 个省（自治区、直辖市）划分为四大区域。这四大区域在 2016—2020 年的资源与环境、环境污染及治理和环境福祉综合评价指数见表 7、表 8 和表 9。

表 7　2016—2020 年各区域资源与环境评价

	2016 年	2017 年	2018 年	2019 年	2020 年
东部地区	0.6206	0.6214	0.6231	0.6259	0.6360
东北地区	0.6301	0.6234	0.6357	0.6363	0.6369
中部地区	0.6078	0.6052	0.6094	0.6113	0.6239
西部地区	0.6197	0.6229	0.6232	0.6326	0.6342

① 参见《2020 中国生态环境状况公报》，2021 年 5 月 26 日，https：//www.mee.gov.cn/hjzl/sthjzk/zghjzkgb/202105/P020210526572756184785.pdf。

② 参见王安：《完整准确全面贯彻新发展理念 擘画绿色低碳循环发展“总蓝图”》，2021 年 2 月 24 日，https：//www.ndrc.gov.cn/xxgk/jd/jd/202102/t20210223_1267737.html?code=&state=123。

表 8 2016—2020 年各区域环境污染及治理评价

	2016 年	2017 年	2018 年	2019 年	2020 年
东部地区	0.3724	0.3765	0.3775	0.3783	0.3824
东北地区	0.3704	0.3706	0.3730	0.3742	0.3800
中部地区	0.3672	0.3736	0.3759	0.3766	0.3812
西部地区	0.3736	0.3757	0.3768	0.3771	0.3810

表 9 2016—2020 年各区域环境福祉综合评价

	2016 年	2017 年	2018 年	2019 年	2020 年
东部地区	0.9929	0.9979	1.0006	1.0041	1.0184
东北地区	1.0005	0.9940	1.0087	1.0105	1.0168
中部地区	0.9750	0.9787	0.9852	0.9879	1.0051
西部地区	0.9932	0.9986	0.9999	1.0097	1.0153

首先，从资源与环境评价（见表 7）来看，“十三五”期间，东北地区的得分总体高于其他三个地区，中部地区与其他地区差距较大。2017 年东北地区的得分出现了一定程度的下降，与东部地区、西部地区的差距缩小，但并未被其他地区超越，依旧居于中国第一位。从 2018 年开始，东北地区得分大幅度上升，稳居首位。“十三五”的最后一年（2020 年），东部及中部地区得分实现较大提升，提升率分别达到了 1.61%和 2.06%。在这一评价体系中，东北地区优势较为明显。

资源与环境部分主要涉及的指标有单位 GDP 能耗、城市空气质量达标率、城市人均绿化覆盖面积。这一部分的得分变化主要取决于城市空气质量达标率与城市人均绿化覆盖面积两个指标。将四大地区的城市空气质量达标率指标进行对比，可以发现东部地区虽然在“十三五”期间取得了巨大进步，在 2020 年超越了西部地区，但从总体来看，其五年间的发展不及西部地区稳健。对 2016 年和 2020 年的城市空气质量达标率指标进行纵向对比可得，东部地区 2016 年城市空气质量达标率平均值为 70.33%，至 2020 年则达到了 80.93%，提升了 10.60 个百分点。西部地区 2016 年城市空气质量达标率平均值为 76.57%，至 2020 年则达到了 87.27%，提升了 10.7 个百分点。据此分析，此指标上西部地区与东部地区有较大差异，达标率提升方面也具有微弱优势，可以解释西部地区得分稳步提升并在一段时间内超越东部地区的原因。

对四大地区的城市人均绿化覆盖面积指标进行对比，可以发现东部地区与东北地区在此指标上具备明显优势。对 2020 年四个地区的此指标进行横向对比可以发现，东部地区城市人均绿化覆盖面积平均值为 23.39m^2/人，遥遥领先于中部地区和西部地区，这可以解释东部地区 2020 年得分迅速增加的原因。而东北地区此指标达到 24.68m^2/人，三省发展均衡且态势较好。相较之下，中部地区的此指标虽较 2016 年有缓慢提升，但城市人均绿化覆盖面积平均值仅为 15.35m^2/人，仍未达到 20m^2/人；西部地区此指标 2020 年也仅为 16.89m^2/人。

综合全国来看，2016 年四个地区城市空气质量达标率平均值均未达到 80%；而 2020 年此指标东部地区、东北地区、西部地区均达到 80%以上。2016 年四个地区中城市人均绿化覆盖面积达 15m^2/人的仅有东部地区与东北地区，2020 年四个地区均达到 15m^2/人，各地区均有不同程度的提升。这种提升很大程度上源自国家政策对于环境保护的重视。东北地区在强化老工业基地振兴的同时，推动生态文明建设，加强大兴安岭、小兴安岭等生态系统保护，发展均衡。自 2016 年起，中部地区的资源与环境评价得分就处于中国最低水平，与其他三个地区得分差距较大。在“十三五”期间，中部地区的资源与环境评价得分缓慢提升，至 2020 年与其他地区的得分差距逐渐缩小。中部地区省份具备得天独厚的资源优势，可以借此大力发展经济，但资源的开发利用给自然环境带来极大压力。自《能源发展“十三五”规划》等文件颁布以来，中部地区积极落实规划内容，平衡经济与生态发展，既要金山银山也要绿水青山，在“十三五”期间取得了阶段性的成果，逐步缩小与其他地区的差距。西部地区在资源与环境评价得分中优势明显、成果突出，主要得益于国家西部大开发战略对生态环境的重视。西部地区的生态文明建设对于中国的可持续发展有不可忽视的作用，生态地位极为重要。“十三五”期间，西部地区坚持生态优先，强化生态环境保护，完善生态补偿机制，扎实推进天然林保护、防护林建设，提升生态安全屏障功能，建设生态产品供给区，合理开发煤炭、石油、天然气等战略性资源与其他矿产资源。[①]

其次，环境污染及治理评价得分方面，各地区都有了稳定的上升与发展，呈现向好的发展趋势。这在很大程度上源于国家“十三五”期间对于生态文明建设做出的努力。“十三五”期间，国家巩固绿色发展理念，努力为人民打造健康、绿色的生活环境，鼓励整个社会参与到污染治理的过程中，取得了重要成果。

对环境污染及治理的评价结果显示，东部地区的优势较为明显，领先其他三个地区；东北地区的评价得分基本处于全国较低水平，但 2020 年与其他地区的差距已经明显缩小（见表 8）；中部地区与西部地区差距不大，中部地区得分微弱领先。从趋势来看，各地区环境污染及治理水平均呈现“稳中有升”的发展趋势。针对此评价结果，做出如下相应解释。

东部地区在“十三五”期间，推动京津冀地区协同保护治理，加快推动天津传统产业绿色改造，促进河北地区承接北京非首都职能转移以及京津科技成果转化，积极完善污染治理体制，实现了京津冀协同可持续发展。同时山东半岛等地区也牢固树立绿色发展理念，对黄河下游及入海口地区进行重点污染治理，开拓旅游产业，推动石油等工业结构转型升级，成效显著。

东北地区的重工业发展在中国占据重要地位，然而重工业发展带来的环境污染问题不容忽视。“十三五”期间，国家不断提出推动东北老工业基地振兴的方针政策，为东北地区的可持续发展指明方向。东北地区三省积极推进钢铁、有色金属、化工、建材等行业绿色改造升级，化解过剩产能；积极培育新产业新业态，利用互联网高科技实现东北地区的产业转型，减少环境污染；同时，借助冰雪、森林、湿地、草原等自然资源与地理优势发展旅游、休闲产业，打造生态旅游区，充分实现可持续发展。东北地区牢固树立绿色发展理念，坚决摒弃损害甚至破坏生态环境的发展模式和做法，全面禁止湿地开垦、砍伐天然林等环境破坏行为，重视大气、水和土壤污染防治，因此在“十三五”期间取得了重要成果，缩小了与其他地区的差距。但作为重工业基地，东北地区产业的转型面临着重重困难，总体形势较为严峻。一方面，

① 参见《国务院关于印发“十三五”生态环境保护规划的通知》，2016 年 12 月 5 日，http://www.gov.cn/zhengce/content/2016-12/05/content_5143290.htm。

许多城市之前的过度开发利用导致其已成为资源枯竭型城市，环境污染的治理任务更加艰巨，短时间内难以实现生态修复，同时新型产业模式的发掘也是重要问题；另一方面，环境问题的复杂性使其治理更加困难。重工业运作过程中包含许多持久性环境污染物、危险废物、放射性物质等，环境风险巨大，对于治理人员的要求更高，任务更加艰巨。

中部地区环境污染及治理除了面临与东北地区类似的工业问题之外，水资源问题也是一大重要威胁。中部地区水资源极为欠缺，属于严重缺水地区，同时水体污染严重。针对水资源问题，中部地区需在发展过程中做到水资源保障与水体污染防治并驾齐驱，一方面倡导节约水资源，农村推广高效节水灌溉设施，城市提倡水资源节约利用；另一方面推动污染水域的修复工程，加大治理力度，实现可持续发展。

最后，从环境福祉综合评价来看，东部地区、东北地区与西部地区发展较为平衡，中部地区的得分较低。综合来看，各区域的环境福祉评价得分呈现稳步上升的态势，“十三五”的最后一年，四个地区间的差距也明显缩小（见图 6）。这肯定了国家“十三五”期间做出的努力与取得的成效。

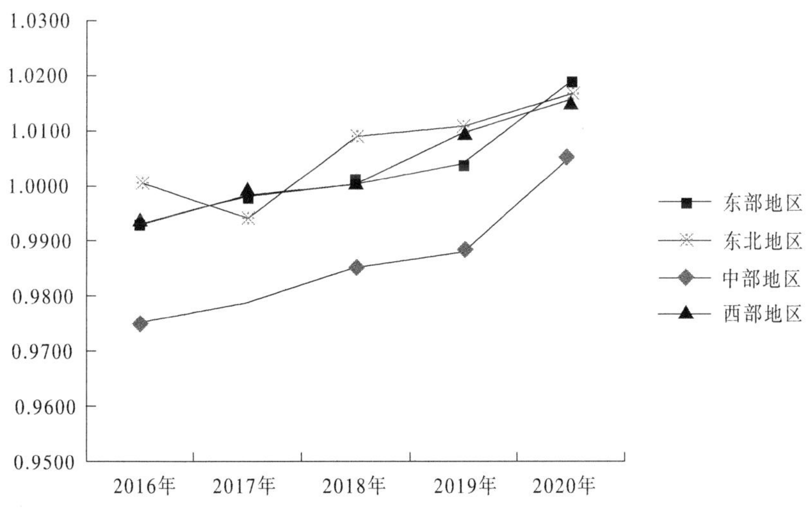

图 6　2016—2020 年四大区域环境福祉趋势

(三) 2016—2020 年居民环境福祉的省级层面数据分析

1. 各省（自治区、直辖市）环境福祉评价

为了使评价结果的分析具备科学性与合理性，采用系统聚类的方法对数据进行分年度聚类分析。根据资源与环境评价得分的聚类分析结果，每一年均可将中国除港澳台外的 31 个省（自治区、直辖市）分为四类，得分由高到低分别为 A 类、B 类、C 类、D 类。由此得到 2016—2020 年各省份的分类结果后，按照变化趋势对各省份进行五年聚类合并。2016—2020 年各省（自治区、直辖市）的分年度资源与环境评价聚类分析结果如表 10 所示。

表 10 2016—2020 年各省份资源与环境得分及聚类分析结果

地区	2016	得分	2017	得分	2018	得分	2019	得分	2020	得分	聚类合并
北京	B	0.6246	A	0.6331	A	0.6356	A	0.6395	A	0.6521	BAAAA
天津	B	0.6175	C	0.6148	B	0.6164	C	0.6221	C	0.6319	BCBCC
河北	D	0.5852	D	0.5793	D	0.5794	D	0.5863	D	0.5976	DDDDD
山西	C	0.6039	D	0.5876	D	0.5859	D	0.5971	D	0.6041	CDDDD
内蒙古	B	0.6265	B	0.6206	B	0.6254	B	0.6312	C	0.6314	BBBBC
辽宁	A	0.6359	B	0.6256	A	0.6334	B	0.6339	B	0.6346	ABABB
吉林	B	0.6296	B	0.6208	A	0.6384	A	0.6412	A	0.6429	BBAAA
黑龙江	B	0.6246	B	0.6238	A	0.6354	B	0.6337	B	0.6331	BBABB
上海	B	0.6215	B	0.6215	A	0.6296	B	0.6338	B	0.6389	BBABB
江苏	B	0.6179	B	0.6247	B	0.6231	C	0.6243	B	0.6388	BBBCB
浙江	B	0.6189	B	0.6224	B	0.6240	B	0.6294	A	0.6433	BBBBA
安徽	C	0.6122	C	0.6039	B	0.6168	C	0.6160	C	0.6317	CCBCC
福建	A	0.6465	A	0.6433	A	0.6420	A	0.6488	A	0.6497	AAAAA
江西	B	0.6316	B	0.6266	A	0.6368	B	0.6353	A	0.6413	BBABA
山东	D	0.5935	C	0.5998	C	0.6019	D	0.6002	D	0.6147	DCCDD
河南	D	0.5801	D	0.5846	D	0.5853	D	0.5880	D	0.6057	DDDDD
湖北	C	0.6074	C	0.6152	B	0.6135	C	0.6145	B	0.6335	CCBCB
湖南	C	0.6118	C	0.6130	B	0.6179	C	0.6170	C	0.6270	CCBCC

续表

地区	2016	得分	2017	得分	2018	得分	2019	得分	2020	得分	聚类合并
广东	A	0.6359	A	0.6336	A	0.6336	B	0.6334	A	0.6443	AAABA
广西	A	0.6359	A	0.6351	A	0.6360	A	0.6400	A	0.6430	AAAAA
海南	A	0.6441	A	0.6418	A	0.6451	A	0.6410	A	0.6486	AAAAA
重庆	B	0.6271	B	0.6239	A	0.6314	B	0.6356	A	0.6417	BBABA
四川	D	0.6005	C	0.6069	B	0.6117	C	0.6246	C	0.6225	DCBCC
贵州	A	0.6330	A	0.6347	A	0.6400	A	0.6404	A	0.6413	AAAAA
云南	A	0.6395	A	0.6393	A	0.6397	A	0.6383	A	0.6406	AAAAA
西藏	B	0.6304	A	0.6470	A	0.6483	A	0.6501	A	0.6522	BAAAA
陕西	D	0.5918	D	0.5906	C	0.5928	D	0.6041	D	0.6112	DDCDD
甘肃	C	0.6060	C	0.6029	C	0.5974	C	0.6221	C	0.6288	CCCCC
青海	C	0.6103	B	0.6279	B	0.6162	B	0.6377	B	0.6349	CBBBB
宁夏	B	0.6213	A	0.6335	B	0.6222	A	0.6443	B	0.6392	BABAB
新疆	C	0.6137	C	0.6124	B	0.6168	C	0.6233	C	0.6238	CCBCC

数据显示，31个省（自治区、直辖市）的资源与环境评价五年间的得分范围为0.5793—0.6522，得分均值为0.6238，至2020年，有25个省份超过均值水平，占比80.65%。从各地区指数得分情况来看，由表10可知，2016—2020年大多数省份的资源与环境评价得分总体上呈上升趋势，资源与环境指数全国均值增长了0.0144，说明多数省份的资源与环境存在不同程度的改善。“十三五”期间，资源与环境指数显著增长（增长大于0.02）的省份依次为：北京（+0.0275）、湖北（+0.0261）、河南（+0.0256）、青海（+0.0246）、浙江（+0.0244）、甘肃（+0.0228）、四川（+0.0220）、西藏（+0.0218）、山东（+0.0212）、江苏（+0.0209），31个省份中辽宁（−0.0013）是唯一出现下降趋势的省份。

如表11所示，2016—2020年，31个省（自治区、直辖市）的资源与环境指数均值总体呈增长态势，而差距比率与方差呈现先上升后下降的趋势，说明自2019年起31个省（自治区、直辖市）的资源与环境指数差距明显缩小，也充分证明了我国在“十三五”的最后两年中，资源与环境质量取得了突破性的提升。2016年此评价得分高于全国均值的有17个省份，31个省域的平均得分为0.6187，得分最高的是福建省，分值为0.6465，较全国均值高0.0278；得分最低的是河南省（0.5801），两省之间的极差达到了0.0664。2018年此评价得分高于全国均值的有18个省份，31个省份的平均得分为0.6217，得分最高的省份为西藏（0.6483），较全国均值高0.0266，与2016年相比，最大值与全国均值差距缩小；得分最低的河北（0.5794）和西藏之间的分差达到了0.0689，分值的差距在扩大。2020年评价得分的均值为0.6330，高于全国均值水平的省份有19个，数量较2016年增加2个；得分最高的省份依然为西藏，其综合得分为0.6522，较全国平均水平高0.0192，与2018年相比，西藏与全国均值的差距进一步缩小；得分最低的省份河北较2016年、2018年均存在不同程度的提高，2020年与西藏的得分差距为0.0546，说明两省之间的差距较2016年、2018年明显缓和，但头部和尾部省份之间的资源与环境差距依然较大。

表11　2016—2020年各省份资源与环境指数相关统计量

	2016年	2017年	2018年	2019年	2020年
均值	0.6187	0.6190	0.6217	0.6267	0.6330
最大值	0.6465	0.6470	0.6483	0.6501	0.6522
最小值	0.5801	0.5793	0.5794	0.5863	0.5976
差距比率	11.45%	11.69%	11.89%	10.88%	9.14%
方差	0.000285934	0.000312795	0.000345874	0.000285393	0.000198992

从聚类合并结果（见表10）来看，“十三五”期间，各省（自治区、直辖市）聚类结果总体呈持续稳定的态势，少部分省份出现波动情况。资源与环境的保护与修复是漫长且持久的，此聚类结果的稳定态势具备一定的合理性。基于2016—2020年资源与环境综合得分与聚类合并状况，将31个省（自治区、直辖市）聚类评价结果分为四类（见表12）。

表12　2016—2020年各省份资源与环境聚类评价结果分布

类别	相应省份	数量	百分比
第一类	福建、海南、贵州、云南、西藏、广西、广东、北京	8	25.81%

续表

类别	相应省份	数量	百分比
第二类	江苏、浙江、青海、内蒙古、黑龙江、上海、吉林、江西、重庆、辽宁、宁夏	11	35.48%
第三类	甘肃、安徽、湖南、新疆、湖北、天津、四川	7	22.58%
第四类	河南、河北、山西、陕西、山东	5	16.13%

第一类省份包括福建、海南、贵州、云南、西藏、广西、广东、北京共8个省份。这些省份的资源与环境评价得分五年间均处于全国领先水平。具体来看，福建、广西、海南、贵州、云南地区的评价得分五年间始终保持在A类，其余三个省份也仅有一年下滑至B类。依照收集的指标数据，北京、广东等省份的城市人均绿化覆盖面积实现了20m^2/人以上，领先于中国其他省份，而广西、贵州、云南等省份城市空气质量达标率则达到90%以上，位于中国较高水平，这些省份在资源与环境评价中均居于中国前列，因此居于第一类较为合理。

第二类省份在"十三五"期间聚类评价结果较为稳定，资源与环境得分处于中等偏上水平，主要包括东北三省，江苏、浙江、上海等经济发达的东部省份以及青海、内蒙古、江西、重庆等西部地区省份。第二类省份多居于B类，主要原因是东北地区与东部地区省份城市人均绿化覆盖面积指标具备优势而排名较为靠前，西部地区的部分省份则因城市空气质量达标率指标优势而得分较高。

第三类省份2016—2020年聚类评价以C类为主，大部分省份五年间资源与环境处于全国均值水平以下，进步和提升空间仍较大。这一类共包括7个省份，除天津外，其余省份均位于中西部地区，其中甘肃省在五年间未发生类型变化，安徽、湖南、新疆聚类合并结果相同，仅于2018年升至B类，其余年份均位于C类。

第四类省份主要包括河南、山东、河北等重工业大省，其中河南、河北在"十三五"期间评价聚类结果连续五年均为D类，其余省份"十三五"期间也均有三年及以上处于D类，环境污染较为严重，资源消耗量较大，资源与环境形势较为严峻。

从资源与环境评价结果横向比较来看，各省（自治区、直辖市）的资源与环境质量总体呈上升趋势。评价较为稳定且靠前的省份为西藏、福建、海南、云南。其中，西藏在2017—2020年一直占据中国首位，资源与环境评价得分最高；广东、广西、贵州的得分一直稳定居于前列，说明其资源与环境质量水平较高，且发展较为稳定。而东部地区与中部地区部分省份资源与环境评价得分处于落后水平，这与城市空气质量达标率和城市人均绿化覆盖面积两个指标有密切联系。与2016年相比，资源与环境取得较大进步的省份有北京、浙江、江苏、青海，主要集中在东部地区，说明国家在京津冀协同发展、长江经济带发展等方面取得了明显成效，改善了东部地区资源与环境质量。

采用同样的方法，得到2016—2020年各省（自治区、直辖市）环境污染及治理的评价结果，具体情况如表13所示。

表13　2016—2020年各省份环境污染及治理得分与聚类分析结果

地区	2016	得分	2017	得分	2018	得分	2019	得分	2020	得分	聚类合并
北京	A	0.3881	A	0.3878	A	0.3872	A	0.3872	A	0.3854	AAAAA
天津	A	0.3871	A	0.3872	A	0.3875	A	0.3885	A	0.3887	AAAAA
河北	C	0.3623	C	0.3692	C	0.3730	C	0.3737	D	0.3769	CCCCD
山西	C	0.3626	C	0.3698	C	0.3738	B	0.3757	D	0.3764	CCCBD
内蒙古	C	0.3584	C	0.3658	D	0.3674	D	0.3665	D	0.3732	CCDDD
辽宁	C	0.3625	C	0.3640	D	0.3661	D	0.3671	C	0.3786	CCDDC
吉林	B	0.3767	B	0.3745	C	0.3777	B	0.3784	B	0.3813	BBCBB
黑龙江	B	0.3721	B	0.3734	C	0.3751	B	0.3771	C	0.3800	BBCBC
上海	A	0.3871	A	0.3880	A	0.3874	A	0.3880	A	0.3877	AAAAA
江苏	D	0.3479	D	0.3580	D	0.3622	D	0.3646	C	0.3798	DDDDC
浙江	B	0.3735	B	0.3762	C	0.3779	B	0.3788	B	0.3821	BBCBB
安徽	C	0.3664	B	0.3747	C	0.3759	B	0.3752	B	0.3827	CBCBB
福建	C	0.3690	B	0.3767	C	0.3758	C	0.3746	B	0.3817	CBCCB
江西	C	0.3591	C	0.3659	D	0.3696	C	0.3709	C	0.3796	CCDCC

续表

地区	2016	得分	2017	得分	2018	得分	2019	得分	2020	得分	聚类合并
山东	C	0.3600	C	0.3682	D	0.3708	C	0.3723	D	0.3766	CCDCD
河南	B	0.3718	A	0.3789	B	0.3801	B	0.3815	B	0.3834	BABBB
湖北	B	0.3749	A	0.3782	B	0.3789	B	0.3788	B	0.3821	BABBB
湖南	C	0.3685	B	0.3741	C	0.3770	B	0.3777	B	0.3827	CBCBB
广东	C	0.3628	C	0.3681	D	0.3690	C	0.3705	C	0.3787	CCDCC
广西	B	0.3757	B	0.3759	C	0.3762	B	0.3762	C	0.3804	BBCBC
海南	A	0.3860	A	0.3854	A	0.3843	A	0.3845	A	0.3863	AAAAA
重庆	A	0.3814	A	0.3815	B	0.3819	B	0.3809	A	0.3844	AABBA
四川	C	0.3676	C	0.3710	C	0.3726	C	0.3730	D	0.3775	CCCCD
贵州	B	0.3734	B	0.3754	C	0.3770	B	0.3801	B	0.3822	BBCBB
云南	C	0.3668	B	0.3735	C	0.3742	C	0.3744	C	0.3791	CBCCC
西藏	A	0.3806	A	0.3816	B	0.3815	B	0.3808	B	0.3833	AABBB
陕西	B	0.3741	B	0.3751	C	0.3775	B	0.3781	A	0.3848	BBCBA
甘肃	B	0.3717	B	0.3761	C	0.3762	B	0.3767	B	0.3833	BBCBB
青海	A	0.3845	A	0.3834	A	0.3839	A	0.3844	B	0.3839	AAAAB
宁夏	A	0.3812	A	0.3793	B	0.3797	B	0.3800	B	0.3836	AABBB
新疆	C	0.3672	C	0.3703	C	0.3729	C	0.3739	D	0.3765	CCCCD

根据指标数据，31个省（自治区、直辖市）的环境污染及治理评价五年间的得分范围为0.3479—0.3887，得分均值为0.3763，至2020年除内蒙古外，其余30个省份均达到此均值水平。由表13可知，2016—2020年大多数省份的评价得分呈现稳中有升的态势，环境污染及治理指数全国均值增长了0.0098，说明全国多数省份都在加大环境污染治理力度并取得了巨大成效。“十三五”期间，环境污染及治理指数显著增长（增长大于0.0150）的省份依次为：江苏（+0.0319）、江西（+0.0205）、山东（+0.0166）、安徽(+0.0163)、辽宁（+0.0161）、广东（+0.0159），31个省份中北京（−0.0027）、青海

(—0.0006)出现了下降趋势。

根据表 14，“十三五”期间，31 个省份的环境污染及治理指数均值呈上升态势，方差逐渐降低，而差距比率在五年间也呈下降趋势，说明我国各省份之间的环境污染及治理指数差距明显缩小，也证明了我国在“十三五”期间大多数省份的环境治理取得了显著成效。2016 年评价得分高于全国均值的有 17 个省份，31 个省份的平均得分为 0.3716，得分最高的是北京，分值为 0.3881，较全国均值高 0.0165；得分最低的是江苏（0.3479），极差达到了 0.0402。2018 年评价得分高于全国均值的有 15 个省份，31 个省份的平均得分为 0.3765，得分最高的省份为天津（0.3875），较全国均值高 0.0110，与 2016 年相比，最大值与全国均值差距缩小；得分最低的江苏（0.3622）与天津之间的分差达到了 0.0253，分值的差距也在逐步缩小。2020 年评价得分的均值为 0.3814，高于全国均值水平的省份有 17 个，得分最高的省份依旧为天津，其综合得分为 0.3887，较全国平均水平高 0.0073，与 2018 年相比，最大值与全国均值的差距明显缩小；得分最低的省份内蒙古与天津的得分差距为 0.0155，说明省际差异依然较大，环境污染及治理仍存在地区发展不平衡现象。

表 14　2016—2020 年各省份环境污染及治理指数相关统计量

	2016 年	2017 年	2018 年	2019 年	2020 年
均值	0.3716	0.3751	0.3765	0.3771	0.3814
最大值	0.3881	0.388	0.3875	0.3885	0.3887
最小值	0.3479	0.3580	0.3622	0.3646	0.3732
差距比率	11.56%	8.38%	6.99%	6.56%	4.15%
方差	0.000097302	0.000052418	0.000038189	0.000035497	0.000012829

从聚类合并结果（见表 13）来看，“十三五”期间，大多数省份聚类评价结果呈持续稳定的态势，少部分省份出现波动增长和降低。基于 2016—2020 年环境污染及治理综合得分与聚类合并状况，将 31 个省（自治区、直辖市）聚类评价结果分为四类（见表 15）。

表 15　2016—2020 年 31 个省份环境污染及治理聚类评价结果分布

类别	相应省份	数量	百分比
第一类	天津、上海、北京、海南、重庆、青海、宁夏、西藏	8	25.81%
第二类	吉林、黑龙江、福建、湖北、湖南、广西、贵州、河南、甘肃、浙江、安徽、陕西、云南	13	41.94%
第三类	内蒙古、辽宁、新疆、河北、四川、山西	6	19.35%
第四类	广东、山东、江苏、江西	4	12.90%

第一类省份以 A 类与 B 类省份为主，包括天津、上海、北京、海南、重庆、青海、宁夏、西藏 8 个省份。这些省份的环境污染及治理得分五年间基本处于全国领先水平。具体来看，天津、上海、北京、海南的评价得分五年间始终保持在 A 类，其中天津与上海两市五年间的得分基本保持在全国前两位。这四个地区经济发展程度较高，在“十三五”期间加大了环境污染及治理的投资力度，体现了其环境污染及治理方面取得的卓越成果。另外，重庆、青海、宁夏与西藏也处于全国前列，稳定性较强。这四个地区因其优越的自然环境基础，在工业废弃物的排放等方面有较强优势。

第二类省份聚类评价以 B 类与 C 类为主。这一类主要包括贵州、云南等西部地区省份以及湖南、湖北等中部地区省份。大部分省份五年间此评价结果处于全国中等水平，其中河南与湖北仅于 2017 年跨升至 A 类，尚有较大的进步空间。

第三类省份主要包括辽宁、山西、河北等重工业大省与西部地区部分省份，多居于 C 类与 D 类。重工业大省的环境污染较为严重，污染状况具有复杂性，治理任务仍十分艰巨，而内蒙古等省份则因其资源与环境质量较高而导致环境污染治理的投资力度不及其他地区，使自身得分类别下降。

第四类省份包括广东、山东、江苏、江西四省，得分类别较为靠后。但四省均是环境污染及治理指数显著增长（增长大于 0.0150）的省份，“十三五”期间环境污染及治理取得了较大进步。这一类省份多位于东部地区，经济较为发达。

评价得分的主要影响因素是工业废气排放总量、工业废水排放总量、工业固体废物综合利用率三项指标。此三项指标中不同省份之间的差异较大，如 2016 年工业废气排放总量的最大差值为 2002245 吨，工业废水排放总量的最大差值为 181891 吨，工业固体废物综合利用率的最大差值为 95.94 个百分点，造成环境污染及治理综合评价得分上的差异。北京在 2020 年排名有小幅度的下降，主要原因是工业污染治理投资占工业生产总值的比重下降，工业固体废物综合利用率降低。

综合全国来看，北京、上海、浙江等经济发达的省份在环境污染及治理方面加大了治理力度，利用自身经济优势加大对环境治理的投资，并采用现代化手段对工业结构进行合理优化，提高工业废物的利用率，排名不断上升；而传统的工业大省由于重工业集聚，工业结构复杂，对环境治理的要求更高，因此得分尚有进步空间；云南、贵州等省份资源与环境良好，受北京等省份得分迅速上升的影响而导致自身类别下降。

借助系统聚类分析，得到 2016—2020 年各省（自治区、直辖市）环境福祉的综合评价结果，如表 16 所示。

表 16　2016—2020 年各省份环境福祉综合评价聚类分析结果

地区	2016	得分	2017	得分	2018	得分	2019	得分	2020	得分	聚类合并
北京	A	1.0127	A	1.0209	A	1.0228	A	1.0267	A	1.0376	AAAAA
天津	A	1.0046	B	1.0021	B	1.0039	B	1.0107	B	1.0206	ABBBB
河北	D	0.9475	D	0.9484	D	0.9524	D	0.9601	D	0.9745	DDDDD
山西	D	0.9665	D	0.9574	D	0.9598	D	0.9727	D	0.9805	DDDDD
内蒙古	C	0.9849	C	0.9864	C	0.9928	C	0.9977	C	1.0046	CCCCC
辽宁	B	0.9985	C	0.9897	B	0.9994	C	1.0011	B	1.0132	BCBCB
吉林	A	1.0063	B	0.9952	A	1.0162	A	1.0196	B	1.0242	ABAAB
黑龙江	B	0.9967	B	0.9972	A	1.0106	B	1.0108	B	1.0131	BBABB
上海	A	1.0086	A	1.0095	A	1.0170	A	1.0218	B	1.0265	AAAAB
江苏	D	0.9658	C	0.9827	C	0.9852	C	0.9888	B	1.0186	DCCCB
浙江	B	0.9924	B	0.9986	B	1.0019	B	1.0082	B	1.0253	BBBBB
安徽	C	0.9786	C	0.9786	C	0.9928	C	0.9912	B	1.0144	CCCCB
福建	A	1.0155	A	1.0200	A	1.0178	A	1.0234	A	1.0314	AAAAA
江西	B	0.9906	B	0.9924	B	1.0063	B	1.0062	B	1.0209	BBBBB
山东	D	0.9535	D	0.9680	D	0.9727	D	0.9724	C	0.9913	DDDDC
河南	D	0.9519	D	0.9635	D	0.9654	D	0.9695	C	0.9892	DDDDC
湖北	C	0.9823	B	0.9934	C	0.9924	C	0.9933	B	1.0156	CBCCB

续表

地区	2016	得分	2017	得分	2018	得分	2019	得分	2020	得分	聚类合并
湖南	C	0.9803	C	0.9871	C	0.9948	C	0.9947	B	1.0098	CCCCB
广东	B	0.9987	B	1.0017	B	1.0026	C	1.0039	B	1.0231	BBBCB
广西	A	1.0116	A	1.0110	A	1.0123	A	1.0162	B	1.0234	AAAAB
海南	A	1.0301	A	1.0271	A	1.0294	A	1.0255	A	1.0349	AAAAA
重庆	A	1.0086	B	1.0054	A	1.0133	A	1.0165	B	1.0261	ABAAB
四川	D	0.9680	C	0.9780	C	0.9844	C	0.9976	C	1.0000	DCCCC
贵州	A	1.0064	A	1.0101	A	1.0170	A	1.0205	B	1.0235	AAAAB
云南	A	1.0063	A	1.0128	A	1.0139	B	1.0127	B	1.0197	AAABB
西藏	A	1.0110	A	1.0286	A	1.0298	A	1.0309	A	1.0355	AAAAA
陕西	D	0.9660	D	0.9657	D	0.9703	C	0.9822	C	0.9960	DDDCC
甘肃	C	0.9777	C	0.9790	D	0.9735	C	0.9988	B	1.0122	CCDCB
青海	B	0.9947	A	1.0113	B	1.0002	A	1.0221	B	1.0188	BABAB
宁夏	A	1.0025	A	1.0128	B	1.0019	A	1.0244	B	1.0229	AABAB
新疆	C	0.9809	C	0.9827	C	0.9897	C	0.9973	C	1.0003	CCCCC

数据显示，31个省（自治区、直辖市）的环境福祉综合评价五年间的得分范围为0.9475－1.0376，得分均值为1.0002，至2020年有25个省份超过均值水平，占比80.65%。由表16可知，“十三五”期间大多数省份的环境福祉评价得分呈现上升的良好态势，全国均值增长了0.0241。“十三五”期间，环境福祉综合指数值显著增长（增长大于等于0.0300）的省份依次为：江苏（＋0.0528）、山东（＋0.0378）、河南（＋0.0373）、安徽（＋0.0358）、甘肃（＋0.0345）、湖北（＋0.0333）、浙江（＋0.0329）、四川（＋0.0320）、江西（＋0.0303）、陕西（＋0.0300），31个省份中增长幅度最小的是海南（＋0.0048）。

根据表17，“十三五”期间，31个省（自治区、直辖市）的环境福祉综合评价指数均值不断上升，差距比率与方差均呈降低趋势，充分说明我国环境福祉省际差距明显缩小，肯定了各省份在环境保护及污染治理方面做出的各项举措。2016年，评价得分高于全国均值的有18个省份，31个省（自治区、直辖市）的评价平均得分为0.9903，得分最高的是海南，分值为1.0301，较全国均值高0.0398；得分最低的是河北（0.9475），极差为0.0826。2018年，评价得分高于全国均值的有18个省份，31个省份的平均得分为 0.9981，得分最高的省份为西藏（1.0298），较全国均值高 0.0317，与 2016 年相比，最大值与全国均值差距缩小；得分最低的河北（0.9524）与西藏之间的分差达到了 0.0774，分值差距也在逐步缩小。2020 年，评价得分的均值为 1.0144，高于全国均值水平的省份有 19 个，较 2016 年数量增加 1 个；得分最高的省份为北京，其综合得分为 1.0376，较全国平均水平高 0.0232，与 2018 年相比，最大值与全国均值的差距进一步减小；得分最低的省份依旧为河北（0.9745），极差达到了 0.0631，虽然较 2016 年差距有所减小，但仍存在较大差异。

表 17　2016—2020 年各省份环境福祉综合指数相关统计量

	2016 年	2017 年	2018 年	2019 年	2020 年
均值	0.9903	0.9941	0.9981	1.0038	1.0144
最大值	1.0301	1.0286	1.0298	1.0309	1.0376
最小值	0.9475	0.9484	0.9524	0.9601	0.9745
差距比率	8.72%	8.46%	8.13%	7.37%	6.48%
方差	0.000436408	0.000423358	0.000406382	0.000349152	0.000247651

从聚类合并结果（见表 16）来看，2016—2020 年，各省份环境福祉综合评价得分都实现了不同程度的提升。基于 2016—2020 年评价得分与聚类合并状况，将 31 个省（自治区、直辖市）聚类评价结果分为四类（见表 18）。

表 18　2016—2020 年各省份环境福祉综合聚类评价结果分布

类别	相应省份	数量	百分比
第一类	北京、天津、上海、浙江、福建、广东、广西、海南、重庆、贵州、西藏、云南	12	38.71%
第二类	吉林、黑龙江、江西、安徽、湖北、湖南、辽宁、内蒙古、新疆、四川、甘肃	11	35.48%
第三类	河北、山西、陕西、河南、山东	5	16.13%
第四类	青海、宁夏、江苏	3	9.68%

第一类省份主要包括云南、海南、福建、西藏等资源与环境评价得分较高的省份和天津、上海、浙江等环境污染及治理评价得分较高的省份。这些省份的环境福祉综合评价得分五年间基本处于全国领先水平。

第二类省份分布较为分散，四大地区省份均有涉及。此类省份多为 B 类与 C 类，大部分省份五年间评价结果处于全国中等水平，尚有进步空间。

第三类省份包括河北、山西、陕西、河南、山东五省。其中河北与山西两省五年间均处于 D 类，环境福祉综合评价得分较为落后，陕西、河南、山东也仅在 2020 年处于 C 类，其他年份均处于 D 类。环境福祉的改善仍任重道远。

第四类省份主要为“十三五”期间环境福祉综合评价结果具有较强波动性的地区，这些省份的环境福祉呈现上下波动走势，包括青海、宁夏、江苏三省份。

从评价结果的横向比较来看，各省（自治区、直辖市）的评价得分总体在稳步提升，说明居民环境福祉逐渐改善。总体来看，“十三五”期间各省（自治区、直辖市）纷纷制定相关制度法规，积极落实规划内容，增大投资力度，保护与治理双管齐下，区域差异逐渐缩小，取得了一系列显著成果。具体来看，北京、上海、福建、海南、重庆等省份环境福祉综合评价始终稳居中国前列。同时由于《西藏生态安全屏障保护与建设规划（2008—2030 年）》在“十三五”期间稳步实施，对于西藏生态环境的保护力度不断加大，因此西藏的评价得分也处于较高水平。从评价结果中可以看出，环境福祉综合评价明显改善的有江苏、湖北、甘肃。

从以上聚类分析结果可知，北京市为第一类，作为首都，“十三五”期间环境污染及治理评价得分小幅下降。东北三省位于第二类，差距不大，辽宁省的各部分评价与综合评价得分情况具有代表性。河南、河北两省情况相似，在聚类分析中两省均位于第三类，在“十三五”期间环境污染与治理评价得分稳步上升，进步明显，可进行对照分析。云南省的资源与环境评价得分较高，处于前列。“十三五”时期，青海省和宁夏回族自治区在环境福祉综合评价及两个子类的聚类分析中均位于同一类别，且均为西部地区省份。综上所述，这 7 个省份具备代表性和典型性，接下来将对这 7 个省份进行具体分析。

2. 部分省（自治区、直辖市）环境福祉评价分析

2016—2020 年，中国大部分省份的环境福祉状况总体稳定，但也有部分省份起伏较大、波动明显。为此，我们选取了东部地区的北京、河北二省（市），东北地区的辽宁省，中部地区的河南省，西部地区的云南省、青海省、

宁夏回族自治区，对这 7 个具有典型性的省份进行具体分析。

(1) 北京市。北京市作为中国政治中心、文化中心、国际交往中心、科技创新中心，其环境福祉评价一直受到各界关注。结合图 7 得分的变化，可以看出北京市的资源与环境得分平稳增长，并且于 2017 年实现类别的跨升，可见其发展良好的环境资源状况。从指标数据中发现，北京市空气质量达标率从 2016 年的 54.10%上升到 2020 年的 75.41%，取得了非常显著的进步。北京于 2013—2017 年实施了五年清洁空气行动计划，空气质量显著改善。相比 2013 年，北京 2017 年大气 PM2.5 的浓度从 89.5 微克/m^3 下降到了 58 微克/m^3，下降了 35.2%，同时二氧化硫、二氧化氮、PM10 等污染物浓度也显著下降，特别是二氧化硫的浓度下降了 70%以上。继五年清洁空气行动计划之后，2018 年北京市发布实施了蓝天保卫战三年行动计划，京津冀三地协同发展，联合应对空气重污染，综合部署。2020 年北京全市细颗粒物(PM2.5)年均浓度累计下降 53%，首次降到“30＋”，为 38 微克/m^3，二氧化硫年均浓度连续四年达到个位数，可吸入颗粒物和二氧化氮年均浓度连续两年达到国家二级标准。北京市重污染天数从 2015 年的 46 天下降到 2019 年的 4 天，减少了 42 天。

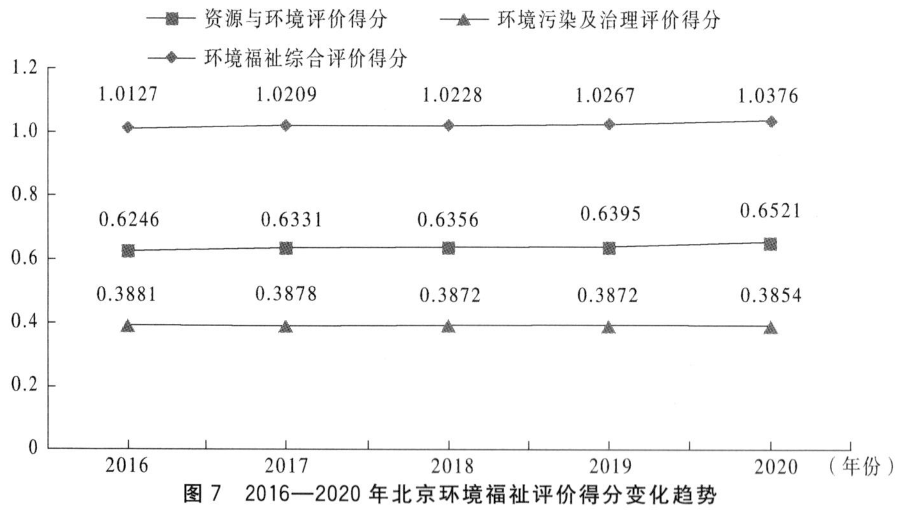

图 7　2016—2020 年北京环境福祉评价得分变化趋势

在环境污染及治理方面，从得分角度来看，北京市整体处于稳定状态，2020 年得分有小幅度下降，主要原因是北京市污染防治进入更艰巨的深水区和攻坚区，随着治理力度的加大和成效的显现，较容易治理的工业源的贡献相应减小；与此同时，中国环境污染治理力度加大，其他省份成效较显著。从指标数据看，2016 年北京市城市生活垃圾无害化处理率已达到 99.84%，2020 年成功实现全部无害化处理，增长率在中国范围内较低；工业污染治理投资占工业生产总值的比重在 2018 年出现了下降的情况，并在 2019 年、2020 年持续下降。工业污染治理投资占工业生产总值的比重的降低导致了北京市环境污染及治理排名的下降。

从环境福祉综合评价来看，北京市“十三五”期间的环境状况是比较稳定的，得分总体增长，尽管排名有小幅波动，但均居于中国上游水平。北京市“十三五”规划目标提前超额完成，人民群众生态环境获得感、幸福感、安全感显著增强，北京大气污染防治经验被联合国环境署纳入实践案例，成效显著。生态文明建设全面推进，北京市成立中共北京市委生态文明建设委员会，下设 7 个专项工作小组，统筹全市生态文明建设工作。新时代生态环境治理格局有效构建，出台《关于全面加强生态环境保护坚决打好北京市污染防治攻坚战的意见》，制定实施《北京市生态环境保护工作职责分工规定》等，生态文明试点示范成效显著，5 个区分别荣获国家生态文明建设示范区等称号。污染防治攻坚战取得决定性成就，全面消除 142 条段黑臭水体，污水处理率达到 95%，日污水处理能力提升了近 70%，二氧化硫、氮氧化物、化学需氧量和氨氮排放总量分别削减 97%、43%、46.6%和 52.5%。绿色发展水平显著提高，第三产业占比稳定在 80%以上。退出不符合首都功能的一般制造业和污染企业 2154 家，清理整治散乱污企业 1.2 万家。能源结构持续调整，关停四大燃煤电厂，130 余万户城乡居民开展散煤清洁能源替代，平原地区基本实现“无煤化”，煤炭消费总量由 1165.2 万吨降至 135 万吨，优质能源比例提升到 98.5%以上，基本解决了燃煤污染问题。生态环境安全得到有效保障，环境治理能力大幅提升，全民共治格局走向深入，区域协同机制逐步健全。①

2016—2020 年，北京市主要环境指标原始数据如表 19 所示。

---

① 参见《北京市人民政府关于印发〈北京市“十四五”时期生态环境保护规划〉的通知》，2021 年 12 月 10 日，http://www.beijing.gov.cn/zhengce/zhengcefagui/202112/t20211210_2559052.html。

表 19　2016—2020 年北京市主要环境指标原始数据

	城市空气质量达标率（%）	单位 GDP 能耗（吨标准煤/万元）	工业废气排放总量（吨）	城市人均绿化覆盖面积（m^2/人）
2016 年	54.10	0.32	44111	39.84
2017 年	61.92	0.31	24624	40.49
2018 年	62.19	0.30	24974	41.35
2019 年	65.75	0.28	20394	42.67
2020 年	75.41	0.26	15115	43.37

（2）辽宁省。辽宁省作为中国东北地区中心省份，是中国重要的重工业基地、农业强省、经济强省，其环境福祉评价比较有代表性。环境福祉综合评价得分（见图 8）保持平稳。2017 年，辽宁省的资源与环境、环境福祉综合评价得分出现下降，主要是由于 2017 年城市空气质量达标率由 2016 年的 81.69%下降至 70.14%，且工业污染治理投资占工业生产总值的比重较 2016 年下降 0.1056 个百分点。

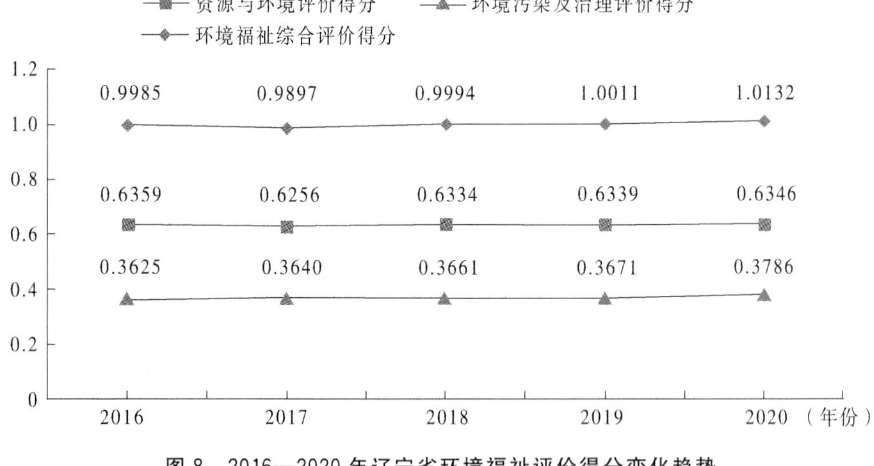

图 8　2016—2020 年辽宁省环境福祉评价得分变化趋势

随着节能减排与打赢蓝天保卫战三年行动计划的推进，至 2020 年，辽宁省优良天数比例同比增加，6 项污染物浓度同比下降，综合指数同比下降。尽管全省城市空气质量达标率为 78.42%，较 2016 年有小幅下降，但全省优良天数比例平均为 83.6%，同比上升 2.9 个百分点，14 个地级以上城市环境空气质量优良天数比例为76.8%—95.6%。[①] 所以，虽然2017年辽宁省城市空气质量下降导致环境福祉评价排名下降，但总体城市环境空气质量持续改善。2016—2020年辽宁省主要环境指标原始数据如表20所示。

表20 辽宁省主要环境指标原始数据

	城市空气质量达标率（%）	工业废气排放总量（吨）	工业污染治理投资占工业生产总值的比重（%）	工业废水排放总量（吨）
2016年	81.69	1554347	0.2843	44167
2017年	70.14	1477732	0.1787	43832
2018年	77.26	1408460	0.0896	30814
2019年	77.81	1341670	0.1489	29006
2020年	78.42	501392	0.1235	13721

（3）河南省和河北省。河南省和河北省同位于中国北方，同是工业大省。这两省在环境福祉评价中具有明显的相似性。总体来讲，两省的环境福祉资源与环境评价、综合评价尚有较大的进步空间。但从环境污染及治理评价结果来看，两省在"十三五"期间均取得了明显进步。其中河南省在2020年位于全国较高水平，河北省相较于2016年也有小幅度进步。河南省的工业废气排放总量在五年间有了明显减少，拉动了其环境污染及治理评价的排名。而河北省由于工业固体废物综合利用率与河南省差距较大，因此得分上升幅度并不大。2016—2020年河南省、河北省环境福祉评价得分见表21。

表21 2016—2020年河南省、河北省环境福祉评价得分

	省份	2016年	2017年	2018年	2019年	2020年
资源与环境评价得分	河南	0.5801	0.5846	0.5853	0.588	0.6057
	河北	0.5852	0.5793	0.5794	0.5863	0.5976

① 参见《2020年辽宁省生态环境状况公报》，2021年6月5日，http://sthj.ln.gov.cn/hjzl/hjzkgb/hjzlzkgb/202106/P020210604538020716158.pdf。

续表

	省份	2016 年	2017 年	2018 年	2019 年	2020 年
环境污染及治理评价得分	河南	0.3718	0.3789	0.3801	0.3815	0.3834
	河北	0.3623	0.3692	0.3730	0.3737	0.3769
环境福祉综合评价得分	河南	0.9519	0.9635	0.9654	0.9695	0.9892
	河北	0.9475	0.9484	0.9524	0.9601	0.9745

2016 年，河南省全面强化工业减排，化解煤炭钢铁行业过剩产能，强化“污染围城”整治；贯彻实施《河南省碧水工程行动计划（水污染防治工作方案）》，形成九个重点污染行业专项整治指导方案；全省省辖市城市环境空气质量级别总体为中度污染，全省城市环境质量主要污染物为 PM2.5，说明还需进一步改善空气质量。2018 年，河南省着力打好碧水保卫战，持续加强危废处理；全省省辖市城市环境空气质量级别总体为轻污染，7 月至 9 月，全省 PM2.5 月均浓度连续三个月达到国家二级标准。2019 年，河南省水环境质量持续改善，完成 125 处省辖市建成区和 133 处县城建成区黑水体整治；全省省辖市城市环境空气质量级别总体为轻污染。2020 年，河南省全省主要污染物排放总量持续大幅下降，全省省辖市及济源示范区环境空气质量级别总体为轻污染。① 由以上可知，河南省的空气质量仍需改善，大气污染防治攻坚战任重道远。

2016 年起，河北省启动实施专项行动，落实国家“水十条”，组织开展水污染防治百日会战。2017 年，河北省废气污染物中二氧化硫排放量为 60.2 万吨，氮氧化物 105.6 万吨，废水污染物中化学需氧量排放量为 48.7 万吨。2018 年，废气污染物中二氧化硫排放量为 49 万吨，同比下降 18.6%；氮氧化物 96.5 万吨，同比下降 8.6%；废水污染物中化学需氧量排放量为 44 万吨，同比下降 9.65%，可见河北省的控排工作小有成效。2017 年，河北省一般固体废物产生量为 3.3 亿吨，处置量 1.2 亿吨，2018 年产生量为 3.2 亿吨，处置量 0.8 亿吨，处置率反而下降 11.4 个百分点。2019 年，河北省继续加强水污染防治与固废危废处理，并于 2020 年着力打好工业污染深度治理攻坚

① 参见《2020 年河南省生态环境状况公报》，2021 年 6 月 4 日，https://oss.henan.gov.cn/typtfile/20210604/add0327e2fad4270af1a796f2b3fb527.pdf。

战。在河北省的短板空气质量方面，2020 年全年河北省设区市达到或优于二级的优良天数平均为 256 天，占全年总天数的 69.9%[①]，较 2016 年提升了 13.3 个百分点。由以上可知，河北省的城市空气质量不容乐观，仍需进一步加强，同时固体废物的处置能力仍不能满足工业发展需要，需进一步改善。

2016—2020 年河南省、河北省主要环境指标原始数据如表 22 所示。

表 22 河南省、河北省主要环境指标原始数据

	省份	2016 年	2017 年	2018 年	2019 年	2020 年
城市空气质量达标率（%）	河南	43.44	45.48	46.03	48.49	62.84
	河北	46.99	41.37	41.37	47.67	56.01
工业废气排放总量（吨）	河南	1042790	563321	467642	381133	221175
	河北	1741509	1334547	1159274	990803	592072
工业固体废物综合利用率（%）	河南	73.55	73.55	73.55	73.55	74.69
	河北	55.53	57.28	57.28	57.28	55.40
工业污染治理投资占工业生产总值的比重（%）	河南	0.38	0.27	0.20	0.23	0.08
	河北	0.19	0.25	0.90	0.33	0.11

（4）云南省。云南省位于中国西部地区，自然资源极为丰富。在此次环境福祉评价中，总体来看，云南省的类别呈现下降趋势，但在中国各省份中仍处于中上游水平。从环境污染及治理的角度来看，云南省的环境状况较好，但对环境污染及治理的投资力度不及其他一些工业大省，因此在此评价中的类别相对落后，东部地区加大力度治理环境污染的举措也对其得分产生一定程度的冲击。从得分状况来看，云南省的综合评价得分呈缓慢上升的态势，但在 2019 年时出现小幅度下降，至 2020 年回升，此情况的出现源于资源与环境的评价结果（见图 9）。2019 年云南省得分的下降与城市空气质量达标率下降有关。"十三五"期间，云南省的城市空气质量达标率一直处于中国领先水平，是中国仅有的两个达标率一直维持在 95%以上的省份之一。但 2019

① 参见《2020 年河北省生态环境状况公报》，2021 年 5 月 27 日，http://hbepb.hebei.gov.cn/res/hbhjt/upload/file/20210527/52beab3193614b0bb940966ba682527e.pdf。

年，此指标出现了小幅度的下降，导致云南省的领先优势减小，得分下降。但总体来看，云南省在此指标上的绝对优势使其保持资源与环境质量的先进水平，拉高了其综合排名。

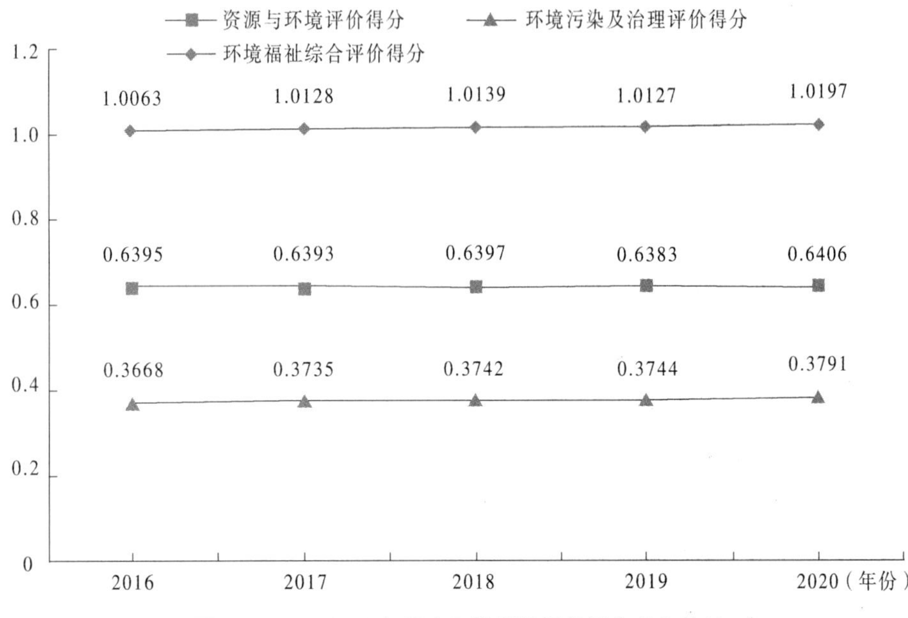

图 9　2016—2020 年云南环境福祉评价得分变化趋势

2016—2020 年云南省主要环境指标原始数据如表 23 所示。

表 23　2016—2020 年云南省主要环境指标原始数据

	城市空气质量达标率（%）	城市人均绿化覆盖面积（m^2/人）	工业污染治理投资占工业生产总值的比重（%）	城市生活垃圾无害化处理率（%）
2016 年	98.91	9.15	0.3268	92.96
2017 年	98.63	9.46	0.1458	92.74
2018 年	98.90	9.84	0.2009	98.16
2019 年	97.53	10.26	0.2251	99.77
2020 年	99.73	10.51	0.2608	99.99

2016年，云南省全省城市空气质量持续改善、保持优良，16个州市人民政府所在地城市空气质量平均优良天数比例达98.3%；全省废水排放总量达18.02亿吨，工业废气排放总量达15364.09亿m^3，一般固体废物产生量1.38亿吨，除废水排放量外，其他较2015年均有小幅度减少。2017年，云南省坚持打好“水、土、气”三大战役，全省16个州市人民政府所在地城市空气质量平均优良天数比例达98.2%，居中国第一。2018年，云南省坚持加强城市环境保护，设市城市建成区绿地率达35%，全省地级以上城市空气质量平均优良天数比例达98.9%，较2017年上升0.7个百分点。2019年，云南省全省16个城市空气质量均符合国家二级标准，地级以上城市空气质量平均优良天数比例达98.1%，较2018年下降0.8个百分点。2020年，全省实现了连续多年省地级以上城市空气质量平均优良天数比例98%以上，可见云南省资源与环境方面的优势。在污染治理方面，云南省加强城市污水处理设施建设，加大省内生态督察，2016年省内有551家排污企业列入重点监控领域，至2020年上升至1880家，增长率达241.20%，可见云南省正逐年加强污染防治工作力度。[①②]

（5）青海省和宁夏回族自治区。青海与宁夏同位于中国西部地区，每次聚类分析均位于同一类，具备一定的相似性。从资源与环境评价及综合评价结果来看，两省都呈现先上升后下降、再上升又下降的趋势（见表24），分别在2018年与2020年呈现下降趋势。这两次下降均与城市空气质量达标率指标相关。2018年青海和宁夏的该指标较2017年分别下降10.96个、12.33个百分点，拉低了此评价的得分排名；而经历2019年的大幅提升后，2020年此指标又下降，使得两省份在2020年得分排名下降较快。从环境污染及治理评价结果来看，两省份于“十三五”期间排名靠后。这与工业固体废物综合利用率指标有密切联系。两省份在此指标中处于全国较低水平，且青海省此指标仅于2017年增加5.09个百分点，在之后三年中一直处于下降趋势，而宁夏仅于2020年增加7.20个百分点，之前的四年中一直处于下降趋势。

---

① 参见《2020年云南省生态环境状况公报》，2021年6月3日，http：//sthjt.yn.gov.cn/ebook2/ebook/2020.html。

② 参见《云南省重点排污企业污染源监测年报（2020年）》，2021年2月3日，http：//sthjt.yn.gov.cn/hjjcl/wryjc/202102/t20210203_211396.html。

表 24　2016—2020 年青海、宁夏环境福祉评价得分

	省份	2016 年	2017 年	2018 年	2019 年	2020 年
资源与环境评价得分	青海	0.6103	0.6279	0.6162	0.6377	0.6349
	宁夏	0.6213	0.6335	0.6222	0.6443	0.6392
环境污染及治理评价得分	青海	0.3845	0.3834	0.3839	0.3844	0.3839
	宁夏	0.3812	0.3793	0.3797	0.3800	0.3836
环境福祉综合评价得分	青海	0.9947	1.0113	1.0002	1.0221	1.0188
	宁夏	1.0025	1.0128	1.0019	1.0244	1.0229

2016 年，青海省全省政府所在地城市环境空气质量达标天数比例平均达到 88.0%，该年度省政府扎实开展大气污染防治，因地制宜、分类落实“抑尘、减煤、控车、治企”综合治理措施；同时加强工业污染治理，从严环保标准，倒逼企业减少排放，强化“涉水”企业专项检查；编制了《青海省固体废物污染防治“十三五”规划》，确定全省“十三五”期间固体废物污染防治工作目标和重点任务。2018 年全省空气质量达标率平均达到 90.9%，同比下降 1.5 个百分点，说明其空气质量仍需进一步提升。该年度青海省找准短板问题，强化科学治水精准治污，实施了蒸氨废液治理、城镇污水处理厂原位提标改造试点示范工程，加强规范监管，推进危废处置能力建设。2020 年，青海省环境空气质量综合指数为 2.98，同比下降 3.2%，该年度全省持续推动柴达木地区 4 家纯碱行业企业蒸氨废液污染治理，对 122 家涉及危险废物的企业进行规范化考核（合格率 93.9%）。由此分析，青海省的环境空气质量还有较大进步空间，固体废物管理与处置能力在不断提升，在环境污染及治理方面取得了显著成效。①

2016 年，宁夏全区 5 个地级市环境空气质量平均达标比例为 75.2%，全区生态环境状况质量指数值较 2015 年度下降了 0.10，生态环境质量总体稳定。宁夏于 2017 年安排自治区水污染防治专项资金 1932 万元，全区 30 个省级及以上工业园区已建成污水集中处理设施或依托城镇污水处理厂集中处理污水；督促 5 市划定高污染燃料禁燃区，建成 22 个封闭配煤中心，火电机组

① 参见《2020 年青海省生态环境状况公报》，2021 年 6 月 3 日，https://sthjt.qinghai.gov.cn/hjzl/qhssthjzkgb/202106/P020210603384992121270.pdf。

超低排放改造 11 台 370 万千瓦，完成大气污染治理项目 280 个。该年度优良天数比例为 81.4%，与 2016 年同期相比，全区 5 个地级城市优良天数平均增加 4 天。2019 年，宁夏守好改善生态环境生命线，协同推进生态环境高水平保护和经济高质量发展，狠抓中央生态环境保护督察反馈意见整改，推进大气污染区域联防联治，全年地级城市空气质量优良天数比例 87.9%，同比增加 3.1 个百分点；35 个县级及以上城市污水处理厂达到一级 A 排放标准，22 个省级及以上工业园区废水实现集中处理，取缔工业企业直排口 58 个，有效改善全区水环境质量；争取中央资金 20 亿元推进石嘴山市山水林田湖草试点工程建设。2020 年，宁夏五地市平均优良天数比例为 85.1%，比 2019 年下降 2.8 个百分点，剔除沙尘天气影响，细颗粒物（PM2.5）平均浓度为 33 微克/m^3，比 2019 年上升 13.8%，黄河干流宁夏段水质为优，宁夏地下水水质总体保持稳定。由此分析，宁夏深入打好污染防治攻坚战、整合优化环境网络已取得成效，将持续性扎实推进碳达峰、碳中和。①

三、居民环境福祉面临的问题与对策建议

（一）居民环境福祉所面临的主要问题

1. 工业化、城镇化进程与环境保护间的矛盾难以有效解决

2020 年，中国基本实现工业化。“十三五”期间，中国工业化仍处于推进阶段，速度有所放缓。资源、能源对于支撑工业化完成起着至关重要的作用，工业化对于资源开发、能源消费的需求逐渐增大，加之中国原有的工业总量基数较大，容易导致资源的过度利用，不利于环境保护。同时，工业化进程对环境造成的污染仍不容忽视，给环境保护及污染治理带来巨大压力。中国前期快速发展工业化残留的环境问题极为复杂，需要得到科学解决。

随着户籍、土地、财政、教育、就业、医保和住房等领域配套改革措施

① 参见《2020 年宁夏生态环境状况公报》，2021 年 5 月 31 日，https：//sthjt.nx.gov.cn/page/news/article/202105/20210531155545vOhoV.html。

相继出台，中国的城镇化已进入高速发展阶段。例如，重庆自1997年直辖以来，城镇化率已从31%增长至2020年的65.5%，重庆同时融合了从落后农村到繁华都市的复杂多元的发展景象，随着城市人口的膨胀，化工产业造成了市区的环境污染。2020年，中国城镇化率已达63.89%，增加的城镇人口会对城镇生态空间造成严重影响，城镇生活污染治理压力巨大。比如，东北三省在"十三五"期间城镇化率不断增长，面临着由城市过度开发利用导致的资源枯竭、化工建材产业转型不利等重重难题。

2. 污染物的综合治理困境仍然存在

各省（自治区、直辖市）目前都将水环境质量、环境空气质量、生态质量、声环境质量、辐射环境质量等纳入其生态环境状况的衡量体系。其中，"十三五"期间，大气污染治理逐渐向好，虽然许多省份未达到国家二级标准，但相较2016年都取得了较大进展；与此同时，水环境治理取得了显著成效，各省（自治区、直辖市）纷纷对重点流域进行水污染治理，建立健全生态补偿机制。但此次指标体系中所涉及的废水、废气、固体废物三种污染物的排放、处置与利用情况，说明中国污染物治理状况不容乐观，如表25所示。"十三五"期间，废水污染物中，化学需氧量指数逐年增高；废气污染物中，氮氧化物的含量减少幅度较小，进展较为缓慢；而工业固体废物产生总量也在不断增加，仅于2020年有小幅度减少。

表25　2016—2020年中国主要污染物排放量　　单位：万吨

年份	废水		废气		固体废物
	化学需氧量	氨氮排放总量	二氧化硫	氮氧化物	工业固体废物产生总量
2016	1046.53	141.78	1102.86	1394.31	309210
2017	1021.97	139.51	875.40	1258.83	331592
2018	1021.97	139.51	875.40	1258.83	331592
2019	2143.98	96.34	696.32	1785.22	386751
2020	2564.76	98.40	318.22	1181.65	367546

技术问题是污染物治理的一大重要难题。固体废物的处理面临的技术挑战尤为艰巨。首先，工业发展方式转变、产业转型与结构优化困难。要想对工业固体废物实现科学合理的排放、处置、利用，需要转变生产方式，优化

产业结构，需要大力开发新技术、新手段来处理产生的工业污染物，抛弃之前盲目追求经济发展的发展模式，追求经济与生态协同发展。其次，对于许多工业大省来讲，危险废物的处置给环境污染及治理带来了更大的挑战，环境的复杂性给污染物治理工作的展开造成阻碍。最后，由于2020年新冠肺炎疫情影响，医疗废物的处理也成为一大难题。医疗废物与危险废物相似，在处置方面需要专业人员的指导，对处置设施的要求更高，给中国污染物的治理带来了困境。

另外，环境污染治理投资的总体状况并不乐观，财政支持力度仍不能满足污染治理的需求。这在指标中的体现便是工业污染治理投资占工业生产总值的比重偏低。根据发达国家环保产业发展经验：当工业污染治理投资占工业生产总值的比重达到1%以上时才能有效控制工业污染恶化环境的趋势。[①] 中国“十三五”时期工业污染治理投资总额较“十二五”有小幅度减少，并且在最近四个“五年计划”期间，工业污染治理投资占工业生产总值的比重偏低且逐年下降，如表26所示。这表明中国工业污染治理投资力度仍需加强，目前尚无法满足经济社会发展对于环境污染治理投资的要求。

表26 中国各时期工业污染治理投资总额及占工业生产总值比重

	“十五”时期	“十一五”时期	“十二五”时期	“十三五”时期
工业污染治理投资总额（万元）	13510192	24185773	35658163	31912221
工业污染治理投资占工业生产总值的比重（%）	0.46	0.38	0.33	0.22

同时，中国工业污染治理投资占工业生产总值的比重出现了极大的区域差异与省际差异。2020年，东部地区的江苏与西部地区的陕西两省的此指标分别达到了1.4076%与2.2667%，而东部地区的北京、东北地区的吉林、中部地区的湖南此指标分别为0.0121%、0.0230%、0.0271%，这与工业化程度的不同有一定的关联，也说明许多地区的工业污染治理投资仍需进一步加

① 参见罗婷婷、金杰、陈武：《我国工业污染治理投资状况实证研究》，《经济研究导刊》2019年第32期，第99～103页。

大力度，坚守发展与生态两条底线，推进工业污染治理项目。

3. 环境福祉区域发展不平衡、省际差异较大

“十三五”期间，从环境福祉综合评价结果来看，排名较为靠前的几个省份为北京、上海、福建、广东、海南、重庆。东部地区的几个省份较“十二五”时期有了较大程度的提升。从资源与环境评价结果来看，西部地区在此方面处于中国先进水平，对于资源与环境的保护取得了显著成果。从环境污染及治理方面来看，东部地区借助经济优势，逐渐加大治理投资力度，取得较大进步；而中部地区与东北地区在此方面仍与其他两个地区存在较大差距。东北三省与中部地区的河南、山西等工业大省存在许多资源枯竭型城市，资源保护与经济发展都陷入困境，需要政府与企业勠力同心，加强重视，共同面对威胁，摆脱困境。

4. 系统性的环境管理机制有待健全

“十三五”期间，许多省份在环境保护及治理方面有非常亮眼的表现。贵州省“双十工程”的推行，为该省污染防治做出了重要贡献。“双十工程”实行十大污染源治理省级领导分片包干负责制与十大行业污染减排市（州）长包干负责制，实现治理的制度化、机制化、规范化，成功完成 168 家企业的节能减排任务。北京市、上海市实行“三线一单”生态环境分区管控，实施“一单元一策”的精细化环境准入和管控要求，初步建立了覆盖全市的“三线一单”生态环境分区管控体系，取得了重要成效。由此可见，健全环境管理机制、创新环境管理方式对改善环境质量有重要作用。目前，中国已经实现全面小康，但环境治理仍面临着巨大挑战，如环境立法不到位，环境管理交叉错配现象严重，多头管理问题突出，监督制约机制不够完善等。制定差异化的管理目标及政策已经成为各省份的工作重点之一。因此，仍需进一步健全环境管理机制，完善相关法律法规。

5. 低碳导向的经济体系建设仍存在瓶颈

化石燃料体系已经深深地根植于中国社会之中，这种难以撼动的局面就是“碳锁定效应”，中国已对此开展长久行动，但改变难度依然极大。2020 年，中国煤进口量达 30331 万吨。中国是世界上最大的能源消费国，其二氧化碳排放量占全球总量的 1/3，碳排放形势严峻。

在污染防治攻坚战取得巨大成效，蓝天碧水净土回归日常生活的同时，

“降碳”正成为中国生态环境事业新的关键词，中国力争2030年前实现碳达峰、2060年前实现碳中和，实现“双碳”目标是一次广泛而深刻的变革。中国的生态环境问题本质上是高碳能源结构和高能耗、高碳产业结构问题。“十四五”时期是实现2030年前碳达峰的关键期和窗口期，2022年2月，国家发展和改革委员会、国家能源局印发《关于完善能源绿色低碳转型体制机制和政策措施的意见》。

二氧化碳排放主要来自能源生产和消费等相关活动，而近年来大规模新建基础设施给低碳转型带来挑战，能源领域碳减排举措还需持续推进。能源绿色低碳转型监测评价机制还没有建立健全，各地区能耗强度、能源消费碳排放系数等指标监测评价工作与能源绿色低碳转型相关机制不够系统完善，政策的执行评估标准、核算标准还不够明晰，能源生产消费格局和能源安全保障能力还需优化增强。

（二）提升居民环境福祉的对策建议

1. 构建合理城市空间，建设智慧城市①

智慧城市利用先进的信息技术，变革城市治理模型，力图提高城市资源配置效率，提升城市发展能力，为治理环境问题提供技术保障。因此，应当加强智慧城市建设，设计科学的城市空间布局，推动工业化、城镇化与环境保护之间的平衡。

智慧城市的关键在于创新。结合迈克尔·波特（Michael Porter）的创新驱动理论，应推动技术创新、产品创新、资源配置创新等多方面的综合创新。在技术创新层面，引进优秀人才，大力研发先进技术，改善城市污染治理设施，实现更快、更强、更好的环境治理。在产品创新方面，应当发展资源节约型和环境友好型产品，产品的原料、包装等设计使用清洁材料；同时要避免一次性产品的大量使用。在资源配置创新方面，要最大限度地合理利用城市土地，优化城市生态格局，加强城市园林绿化；同时应推动可再生资源的持续循环利用，缓解增加的城市人口对城市资源的需求，推动工业化、城镇

---

① 参见石大千、丁海、卫平等：《智慧城市建设能否降低环境污染》，《中国工业经济》2018年第6期，第117～135页。

化与环境保护协同发展。

2. 不断创新环境治理工程中固体废弃物处理技术

工业化与城镇化的快速覆盖使污染聚集形势日益严峻，公共产品供给不足、社会保障力度不够、工业污染处理不到位、政策施行不足等问题层出不穷。工业转移造成环境污染，城市化发展过程中的垃圾处理问题给相关部门带来一定的压力，而城市垃圾的处理方式比较单一，主要以深埋和焚烧为主。在部分西部地区和中部地区，城市生活垃圾无害化处理仍是大难题。

针对污染物治理困境，应大力推广生物技术在环境保护和污染治理中的应用。固体废弃物处理是环境保护部门面临的重要问题之一，目前，处理固体废弃物的主要方法有 4 种：固积、掩埋、焚烧、生物处理。前三种方法存在占用大量土地，处理时间长，污染空气、土壤、地下水，塑料类物质极难降解，建设和运行成本较高等问题，会造成一定程度的二次污染，都不是最好的污染物处理方法。而城市生活垃圾中有机物含量高达 40%，利用生物处理技术可以将垃圾转化为作物生长的有机肥料，在减少污染的同时变废为宝，是城市生活垃圾无害化、减量化、资源化的有效途径。另外，科学技术的进步催生了绿色化学处理技术创新，这一技术以其自身的特点在治理环境工程中优势显著，对提升固体废弃物利用率等可以提供强有力的科技支持。如今国家生态环境科技成果转化综合服务平台已正式上线，可借助此平台不断创新环境治理工程中固体废弃物处理技术。

3. 持续加大环境污染综合治理投资

第一，加大环境保护财政支出。环境保护财政支出是政府履行环境治理职能的重要保障。随着经济的发展，中国的环境财政支出总额、环境支出占的比例以及占固定资产支出比例等均呈上升趋势。由表 27 可知，2016—2019 年国家环保支出由 4734.8 亿元增至 7390.2 亿元，年均复合增长率为 16.0%，2020 年有小幅下降，其主要原因是受新冠肺炎疫情影响，财政收入负增长，中国一般公共预算收入同比下降 3.9%。根据国际经验，当治理环境污染的投资占 GDP 的比例达 1%－1.5%时，可控制环境恶化的趋势；当该比例达到 2%－3%时，环境质量可有所改善。这表明中国环保投资仍有很大的提升空间，随着疫情形势的好转，应逐步提高环保财政支出占总财政支出的比重。在现有的财政管理体制下可以拓宽资金来源，除政府财政拨款外增加其他融资渠道，用好民间融资模式，使环保财政支出满足环境治理的需求。

表 27 2016—2020 年环境保护财政支出 单位：亿元

年份	国家环保支出	中央环保支出	地方环保支出
2016	4734.80	295.49	4439.33
2017	5617.33	350.56	5266.77
2018	6297.61	427.56	5870.05
2019	7390.20	421.19	6969.01
2020	6333.40	344.26	5989.14

第二，加强财税支持，建立健全常态化、稳定的中央和地方环境治理财政资金投入机制。制定出台有利于推进产业结构、能源结构、运输结构和用地结构调整优化的相关政策并健全生态保护补偿机制。各地区各部门严格执行《中华人民共和国环境保护税法》，促进企业降低大气污染物、水污染物排放浓度，提高固体废物综合利用率，贯彻落实好现行促进环境保护和污染防治的税收优惠政策。

第三，设立国家绿色发展基金，提供金融支持。推动环境污染责任保险发展，在环境高风险领域研究建立环境污染强制责任保险制度，开展排污权交易，研究探索对排污权交易进行抵质押融资，鼓励发展重大环保装备融资租赁，加快建立省级土壤污染防治基金，统一国内绿色债券标准。

4. 持续推进财政转移支付，结合地方现状制定环境目标

财政转移支付对于平衡中国地方经济发展、财政能力造成的人均环境财政支出差异具有重要的作用。“十三五”期间，中央财政累计转移支付资金8779亿元，用于生态保护修复。这笔资金使生态功能重要地区政府提高了基本公共服务保障能力，取得了重大成效。转移支付资金用于实施地方山水林田湖草生态保护修复工程试点，支持海洋生态保护修复，开展“蓝色海湾”整治行动，支持打好渤海综合治理攻坚战，有利于京津冀周边、汾渭平原、长江经济带、黄河流域等国家战略涵盖的重点地区开展历史遗留废弃矿山环境修复治理，深入推进大规模国土绿化行动，加强防沙治沙，扩大退耕还林还草，加快推进国有林区林场改革，加强森林资源的管护，加强草原、湿地生态修复治理。综上，“十四五”时期应当持续推进财政转移支付，促进解决省际差异大的难题。同时，中国中西部地区不但存在着地方政府财力不足的

问题，而且财政支出结构也不合理，行政管理支出过高，故需优化财政支出结构，加大用于环境治理的财政支出。

另外，环境治理落后区域应立足于自身资源禀赋和产业结构特征，从改造成果显著的领域入手，提高地方环境治理水平，因地制宜，结合地方现状制定环境目标。例如，云南是一个风景优美的西部省份，因此可以促进医药、康养、旅游、文化等优势产业与环境治理相互融合。

5. 统筹加强现代环境治理体系构建

贯彻落实党的十九大部署，构建党委领导、政府主导、企业主体、社会组织和公众共同参与的现代环境治理体系。各地区应因地制宜地参照中共中央办公厅、国务院办公厅印发的《关于构建现代环境治理体系的指导意见》，加快构建现代环境治理体系。

应加强法治建设，为环境保护与治理工作的推进提供保障。首先，加强环境立法建设，健全环境治理法律法规政策体系，完善法律法规、相关环境保护标准。相关部门应当聚集生态领域专家，加快推动系统化、规范化的环境法典出台，立足中国环境治理实践，为中国环境法律体系提供基础框架；除此之外，还应进一步完善已有环境法律法规，解决法律之间交叉、重叠、矛盾的问题，使原有法律体系实现提档升级。① 同时，对于中国目前缺乏的气候变化法等要加快立法，使环境治理的各个方面都有法可依，为行政监管提供法治保障。② 其次，加强环境执法建设，整合相关部门污染防治和生态环境保护执法职责、队伍，统一实行生态环境保护执法，建立生态环境保护综合行政执法机关、公安机关、检察机关、审判机关信息共享、案情通报、案件移送制度，加快构建陆海统筹、天地一体、上下协同、信息共享的生态环境监测网络，加强执法力度，实现“执法必严”。

另外，完善“中央—省—市县”三级工作机制，明确地方财政支出责任，合理设定生态环境约束性和预期性目标并考核，实行中央和省（自治区、直辖市）两级生态环境保护督察体制；依法实行排污许可管理制度，推进生产服务

---

① 参见蒲晓磊：《为编纂环境法典提供建设性思路》，《法治日报》2022 年 1 月 4 日，第 6 版。

② 参见刘钊：《全国人大代表张天任：制定〈应对气候变化法〉以法治实现“双碳”目标》，《中国气象报》2022 年 3 月 14 日，第 002 版。

绿色化，提高治污能力和水平，公开环境治理信息；强化社会监督，发挥各类社会团体作用，提高公民环保素养；规范市场秩序，减少恶性竞争，防止恶意低价中标，加快形成公开透明、规范有序的环境治理市场环境；加强关键环保技术产品自主创新，推动环保首台（套）重大技术装备示范应用，加快提高环保产业技术装备水平，强化环保产业支撑；创新环境治理模式，对工业污染地块，鼓励采用“环境修复＋开发建设”模式，健全价格收费机制；健全环境治理信用体系，建立健全环境治理政务失信记录，完善企业环保信用评价制度。

6. 构建绿色低碳循环的现代化经济体系

当前中国经济总量稳居世界第二，经济发展进入新常态，中国进入高质量发展阶段。因此，以供给侧结构性改革为主线构建绿色现代化经济体系已成为大势所趋。该举措对于协同推进新型工业化、绿色化，落实五大发展理念，实现经济绿色化与绿色产业化具有重要意义。

首先，应积极淘汰落后产能，优化产业结构。严厉打击“散乱污”小型企业与家庭作坊，加大整治化工、冶炼、水泥等大型污染型企业的力度，推动其加强对工业污染物的处理利用能力，降低落后产能的比重。其次，大力开发新能源，提倡生态经济。应积极顺应能源革命的浪潮，开发新型清洁能源；同时应引进精英人才，利用高端科技改良产业的生产技术，从源头上减少污染物的排放。最后，倡导节约型循环经济。应推动“生产—利用—回收—再利用”的产业链构建，提高资源利用率，缓解工业化与环境保护之间的矛盾，实现经济发展与资源环境之间的平衡。[①]

建立完整的能源绿色低碳发展基本制度和政策体系，形成非化石能源既基本满足能源需求增量又规模化替代化石能源存量、能源安全保障能力得到全面增强的能源生产消费格局。

（承担人：李进涛、谢子静、杨艺莹）

① 参见刘磊、夏勇：《战略选择与阶段特征：中国工业化绿色转型的渐进之路》，《经济体制改革》2020年第6期，第108～114页。

附录　本报告主要指标解释

1. **单位GDP能耗：** 在一定时期内（通常为一年），每生产万元GDP消耗多少吨标准煤的能源，按可比价格计算。单位GDP能耗=能源消耗量（吨标准煤）/国内生产总值（万元）。

2. **城市空气质量达标率：** 城市空气质量达到二级以上天数占全年比重。

3. **城市人均绿化覆盖面积：** 城市建成区绿化覆盖面积/常住人口数。绿化覆盖面积是指向公众开放的，以游憩为主要功能，有一定的游憩设施和服务设施，同时兼有健全生态、美化景观、防灾减灾等综合作用的绿化用地。

4. **工业废气排放总量：** 报告期内企业厂区内燃料燃烧和生产工艺过程中产生的各种排入大气的含有污染物的气体总量。

5. **工业废水排放总量：** 城市（地区）工业废水排放总量。工业废水包括生产废水、生产污水及冷却水，是指工业生产过程中产生的废水和废液，其中含有污染物。

6. **工业固体废物综合利用率：** 工业固体废物综合利用量占固体废物产生量和综合利用往年贮存量总和的百分比。

7. **工业污染治理投资占工业生产总值的比重：** 工业污染治理投资占工业生产总值的比重=工业污染治理投资/工业生产总值。工业污染治理投资主要包括治理废水、治理废气、治理固体废物、治理噪声及治理其他工业污染五个方面的统计。

8. **城市生活垃圾无害化处理率：** 城市生活垃圾无害化处理量与生活垃圾产生量的比率。

中国居民
主观福祉报告

ZHONG GUO JU MIN ZHU GUAN FU ZHI BAO GAO

2002—2019年中国居民幸福感的变迁：基于横断历史元分析①

“为中国人民谋幸福，为中华民族谋复兴”是中国共产党的初心和使命，进入新时代以来，以习近平同志为核心的党中央将让人民生活幸福视为“国之大者”，党的十九大报告明确把“使人民获得感、幸福感、安全感更加充实、更有保障、更可持续”作为党的重要执政目标。改革开放40多年以来，我国经济发展与社会建设取得了举世瞩目的成就，到2019年，我国GDP总量排名世界第二位，人均国民总收入首次突破1万美元大关，达到10390美元，向高收入国家稳步迈进②，常住人口城镇化率突破60%，城乡融合、协调发展程度进一步加深③，建成了世界上最大的社会保障体系，消除了绝对贫困和区域性整体贫困，坚持在发展中保障民生，人民物质生活日益丰裕，居民生活质量得到极大改善。我国用几十年的时间走过了一些西方国家上百年甚至数百年的现代化发展历程，但与此同时，急剧的社会变革给居民生产生活方式带来巨大冲击，收入分配问题、区域差距问题、生态环境问题、公共安全风险等抑制了居民幸福感的提升。伴随着全面小康社会的建成，我国居民的幸福感呈现何种变化趋势？影响这种变化的因素有哪些？本部分采用横断历史研究方法对此加以探讨。

---

① 参见邢占军、胡文静：《我国居民幸福感的变迁（2002－2019）：一项横断历史元分析》，《山东社会科学》2022年第5期，第129～138页。

② 参见《世界银行数据——中国》，2019年8月19日，https：//data. worldbank. org. cn/country/china？ view＝chart。

③ 参见《中华人民共和国2019年国民经济和社会发展统计公报》，2020年2月28日，http：//www. stats. gov. cn/tjsj/zxfb/202002/t20200228 _ 1728913. html。

一、问题的提出与文献综述

幸福感（Subjective Well-being，SWB）是由人们所拥有的客观条件以及人们的需求价值等共同因素作用而产生的个体对自身存在与发展状况的一种积极的心理体验，它是满意感、快乐感和价值感的有机统一。[①] 国外对幸福感的研究开始于20世纪50年代，国内学者对幸福感的研究和探讨始于80年代。经过半个多世纪的发展，幸福感已成为心理学、伦理学、经济学、社会学等诸多学科研究的重要领域，学者们对幸福感的有关理论、概念内涵、科学测量、影响因素等进行了大量研究。

我国关于居民幸福感水平的研究主要是基于横断面数据的经验探讨，由于数据限制，大跨度纵向时间序列的动态调查研究比较少，且现有研究往往得出相互矛盾的结论。《世界幸福报告（2017）》专章探讨了中国人的幸福感和物质变化，报告指出，20世纪90年代以来，中国居民幸福感随时间的推移呈倒U形，2000—2005年跌落至谷底，随后开始回升[②]，这与唐志林（音译）的研究结果基本一致[③]。徐映梅等利用世界价值观调查（World Values Survey，WVS）数据进行分析，认为1990—2007年中国居民的快乐感和生活满意度均呈现先下降再上升的趋势[④]，而田磊等依据此数据则得出居民幸福感在波动中演进，并未呈现明显的上升或下降趋势的结论。[⑤] 一些学者利用中国综合社会调查（CGSS）数据对我国居民幸福感变化趋势进行了分析，发现我

---

① 参见邢占军：《我国居民收入与幸福感关系的研究》，《社会学研究》2011年第1期，第196～219页，第245～246页。

② J. Helliwell，R. Layard and J. Sachs，*World Happiness Report（2018）*，Working Papers（2018），pp. 49-83.

③ Z. Tang，"They Are Richer But Are They Happier? Subjective Well-Being of Chinese Citizens Across the Reform Era"，*Social Indicators Research*，vol. 117，no. 1，(July，2014)，pp. 145-164.

④ 参见徐映梅、夏伦：《中国居民主观幸福感影响因素分析：一个综合分析框架》，《中南财经政法大学学报》2014年第2期，第12～19页。

⑤ 参见田磊、潘春阳：《中国居民幸福感的总体趋势与群体差异：基于微观调查数据的统计分析（1990—2007）》，《河南社会科学》2013第2期，第71～76页，第108页。

国居民幸福感呈现上升的趋势。[①] 零点有数集团（原零点研究咨询集团）从1993 年开始追踪调查中国居民生活质量，其报告显示，中国城市居民生活总体满意度水平处于上升势头。[②] 马志远等基于国际和国内六大权威数据库中关于我国居民幸福感的调查数据进行分析，认为近 10 年我国居民幸福感虽然年度间稍有波动，但总体处于改善上升通道。[③] 侯荣庭等人的研究发现，21 世纪的前 10 年，中国人的幸福感呈现先升后降的趋势。[④] 尽管国内外学者对我国居民幸福感变迁的研究给予了较多关注，取得了一些研究成果，但囿于数据可得性，幸福感历时性研究的数据来源多局限在世界价值观调查（WVS）、盖洛普世界民意调查、中国综合社会调查（CGSS）等形成的数据库，而且以上调查对幸福感的测量方式过于简单，有的甚至前后不一致，调查样本及时间范围选取存在差异，部分年份数据信息不连贯，由此导致居民幸福感的年代变迁趋势难以形成普遍、客观的结论。

横断历史元分析（cross-temporal meta-analysis）是由美国心理学家简·腾格（Jean Twenge）提出的一种定量文献研究方法。该方法通过搜集某一历史时期的实证研究，将现有孤立的研究以时间为轴加以连贯，探讨研究变量均值随年代变化的趋势，克服了元分析无法考察年代效应的弊端。同时，该方法还可以运用滞后相关的分析思路，揭示研究变量的变迁与社会因素变迁

---

① 参见徐映梅、夏伦：《中国居民主观幸福感影响因素分析：一个综合分析框架》，《中南财经政法大学学报》2014 年第 2 期，第 12～19 页；刘军强、熊谋林、苏阳：《经济增长时期的国民幸福感：基于 CGSS 数据的追踪研究》，《中国社会科学》2012 年第 12 期，第82～102页；刘洋洋、王俊秀：《中国居民幸福感的时代变化：基于世代再分析》，《人口与社会》2020 年第 6 期，第 94～108 页；李婷：《哪一代人更幸福？——年龄、时期和队列分析视角下中国居民主观幸福感的变迁》，《人口与经济》2018 年第 1 期，第 90～102 页；吴菲：《更富裕是否意味着更幸福？基于横截面时间序列数据的分析（2003—2013）》，《社会》2016 年第 4 期，第 157～185 页；王鹏：《不平等挑战幸福生活》，中国经济出版社 2017 年版，第 47 页；胡洁：《社会变迁、市场化与中国民众的幸福感》，《东南学术》2020 年第 1 期，第 113～124 页。

② 参见零点研究咨询集团：《2015 年度中国城市居民生活质量指数调查报告》，《时代经贸》2016 年第 5 期，第 68～70 页。

③ 参见马志远、刘珊珊：《中国国民幸福感的“镜像”与“原像”：基于国内外权威数据库的相互辅证与 QCA 适配路径分析》，《经济学家》2019 年第 10 期，第 46～57 页。

④ 参见侯荣庭、潘绥铭：《21 世纪中国人的幸福感：总人口检验及新视角启示》，《晋阳学刊》2017 年第 3 期，第 75～81 页。

之间的关系。鉴于有关我国居民幸福感的大跨度、大规模、连续性纵向研究尚不多见，而横断历史元分析可以通过梳理不同时间点的实证调查研究形成横断水平上的大跨度时间研究，从而对研究变量的年代效应予以考察并就研究背后整体的时代变迁规律进行发掘，因此我们运用横断历史元分析考察我国居民幸福感随年代的变迁趋势，同时采用滞后分析思路探究全面建成小康社会过程中所重点推进的经济发展、生活质量、文化教育、社会和谐等社会宏观因素对居民幸福感的影响。

全面建成小康社会是一种以人民幸福为中心的社会建设思维，是一种由人本身的幸福需要出发而又收敛于人自身幸福生活的社会建设行动[①]，它影响着国民对美好生活的追求与探索，居民幸福感与全面建成小康社会背景下的宏观社会变量密切相关。因此，将我国居民幸福感研究置于全面建成小康社会的历时进程中，考察其变化趋势、探究影响其变化的宏观社会因素合理且必要。基于已有相关成果，参考全面建成小康社会统计指标，综合考虑指标数据的可获得性和完整性，最终选取经济发展（人均 GDP/城镇化率/城镇登记失业率/R&D 经费支出占 GDP 比重/第三产业增加值占 GDP 比重）、生活质量（居民人均可支配收入/恩格尔系数/5 岁以下儿童死亡率/政府卫生支出占财政支出比重/平均预期寿命）、文化教育（文化产业增加值占 GDP 比重/教育经费支出占 GDP 比重/平均受教育年限）、社会和谐（基尼系数/城乡居民收入比/基本社会保险覆盖率）四个方面共 16 项可能对居民幸福感产生影响的指标，采用滞后性分析思路进一步探究居民幸福感与这些宏观变量之间的关系。

二、研究方法与数据获取

（一）研究工具："中国城市居民主观幸福感量表（SWBS-CC）"

"中国城市居民主观幸福感量表（SWBS-CC[②]）"从体验论幸福感测量的

---

① 参见陈惠雄：《通往幸福之路：全面建成小康社会的结构逻辑与公共政策涵义》，《财经论丛》2021 年第 4 期，第 106～112 页。

② 英文全称是 subjective well-being scale for Chinese citizen。

研究思路出发，取自我国居民的样本编制而成，全量表 54 个项目，包括知足充裕体验、心理健康体验、社会信心体验、成长进步体验、目标价值体验、自我接受体验、身体健康体验、心态平衡体验、人际适应体验、家庭氛围体验 10 个分量表。为便于大规模抽样调查，在全量表的基础上又编制了一套由 20 个项目组成的“中国城市居民主观幸福感量表简本（SWBS-CC20）”①。与已有绝大多数历时性研究所采用的单项目自陈幸福感量表相比，采用该量表不仅更有可能在信度和效度方面得到保证，而且有助于从不同维度对居民幸福感水平进行综合评价。

自编制以来，SWBS-CC 在不同群体中被广泛应用且被证实具有良好的信效度。② 基于该量表的可靠性与普适性，我们选择以其为工具对我国居民幸福感进行测量的研究文献进行元分析。需要说明的是，为规避量表版本差异可能带来的偏差，在进行数据统计分析时，将其作为协变量加以控制。

（二）文献筛选标准

研究参照以往横断历史研究常用的文献筛选原则，结合研究需要，设定如下文献筛选标准：第一，研究对幸福感的测量必须以“中国城市居民主观幸福感量表（SWBS-CC）”为工具，对量表进行修订后的报告结果不纳入研究；第二，研究对象为普通成年居民，排除专门针对特殊群体，如残障人士、特殊病患及其家属等所进行的研究；第三，研究中必须报告样本量、量表均值及标准差，若数据缺失且无法修正，对研究产生较大影响，则不予选用；第四，同一作者发表的多篇文章，若数据来源一致，则只选用数据报告最为完整的一篇录入数据库；第五，鉴于该量表编制于 2003 年，故将相关文献搜

---

① 参见邢占军：《测量幸福：主观幸福感测量研究》，人民出版社 2005 年版，第 110～119 页。

② 参见邢占军：《中国城市居民主观幸福感量表在老年群体中的应用》，《中国老年学杂志》2003 年第 10 期，第 648～651 页；肖昕华、丁宇：《湖南省硕士研究生主观幸福感调查》，《学位与研究生教育》2008 年第 1 期，第 37～40 页；杨玲、付超、赵鑫等：《职业倦怠在中小学教师工作家庭冲突与主观幸福感间的中介效应分析》，《中国临床心理学杂志》2015 年第 2 期，第 330～335 页；刘方方、王福、张冰梅：《国内高校图书馆馆员主观幸福感的调查与分析》，《图书与情报》2011 年第 3 期，第 99～103 页；邓云龙、刘艳、徐绍容等：《某三级甲等医院医务人员的主观幸福感》，《中南大学学报》（医学版）2016 年第 6 期，第 626～631 页。

集时间设置为 2003—2021 年[①]。

(三) 文献检索

依据前文所述标准，在中国知网总库、万方数据知识服务平台、维普中文期刊服务平台高级检索界面，分别以“幸福感”“中国城市居民主观幸福感量表”“SWBS-CC”等作为并列主题、关键词、全文检索词进行多次检索，时间范围设置为 2003 年 1 月至 2021 年 8 月。对检索到的文献逐一浏览阅读，删除重复、数据缺失等无效文献后，最终筛选出符合标准的研究文献 95 篇，共获得 153 组数据，包含 87024 个被试（样本量）。

“取样年份”即研究所述之“年代”，以文献作者报告的调查取样年份为准，但若文献中未明确标注取样调查时间，则根据已有研究惯例、结合现实情况，按照期刊文献发表年度减去 2 年、学位论文发表年度减去 1 年的原则确定调查时间。最终，数据获取年份为 2002—2019 年，共 18 年，各年度文献分布详见表 1。

表 1　各年度文献数量及样本量信息

取样年份	篇数	样本量	取样年份	篇数	样本量
2002	1	1103	2011	15	6359
2003	1	3155	2012	7	15185
2004	1	3844	2013	8	2415
2005	4	5149	2014	3	4319
2006	6	11571	2015	6	1472
2007	4	1159	2016	6	14213
2008	3	1181	2017	5	1930
2009	9	5885	2018	3	1025
2010	11	5838	2019	2	1221

① 检索截至 2021 年 8 月 15 日。

（四）文献编码及基本情况

按照横断历史研究的一般步骤[①]，结合研究需要对所有文献进行编码。首先，对 95 篇文献赋予唯一 ID，将文献题名、作者、发表年份、期刊、被试来源地等信息录入，建立文献库。其次，将文献报告的相关研究及其取样年份、样本量、量表均值、标准差等数据录入，建立数据库。在此，对文献内容编码及数据统计做出以下说明：第一，期刊类型依据“北大中文核心期刊目录（第八版）”进行划分，区域划分参考国家发展和改革委员会的区分形式。第二，为充分利用每篇文献的信息，参考前人研究，对未提供总样本结果的研究（14 篇），分别按照公式①、公式②对其研究数据进行加权合成，并将合成后的结果纳入数据库。同时需要说明的是，纳入研究的 95 篇文献中，有 6 篇没有报告标准差。由于标准差对回归分析没有太大影响，出于充分利用文献信息的考虑，参照前人方法，保留文献并在相关分析及回归分析时使用，但在计算效果量时予以排除。[②] 第三，量表采用 6 等级（1～6 分）计分，将原始得分统一按百分制进行了调整，总体幸福感得分为 10 个分量表得分之和。[③]

$$\overline{x} = \sum x_i n_i / \sum n_i \qquad ①$$

$$S_T = \sqrt{\left[\sum n_i s_i^2 + \sum n_i (x_i - \overline{x}_i)^2 \right] / \sum n_i} \qquad ②$$

$\overline{x}$、S_T、n_i、x_i、s_i 分别代表合成后的平均数、合成后的标准差、研究的样本量、平均数和标准差。文献编码赋值及样本量情况如表 2 所示。

① 参见辛自强、张梅、何琳：《大学生心理健康变迁的横断历史研究》，《心理学报》2012 年第 5 期，第 664～679 页。

② 参见辛自强、周正：《大学生人际信任变迁的横断历史研究》，《心理科学进展》2012 年第 3 期，第 344～353 页。

③ 参见邢占军：《城乡居民主观生活质量比较研究初探》，《社会》2006 年第 1 期，第130～141 页，第 208～209 页。

表 2　文献编码赋值及样本量情况

变量	编码	文献数量	样本量
期刊类型	1=核心刊物	22	35535
	2=一般刊物	35	22098
	3=学位论文	38	29391
地区	0=未明确地区	7	14520
	1=东部地区	52	35797
	2=中部地区	19	9074
	3=西部地区	8	3147
	4=包含两类地区以上	9	24486

三、研究结果与分析

(一) 居民幸福感的年代变化情况

1. 居民幸福感的年代变化趋势

以年代为横坐标、以幸福感均值为纵坐标绘制散点图，可以直观地呈现我国居民幸福感随年代的变化趋势。从图 1 来看，2002—2019 年我国居民总体幸福感均值随年代变化呈线性上升趋势。

考虑到每项调查的样本量不同，往往样本量越大，统计结果越可靠，越接近真实情况[①]，因此，以样本量为权数按照公式①对总体幸福感及各维度得分的均值进行加权处理，再以年代为横坐标、总体幸福感及 10 个维度得分加权平均值为纵坐标绘制折线图，更为准确地展现我国居民幸福感及各维度随年代的变化情况，如图 2、图 3 所示。可以发现，2002—2019 年我国居民幸福感总分及各维度得分水平虽有所波动，但整体上呈现稳步上升趋势。

① 参见侯佳伟、辛自强、黄四林等:《横断历史元分析的原理、方法及人口学应用》，《人口研究》2015 年第 1 期，第 104～112 页。

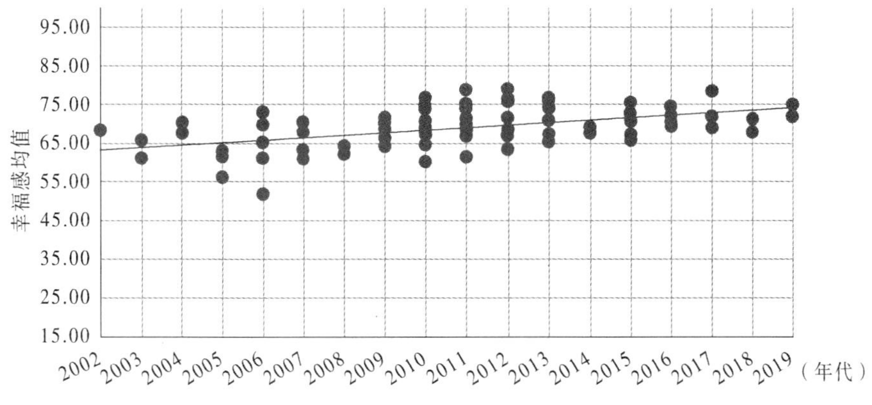

图 1　2002—2019 年总体幸福感得分均值变化散点分布

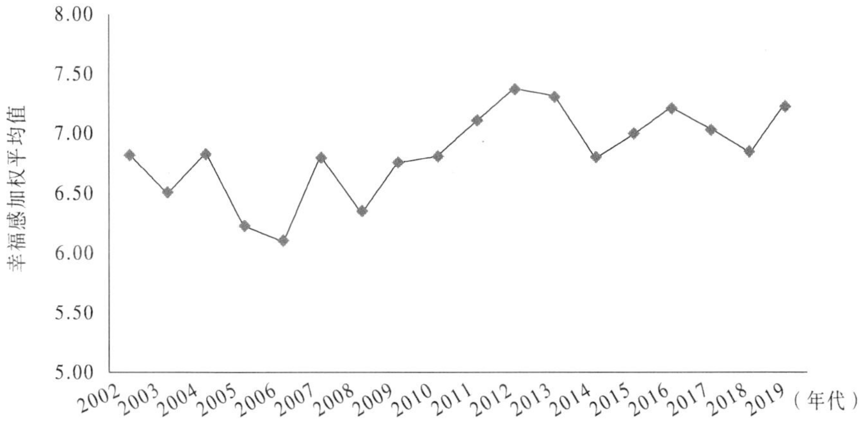

图 2　2002—2019 年我国总体居民幸福感均值变化趋势

为探讨上述变化趋势是否具有显著意义，考察年代对幸福感水平的预测作用，对总体幸福感及各维度得分均值与年代进行相关及回归分析。结果表明（见表 3），除人际适应体验外，幸福感的其他 9 个维度与年代均呈显著正相关，且控制样本量后结果仍然显著，表明从总体上看我国居民幸福感随年代变化呈上升趋势；年代对幸福感总分及 9 个维度得分均值的正向预测作用显著。其中，受年代影响最明显的是知足充裕体验，年代变化可解释其 38％的变异，其次分别是社会信心体验、幸福感总分、心理健康体验、成长进步体验、自我接受体验、家庭氛围体验、目标价值体验、心态平衡体验，年代可解释 6％及以上的变异。

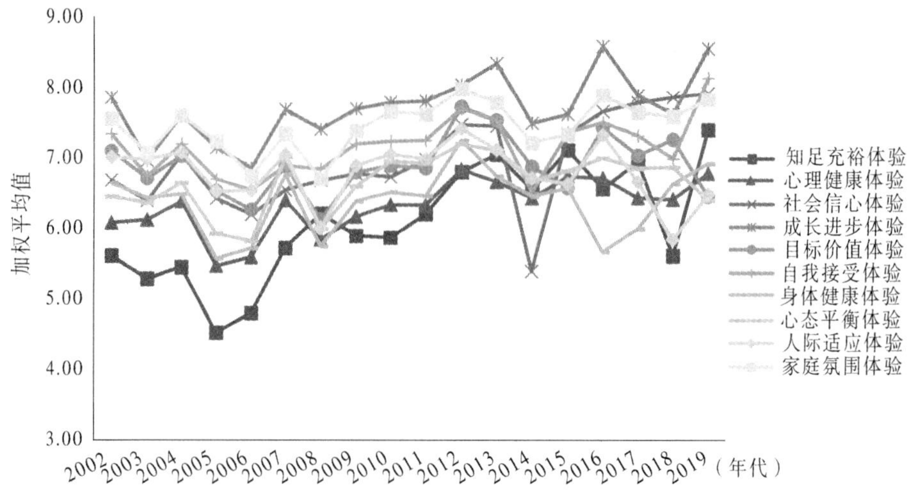

图 3　2002—2019 年居民主观幸福感 10 个维度加权平均值变化趋势

表 3　总体幸福感及各维度均值与年代的相关性

	维度	幸福感	知足充裕体验	心理健康体验	社会信心体验	成长进步体验	目标价值体验	自我接受体验	身体健康体验	心态平衡体验	人际适应体验	家庭氛围体验
未控制样本量	r	0.49***	0.62***	0.40**	0.57***	0.40***	0.27***	0.31***	0.23***	0.24***	0.06	0.28***
	R^2	0.24	0.38	0.16	0.33	0.16	0.07	0.10	0.05	0.06	0.00	0.08
控制样本量	β	0.50***	0.61***	0.40***	0.57***	0.40***	0.27***	0.32***	0.23**	0.24**	0.62	0.28***
	R^2	0.25	0.38	0.16	0.33	0.16	0.08	0.10	0.06	0.06	0.01	0.08

注：*** 代表 $p<0.01$，** 代表 $p<0.05$，* 代表 $p<0.1$。r 为未控制样本量的相关系数，β 为控制样本量的标准化回归系数，R^2 为决定系数。

横断历史研究结果会受出版年代、期刊类型、被试来源地等文献特征的影响①②，因此，为进一步明确年代与幸福感各维度之间的关系，以幸福感各维度得分均值为因变量，以年代、期刊类型、地区 3 个因素为自变量进行逐步回归分析。结果发现，在纳入除年代外的其他 2 个自变量后，总体幸福感及 9 个维度（除人际适应体验）均值的年代效应依然显著，这说明我国居民

① 参见辛自强、张梅、何琳：《大学生心理健康变迁的横断历史研究》，《心理学报》2012 年第 5 期，第 664～679 页。

② 参见田园、明桦、黄四林等：《2004 至 2013 年中国大学生人格变迁的横断历史研究》，《心理发展与教育》2017 年第 1 期，第 30～36 页。

幸福感与年代的相关关系不受期刊类型及被试来源地等因素的影响。

2. 居民幸福感的年代变化量和解释率

以上结果表明，整体而言，我国居民幸福感水平随年代变化稳步提升，那么，提升幅度是多少呢？为了考察 2002—2019 年居民总体幸福感及除人际适应体验外的 9 个领域得分均值的年代变化量，通过采用回归分析进一步计算效果量 d（公式③）和解释率 r^2（公式④）来进行衡量。[①] 首先，分别以人际适应体验之外的其他 9 个维度得分均值为因变量，以年代为自变量，采用样本量进行加权建立回归方程 $y=Bx+C$（其中，y 为均值，x 为年代，B 为未标准化的回归系数，C 为常数项），再分别将 2002 年、2019 年带入回归方程获得 M_{2002} 与 M_{2019} 并计算二者差值 $M_{变化}$（$M_{2019}-M_{2002}$），最后以 $M_{变化}$ 除以 18 年间的平均标准差，即得到 d 值。平均标准差是通过对所有研究数据的标准差求平均值获得的，这种采用个体层面变量的方法可以有效避免生态谬误。

$$d=\frac{M_{2019}-M_{2002}}{SD}=\frac{M_{变化}}{SD} \quad ③$$

$$r^2=\left(\frac{d}{\sqrt{d^2+4}}\right)^2 \quad ④$$

由表 4 可知，幸福感均值提升了 10.87（效果量提升了 1.18），年代变量可解释 26% 的变异；9 个维度（除人际适应体验）2002 年的均值为 4.82—7.66，2019 年均值为 6.39—9.12，18 年间 9 个维度均值提高了 0.68—2.74 分（效果量提升度为 0.37—1.23）。其中，提升幅度最大的维度是知足充裕体验，变化最小的维度是身体健康体验。根据科恩（Cohen J.）的标准[②]，效果量 d 的绝对值在 0.2 和 0.5 之间为小效应，在 0.5 和 0.8 之间为中效应，大于 0.8 为大效应。基于此标准可以发现，总体幸福感以及知足充裕体验、社会信心体验、成长进步体验的效果量达到大效应，心理健康体验、自我接受体验、心态平衡体验的效果量为中效应，目标价值体验、身体健康体验、家庭氛围体验的效果量为小效应。以上结果说明，在所考察的 18 年期间，我国

① 参见辛自强、张梅：《1992 年以来中学生心理健康的变迁：一项横断历史研究》，《心理学报》2009 年第 1 期，第 69～78 页。

② Cohen J, "Statistical Power Analysis", *Current Directions in Psychological Science*, vol. 1, no. 3, 1992, pp. 98-101, 转引自廖友国、连榕：《近三十年国民心理健康变迁的横断历史研究》，《西南大学学报》（社会科学版）2019 年第 2 期，第 105～116 页。

居民幸福感水平总体上呈现明显提高的趋势。

表 4　2002—2019 年我国居民幸福感及各维度与年代的相关及变化量

维度	M_{2002}	M_{2019}	$M_{变化}$	M_{SD}	d	r^2
幸福感	63.02	73.89	10.87	9.18	1.18	0.26
知足充裕体验	4.82	7.56	2.74	2.22	1.23	0.27
心理健康体验	6.37	7.41	1.04	1.92	0.54	0.07
社会信心体验	6.09	8.23	2.14	1.75	1.22	0.27
成长进步体验	7.66	9.12	1.46	1.53	0.95	0.18
目标价值体验	5.95	6.73	0.78	1.85	0.42	0.04
自我接受体验	6.16	6.96	0.80	1.51	0.53	0.07
身体健康体验	7.01	7.69	0.68	1.86	0.37	0.03
心态平衡体验	5.37	6.39	1.02	1.78	0.57	0.08
家庭氛围体验	7.37	8.09	0.72	1.61	0.45	0.05

（二）地区和性别对居民幸福感年代变化的影响

上述横断历史研究结果表明，我国居民幸福感整体上是逐年提升的。那么，哪些因素会影响这种变化趋势呢？进一步分析发现，地区和性别对幸福感的年代变化存在明显影响。

1. 地区对居民幸福感年代变化的影响

我国幅员辽阔，由于地理区位、资源分布及各种现实因素的限制，区域之间经济社会发展水平存在差距。党的十九大报告指出，发展不平衡不充分已经成为满足人民日益增长的美好生活需要的主要制约因素。区域发展的不平衡不充分是否会影响区域内居民幸福感水平，进而对居民幸福感变化趋势产生影响？为此，我们对不同地区居民幸福感的年代变化情况进行了考察。具体来说，针对东部地区 52 篇文献（数据收集年代为 2002—2019 年，除 2014 年外，其他年份每年至少 1 篇研究文献）、中西部地区 28 篇（数据收集年代为 2007—2017 年）文献所报告的结果，分别对东部地区、中西部地区居民幸福感变化趋势进行考察，样本具体分布情况详见表 2。

控制样本量后，分别对东部地区、中西部地区居民的幸福感及各维度得分与年代进行相关分析。从数据分析结果来看，东部地区居民幸福感及8个维度（目标价值体验、人际适应体验除外）与年代正向相关显著，中西部地区居民仅知足充裕体验与年代呈显著正相关，其他维度与年代相关性不显著。这说明，年代对东部地区居民幸福感及8个维度水平有显著的预测作用，相对而言，年代对中西部地区居民幸福感无明显的预测作用。

利用回归方程分别计算出东部地区、中西部地区居民幸福感及各具体维度的效果量 d 和解释率 r^2，具体结果见表5。除人际适应体验外，东部地区居民总体幸福感和其他维度均随年份变化而提升。总体幸福感和知足充裕体验维度的效果量达到了大效应，成长进步体验、社会信心体验的效果量为中效应，心理健康体验、自我接受体验、心态平衡体验、身体健康体验、家庭氛围体验5个维度的效果量为小效应，总体来看东部地区居民幸福感提升明显且较为全面。中西部地区居民幸福感的年代效应并不同向。总体幸福感和社会信心体验随年份提升，效果量为小效应；知足充裕体验也有提升，效果量达到了中效应；成长进步体验、自我接受体验、身体健康体验、家庭氛围体验则随年份变化出现下降趋势，效果量达到了小效应。

2. 性别对居民幸福感年代变化的影响

性别一直是幸福感研究中的一个关键预测变量，我们进一步考察了性别对居民幸福感年代变化的影响，研究所涉年代为2003年、2006年、2011—2019年。为保证研究结果的可靠性，将2011—2019年连续9年的文献纳入分析，结果见表6。

结果显示，总体来看，无论男性还是女性，都呈现出幸福感随年份变化而提升的趋势，年代可以解释男性总体幸福感变异的43.9%、女性总体幸福感变异的41.7%。对于男性群体而言，与年代变化显著相关的心理健康体验、社会信心体验、身体健康体验3个维度，年代可以解释的变异分别为46%、39.3%和35.4%。而女性群体具体维度与年代的相关性均未达到显著水平。

表 5　居民幸福感年代变化区域效应的分析结果

维度	东部地区(2002—2019 年)								中西部地区(2007—2017 年)							
	β	R^2	M_{2002}	M_{2019}	$M_{变化}$	M_{SD}	d	r^2	β	R^2	M_{2007}	M_{2019}	$M_{变化}$	M_{SD}	d	r^2
幸福感	0.503***	0.253	64.41	73.88	9.47	10.95	0.86	0.15	0.093	0.009	68.14	70.48	2.34	11.22	0.21	0.01
知足充裕体验	0.681***	0.464	4.47	7.10	2.63	2.30	1.14	0.25	0.375**	0.141	6.71	7.90	1.19	2.28	0.52	0.06
心理健康体验	0.418***	0.175	6.60	7.52	0.92	2.05	0.45	0.05	−0.021	0.000	5.45	5.39	−0.06	2.21	−0.03	0.00
社会信心体验	0.451***	0.203	6.90	8.06	1.16	2.00	0.58	0.07	0.121	0.015	7.02	7.72	0.70	1.89	0.37	0.03
成长进步体验	0.458***	0.210	7.37	8.53	1.16	1.71	0.68	0.10	−0.094	0.009	7.57	7.18	−0.39	1.60	−0.24	0.02
目标价值体验	0.073	0.005	5.79	5.94	0.15	2.02	0.07	0.00	−0.078	0.006	6.42	6.09	−0.33	1.91	−0.17	0.01
自我接受体验	0.419***	0.175	6.65	7.40	0.75	1.68	0.45	0.04	−0.192	0.037	8.53	7.82	−0.71	1.71	−0.42	0.05
身体健康体验	0.274**	0.075	6.31	6.99	0.68	2.20	0.31	0.02	−0.271	0.073	7.46	6.66	−0.80	2.11	−0.38	0.04
心态平衡体验	0.254*	0.064	5.42	6.11	0.69	1.99	0.35	0.03	0.002	0.000	6.88	6.89	0.01	1.95	0.01	0.00
人际适应体验	−0.022	0.000	6.19	6.14	−0.05	1.99	−0.03	0.00	0.075	0.006	6.58	6.83	0.25	1.85	0.14	0.00
家庭氛围体验	0.271**	0.073	6.38	6.89	0.51	1.96	0.26	0.02	−0.129	0.017	7.73	7.36	−0.37	1.73	−0.21	0.01

注： *** 代表 $p<0.01$，** 代表 $p<0.05$，* 代表 $p<0.1$。β 为控制样本量的标准化回归系数，R^2 为决定系数，下同。

表 6　居民幸福感年代变化性别效应的分析结果

维度	男性（N=7647,2011—2019 年）								女性（N=8311,2011—2019 年）							
	β	R^2	M_{2011}	M_{2019}	$M_{变化}$	M_{SD}	d	r^2	β	R^2	M_{2011}	M_{2019}	$M_{变化}$	M_{SD}	d	r^2
幸福感	0.663***	0.439	61.55	79.19	17.64	13.65	1.292	0.295	0.646***	0.417	72.15	84.61	12.46	12.36	1.008	0.203
知足充裕体验	0.369	0.136	7.76	9.34	1.58	2.62	0.603	0.083	0.254	0.065	6.82	7.74	0.92	2.50	0.368	0.033
心理健康体验	0.678***	0.460	5.83	8.25	2.42	2.42	1.000	0.200	0.255	0.065	5.41	6.45	1.04	2.29	0.454	0.049
社会信心体验	0.627***	0.393	5.77	7.93	2.16	2.66	0.812	0.142	0.386	0.149	7.23	8.59	1.36	2.48	0.548	0.070
成长进步体验	0.499	0.201	6.04	7.74	1.70	2.19	0.776	0.131	0.246	0.061	6.92	8.02	1.10	2.01	0.547	0.070
目标价值体验	0.397	0.157	5.95	7.16	1.21	2.39	0.506	0.060	0.240	0.058	6.47	7.47	1.00	2.27	0.441	0.046
自我接受体验	0.345	0.119	6.36	7.65	1.29	2.21	0.584	0.078	0.310	0.096	6.12	7.13	1.01	2.07	0.488	0.056
身体健康体验	0.595**	0.354	5.84	7.54	1.70	2.27	0.749	0.123	0.365	0.134	5.89	6.93	1.04	2.22	0.468	0.052
心态平衡体验	0.356	0.127	6.75	731	0.56	2.45	0.229	0.013	0.116	0.014	6.73	7.02	0.29	2.28	0.127	0.004
人际适应体验	0.388	0.151	7.03	8.08	1.05	2.50	0.420	0.042	0.211	0.045	7.10	7.72	0.625	2.40	0.260	0.017
家庭氛围体验	0.115	0.008	7.75	7.86	0.11	1.51	0.073	0.001	0.262	0.069	7.72	8.35	0.629	2.03	0.310	0.023

利用回归方程分别计算出男性、女性居民幸福感及各具体维度的效果量 d 和解释率 r^2，具体结果见表 6。除家庭氛围体验外，男性居民总体幸福感和其他维度均随年份变化明显提升。总体幸福感和心理健康体验、社会信心体验的效果量均达到了大效应，成长进步体验、身体健康体验、知足充裕体验、自我接受体验、目标价值体验的效果量均为中效应，人际适应体验、心态平衡体验的效果量为小效应。除心态平衡体验外，女性居民总体幸福感和其他维度也均呈现随年份变化提升的趋势。总体幸福感效果量为大效应，社会信心体验、成长进步体验的效果量达到了中效应，自我接受体验、身体健康体验、心理健康体验、目标价值体验、知足充裕体验、家庭氛围体验、人际适应体验的效果量为小效应。

(三) 社会宏观变量对居民幸福感影响的滞后分析

通过前文可知，2002 年以来我国居民幸福感呈逐渐上升趋势，那么，这种变化是否与社会环境变迁有关呢？根据腾格的滞后分析思路[①]，进一步探讨社会条件的变迁与居民幸福感之间的关系。控制样本量后，将总体幸福感均值分别与 5 年前的社会指标进行相关分析，即将 2002—2019 年的总体幸福感均值分别与 1997—2014 年和 2007—2024 年的社会指标进行相关分析。但因为所选社会指标只有 1997—2019 年的数据，因此，实际上 5 年后的滞后分析求的是 2007—2019 年的居民幸福感及各维度得分均值与 2007—2019 年的社会指标的相关性，具体结果见表 7。

表 7　社会指标与居民总体幸福感的滞后相关分析

	社会指标	当年	5 年前	5 年后
经济发展	人均 GDP	0.632***	0.590***	0.544*
	城镇化率	0.628***	0.614***	0.539*
	城镇登记失业率	−0.478**	−0.433	−0.412

① J. Twenge, "Changes in Women's Assertiveness in Response to Status and Roles: A Cross-temporal Meta-analysis, 1931-1993", *Journal of Personality & Social Psychology*, vol. 81, no. 1, 2001, pp. 133-145.

续表

	社会指标	当年	5 年前	5 年后
经济发展	R&D 经费支出占 GDP 比重	0.648***	0.608***	0.466
	第三产业增加值占 GDP 比重	0.589***	0.446*	0.666**
社会和谐	基尼系数	−0.588**	0.456*	−0.433
	城乡居民收入比	−0.590***	0.340	−0.487*
	基本社会保险覆盖率	0.658***	0.500**	0.545*
生活质量	居民人均可支配收入	0.609***	0.578**	0.575**
	恩格尔系数	0.569**	−0.468**	−0.548*
	5 岁以下儿童死亡率	−0.531**	−0.663***	−0.571**
	政府卫生支出占财政支出比重	0.685***	0.523**	0.420
	每千人口卫生技术人员	0.621***	0.439*	0.572**
文化教育	文化产业增加值占 GDP 比重	0.602***	0.581**	0.594**
	教育经费占 GDP 比重	0.772***	0.423*	0.266
	平均受教育年限	0.712***	0.579**	0.449

由表 7 可知，居民幸福感与当年、5 年前及 5 年后的人均 GDP、城镇化率、基本社会保险覆盖率、居民人均可支配收入、每千人口卫生技术人员、文化产业增加值占 GDP 比重呈显著正相关，与当年和 5 年前的 R&D 经费支出占 GDP 比重、政府卫生支出占财政支出比重、教育经费占 GDP 比重、平均受教育年限正相关显著，与当年、5 年前及 5 年后 5 岁以下儿童死亡率负相关显著，与当年城镇登记失业率、基尼系数、城乡居民收入比呈显著负相关。

四、研究结论与讨论

（一）我国居民幸福感水平随年代变化稳步提高

横断历史研究结果表明，2002—2019 年，居民在主观幸福感及各维度上的得分整体呈上升趋势，这说明我国居民幸福感在近 20 年总体向好。总体幸福感得分提高了 10.87 分，9 个维度（除人际适应体验）得分提高了 0.68～2.74 分不等，其中，知足充裕体验、社会信心体验、成长进步体验三个维度的年代效应最为显著，分别提升了 1.23、1.22、0.95。近 20 年来，我国居民幸福感显著提升，首先得益于经济的发展使人们的物质生活日渐充盈，经济发展在提升居民幸福感方面起到了重要的作用，这与迪纳（Diener E.）等、刘军强等的研究结论一致。[①②] 但经济发展并非影响幸福感的唯一因素，居民幸福感并非随国民收入增长而增长。人们对幸福的追求从不限于物质条件，随着我国经济社会的发展，其他非经济的影响因素逐渐显现。党和政府从满足人民美好生活需要出发，坚持在发展中保障民生，努力让人民享有更稳定的工作、更满意的收入、更高水平的医疗卫生服务、更高质量的教育、更坚实的社会保障以及更舒适的居住环境，致力于创造最为安全和谐健康的社会环境，使人民对社会不断向好发展充满信心。从一定意义上讲，幸福感也是人们对生活环境的主观反应，在与安全和谐健康的社会环境互动的过程中，人们也不断感受到自身的成长与进步。

（二）居民幸福感的年代变化存在区域和性别效应

1. 不同地区居民幸福感变化及差异

2002—2019 年，东部地区居民总体幸福感及知足充裕体验、心理健康体验、社会信心体验、成长进步体验、自我接受体验、身体健康体验、心态平衡体验、家庭氛围体验等 8 个维度得分都随年代显著提升；中西部地区知足充裕体验随年代变化有显著上升的趋势，其他维度与年代的相关性不显著，地区间的差异客观存在。导致这种区域差异的原因，首先可能是我国经济发展不平衡，东部地区经济水平高于中西部地区，区域经济存在显著差异。经济因素对居民幸福感的影响仍然较大，近些年来，在国家政策的扶持下，中

---

① Diener E，Fujita F，"Resources，Personal Strivings，and Subjective Well-being：A Nomothetic and Idiographic Approach"，*Journal of Personality & Social Psychology*，vol. 68，no. 5，1995，pp. 926-935.

② 参见刘军强、熊谋林、苏阳：《经济增长时期的国民幸福感：基于 CGSS 数据的追踪研究》，《中国社会科学》2012 年第 12 期，第 82～102 页。

西部地区经济获得长足发展，居民物质生活得到极大满足，知足充裕体验显著改善。西部开发计划、中部崛起计划在一定程度上平衡了东、中、西区域发展差异，但由于历史、自然、现实等诸多资源与条件限制，中西部地区与东部地区经济发展水平仍存在较大差距，这可能导致中西部地区居民除物质资源获取以外的幸福感略低于东部地区居民。其次，不同地区居民所处社会环境、文化传统的差异可能导致居民对幸福感的认知不同，幸福感体验也会产生一定差异。

2. 不同性别居民幸福感变化及差异

2002—2019年男性与女性幸福感历时变化均为大效应，总体上看，男性幸福感提升的幅度大于女性。男性的心理健康体验、社会信心体验随年代变化明显提升，效果量达到了大效应，成长进步体验和身体健康体验提升幅度也接近大效应；而女性在幸福感所有维度上的提升幅度都为中小效应，幸福感历时变化呈现“男高女低”的现象。原因有三：第一，可能是因为随着现代社会的发展，社会的性别秩序经历打破、重建、再塑的过程后，性别平等逐渐成为社会共识，女性与男性拥有平等享受发展成果的权利，对公平的感知在一定程度上使得女性与男性的幸福感体验趋同。第二，可能是女性更偏感性，男性更为理性，女性的主观感受和体验更细腻复杂，生理因素导致女性的幸福感及各维度改善进程稍显平缓。第三，可能是社会与家庭角色分工不同导致的。现代社会看似由“男主外女主内”逐渐发展成“男女共主内外”，但实际上，越来越多的女性深度卷入社会后，除了扮演好职场角色外，在家庭中依旧承担较多的家务，因此，女性比男性更容易感受到“时间贫困”①，从而产生幸福感知性别上的不对称。

（三）社会宏观因素影响居民幸福感的年代变化

1. 经济发展因素

研究发现，5年前、当年、5年后人均GDP、城镇化率、第三产业增加值占GDP比重均与居民幸福感正相关显著，5年前与当年R&D经费支出占

① 杜凤莲、宿景春、杨鑫尚：《家务分工与幸福感》，《劳动经济研究》2020年第6期，第64～86页。

GDP比重与幸福感正相关显著。以上表明经济发展状况对居民幸福感变化产生重要影响。我国城镇化进程快速推进，城镇化率从2002年的39.09%增长到2019年的60.6%，城市发展带来了更为完善的基础设施、更好的人居环境、更优越的教育条件，城镇化的发展不断满足人们对美好生活的向往并即时改变着人们对幸福的体验，拉动居民幸福感的提升。研究结果显示，当年城镇登记失业率这一指标与幸福感负相关显著，5年前城镇登记失业率与幸福感无显著相关，说明失业率对居民幸福感的影响存在一定的滞后性，失业带来的经济压力和心理压力会导致幸福感下降。[①]

2. 社会和谐因素

我们发现，5年前、当年、5年后基本社会保险覆盖率与居民幸福感正相关显著。社会保障是提升居民幸福感的重要制度安排，我国已建成世界上最大的社会保障体系，截至2020年，基本医疗保险覆盖率已达96.8%，基本养老保险覆盖率近10亿人，基本医疗保险使人们可以更好地应对生活中的风险，增强人们对生活的控制感和心理安全感，进而提高居民幸福感。当年基尼系数、城乡居民收入比与居民幸福感负相关显著，5年后城乡居民收入比与居民幸福感负相关显著，贫富分化、收入差距扩大是制约居民幸福感提升的重要因素。

3. 生活质量因素

5年前、当年、5年后居民人均可支配收入、恩格尔系数、5岁以下儿童死亡率、每千人口卫生技术人员与居民幸福感显著相关，5年前、当年政府卫生支出占财政支出比重与居民幸福感正相关显著。研究结果表明，收入是影响幸福感的重要因素，可支配收入增加意味着能通过消费满足需求，而需求满足是幸福感的基础要素，收入是影响幸福感水平的即时性指标，其他生存性需要和发展性需要的满足都要以收入的满足为先决条件。医疗卫生服务投入是提升居民幸福感的重要因素，政府加大公共医疗卫生支出，增强医疗卫生服务的可获得性，强化医疗卫生服务质量，可以渐进、连续提升居民幸福感。

① 参见马红鸽、席恒：《收入差距、社会保障与提升居民幸福感和获得感》，《社会保障研究》2020年第1期，第86～98页。

4. 文化教育因素

当年、5 年前及 5 年后文化产业增加值占 GDP 比重指标与居民幸福感显著正相关。文化产业是满足人们精神文化需要的重要载体，在全面建成小康社会实践中，我国文化产业健康持续发展，通过增加先进文化服务供给、丰富文化内容的形式增强居民的文化幸福感。当年及 5 年前教育经费占 GDP 比重、平均受教育年限指标与居民幸福感水平正相关显著。教育潜移默化地影响着人们的行为和认知，是提升居民幸福感的重要途径。研究结果表明，国民教育程度的整体提升和政府公共教育投入对居民幸福感有显著正向作用，这与胡宏兵等、殷金朋等的研究结果一致。①②

（承担人：邢占军、胡文静）

① 参见胡宏兵、高娜娜：《教育程度与居民幸福感：直接效应与中介效应》，《教育研究》2019 年第 11 期，第 111～123 页。

② 参见殷金朋、陈永立、倪志良：《公共教育投入、社会阶层与居民幸福感：来自微观混合横截面数据的经验证据》，《南开经济研究》2019 年第 2 期，第 147～167 页。